한국 여성의 눈으로 본

중국현대문학

가족과 향토와 국적이 한 개인의 배경은 될 수 있지만 그 배경이 개인을 완전히 지배할 수는 없는 일이다. 그래서 때로는 개인이 자신의 배경인 가족과 향토와 국적을 뛰어넘을 수 있듯 한국문학도 비록 상당히 오랜 기간 동안 중국문학의 영향을 받았지만 중국문학을 뛰어넘을 수 있다. **최근 한류(韓流)를 보면 이 같은 문화의 역류가 언제라도 가능하다**는 사실을 증명하고 있지 않은가?

박종숙 지음

中国现代文学

신아사

책을 내면서

나는 누구인가? 나의 가족과 한국인은 누구인가? 고심하던 시절이 있었다. 그때 나를 알려면 내가 태어난 배경인 나의 가족을 알아야 하고 가족을 알려면 가족이 뿌리내리고 산 고향을 알아야 하고 고향을 알려면 고향이 속한 국토인 한국을 알아야 한다는 생각이 들었다. 그래서 가족력을 캐묻고 향토의 역사를 더듬고 한국의 역사를 공부했다. 그러자 한국의 역사를 제대로 알기 위해서는 중국의 역사를 알지 않으면 안 된다는 생각에 도달했고 이 생각이 자연스럽게 필자를 중국어 공부로 이끌었다. 하지만 중국의 역사에 대한 필자의 관심은 사실 역사에 국한된 것이 아니라 중국의 사상, 정치, 사회 등에 대한 다양한 관심이었기 때문에 문(文), 사(史), 철(哲)을 통합하는 인문학으로서의 중국문학을 선택했다.

중국문학을 전공으로 선택한 후 맨 먼저 부딪친 문제는 한국의 모든 것이 중국으로부터 왔고 한국문학은 중국문학으로부터 끊임없이 영향을 받아왔다는 학계 내외의 뿌리 깊은 발상이었다. 이는 상당부분 사실이기도 하고 필자가 중국문학을 선택한 이유이기도 하다. 그렇지만 개인이 언제 어디서나 가족과 향토 및 국적으로부터 한 치도 벗어날 수 없고 한국문학도 중국문학으로부터 단 한 치도 벗어날 수 없다면 답답한 노릇이 아닐 수 없다. 가족과 향토와 국적이 한 개인의 배경은 될 수 있지만 그 배경이 개인을 완전히 지배할 수는 없는 일이다. 그래서 때로는 개인이 자신의 배경인 가족과 향토와 국적을 뛰어넘을 수 있듯 한국문학도 비록 상당히 오랜 기간 동안 중국문학의 영향을 받았지만 중국문학을 뛰어넘을 수 있다. 최근 한류(韓流)를 보면 이 같은 문화의 역류가 언제라도 가능하다는 사실을 증명하고 있지 않은가? 그럼에도 불구하고 고대문학으로 가면 갈수록 한국문학의 중국문학에 대한 사대적 경향은 더욱 절대적인 대명제가 되어 있다. 이 때문에 필자는 고대중국문학을 선택하는 대신 그나마 조금 숨통이 트이는 중국현대문학을 전공하기로 결심했다.

중국현대문학을 공부하기 시작하면서 차례로 떠오른 의문은 작가는 왜 글을 쓰게 되었을까? 작가는 작품을 통해 무엇을 추구하는가? 그 무엇을 효과적으로 나타내기 위해 작가는 작품에서 어떤 방법을 사용하는가? 등이었다. 돌이켜 보면 이는 작가론과 작품론에 대한 초보적 관심에 다름 아니었다. 이를 실현하기 위해서 필자가 제일 먼저 착수한 것은 바로 작가와 작품을 연구하는 방법론의 모색이었다. 어떻게 하면 작가와 작품을 더 잘 이해할 수 있고 이해시킬 수 있을까?

그 결과 맨 처음 관심을 갖은 문학연구방법은 작가와 작품에 대한 역사적 분석이었다. 「아이칭(艾靑) 사상의 역사적 배경」(『중국학연구』 제5집, 1990. 4)은 시인 아이칭과 그의 시 사상이 시대의 변화에 따라 어떻게 바뀌었는지를 추적한 필자의 첫 논문이다. 사실 이런 분석은 그간 많은 연구가들이 자주 사용해온 평범한 방법이긴 하다. 다음으로 필자는 작가와 전혀 관계없이 작품을 별개의 개체로 파악하고 작품의 기호와 상징을 대비시키는 일종의 형식비평을 시도했는데 그 결과물이 바로 「아이칭 초기시의 이항대립적 분석」(『중어중문학』 제12집, 1990. 12)이다. 그 후 「현대주의와 수팅(舒婷)의 몽롱시」(『중국학논총』 제2집, 1993. 12)에서는 현대주의, 즉 모더니즘(modernism)을 연구 주제로 삼았고 「띵링(丁玲)의 여성주의문학론」(『중국현대문학』 제10호, 1996. 6)에서는 페미니즘(feminism), 즉 여성주의 문학을 탐구했다. 이어서 「티에닝(鐵凝)의 산문미학」(『중국현대문학』 제12호, 1997. 8)에서는 작품의 미학적 특성을 찾는 데 주력했다. 페미니즘은 한동안 필자를 사로잡은 문학비평

이론으로 「한·중 페미니즘 문학의 이해」(『중국현대문학』 제20호, 2001. 6)도 이에 관한 논문이다. 그 후 필자는 새로운 문예사조에 관심을 갖게 되었는데 이는 바로 환상적 현실주의, 즉 매직 리얼리즘(magic realism)이었다. 「중국현대문학의 신화적 현실주의」(『중국학연구』 제29집, 2004. 9)는 이를 기반으로 쓴 논문이다.

다른 한편으로 필자는 여성의 한 사람으로서 일찍부터 중국여성 작가들과 그 작품에 대해 많은 관심이 있었다. 각종 중국현대문학사에 등장하는 작가와 작품들 및 주요 연구 논문들이 대부분 남성작가들에 지나치게 편중되어 있다고 생각했기 때문이다. 2000년대에 들어와 이 같은 남녀 작가 연구의 불균형은 어느 정도 해소되었지만 1990년대 초기였던 당시에는 그 편차가 매우 심했다. 그래서 필자는 당시 평생 여성작가들을 연구하려고 마음을 먹었었다. 그렇게 출발하여 약 십 오년이 지나고 보니 과연 그간 발표한 대부분의 논문들이 여성작가에 관한 것이었다. 그 중에서도 순전히 여성작가에 관해 쓴 논문들만을 차례로 소개하면 다음과 같다.

맨 처음 필자가 관심을 가진 작가는 수팅(舒婷)으로 필자는 그녀가 시를 통해 궁극적으로 무엇을 추구했는지를 「수팅(舒婷) 시에 있어서의 사랑」(『호서대학교논문집』 제12집, 1993. 12)에서 밝히고자 했다. 다음으로는 흔히 여성작가의 작품의 한계로 지적되는 신변잡기를 뛰어넘는 작가로 필자의 주의를 끌었던 천롱(諶容)에 관하여 「천롱 소설에 형상화된 제도와 인간」(『중국학논총』 제5집, 1996. 12)을 발표했다. 이후 그다지 유명하지 않은 젊은 여성 시인 다섯 명의 시에 들어 있는 개성과 사회성을 살핀 「80년대 중국 여성시 소고」(『중국학연구』 제13집, 1997. 12)와 젊은 나이에 세상을 뜬 루인(廬隱)의 작품이 왜 한동안 버려져 있다가 다시 빛을 발하고 있는지에 대해 쓴 「재조명되는 루인의 소설」(『중어중문학』 제26집, 2000. 6)을 발표했다. 그 후 대중문학에 눈을 돌려 대만에서 대중적 인기를 누리고 있는 치옹야오(瓊瑤)에 관해 쓴 「치옹야오 소설의 대중성」(『중국학논총』 제18집, 2004. 12)을 발표했고, 이어서 한 세기 동안 장수한 여성작가이자 중국현대문학의 대모(大母)로 알려진 삥신(冰心)에 관해 쓴 「삥신과 그녀의 시에 관하여」(『중국학논총』 제19집, 2005. 6)를 발표했다. 마지막으로 얼마 전 탈고한 「상처받은 동심이 피워낸 별꽃-샤오홍(蕭紅)의 삶과 문학」도 요절한 여성작가 샤오홍과 그녀의 문학에 관한 논문이다.

의도하지는 않았지만 약 십 오년간 써온 논문들을 정리하면서 필자가 그간 가장 애호한 연구방법은 '비교'임을 알았다. 중국여성작가들 간의 비교에서부터 한국과 중국여성작가의 비교, 한국여성작가들 간의 비교, 중국의 남녀 작가의 비교 등등. 심지어 한 작가의 작품 속 주인공의 비교에 이르기까지 비교에 대한 관심은 끊이지 않았다. 앞에서 기호학적 방법을 원용한 논문으로 소개한 「아이칭(艾青) 초기시의 이항 대립적 분석」조차 두 개의 항목을 비교하고 있다는 점에서 역시 비교적 관점으로 쓴 논문의 범주에 넣을 수 있다. 하지만 중복을 피하기 위해 이 논문을 제외한 비교 관점의 논문만을 소개하면 아래와 같다.

최초의 비교 논문은 서로 다른 시기에 씌어진 띵링의 두 작품의 두 여주인공 루핑과 뚜완샹의 사회관을 비교한 「루핑(陸萍)과 뚜완샹(杜晩香)의 사회참여」(『중국현실주의문학론』, 법문사, 1996. 6)이다. 다음으로 중국의 남녀 작가를 비교한 「중국 현대 남녀 소설의 같은 점과 다른 점-장지에(張潔)의 '사랑은 잊을 수 없는 것 : 愛是不能忘記的'과 리샤오(李曉)의 '구름다리 : 天橋'를 중심으로-」(『중국현대문학』 제14호, 1998. 6)와 역시 중국의 남녀 시인의 인간관을 비교한 「수팅(舒婷)·꾸청(顧城) 시의 너와 나, 그리고 우리」(『중국학연구』 제15집, 1998. 12)를 발표했다. 「한·중 두 여성의 삶과 문학-나혜석의 '경희'와 천헝저(陳衡哲)의 '루이스의 문제 : 洛綺思的問題' 비교-」(『중국현대문학』 제16호, 1999. 6)는 비슷한 시기에 활약한 한국과 중국의 두 여성 작가와 작품을 비교한 논문이다. 그 후 잠시 시선을 한국에 고정시켜 「한국문학작품에 그려진 여성의 성 의식 변화」(『한국심리학회지 : 여성』 제5집, 2000. 8)를 써서 한국의 여성 작가들의 성 의식을 비교했다. 이어서 「네 잎, 두 가지, 그리고 한 줄기－츠즈지엔(遲子建)·신경숙·쉬콘(徐坤)·은희경 소설에 관하여－」(『중국현대문학』 제23호, 2002. 12)에서는 한국과 중국의 네 여성작가를 이중으로 교차하며 비교했고 마지막으로 「몸으로 쓰는 소설과 성－웨이후이(衛慧)의 "상하이베이비 : 上海寶貝"와 지우단(九丹)의 "까마귀 : 烏鴉"를 중심으로－」(『중국현대문학』 제26호, 2003. 9)는 중국의 두 베스트셀러 여성작가의 성 의식을 비교한 논문이다. 필자가 중문으로 발표한 「不同世界之會合－殷熙耕與申京淑小說之比較 : 서로 다른 세계의 만남－은희경과 신경숙 소설의 비교」(『當代韓國』 제35기, 2002. 9)와 「原始與文明－徐坤與遲子建小說比較 : －원시와 문명－쉬콘과 츠즈지엔 소설의 비교」(『東方論壇』 56기, 2002. 4) 또한 전형적인 비교식 논문이다. 하지만 이 중문 논문들은 앞의 「네 잎, 두 가지, 그리고 한 줄기－츠즈지엔·신경숙·쉬콘·은희경 소설에 관하여」와 중복되는 부분이 있어서 제외하기로 한다.

요컨대 2편의 중문 논문을 제외한 21편의 한글 논문은 대략 세 개의 범주로 나누어진다. 첫째 범주는 문예사조와 몇몇 비평이론을 실험한 논문 7편이고 둘째 범주는 여성 작가와 작품을 연구한 논문 7편이고 마지막 세 번째 범주는 '비교'라는 연구방법으로 쓰여진 논문 7편이다. 절묘하게도 각 범주에 각각 7편의 논문이 속해 있다. 물론 이 세 범주는 제각기 독립된 독자적 범주로 존재하지는 않는다. 첫 번째 부류가 두 번째 부류와 얽히기도 하고 두 번째 범주가 세 번째 부류와 얽히기도 하기 때문이다. 실제로 문예사조나 비평이론을 실험한 논문에서도 대부분 여성 작가와 작품들을 비교라는 방법으로 분석하는 경우가 많았다. 하지만 기술상의 필요와 독자의 편의를 위해 본서는 21편의 논문을 위 세 가지 부류로 나누어 소개하기로 한다.

아울러 보다 많은 교양독자들을 배려하기 위하여 논문의 각주를 모두 빼고 참고문헌은 맨 뒤로, 목차는 맨 앞으로 끌어 모았다. 또한 인명과 지명도 모두 중국식 발음으로 통일하였다. 뿐만 아니라 내용상 불가피하다고 판단되는 부분에는 수정을 가하고 모든 한자는 가급적 한글로 바꿔 썼으며 인명, 지명 등 꼭 필요한 한자는 괄호 안에 달았다. 그럼에도 불구하고 본서는 아무래도 논문집이라는 특성상 주제와 문체 면에서 일반교양 독자들에게 가까이 다가가기가 쉽지 않은 무거움이 있을지 모르겠다. 하지만 이 책이 참 나를 찾기 위해 중국현대문학에 관심을 갖고 있는 독자들에게 조금이나마 읽을거리가 되어 책을 내게 해준 모든 사람들의 기쁨이 되기를 바란다.

2007년 1월

저자 박종숙

차례

제3장 현대주의와 수팅(舒婷)의 몽롱시

제4장 띵링(丁玲)의 여성주의 문학론

제2부 중국현대 여성작가와 작품 산책

제1장 수팅(舒婷) 시에 있어서의 사랑

제2장 천룽(諶容) 소설에 형상화된 제도와 인간

제3장 1980년대 중국 여성시 소고(小考)

제4장 루인(盧隱) 소설의 비극적 진실

제5장 치옹야오(瓊瑤) 소설의 대중성

제6장 빙신(冰心)과 그녀의 시에 관하여

제7장 샤오훙(蕭紅)의 삶과 문학

제3부 비교를 통해 만나는 중국현대문학

제1장 루핑(陸萍)과 뚜완샹(杜晚香)의 사회참여

제2장 중국현대남녀소설의 같은 점과 다른 점

제3장 수팅(舒婷)·꾸청(顧城) 시의 너와 나 그리고 우리

제7장 몸으로 쓰는 소설과 성(性)

제1부

중국현대문학 연구방법의 모색

제1장

아이칭(艾青) 사상의 역사적 배경

1. 서(序)

예술에 실패할 수는 있어도 사상에 실패해서는 안 된다; "차라리 이 시대에 맞는 선의 관념에 이바지하는 편이 예술에 타협하기보다 낫다." 이 구절은 시인 아이칭(1910－1996)이 중일전쟁(中日戰爭) 초기에 시로서 명성을 얻기 시작할 때 쓴 것이다. 이는 아이칭이 사상을 중시했고 그것도 시대에 맞는 선을 담은 사상을 형식 예술보다 더 중요시하였음을 잘 보여준다. "시대에 맞는 선"을 한 시대를 함께 살아가는 사람들에게 두루 유익을 주는 관념이라고 할 때 아이칭은 매우 인간적인, 인간 중심의 시대사상을 추구했다고 하겠다.

일찍이 아이칭은 자연에 대해 농민이 갖는 애착을 지녔고 또 실제로 「봄」, 「당나귀」, 「물소」, 「관목 숲」, 「수수」, 「강」, 「바람의 노래」 등 자연을 소재로 수많은 시를 썼지만 주제는 거의 대부분 인간에 관한 것들이다. 그의 시 가운데 인간의 사상이나 감정이 철저히 배제된 초월적 자연을 노래한 작품은 아마도 「천지(天池)」나 「백조호수」에 불과할 것이다.

아이칭의 인간중심의 시대사상은 어쩔 수 없이 정치사상과 깊이 연관되는데, 이에 대해 그는 일찍이 "시인에게 중요한 것은 자기의 정치사상과 생활감정을 위한 형상을 모색하는 일이다"라고 말한 바 있다. 또 1981년 5월 『중국청년보』 기자로부터 작품에 표현되는 자아에 관한 질문을 받고 이렇게 말하기도 했다 : "사실 나의 시에는 흔히 자아가 등장합니다. 그러나 이 '자아'는 어떠한 경우에도 현실생활을 떠날 수 없고 늘 커다란 정치라는 공기 안에 있습니다. 정치야말로 대기층과 같아서 어떤 사람도 이를 벗어날 수 없지요."

이처럼 아이칭의 사상은 시대에 따라 의미를 달리하는 인간 중심의 정치사상이다. 그의 사상이 중국현대정치의 흐름을 탈 수 밖에 없는 이유가 바로 여기에 있다. 오·사운동에서부터 시작하여 오늘날에 이르기까지 도도히 흐르는 중국현대사의 물결 위에서 아이칭은 때로는 폭풍우와 싸우기도 하고 때로는 순풍에 돛달고 나가기도 하고 또 때로는 난파당해 표류하다가 구조되기도 했다.

2. 자유민주주의자, 민족주의자

아이칭의 생애를 청년기, 장년기, 노년기로 분류하면 이 시기의 그는 청년기에 해당된다. 흔히 청년기는 인격형성의 중요한 시기로 대개 이 시기에 인생의 진로가 결정된다고 하는데 아이칭의 경우도 예외는 아니었다.

오·사운동은 우울하고 고독한 소년 아이칭에게 자유와 민주를 가르쳐주었고 구·일팔 만주사변은 도피와 유랑 생활에 젖은 청년 아이칭에게 민족의식을 일깨워주었다. 그러나 그때까지도 관념적이고 소극적이었던 아이칭은 일·이팔 상해사변 이후 좌익미술가연맹에 가입하면서부터 점점 적극적이 되어 칠·칠사변으로 야기된 중일전쟁 시기에는 과감히 항일투쟁의 대열에 참여하여 민족주의 시인의 길을 걷는다.

미국, 영국, 프랑스, 일본 등 4개국은 1919년 4월 29일 파리강화회의에서 중국 산동성에 대한 독일의 권익을 일본에 줄 것을 결정했다. 사실 일본은 이미 1918년 9월에 차관을 주는 대가로 중화민국 정부로부터 이에 관한 동의를 얻어냈었다. 그러나 막상 이 같은 사실이 1919년 5월 3일자 신문에 파리강화회의의 결정내용으로 보도되자 격분한 북경

학생 약 3천명이 천안문 앞에 모여 이를 반대하는 시위를 벌였는데 이것이 바로 오·사운동의 계기가 된 5·4 사건이다.

전국적으로 또 해외에서도 일어났던 오·사운동은 정치운동뿐만 아니라 일본상품불매운동 등 경제운동 및 과학과 민주의 기치를 내건 신문화운동으로 확산되었다. 문예계에서는 신문화운동의 일환으로 후스(胡適), 천뚜시우(陳獨秀) 등의 주도아래 문학혁명의 바람이 일었다. 문학혁명의 정신은 반제국주의, 반봉건주의 등 비판정신과 함께 자유연애, 자유결혼, 남녀평등 같은 자유정신도 섞여 있었다.

아무튼 오·사운동의 영향으로 아이칭은 중학 시절에 이미 학우들과 시위에 참여하여 구호를 외치고 외제 상품 가게를 부수기도 하고 아편을 파는 금연감독 기관을 파괴하기도 했다. 1928년 중학을 졸업한 아이칭은 북방의 군벌을 치러 가는 국민군(國民軍)이 고향을 지날 때 마을사람들과 함께 열렬히 성원하기도 했다. 그는 단순히 성원만 한 게 아니라 직접 국민군이 되려고 황포군관학교(黃埔軍官學校)에 들어가려 했으나 아버지의 반대로 뜻을 이루지 못했다.

이듬해인 1929년 아이칭은 미술을 공부하기 위해 프랑스로 유학을 떠났고 그 후 2년만인 1931년 9월 18일 중국에서는 구·일팔 만주사변이 터진다. 구·일팔 만주사변이란 9월 18일 밤 심양(沈陽) 북쪽의 류조구(柳條溝)를 지나는 철도가 폭파되자 일본은 그 책임을 국민군에 돌리고 관동군으로 하여금 심양을 점령케 한 사건을 말한다. 당시 프랑스 정부는 일본 정부와 일종의 묵계를 맺고 있었기 때문에 프랑스에 유학중인 중국청년들은 어느 틈에 차별과 배척, 그리고 모멸의 대상이 되었다.

예를 들어 중국인이 방을 구하러 오면 분명히 빈 방이 있으면서도 "방이 다 찼다"고 한다든지 그림을 그리고 있는 아이칭에게 "어이 중국사람! 아직도 여기서 그림을 그리고 있나? 나라가 곧 망할 텐데." 하며 빈정거렸다. 또한 푸석푸석한 과자의 이름을 "중국인"이라고 붙인다거나 중국인들끼리 중국어로 말하는 걸 보면 "중국사람! 여기는 파리니까 프랑스어로 말해야지!" 하기 일쑤였다. 한번은 아이칭이 마르세이유의 한 여관에 들어 숙박부를 쓸 때 자신의 본명 "장하이징(蔣海澄)"이라고 말하자 주인이 이를 "쟝가이스(蔣介石의 광동발음)"로 잘못 듣고 소동을 벌였다. 그러자 분개한 그는 자신의 성인 "蔣"의 초두(艸頭) 밑에 부정의 X를 그어 "艾"로 바꾸고 이름의 끝 자인 "澄" 대신 그 글자와 고향발음이 같은 "靑"으로 바꿔 숙박부에 기재했는데, 이것이 바로 그의 필명 아이칭(艾靑)이 되었다.

어쨌든 이 같은 민족적 모멸감은 그를 각성시켜 1932년 1월 당시 프랑스에 유학중이던 아시아 청년들로 구성된 반제대동맹동방지부(反帝大同盟東方支部)의 집회에 참석하게 했다. 사실 그는 정식으로 집회 통지를 받지 못한 채 아는 친구를 따라 집회에 갔는데, 그 자리에서의 인상을 바탕으로 그는 최초의 시 「회합」을 썼다. 시의 한 대목을 소개한다 :

그들-일본, 월남, 중국 등
저 동방에서 온
그들-
자유를 앙모하고 전쟁을 증오한다.
그 때문에 고뇌하고
그 때문에 고심하고
땀흘리고
눈물어린 눈빛을 번득인다.

마치 스케치하듯 그려진 이 시에는 고뇌하는 "그들"을 만날 수 있을 뿐 아이칭 자신의 고뇌는 없다. 물론 그들을 통하여 간접적으로 표현된 시인 자신의 고뇌를 느낄 수는 있지만 그 느낌조차 마치 베일을 쓴 얼굴을 보는 것처럼 생생하지 않다. 이때까지도 아이칭은 민족해방에 대해 소극적인 태도를 갖고 있었음이 틀림없다.

하지만 1932년 1월 상해의 일본 방적회사가 불이 나자 이를 기화로 일본군이 상해에 공격을 가한 일·이팔사변 이후 아이칭의 태도는 보다 적극적으로 변한다. 사변이 터진 당일인 1월 28일 아이칭 등 중국청년들은 귀국하기 위해 마르세이유에서 배를 탔는데 그들은 모두 4등칸에 배정되었고 제공된 식사도 형편없었다. 격분한 아이칭은 선장과 담판을 벌이러 갔다. 그 자리에서 선장은 도리어 "일본군이 쳐들어왔는데 당신네 중국에는 사람이 없나 보구먼."하며 빈정거리자 아이칭은 "우리에겐 홍군(공산군)이 있어요."라고 대꾸했다. 이에 대해 선장이 "홍군은 도적떼 아닌가?" 하자 그는 "그렇다면 당신들도 도적떼군요. 도대체 당신네 프랑스인들이 우리나라에 와서 한 일이 뭔데요?"라고 응수했다. 이로 보아 아이칭은 상해를 공격한 일본군을 막아내지 못하고 일본과 치욕적인 협정을 맺은 국민군을 더 이상 믿지 못하게 되었음을 알 수 있다.

결국 그는 루쉰(魯迅)의 주선으로 중국좌익미술가연맹에 가입하여 굶주림이나 파업을 주제로 그림을 그리기도 하고 직접 노동운동을 찬양하는 내용의 전단을 배포하기도 했다. 그러다가 급기야 국민군에 붙잡혀 3년간 옥살이를 하게 되는데 이 때부터 그는 보다 가열차게 민족해방을 향한 투쟁의식을 불태운다. 감옥에서 쓴 옥중시 가운데 하나인 「갈대피리」에서 이런 그의 단호한 자세를 느낄 수 있다 :

> 그러나 나는 맹세한다 – 갈대피리를 향해.
> 고통 속에서 능욕당하고 있는 갈대피리를 위해
> 나는 이제 흡사 1789년 같이
> 살이 타는 화염 속으로 내 손을 뻗어 넣으리라!

프랑스혁명이 일어났던 1789년에 진보적인 프랑스 청년들이 그랬듯 자신도 중국혁명을 위해 투쟁하겠다는 의지가 보인다. 이 시뿐만 아니라 아이칭은 옥중에서 「파리」, 「마르세이유」 등 프랑스제국주의에 대한 신랄한 비판이 담긴 시를 썼고, 진(秦)나라의 천성(陳生)과 우광(吳廣) 등 구백명의 민중이 진시황에 대항하여 투쟁한 내용을 담은 서사시 「구백사람」도 썼다.

출옥 후에도 그는 중국인에 대한 연민과 반제국주의 등을 주제로 많은 시를 썼다. 특히 「사지(死地)」의 마지막 부분을 보면 제국주의에 대해 점점 격렬해지는 그의 분노가 강도 높은 투쟁을 기대하고 있음을 알 수 있다 :

죽어버린 대지로부터
죽어버린 대지에까지
그대는 아는가?
저 휘도는, 휘돌고 있는
돌풍이 무엇을 갈망하고 있는지.

내 말하리.
만약 누군가 굶주림의 불을 당긴다면…

아이칭 뿐만 아니라 많은 중국의 지식인들은 이때쯤 국민당 정부로부터 등을 돌려 친 공산당적인 좌익 활동에 참여했다. 그 때문에 중일전쟁의 시발점이 된 칠·칠사변이 일어나기 전부터 이미 마르크스주의가 중국의 많은 지식인의 사고와 행동을 지배하고 있었다고 해도 과언이 아니다. 이 같은 상황에서 1937년 7월 7일 북경 근교의 노구교(盧溝橋) 부근에 있는 한 용왕묘에서 울린 몇 발의 총성을 빌미로 일본군이 공격을 가하는 칠·칠사변이 일어났고, 이에 대한 국민군의 응전으로 이후 8년간 지속된 중일전쟁은 아이칭의 민족주의를 더욱 고무시켰다.

실제로 1938년 아이칭은 서안(西安)에 가서 항일예술대 대장을 맡기도 하고 무한(武漢)으로 가서 마오뚠(茅盾) 등과 함께 중화전국문예계항적협회(中華全國文藝界抗敵協會)의 발기인이 되기도 했다. 이 무렵 쓴 「시론(詩論)」에서 아이칭은 시인과 혁명가를 이렇게 동일시하고 있다 :

> 시인과 혁명가는 다 같이 하늘을 우러러 탄식하며 인간을 불쌍히 여기는 사람들이다. 또한 그들은 다 같이 하늘을 우러러 탄식하며 인간을 불쌍히 여기는 마음을 행동으로 옮기는 사람들이다. 위대한 시대가 도래하면 그들은 마치 형제처럼 제휴한다… 시를 쓰는 일은 탄환을 내뿜는 나의 유일한 총구다. 만약 이 총구를 막아버린다면 이는 나를 침묵 속에 질식사시키려는 것이다.

이처럼 시를 유일한 무기로 삼은 그는 흡사 총을 쏘는 혁명가처럼 투쟁의 시를 썼다. 이제 '그들'이 아닌 '나'가 투쟁의 대열에 들어선 것이다. 「태양을 향하여」, 「횃불」 등의 시가 이를 잘 말해주고 있다. 특히

「횃불」에서 아이칭은 인민 대중을 향하여 항일투쟁에 나설 것을 다음과 같이 선동적으로 호소하고 있다 :

> 우리의 횃불이 모든 사람을 불러내어
> 그들을 길가로 나오게 하자
> 오늘밤
> 이 도시에 한 사람도 집에 남지 않게 하자.
> 모든 사람들이
> 다 나와 우리 이 불꽃 행렬로 들어오게 하자.

3. 공산주의를 향한 노정

이처럼 중경(重慶)에서 좌경 민족주의 시인의 길을 걷고 있던 아이칭에게 또 한 차례 시련이 왔다. 중일전쟁 발발 직후 제2차 국공합작(國共合作)으로 잠시 조용했던 국민당과 공산당 사이가 점점 벌어져 마침내 1941년 1월 국민군이 환남에서 공산군을 공격하는 환남사변(皖南事變)이 터진 것이다.

환남사변 이후 좌경 문인에 대한 체포바람이 일었고 아이칭의 신변도 시시각각 위태로워졌다. 그 무렵 아이칭을 만난 저우언라이(周恩來)가 그에게 "아이칭 선생 같은 분이 우리 연안에 가면 안심하고 창작할 수도 있고 생활 걱정도 없을 텐데요." 하며 연안행을 권했다. 결국 그는 저우언라이의 권유에 따라 신분을 국민당의 관료로 위장하고 47차례의 검문을 무사히 통과한 끝에 연안에 도착했다.

1941년 3월 연안에 당도한 아이칭은 공산당으로부터 환대를 받고 비록 보잘 것 없는 숙소였지만 그간 계속되었던 긴장을 풀고 편안한 마음으로 창작에 몰두했다. 이 같은 안식과 자유는 「구석기노래」의 끝 부분에서 다음과 같이 구가되고 있다 :

> 지옥일랑은 우리 뒤에 남겨두자.
> 여기는 천당으로 가는 정거장 :

우리 여기서 상처를 어루만지니
굶주리고 지친 이들이여 이곳에서 잠시 쉬시오.
－내일 새벽 길 떠나기 위하여.

우리의 이상에 날개를 달아
내일의 하늘에서 한바퀴 선회하고
우리 억압을 풀고 착취를 벗어나
평화와 행복의 전당에서 생활하니
그 전당의 기둥은 자유, 예술, 애정, 그리고 노동.

비록 구석기 시대를 방불케 하는 움집 같은 집에서 생활하고 있지만 공산혁명의 성지인 연안에서의 생활은 그에게 천국이었다. 아이칭은 자신에게 안식과 자유를 준 공산당에 진심으로 감사했다. 특히 인민의 영수인 마오쩌뚱에 대한 그의 존경심은 「마오쩌뚱」이란 시를 쓸 만큼 지극했다 :

마오쩌뚱이 나타나는 곳마다
박수 소리 요란하다－

"인민의 영수"는 공허한 찬사가 아니라
인민에 대한 박애로 얻은 인민의 신앙이다.

그가 마오쩌뚱과 중국 인민, 나아가 전 세계 노동인민을 향한 애정을 형상화하고 있는 동안 연안은 중국 각지에서 몰려오는 지식인들로 초만원 상태에 이르렀다. 게다가 일본군과 국민군 양쪽으로부터 모두 공격을 받고 있던 공산군의 형편은 점차 어려워졌고 이에 따라 연안의 상황도 더욱 어려워졌다. 그러자 왕스웨이(王實美), 띵링(丁玲) 등 작가들이 연안생활의 문제점을 비판하는 글을 썼다. 공산당 중심지에도 여전히 계급의식과 관료주의 작태가 만연함을 폭로한 것이다. 아이칭도 작가를 이해하고 존중해달라는 요지의 글을 발표하여 공산당의 작가 경시 풍토를 지적하였다.

그러자 마오쩌뚱은 1942년 당 간부와 지식인들을 겨냥하여 당풍, 학풍, 문풍을 새로이 정비하는 이른바 정풍운동(整風運動)을 일으켰고, 한 걸음 더 나아가 모든 문예를 정치에 귀속시켜 모든 작가는 모름지기 혁명의 선전대원이 되어야한다고 역설했다. 곧 이어 이러한 내용을 담은 마오쩌뚱의 『문예강화(文藝講話)』가 반포되었고 이에 따라 비판적 문인들은 투옥되기도 하고 자아비판 이후 농촌으로 보내지기도 했다.

아이칭도 자아비판 끝에 자신을 긍정적으로 개조했다. 적어도 겉으로 보기에는 그랬다. 그는 전방의 공산군을 위문하는 위문단을 인솔하여 전방에 위문공연을 가기도 하고 공산당과 마오쩌뚱 및 인민에 충성을 맹세한 끝에 1944년 공산당으로부터 모범공작자상과 모범봉사상을 받았다. 이듬해인 1945년에는 정식으로 공산당에 가입했다.

1945년 드디어 일본이 항복하자 아이칭은 화북연합대학문예학원(華北聯合大學文藝學院)의 부원장으로서 마오쩌뚱의 문예사상을 가르치기도 하고 인민들과 함께 군복을 입고 구보하고 쟁기질도 하고 토지개혁에도 참여하면서 공산당의 승리를 향한 발걸음을 재촉했다. 그래서 이 시기의 시들은 매우 단순하고 선동적이다. 일예로 「환호」를 보면 이런 식이다 :

> 해일처럼
> 광풍처럼
> 우리는 환호한다.
> 인민은 환호한다.
> 중국 공산당 만세!
> 마오쩌뚱 동지 만세!

민요체로 쓴 「군대로 보내며」에서는 선동성이 더욱 두드러진다 :

> “농민이 해방되었으니
> 장가 놈(장지에스)은 살지 못하리!”
> “남방으로 쳐들어가
> 장가 도적놈을 사로잡으리.”

1949년 10월 1일 드디어 마오쩌뚱은 천안문에서 중화인민공화국의 수립을 선포하자 아이칭은 이에 대한 감격을 모스크바에서 쓴 「나는 내 조국이 그립다」에서 다음과 같이 형상화했다 :

> 1949년 10월 1일
> 위대한 날이 도래했다!
> 1백년의 투쟁을 통하여
> 중국 인민이 승리의 아치문으로 들어갈 때
> 오성(五星) 홍기(紅旗)는 북경 하늘에 휘날렸고
> 땅은 환호하는 인민들로 들썩였다…

이후 아이칭은 공산주의에 갈채를 보내고 마르크스레닌주의에 찬사를 보내고 세계의 공산화를 위하여 노래했다. 그 때문에 중공 수립 이후 공산당에서 벌인 영화 『무훈전(武訓傳)』 비판, 자본주의 비판, 제삼세계 찬양에도 당연히 동조했다. 「보석 같이 붉은 별」, 「"자유"」, 「제삼세계국가회의에 바친다」 등은 모두 이런 부류의 시들이다. 이 가운데 「보석 같이 붉은 별」의 한 대목을 보자 :

> 붉은 별이 아시아를 비추게 하자
> 터어키와 인도를 비추고
> 인도네시아를 비추고
> 태국, 버어마, 말레이시아를 비추고
> 제국주의의 채찍 아래 신음하는
> 모든 나라를 비추고
> 미국에 목이 눌린 일본도 비추고
> 통곡하고 있는 필리핀을 비추고
> 전쟁 중의 조선과 월남을 비추게 하자.

4. 반(反) 전제 평화주의자

이처럼 나름대로 공산당에 충성을 다했건만 1957년 아이칭은 마오쩌뚱이 쳐놓은 "쌍백운동(雙百運動)"의 덫에 걸려 "우파(右派)"로 지목되고 만다. 쌍백운동이란 "백화제방(百花齊放), 백가쟁명(百家爭鳴)"의 두(雙) 백(百) 운동을 말하는데, 이 운동은 모든 꽃이 다 필 수 있고(백화제방) 모든 새가 다투어 지저귈 수 있다(백가쟁명)는 뜻을 품고 있다. 모든 문예작품을 꽃으로 비유하고 모든 철학사상을 새에 비유하여 문학예술, 학술사상의 자유를 보장한다는 운동인 셈이다. 적어도 문맥상의 의미는 그렇다.

마오쩌뚱은 1956년 4월 이 쌍백운동을 일으켜 중공 수립 이후 각종 비판운동으로 움츠리고 있던 문인, 학자들의 기를 펴서 중국의 과학과 문화를 활성화해야 한다고 역설했다. 해를 넘기며 일년 넘게 계속되는 이 운동에 처음에는 냉담하던 문인, 작가들이 하나, 둘 속내 이야기를 털어놓기 시작했고, 이에 발맞춰 아이칭도 「우상의 이야기」, 「꽃 키우는 사람의 꿈」, 「매미의 노래」 등의 우화를 써서 공산당의 우상숭배 및 오직 한 가지 꽃만 기르는 사람과 오직 한 가지 노래만 부르는 사람을 풍자했다.

하지만 1957년 6월 아무런 제한 없이 속내 이야기를 발표할 수 있다던 쌍백운동이 스르르 철회되고 운동에 참여한 문인들이 하나 둘 철퇴를 맞기 시작했다. 아이칭도 "우파분자"로 지목되어 곤욕을 치렀다. 급기야 12월 공산당의 당적이 박탈된 아이칭은 이듬해인 1958년 흑룡강성의 한 임업시험장으로 "하방(下放)"되었고 1959년에는 다시 신강성으로 옮겨져 문화혁명 바람이 거셌던 1967년까지 그곳에서 "반성"하면서 살아야 했다.

「개간자의 노래」, 「황무지를 태우며」 등의 시를 쓰며 그나마 작은 평화를 유지하던 아이칭은 1967년 당시 살고 있던 신강성 석하자(石河子)

까지 몰아친 문화혁명의 바람을 맞고 혹독한 곤욕을 치른다. 자신에 대한 악의적인 대자보가 붙고 가택수색을 당하고 그간 써온 원고더미와 중요한 편지들, 그밖에 창작을 위해 수집한 자료들을 모두 압수당했을 뿐 아니라 거처도 "소시베리아"로 옮겨졌다. 그는 허리를 제대로 펼 수 없고 햇빛도 들지 않는 움집에 살면서 처음에는 나무 키우는 일을 하다가 나중에는 변소치기를 했다. 굶주림과 눈병에 시달리며 때때로 고깔모자를 쓴 채 군중 앞에서 비판도 받았다.

결국 1976년 마오쩌뚱이 죽고 이른바 사인방(四人幇)이 자취를 감추고 1977년 덩샤오핑 정권이 확고해질 때까지 아이칭은 꼬박 10년을 침묵할 수밖에 없었다. 1977년부터 다시 시를 쓰기 시작한 그는 1979년 박탈당했던 당적을 회복하고 모든 명예가 회복된 후에야 조심스럽게 자신의 생각과 느낌을 피력하기 시작했다.

문화혁명 이후 변화된 그의 시 주제는 반(反) 전제였다. 반 전제는 덩샤오핑의 현대화정책과 공산당의 이른바 초급 사회주의 이론에 발맞춘 주제이기도 하다. 초급사회주의 이론에서 볼 때 1970년대 말 당시의 중국 사회주의는 여전히 약 60년 전 오·사운동 당시의 상태와 같아서 마오쩌뚱이나 사인방이 이미 도달했다고 호언했던 공산주의 시대에 아직 도달하지 못했다는 것이다. 그 때문에 여전히 과학과 민주 정신을 고취해야 하고 봉건주의를 반대하고 현대화를 해야 했다. 아이칭도 이에 부응하여 1980년 『시탐색』지와의 인터뷰에서 이렇게 말했다 ; 오늘날 인민의 관심사가 무엇입니까? 현대화를 하느냐 마느냐, 반봉건을 하느냐 못하느냐 아닙니까? 봉건주의는 우리의 골수에 사무쳐 있습니다. 그 때문에 현대화는 정치, 사상의 민주화와 뗄 수 없는 관계에 있다고 봅니다.

이렇듯 덩샤오핑 정권의 현대화 정책에 발맞춘 반봉건주의, 반문화 전제주의 사상을 아이칭은 「빛의 찬가」, 「옛 로마의 콜로세움」, 「만수산」 등의 시에 담았다. 예를 들어 「빛의 찬가」의 한 대목을 보면 다음과 같다 :

역사상의 모든 폭군과
각 왕조의 간신들, 그리고
탐욕으로 가득 찬 모든 사람들은
재물을 훔쳐 독점하기 위하여
온갖 계략을 다해 빛을 감금하려 한다.
빛이 사람들을 각성시키기 때문에.

또한 「옛 로마의 콜로세움」에서도 고대 로마의 폭군의 횡포를 묘사한 후 다음과 같이 덧붙이고 있다 :

말하기에는 다소 황당하지만
오늘날의 세계에도
노예주의 사상을 가진 사람들이
온 인류를 노예로 보고
온 지구를 콜로세움으로 삼고 있다.

손바닥으로 햇빛을 가리는 독재자와 전제군주에 대한 매우 직설적인 비판이 그대로 드러나는 시들이다. 어느새 아이칭의 시 창작은 1930년대의 산뜻하고 화려한 상징과 은유에서 멀어져 좋든 싫든 사회주의 현실주의의 단도직입적이고 선동적인 스타일로 변해 있음을 알 수 있다. 이는 청나라 말의 독재자로 평가되기도 하는 서태후(西太后)를 빌어 사인방(四人幇)의 우두머리 쟝칭(江青)을 풍자한 「만수산」의 다음 대목에도 잘 드러나 있다 :

호수의 깊이와
산의 높이는
노예노동의 총화.

한 여인의 몽상을 위해
얼마나 많은 이들의 한이 호수 아래 쌓였을까.

하지만 10여년의 고난을 통해 공산주의에 얼마간 길들여진 아이칭은 젊은 시인들 사이에 이는 자유주의나 개인주의, 심지어 자본주의나 허무주의 등에 대해서는 반대 입장을 분명히 했다. 자신은 어디까지나 공산주의를 향한 사회주의 시인임을 「홍기」 등의 시에서 밝히기도 했다. 이는 물론 지나친 우경화를 경계하는 공산당의 방침에 부응한 것이기는 하지만 실제로 아이칭 자신의 진심이기도 하리라.

이 시기에 발표된 아이칭 시의 또 한 가지 주제는 반 전쟁 평화주의이다. 1979년부터 해외나들이를 재개한 그는 1980년 국제펜클럽 중국 본부의 이사가 된 이후 본격적 문화사절로 나선다. 아이칭은 그 이유를 다음과 같이 피력하였다 : 우리 시대의 특징은 현대화인데, 현대화를 하려면 개방을 해야 하고, 사상해방을 해야 하고 나아가 해외교류를 해야 합니다. 1982년 도쿄와 교토에서 열린 아시아작가토론회에 참가한 그는 또 이렇게 말하기도 했다 : 안정되고 평화로운 국제 환경이야말로 문화발전의 선결조건입니다. 20여 년간 전쟁과 불안 속에서 가슴 졸이며 살아야 했던 아이칭에게 안정과 평화야말로 추구해야할 최고의 가치가 된 것이다. 안정과 평화 속에서 국가 간의 활발한 교류를 찬양하는 시 「대상해(大上海)」의 한 구절을 보자 :

> 너의 수많은 부두가
> 매일 많은 나라의 큰 배들을 환영한다
> 일본의 화학비료
> 캐나다의 밀
> 스위스의 종이
> 호주의 설탕…
> 하지만 우정은 설탕보다 더 달다.

유럽에 가서 도나우 강을 보고 쓴 「푸른빛의 도나우 강」에도 다음과 같은 평화의 메시지가 담겨 있다 :

> 푸른빛의 도나우 강아
> 부디 받아들이렴
> 동방에서 온 길손의 축복을 :
> 한 줄기 평화의 강

한 줄기 우호의 강
한 줄기 정직한 푸른빛의 강
한 줄기 영원한 푸른빛의 도나우 강이 되기를.

오직 끝없는 계급투쟁의 연속이었던 마오쩌뚱의 시대에 종말을 고하고, 한 때 자기 자신도 비판하고 투쟁할 수밖에 없었던 후루시쵸프의 평화공존주의를 이제는 받아들이고 있는 것이다. 그 때문에 「바다를 바라보며」에서는 심지어 자본주의 국가하고도 평화롭게 공존하기를 원한다 :

피부색, 복장, 제도는 달라도
평화롭게 공존하고 서로서로 존중하면
더욱 큰 우의와 애정이 있는
밀감처럼 향기로운 나날이 되리.

5. 결(結)

아이칭은 시대사상을 선도한 독창적 사상가는 아니다. 비슷한 시기에 활동했던 다른 지식인들과 마찬가지로 그는 다만 자기 자신과 인민을 억압하는 경직된 사상에 반기를 들고 자신과 인민을 압제로부터 해방시킨다고 믿었던 진보적 사상들을 적극적으로 받아들인 것뿐이었다.

어린 시절 그는 부모와 상극(相剋)이라는 점쟁이의 말을 믿은 부모로부터 배척당했기 때문에 미신과 유교적 봉건사상을 혐오하는 한편 진보적 사상인 과학과 자유민주주의 사상을 깊이 받아들인 것은 그에게 매우 자연스러운 일이었다. 청년 시절의 그는 개인주의와 자유주의에 매료되어 프랑스 유학길에 올랐다. 하지만 그곳에서 아이칭은 개인적 자유가 국가의 독립과 민주화와 밀접한 관계가 있음을 깨닫고 귀국한 이후부터는 반외세, 반봉건의 사회적 실천에 뛰어드는 청년으로 변모한다.

사실 아이칭은 반제국주의, 반봉건주의 및 과학, 민주의 오·사 정신으로 출발하여 우여곡절 끝에 다시 원래의 오·사 정신을 되찾았다. 따지고 보면 그는 처음부터 끝까지 오·사 정신을 지닌 문인이었다. 즉 그는 프랑스 유학시절 프랑스, 일본 등의 제국주의 및 외세와 결탁하는 중국 국민당의 봉건주의에 대항했고 중화인민공화국 수립 이후에는 제국주의의 압제 아래 신음하는 제삼세계 여러 나라의 편에 섰다. 또한 쌍백운동(雙百運動) 당시에는 획일화되고 경직된 공산당 지도부의 봉건적 지배에 대항했으며 문화혁명(文化革命) 이후에는 봉건적이고 전제적인 사인방(四人幇)의 문화전제주의에 대해 비판적인 시를 썼다.

요컨대 아이칭은 반제, 반봉건과 과학, 민주의 오·사 정신을 일관되게 견지했다. 다만 이 같은 정신이 그가 살아온 시대에 따라 외피를 달리 해온 것뿐이다. 그러니까 1920년대 그의 오·사 정신은 자유민주주의라는 외피를 입었고 30년대에는 좌경 민족주의를 통해 발현되었다. 이후 40년대와 50년대 전반까지는 공산사회주의를 추구함으로써 그 명맥을 유지했다. 하지만 50년대 후반부터 서서히 몰아친 정치폭풍은 끝내 그에게 "우파(右派)"의 딱지와 함께 근 20년간의 혹독한 침묵을 요구했다. 그 때문에 문화혁명의 돌풍이 잦아든 1977년 이후에야 그의 오·사 정신은 반문화전제주의라는 외피를 입고 다시 등장하게 된 것이다.

앞에서도 언급했지만 아이칭은 결코 사상적 선구자가 아니다. 그는 단지 진보적인 오·사 사상을 접수하여 시대의 흐름에 따라 적절히 변주했고 이 같이 알맞게 변화시킨 진보적인 사상을 시를 통해 인민 대중에게 효과적으로 퍼뜨려 1985년 노벨문학상 후보에 오른 빼어난 시인이었을 뿐이다.

제2장

아이칭 초기시의 이항대립(二項對立)

1. 서(緖)

그간 아이칭 시 연구는 주로 작가 자신 및 그가 살아온 시대적 배경과의 관계 속에서 이루어졌다. 즉 그의 시 연구에 있어서 시인의 가족관계를 비롯한 생애 연구 및 시의 역사적 사회적 정치적 배경 연구가 중시되었다. 물론 작가와 그 작가가 살아온 시대로부터 작품을 완전히 분리할 수는 없는 노릇이고 또 그럴 필요도 없다. 그러나 작가의 생애와 시대적 배경에 지나치게 의존하다가 자칫 작품 자체가 지니는 독립적인 구조와 기능을 놓칠 수도 있다.

본 논문은 이 점에 착안하여 아이칭 시를 그 자신과 그가 살아온 시대적 배경으로부터 독립된 하나의 별개 구조로 보고 아이칭 시에 나타나는 공간, 시간, 빛깔, 소리 등을 분석하는 기호학적 방법을 실험하려고 한다. 심리비평, 신화비평 이론과 함께 연구자들의 새로운 관심을 불러일으키고 있는 기호비평은 오직 작품 자체가 지니는 내재적 구조와 기능에 주목하는 것으로, 이 같은 접근방법을 통해 작품뿐만 아니라 작가에 대한 이해도 높일 수 있다고 생각한다.

본 논문은 연구 대상 작품을 1932년부터 1937년 봄에 이르는 아이칭 초기시 12수에 국한하였다. 초기시로 분류되는 그의 시들 가운데서도 비교적 이른 시기에 씌어진 이 시들은 1937년 여름부터 1942년 사이에 쓴 초기시나 1942년-1977년의 중기시 및 1977-1996년의 후기시들에 비하여 시적 상징과 이미지가 짙기 때문이다. 이 시기 시들 가운데서도 「파리」, 「구백사람」 등 서사적 장시(長詩)를 빼고 「여명이 흰 옷을 입었을 때」, 「태양」 등 서정적인 단시(短詩)들을 선택한 것도 같은 이유에서다.

2. 아이칭 초기 단시(短詩) 12수

흔히 아이칭의 시를 빛과 소리로 형상화된 그림 같다고 한다. 그의 시에 시각, 청각 등 감각적 언어들이 많이 등장하기 때문이다. 이 가운데 밝은 광명을 나타낸 시어들을 잘 살펴보면 대부분 직접 또는 간접적으로 어두운 암흑과 대립 관계에 있음을 알 수 있다. 소리 또한 긍정적 소리와 부정적 소리라는 이항(二項)으로 서로 대립하고 있다. 빛과 소리 이외에도 아이칭 시에는 낮과 밤이라는 시간의 이항과 위와 아래 및 여기와 저기라는 공간적 이항이 상호 대립관계에 있음을 알 수 있다.

이 같은 이항대립의 시어들을 또 들여다보면 이항대립이 극복될 수 있다는 희망적인 것과 이항이 절망적으로 대립되어 있는 것들로 이루어져 있다.

1) 희망적 이항대립

아이칭 초기 단시 12수 가운데 「여명이 흰 옷을 입었을 때」, 「햇빛은 먼 곳에」 등 5수에 나타나는 이항대립은 비록 소극적이기는 하지만 자체 내에 해결의 실마리를 가지고 있다는 점에서 매우 희망적이다.

먼저 1932년 1월에 쓴 「여명이 흰 옷을 입었을 때」를 보면 다음과 같다 :

검붉은 숲과 숲 사이
청회색 산비탈에서 청회색 산비탈까지

푸른 초원.
푸른 초원. 초원 위로 흐르는
—신선한 젖 같은 연기…
아, 여명이 흰 옷을 입었을 때
들판은 얼마나 신선한지!
보라.
연노랑색 등불이
전신주 위에서 떨고 있는 마지막 시간을.
보라!

두 연으로 이루어진 짤막한 이 시의 첫 연에는 색채의 이항대립이 선명하다. 즉 "검붉은 숲" "청회색 산비탈"의 어두운 빛깔과 "젖 같은 연기"의 환한 빛깔의 대조가 선명하다. 두 번째 연에서도 "연 노랑색 등불"과 "흰 옷 입은 여명"이라는 색채의 대립이 있는데, 이 경우는 색채의 대립뿐만 아니라 "등불"이라는 문명과 "여명"이라는 자연의 이항 대립도 보인다.

이 시에서는 여명의 도래를 통해 밤과 아침이라는 시간과 위와 아래라는 공간의 이항대립을 자연스레 해소하고 있다. 또한 "여명이 흰 옷을 입었을 때" "들판은 얼마나 신선"하고 "연 노랑색 등불이" "전신주 위에서 떨고 있는 마지막 시간을" "보라"고 말하는 화자(話者)의 감각을 통하여 어두운 색이 아닌 밝은 색, 문명이 아닌 자연을 더 긍정적 가치로 보고 있음도 드러난다.

하지만 화자 자신이 이항대립을 능동적으로 해소하기보다 시간이나 자연의 순환에 의하여 해소되는 광경을 그저 보고 신선하게 느끼는 소극적 태도가 주목된다. 이 같은 소극성은 다음 달인 1932년 2월에 쓴 것으로 알려진 「햇빛은 먼 곳에」에서 다소 진전된다 :

햇빛은 사막의 먼 곳에 있는데,
배가 어두운 구름에 싸인 강 위를 달려간다.
어두운 바람.
어두운 모래밭.

어두운
나그네의 마음아!
—햇빛은 싱글벙글
사막의 먼 곳에서 비추고 있다.

짤막한 이 시에 나타나 있는 이항대립은 "햇빛"과 "어두움"이라는 색채의 이항대립과 "먼 곳"과 "가까운 곳", 즉 저기와 여기라는 공간의 이항대립이다. 저기 "사막의 먼 곳"에는 "햇빛이 비추고" 있는데 여기 가까운 곳에는 "어두운 구름에 싸인 강"과 "어두운 바람"이 부는 "어두운 모래밭", 그리고 "어두운 나그네의 마음"이 있는 것이다. 하지만 이 시에서 햇빛은 비록 "싱글벙글" "비추고" 있기는 하지만 "사막의 먼 곳"에서 비추고 있을 뿐 가까운 여기를 비추고 있지 않다는 점에서 공간과 색채의 이항대립을 해소하지 못하고 있다.

그 반면 두 번째 행의 "배는 어두운 구름에 싸인 강 위를 달려간다"에서는 「여명이 흰 옷을 입었을 때」의 화자와는 달리 "배"라는 매개물을 통해 이항대립의 해소를 위해 달려가고 있는 화자의 인위적인 노력이 보인다.

그 해 7월 아이칭이 투옥되어 감방 안에서 썼다고 알려진 「귀 기울여 듣다」에도 위 시들과 비슷한 희망적 이항대립이 드러나 있다 :

쿠르릉
쿠르릉
프랑스 남부 수력발전소의 굉음이
울부짖고 있다 : 밤이
감방 안에 잠긴 채
진동하며
힘겨운 벗의 코고는 소리에 끼어든다.
마치 큰 기선처럼
깊고 푸른 바다 위에서
전속력으로 물결을 가르며
밤이
전진하고 있다…

이 시에서 두드러지는 이항대립은 소리다. “쿠르릉”거리는 “프랑스 남부 수력발전소의 굉음”이라는 문명의 소리와 “힘겨운 벗의 코고는 소리”라는 자연의 소리의 대립이 중심을 이루고 있는 것이다. 재미있는 것은 “프랑스 남부 수력발전소”의 울부짖고 있는 소리가 바로 밤을 연상시키고 있고, 발전소 소리로 시끄러운 밤은 또 “깊고 푸른 바다 위에서” “물결을 가르며” “전진하고” 있는 “큰 기선”으로 비유되고 있다는 점이다. 「햇빛은 먼 곳에」에서 배는 이항대립을 해소하는 긍정적인 이미지였는데 이 시에서 “큰 기선”의 소리는 “수력발전소”의 굉음과 비슷한 부정적 이미지라는 점도 흥미 있다.

그러나 「여명이 흰 옷을 입었을 때」에서와 같이 “밤이 전진하고 있다”는 마지막 구절을 통해 밤이 전진하면 머지않아 아침이 올 수밖에 없음을 보여줌으로써 밤과 아침이라는 시간의 이항대립이 자연히 해소될 것을 예고하고 있다. 하지만 「햇빛은 먼 곳에서」의 화자가 여명이 흰 옷을 입었을 때 등불이 전신주 위에서 떨고 있는 마지막 시간을 단지 보고 있는 것처럼 이 시의 화자 역시 밤이 전진하여 아침이 다가오고 있는 소리를 그저 귀 기울여 듣고 있을 뿐 여전히 시인은 적극적인 극복의 노력을 하고 있지는 않다.

이처럼 이항대립의 극복에 화자가 소극적일 수밖에 없음을 시인은 1934년 『현대(現代)』에 발표한 시 「등불」에서 이렇게 변명하고 있다 :

> 하늘가에 갈 수 있기를 갈망하며
> 저 등잔 아래로 간다.
> 하지만 하늘은 갈망보다 훨씬 멀구나!
> 비록 등불의 빛살이 이미 서로의 거리를
> 완전히 소멸시켰을지라도.
> 어떻게 하면 내 떨리는 손가락으로
> 저 등불의 휘황한 이마를
> 한 차례 슬쩍 만질 수 있을까?

이 시의 핵심은 “하늘” 또는 “등불”과 화자의 관계이다. 즉 “하늘” “등불”과 화자와의 관계는 위와 아래라는 공간적 이항대립의 관계다.

그런데 위에 있는 등불은 "빛살이 이미 서로의 거리를 완전히 소멸"시킴으로써 대립을 해소했지만 아래에 있는 화자는 "등불의 휘황한 이마를 한 차례 슬쩍 만질 수"조차 없다. "하늘"에 대해서도 화자는 다만 "갈 수 있기를 갈망"할 뿐 제 편에서 갈 수 있다고 보지 않는다.

이 시에는 이처럼 위와 아래라는 수직적 이항대립과 함께 화자가 있는 여기와 등불 아래인 저기라는 수평적 이항대립이 있다. 수직적 이항대립은 위의 등불이 아래의 화자에게 하강하는 식으로 해소되는데 수평적 이항대립은 화자가 등불 아래까지 감으로써 해소된다. 이로서 화자가 할 수 있는 일은 오직 등불 아래로 가서 은총을 얻듯 불빛이 비춰주기만을 기다릴 뿐 등불의 휘황한 이마를 슬쩍 만지지는 못함을 알 수 있다. 의인화된 등불의 이마에 손을 대는 순간 화상을 입을 게 뻔하기 때문이다. 마찬가지로 무한히 펼쳐지는 하늘가에 갈 수 있기를 갈망하지만 상식적으로 또 과학적으로 닿을 수 없음을 토로하고 있는 것이다. 사실「여명이 흰 옷을 입었을 때」,「햇빛은 먼 곳에」,「귀 기울여 듣다」도 그런 의미에서 이 시와 같은 맥락이다. 몇 년 뒤인 1937년에 쓴「태양」에서도 마찬가지로 이 같은 구도가 그대로 재현되고 있다 :

태고의 무덤으로부터
암흑의 세월로부터
인류의 죽음이 흐르는 저쪽으로부터
깊이 잠든 산맥을 뒤흔들며
모래언덕을 휘돌아 나르는 불 바퀴 같이
태양이 나를 향해 굴러온다…

그 가려 덮을 수 없는 햇살이
생명을 숨쉬게 하고
무성한 나뭇가지가 그를 향해 춤추게 하고
강물은 미치광이 노래로 그를 향해 달려가게 한다.

그가 올 때 난 들었다
동면하던 애벌레가 땅속에서 꿈틀거리는 소리를
군중들이 광장에서 큰 소리로 말하는 소리를

도시가 저 멀리서
전력과 강철로 그를 부르는 소리를.

마침내 나의 가슴은
화염의 손에 찢기어
케케묵은 영혼이
강변에 팽개쳐지고
나는 인류 재생에 대한 확신을 갖는다.

이 시는 앞에 언급했던 시들처럼 위(태양)와 아래(생명, 나뭇가지, 강물, 애벌레, 군중들, 나)라는 공간적 이항대립이 위에서 아래로 해소되는 전형적 구조이다. 즉 첫째 연 넷째 행의 "깊이 잠든 산맥을 뒤흔들며"에서부터 마지막 연 넷째 행의 "강변에 팽개쳐지고"까지 천상의 매개자인 태양이 지상과 지하의 동식물과 도시 문명 및 나에게 강림하고 있다. 햇살의 하강에 따라 동면하던 애벌레가 땅속에서 꿈틀거리고 군중들이 광장에서 큰 소리로 말하고 도시가 전력과 강철로 그(태양)를 부르는 소리를 들은 나는 비로소 인류 재생을 확신하는 것이다.

이 시에서 특히 의미 있는 대목은 천상의 매개자인 태양이 다름 아닌 태고의 무덤과 암흑의 세월과 인류의 죽음이 흐르는 저쪽(황천)에서부터 온다는 첫 연의 첫 세 행이다. 이 세 구절은 현재와 태고라는 시간의 이항이 있고 죽음과 생명이라는 공간의 이항 및 암흑과 광명이라는 색채의 이항이 대립하고 있는데, 현재는 태고로부터, 생명은 죽음으로부터, 그리고 광명은 어둠으로부터 온다고 하여 대립되는 이항이 사실은 인과(因果) 관계에 있음을 깨우쳐주고 있다.

2) 절망적 이항대립

소극적이지만 화자의 희망적 몸짓이 담겨 있는 위 시들과는 달리 다음에 소개될 4수의 시에 나타나는 이항대립은 다분히 절망적이다. 「저쪽(那邊)」, 「박동(搏動)」, 「물거품(泡影)」, 「광활(遼闊)」 등 4수의 시에는 위에서부터 내려오는 은총도 없고 화자 자신의 몸짓에도 희망이 거의 보

이지 않는다. 먼저 1932년 2월에 쓴 「저쪽」을 보자 :

검은 강물, 검은 하늘.
그 검고 검은 사이에
성글고 조밀한
수많은 등불.

모두 다 침묵하고 있는데
오직 저쪽의 등불 한 편에서
철의 소리
비등하는 도시의 소리가
끊임없이 타오른다.

수많은 등불 사이로
붉고 푸른 경보 등이 번쩍이며
매 일초마다
인간세상의 영겁 재난을 경고하고 있다.

검은 강물, 검은 하늘
그 검고 검은 사이에
성글고 조밀한
수많은 등불.
보라. 저쪽은
영원히 발버둥치는 인간세상이다.

이 시는 처음부터 끝까지 부정적 공간, 부정적 색채, 부정적 소리 등으로 되어 있어서 얼핏 보면 이항대립 자체가 성립되지 않는 것처럼 보인다. 즉 검은 강물, 검은 하늘처럼 자연뿐만 아니라 문명을 대표하는 철의 소리, 도시의 소리, 붉고 푸른 경보 등이 인간세상의 재난을 경고하고 있을 뿐 이들과 대립되는 어떤 긍정적 색채, 긍정적 소리, 긍정적 가치도 없다. 다만 시의 마지막 구절 "보라. 저쪽은 영원히 발버둥치고 있는 인간세상이다"를 통하여 화자가 있는 곳은 저쪽이 아닌 이쪽임을 알 수 있다. 다시 말해서 이 시는 화자가 있는 이쪽과 화자가 묘사하고 있는 저쪽이라는 공간적 이항대립 구도를 갖추고 있다. 「햇빛은 먼 곳에」에서는 화자가 어두운 이쪽에서 햇빛이 비치고 있는 저쪽을 보고 있는 것과 달리 이 시의 화자는 이쪽에서 저쪽의 "영원히 발버둥치는 인간세상"을 보고 있는 것이다.

그렇다면 화자가 속해 있는 이쪽은 어떤 곳일까? 이쪽은 다름 아닌 검은 강물이 검은 하늘 아래 흐르고 성글고 조밀한 등불이 모두 다 침묵하고 있는, 침묵과 죽음의 세계이다. 저쪽의 영원히 발버둥치는 인간세상이 아닌 정지된 이쪽인 것이다. 이 시의 이항대립이 절망적인 이유가 바로 여기에 있다. 1936년 6월에 쓴 것으로 알려진 「물거품」에서도 화자는 여전히 밤의 세계에 머물러 있다 :

> 이 같은 밤이면
> 빗방울의 애무를 받아
> 무미건조한 그리움에 빠져 들어가야겠지?
> 환상의 물풀 사이로.
>
> 물풀 한 다발을 헤치니
> 또 물풀 한 다발
> 물풀 속에서 물 위로 떠오르는 것은
> 눈 깜짝할 사이에 사라지는 물거품…

첫 연의 "빗방울의 애무를 받아 무미건조한 그리움에 빠져 들어가야겠지?"와 둘째 연의 "물풀 한 다발을 헤치니 또 물풀 한 다발"은 심리주의 비평이론에 따르면 노골적인 성애의 표현이라고도 한다. 어찌 보면 이 시는 『시경(詩經)』의 「꽌꽌 물수리(關關雎鳩)」에서 물새로 상징된 군자가 물풀로 상징된 숙녀를 찾아 즐기는 내용과도 흡사하다. 다만 「꽌꽌 물수리」는 남녀의 아름다운 결합으로 끝이 나는 반면 이 시의 화자는 환한 대낮이 아닌 어두운 밤에 음습한 빗방울의 애무를 받아 환상의 물풀 사이로 빠져들어 눈 깜짝할 사이에 사라지고 마는 물거품 같은 사랑을 하는 것이다.

이처럼 「물거품」은 밤, 환상, 검은 색 등 부정적 시간과 공간 및 색채로 일관되어 있어 낮, 현실, 흰 색 등 긍정적인 시간과 공간 및 색채와의 완전한 격절을 드러낸다. 그럼으로써 오히려 긍정적인 시간과 공간 및 색채와 절망적으로 대립하고 있음을 보여주고 있는 셈이다. 비슷한 시기에 쓴 옥중시 「박동」또한 비슷한 구도를 지니고 있다 :

심장의 박동이 내 병의 박동을
잴 수 있을까?

넘실대는 도시의, 밤의 빛이
늘 내게 무거운 압박을 준다.

이 압박은 어쩌면 도시의
번잡한 음색이 아닐지 모른다
이 압박은 추억 속
도시의 음색일 것이다

하지만 심장의 박동이 과연
내 이 병의 박동을 잴 수 있을까?

두 행을 한 연으로 처리하여 모두 다섯 연으로 깔끔하게 구성한 이 시의 시간은 현재, 과거, 밤 등 다양하다. 또한 공간은 도시인데 이 도시는 시각적으로는 "넘실대는 밤의 빛"이고 청각적으로는 "번잡한 음색"을 띈다. 도시의 "번잡한 음색"이 화자에게 감각적으로 "무거운 압박"을 가하고 있는 것이다. 「물거품」과 마찬가지로 이 시에도 역시 밤과 대립되는 낮이나 번잡한 음색과 대립되는 순수한 음색, 도시와 대립되는 농촌이라는 긍정적 항목이 전혀 보이지 않는다. 당시 옥중에서 병고에 시달리던 아이칭으로서는 희망보다는 절망이 더 가까웠을 것이다.

이에 비하여 「광활」은 비록 절망적 이항대립적 시어들이 주류를 이루지만 다소 희망이 엿보이는 시이다 :

광활한 밤이 이미
하늘 장막에 끝없이 펼쳐졌다!

끝없이 광활한 하늘 밑에
빛나는 별 하나가 반짝이고 있다…

말해보게. 저것이 바로
우리의 이정표인가?

광활한 밤이 광활한
하늘 장막 아래 더더욱 광활하구나…

길지 않은 이 시에 뚜렷이 나타나고 있는 공간적 이항은 하늘과 별이 있는 위, 그리고 나와 너가 있는 아래다. 그런데 이 시에서 나는 광활한 하늘 장막에서 반짝이고 있는 빛나는 별이 바로 우리의 이정표냐고 땅에 함께 있는 너에게 물음으로써 조심스럽게 대립하고 있는 이항, 즉 위와 아래를 연결시키고 있다. 이 점이 바로 이 시의 희망적인 부분이다. 하지만 화자인 나는 빛나는 별을 발견하고도 그 별을 자신의 이정표로 의심 없이 받아들이는 대신 "너"에게 묻고 있는 것이다.

왜냐하면 화자는 밤이 아직은 너무도 광활하게 하늘을 뒤덮고 있어 비록 빛나는 별을 이정표 삼기는 하면서도 오직 별 하나만을 바라보고 가기에는 온 하늘을 뒤덮으며 끝없이 펼쳐진 밤의 어두움이 너무 짙다는 절망감에 사로잡혀 있기 때문이다. 바로 그 때문에 시인은 "광활한 밤이 광활한 하늘 장막 아래 더더욱 광활하구나"라는 절망적 절규로 이 시의 끝을 맺고 있다.

3) 매개체를 통한 이항대립의 극복

비록 이렇게 절망적으로 절규하고 있지만 아이칭 시의 이항대립은 그러나 대부분 매개체를 통해 극복된다. 앞서 희망적 이항대립에서 소개한 「햇빛은 먼 곳에」에서처럼 먼 곳에 있는 햇빛을 향해 어두운 강

위를 배가 달려가고 있는 것이다. '빛'과 '어두움'이라는 대립된 이항이 '배'라는 매개항을 통해 극복되고 있음이다. 이는 「Orange」를 통해서도 확인된다 :

둥글게 타오르는
타오르는 태양처럼 밝게 켜진
둥근 유리창-
오렌지는-내 마음의 비유
오렌지가-생각나게 한다 :

버스 한 대가
번개처럼 지나가자
기념비
사거리의 광장
공원 옆 숲 우거진 길
난꽃을 안고 있는 소녀
오월의 분수대가
줄줄이
사랑의 물보라를 내뿜는 명절…

오렌지-저
모든 음식자판기의
눈처럼 흰 맥주 포말에
비치는
붉은 장막의 환희
태양의 환희…
오렌지-
라틴 여인의 눈동자처럼 바닥없는
쪽빛 열대바다
그 위로 넘실대는
잘 들리지 않는 노래
이방인의 애수어린
오렌지
타오르는 태양처럼 밝게 켜진 둥근

유리창—
오렌지가
생각나게 한다 :
이 오렌지 같은 지구와
지구 다른 쪽에 있는
이 오렌지처럼 즐거운 아가씨를
우리 일찍이 이별의 날이 가까웠을 때
나누어 먹었던, 한 개의
둥근—타오르는
오렌지

오렌지는—내 마음의 비유

옥중에서 쓴 이 시에는 외관상 이항대립이 없는 것처럼 보인다. 하지만 당시 아이칭은 감옥에 있었으니 이 시 전체가 이상적인 마음을 노래하고 있는 셈이다. 따지고 보면 이 시에는 현실과 이상, 현재와 과거, 그리고 몸과 마음의 이항대립이 숨어 있다고 하겠다. 영어(囹圄)의 몸으로 좁은 감방에 갇혀 있던 아이칭에게 창살 밖으로 보이는 태양은 자연스레 붉은 오렌지를 떠오르게 했을 것이다. 오렌지는 이어서 '둥근 유리창'으로 '붉은 장막의 환희'로 연상된다. 뿐만 아니라 오렌지는 '노래'도 되고 '지구'도 되고 '아가씨'도 되기도 한다. 왜냐하면 오렌지는 시인 자신의 '마음의 비유'이기 때문이다.

이 시를 보면 아이칭이 프랑스 유학 당시 보았던 축제의 거리 풍경과 함께 그가 그곳에서 만났다가 헤어졌을 법한 라틴 여인이 등장하고 있다. 이는 그녀와 나눈 "붉은 장막의 환희", 그리고 "우리 일찍이 이별의 날이 가까웠을 때" "나누어 먹었던 한 개의 둥근—타오르는 오렌지" 등의 구체적 표현을 보아 짐작할 수 있다.

많은 상징과 비유로 점철되어 있는 「오렌지」의 이항대립은 한마디로 회상이라는 다소 추상적인 매개항으로 극복되고 있다. 시인의 연상과 그리움, 온갖 생각과 느낌으로 몸과 마음, 현재와 과거 및 이상과 현실이라는 대립된 이항을 극복하여 매우 다채롭고 아름다운 상태에 도달

하고 있는 것이다. 비록 순간의 꿈일지라도 말이다. 이 같은 구도는 「창」에서도 비슷하게 펼쳐진다 :

이렇게 아름다운 날
나는 유유히 창을 바라보면서
그녀도 바라볼 수 있다.
그녀는 내 환상의 창안에 있기에.
나는 바라본다.
그녀도 창 앞에서
손으로 소담스런 턱을 받치고 있음을.
그녀의 부드러운 눈이
사념에 잠겨있다.

그녀의 사념어린 눈 속에
가없는 하늘이 비친다.
그 하늘 빛깔은
꿈 같이 푸른 빛
푸른 하늘 위에
흰 구름이 떠오르고 있다.
그 구름을 따라가면
그녀 또한 내 모습을 바라볼 수 있다.

그렇다. 그녀는 바라볼 수 있다.
나도 같은 날에 있음을.
왜냐하면 나 또한
그녀의 환상의 창 안에 존재하니까.

이 시에 드러나는 이항은 나와 너, 창안과 창밖이다. 이는 아이칭의 많은 시들에서처럼 서로 상극이라기보다 서로 매우 친밀한 대를 이루는 이항이라고 할 수 있다. 하지만 아무리 친밀한 이항이라 하더라도 닿을 수 없다는 점에서 분명 대립 상태에 있다. 다만 '환상의 창'이라는 매개항을 통해서 만날 수 있을 뿐. 환상의 창을 통해 나는 한 조각 구름이 되어 그녀라는 하늘에 떠올라 함께 놀 수 있는 것이다. 「Orange」에서 회상이라는 매개항을 이용하여 현실과 이상, 현재와 과거의 간극을 뛰어넘었듯 「창」에서는 이처럼 환상의 창이라는 매개체를 이용하여 나와 너, 안과 밖의 간극을 해소하고 있는 것이다.

마지막으로 신화적 매개체를 등장시켜 이항대립을 극복한 「새벽노래」를 소개한다 :

> 너의 눈물을 닦아라—
> 창문을 열고
> 엎드려라
> 황금빛 봉새의 날개 아래…
>
> 봉새가 날아오를 때
> 너의 꿈은
> 밤의 번뇌와 암흑의 두려움에서
> 벗어날 수 있다.
>
> 봉새가 너를 데리고 가게 하라!
> 끝없는 바다와 바람 없는 사막까지
> 또는 알프스산 꼭대기까지
>
> 희망을 안고 유람하는 자는 복이 있다.
> 부디 봉새의 날개 빛을 빌어
> 잠들어 있는 세계와
> 버둥대고 있는 중생을 위로하기를!

이 시는 『장자(莊子)』에 나오는 전설적 새인 봉새를 매개체로 삼아 시간과 공간 및 감정의 이항대립을 극복하고 있다. 즉 너는 봉새를 타고 '밤의 번뇌'와 '암흑의 두려움'을 벗어나 '끝없는 바다'와 '바람 없는 사막', 그리고 '알프스산 꼭대기'까지 간다. 밤과 눈물, 번뇌, 두려움이 있는 막힌 공간이라는 이 세계에서 낮과 희망, 꿈, 복이 있는 넓은 공간이라는 저 세계로 진입할 수 있는 것이다. 이는 시간과 감정, 그리고 공간의 이항대립이 봉새라는 매개항을 통해 해결됨을 의미한다.

재미있는 점은 이 시의 마지막 연에 등장하는 '봉새를 탄 너'와 '버둥대고 있는 중생'이라는 이항이다. 이는 「Orange」, 「창」에서의 너와 나라는 수평적 인간관계가 아니라 영웅과 군중이라는 수직적 인간관계로의 전환을 뜻한다. 「새벽노래」는 앞의 두 시보다 늦은 시기인 1937년 3월에 씌어진 시라는 점을 감안할 때 이 같은 변화는 점점 다가오는 중일전쟁의 암운을 감지한 아이칭의 정서가 개인적 사랑으로부터 사회적 책임으로 확장되고 있음을 의미한다고 하겠다.

3. 결(結)

아이칭 초기시 12수 안에는 이처럼 밤과 낮, 어제와 오늘 등 시간의 이항대립과 안과 밖, 여기와 저기, 위와 아래 등 공간적 이항대립이 있다. 또한 백색, 황금색 등 밝은 빛깔과 청회색, 흑색 등 어두운 빛깔의 이항대립이 있다. 그밖에 노래 소리, 코고는 소리와 발전기 소음, 쇳소리 등 소리의 이항대립도 있다. 뿐만 아니라 웃고 기쁘고 아름다운가 하면 고뇌하고 두렵고 덧없는 등 감정의 이항대립이 있고 농촌, 자연과 도시, 문명이라는 이항대립과 나와 너, 영웅과 군중이라는 이항대립도 있다.

이처럼 대립되는 이항들은 시인이 긍정적 가치를 부여하는 항목과 그렇지 않은 부정적 항목으로 또 다시 이항 대립된다. 즉 낮이라는 시간과 태양, 별, 하늘, 전원이라는 공간과 흰색, 황금색이라는 빛깔 및 노래 소리, 코고는 소리, 자연의 소리에 긍정적 가치가 부여되는 반면 밤, 사막, 물 속, 도시, 청회색, 흑색, 발전기 소음, 쇳소리에 부정적 가치를 준다.

그렇지만 어떤 시에서 긍정적 항목이었던 것이 다른 시에서는 부정적인 경우도 있다. 예를 들어 대체로 긍정적인 공간인 하늘도 "검은 하늘" "밤에 잠긴 하늘장막"에서는 부정적 공간이 되고 「햇빛은 먼 곳에」에서 긍정적 항목이었던 저기가 「저쪽」에서는 매우 부정적으로 그려지고 있다. 또한 「등불」에서 긍정적 가치가 부여된 등불이 「여명이 흰 옷을 입었을 때」에서는 햇빛에 밀려 상대적으로 부정적 모습으로 묘사된다. 아이칭 시에는 이처럼 긍정적 가치와 부정적 가치가 혼재되어 있는데 앞의 절망적 이항대립에서 언급한 시들처럼 때로는 부정적 항목이 두드러지기도 하는 한편 희망적 이항대립의 시들처럼 때로는 긍정적 항목이 돋보이기도 한다.

이처럼 대립되고 있는 이항을 아이칭은 그러나 어떻게든 화해시키려 노력하고 있다. 이항대립을 극복하기 위해 그가 사용한 시적 장치는 바로 매개항, 즉 매개체이다. 예를 들어 안과 밖, 나와 너를 이어주는 '창'(「Orange」, 「창」, 「새벽노래」), 어둠을 뚫고 햇빛을 향해 달리는 '배'(「햇빛은 먼 곳에」, 「귀 기울여 듣다」) 등이다. 그밖에 「새벽노래」의 '붕새' 같은 설화적 매개체도 있고 「Orange」의 회상, 「창」의 환상 같은 관념의 매개항도 있다. 그런가 하면 "(여명이 밝아오는 광경을) 보다"라든지 "(밤이 전진하여 새벽이 오는 소리를) 듣다", 또는 "빛이 있는 곳으로) 가다"와 같이 구체적 동작으로서의 매개항도 있다.

전체적으로 볼 때 아이칭 초기시 12수 가운데 매개항의 역할이 전혀 없는 시는 「저쪽」, 「물거품」에 불과하고 나머지 10수에는 모두 정도의 차이는 있지만 이항대립을 해결하고 극복하려는 매개항이 기능하고 있다. 아이칭이 희망과 전진의 횃불을 높이 든 항일시인으로 기록되어 있는 이유도 바로 여기에 있다.

제3장
현대주의와 수팅(舒婷)의 몽롱시

1. 들어가며

중국현대문학사를 보면 문화혁명(1966-1976) 이후 신시기문학(新時期文學) 시기가 도래하는데 수팅(1952-)은 꾸청(顧城) 등과 함께 이 시기 시단의 선두주자로 기록되어 있다. 신시기문학 시기에는 특히 '몽롱시(朦朧詩)'가 유행하였는데 이 시기에 씌어진 수팅의 시 또한 몽롱시로 분류되고 있다. 그렇다면 1970년대 말 과 1980년대 초에 크게 유행하였던 몽롱시는 어떠한 시를 두고 하는 말인가? 사전 상으로 몽롱시는 몽롱체시를 말하며 그 의미는 시에서 분명한 뜻이 드러나지 않는 애매하고 모호한 시체(詩體)로 되어 있다.

이처럼 의미가 애매하고 모호한 몽롱시는 중국에서 현대시 또는 현대화 시로도 불리고 있는데 이는 몽롱시가 현대와 밀접한 관계가 있음을 보여준다. 즉 몽롱시는 현대적 시로서 현대적 속성을 잘 드러내고 있는 현대주의(모더니즘) 또는 후현대주의(포스트모더니즘)와 긴밀히 연관되어 있기에 몽롱시를 쓰는 시인들은 '현대파' 또는 '후현대파'로 부른다.

본 논문은 먼저 서양의 모더니즘과 포스트모더니즘 문학의 전개과정을 간단히 살펴보고 이것과 연관 선상에 있는 중국현대문학사 상의 현대주의를 짚어본 다음 한 걸음 더 나아가 중국문학에 있어서의 현대주의와 몽롱시의 관계를 알아보려 한다. 이렇게 하여 정의된 현대주의와 몽롱시의 개념을 바탕으로 수팅의 몽롱시에 나타나는 현대주의 특징을 찾아내는 것이 본 논문의 목표이다.

2. 현대주의와 몽롱시

1) 모더니즘과 포스트모더니즘 문학에 관하여

신학, 문학, 역사학, 심리학 등 여러 분야에 걸쳐 유럽에서 싹이 튼 모더니즘의 발생시기에 대해서는 여러 학설이 있다. 그러나 대체로 19세기 말 20세기 초 문학, 철학, 미술 등의 방면에서 전통을 부정하고 근대적인 것을 주장하는 주관주의적 경향을 통틀어 모더니즘으로 부른다. 여기서 근대적인 것이란 산업혁명 이래 기계문명이 발달하는 근대화와 전통에 저항하는 정신과 관련이 있다.

문학에 한하여 보면 모더니즘은 19세기 후반 보들레르, 랭보로부터 20세기 초 발레리로 이어지는 프랑스의 상징주의에서 그 출발점을 찾는다. 상징주의는 인간 내면의 복잡하고 미묘한 의식을 구체적 형상으로 표현하였는데 주로 거듭되는 전쟁에 대한 위기의식과 산업사회에서 느끼는 소외감으로 인하여 비뚤어진 영혼, 왜곡된 심리 등을 다루는 경향이 있다. 근대화가 진행됨에 따라 영국에서도 엘리오트, 파운드 등을 중심으로 하는 신비평주의가 등장하는데 특히 1930년대 미국 문단에 유행한 이 뉴 크리티시즘은 문학 작품을 작가와 분리시켜 작품만을 독립적 유기체로 보고 그 작품을 구성하고 있는 언어들의 연결고리를 파악하는 데 중점을 둔다. 그 때문에 신비평주의자들은 작품을 볼 때 작품이 무엇을 말하고 있는지 뿐만 아니라 어떻게 말하고 있는지를 중시하여 치밀한 언어구조분석을 하였다.

한편 1950년대에 레비스트로스는 언어구조의 분석을 통하여 인류문화의 저변에 내재된 인간의 보편적 정신구조를 파악하는 인류학적 방법으로 구조주의를 도출하였는데 이에 힘입어 바르트는 문예비평에 언어구조주의적 방법을 도입하였고 프라이는 프로이드의 개인의식구조를 집단의식구조로 확산시킨 후 다시 이를 신화와 접목시켜 신화비평이론으로 발전시켰다. 한편 50년대 말 60년대 초 미국의 문예계에서는 하우, 바틀미 등에 의하여 포스트모던이라는 용어가 처음 등장하였는데 이 용어 아래 이들은 핵 공포와 냉전, 다국적기업의 등장, 정보의 홍수 속에서의 인간의 소외, 불안 등의 주제를 다루었다. 이처럼 미국에서 잉태된 포스트모더니즘은 다시 유럽으로 건너와 이론적 무장을 하게 되는데 그 결과 료따르, 푸코, 데리다 등의 후기구조주의 이론이 탄생된다.

상징주의, 신비평주의, 구조주의 등과 마찬가지로 후기구조주의를 완벽하게 설명하는 일은 필자의 능력 밖이므로 여기서는 간단히 후기 구조주의적 특색을 구조주의와 비교하기로 한다. 먼저 구조주의가 보편적이고 체계적이며 궁극적 목적으로서의 가치를 추구한다면 후기구조주의는 특수하고 다원적이며 끊임없이 변화하는 여러 가치들을 중립적으로 수용한다. 또한 구조주의가 과거, 현재, 미래를 잇는 완전한 전체로서의 이성 안에서 개인을 부속으로 여긴다면 후기구조주의는 오직 지금 현재만을 중시하며 전체로서의 이성이 아닌 개인의 자발적 감정을 중시한다. 때문에 구조주의에서는 모두가 하나를 이루는 안정성이 있다면 후기구조주의에서는 모든 개인이 다 옳고 다 그를 수 있다는 불안정성이 드러난다. 한마디로 후기구조주의는 구조주의의 핵심인 체계적이며 전체적인 이성을 해체하는 데 그 의미를 둔다고 하겠다.

이 때문에 후기구조주의를 토대로 하고 있는 포스트모더니즘은 흔히 절망적 분열상황인 세기말적 상황으로 인식되기도 한다. 또한 다국적기업의 중심인 미국이 다른 나라들을 상대로 대중문화, 정보문화를 확산시켜 궁극적으로 문화식민화를 진행하는 데 이론적 토대를 제공한다는 부정적 측면도 있다. 그러나 동양보다 서양이 중심이고 여성보다 남성이 중심이고 자연보다 인간이 중심인 모더니즘 사고방식을 해체하는 의미로서의 포스트모더니즘은 분명 긍정적 측면이 있다.

문예비평방법으로서의 포스트모더니즘은 모더니즘처럼 작품을 작가로부터 독립시킴은 물론 작품 자체의 구조까지도 완전히 해체하여 저자의 의도와는 관계없이 비평가가 서있는 현재의 상황 속에서 작품의 의미를 재창출해낸다. 때문에 문학작품의 의미는 비평가 또는 독자가 처한 상황에 따라 무한히 생성된다고 할 수 있다. 이것이 바로 해체주의 이론의 창시자로 알려진 데리다가 미국에 건너가 완성한 예일학파의 문예이론이다.

지금까지 모더니즘, 포스트모더니즘을 간단히 살펴보았다. 그러나 사실상 모더니즘과 포스트모더니즘을 구분하여 정의하기가 쉽지 않다. 그래서 학자들 간에는 모더니즘을 구조주의와 묶고 포스트모더니즘을 후기구조주의와 묶는 견해가 있는가 하면 모더니즘과 포스트모더니즘도 전혀 다른 개념이 아니라 비슷한 개념으로 묶어야 한다는 견해도 있다. 심지어 모더니즘, 포스트모더니즘뿐만 아니라 리얼리즘도 하나로 묶어야한다는 견해까지 대두되고 있다. 이는 이들 문예사조가 다 나름대로 진보와 저항정신을 담고 있기 때문으로 해석되는데 그렇게 되면 사실상 고전주의, 낭만주의, 현실주의, 자연주의, 상징주의, 초현실주의 등등의 구분이 불필요해질 수 있다. 요컨대 모더니즘, 포스트모더니즘의 정의와 범위는 아직까지도 확연히 정해지지 않았고 지금도 꾸준히 모색중에 있는 개념이지만 둘 다 기존의 권위를 해체하는 저항 정신을 담고 있는 현대주의 문예사조라고 할 수 있다.

2) 현대주의와 몽롱시

이처럼 불안정한 개념인 서양의 모더니즘, 포스트모더니즘이 중국에 와서는 더욱 종잡을 수 없는 개념이 되어 있다. 어떤 학자들은 현대주의와 후현대주의를 구분해서 사용하되 그 시기를 미국이나 유럽 여러 나라들과 다르게 1980년대 전반까지를 현대주의문학시기로, 80년대 후반을 후현대주의 문학시기로 나눈다. 그런가 하면 현대주의와 후현대주의를 구분 없이 사용함은 물론 심지어 "범현대문학"이라는 이름하에 현대주의, 후현대주의, 현실주의, 낭만주의, 고전주의 문학까지 뭉뚱그려

사용하는 학자도 있다. 물론 이 종합적인 “범현대문학”에 속하는 범낭만주의, 범현실주의, 범현대주의, 범후현대주의, 범고전주의는 모두 19세기, 20세기 식 구미의 낭만주의, 현실주의, 현대주의, 후현대주의, 고전주의가 아니다. 범고전주의만 보더라도 이는 유교, 도교, 불교가 현대적으로 수용된 중국식 문예사조인 것이다.

명칭이나 시기야 어찌 되었든 구미의 모더니즘과 포스트모더니즘이 중국현대문학에 영향을 끼쳐왔고 또 끼치고 있음은 부인할 수 없다. 개혁개방이래 오늘날까지 중국 문예계에 서양의 모더니즘, 포스트모더니즘 문학을 소개하고 탐구하고 평가하는 논문들이 쏟아져 나오고 있음만 보아도 그렇다. 본 논문의 연구대상인 수팅의 몽롱시가 씌어진 시기이기도 한 1976년에서 1985년까지만 해도 서양의 모더니즘문학과 포스트모더니즘문학을 개론적으로 다룬 논문이 수 백 편에 달함을 볼 때 더욱 그렇다. 그런데 중국의 문예비평가들은 대부분 모더니즘, 포스모더니즘을 현대주의로 포괄하여 말하고 있으므로 본고도 이 같은 경향에 따르기로 함을 밝혀둔다.

아무튼 이 논문들은 주로 상징주의로부터 시작되어 신비평주의를 거쳐 구조주의에 이르는 서양 모더니즘의 발전과정을 소개한 후 현대주의 문학의 주제와 사상을 첫째 세계대전 등 전쟁으로 인한 위기의식, 둘째 자본주의 사회의 소외감, 셋째 이에 따른 자아가치의 상실 등으로 보고 있다. 또한 현대주의적 표현방법으로는 첫째 자유로운 연상, 둘째 내심의 독백, 셋째 잠재의식의 표출인 몽환의 중시 등을 들고 있다. 이 논문들은 이밖에도 서양의 모더니즘을 중국에서는 어떻게 보아야 할지, 어떻게 평가하고 수용해야 할지, 또한 실제로 어떻게 중국적 토양에 맞게 중국화되어 왔는지 등을 진지하게 논의한 끝에 중국에서의 현대주의 시는 대체로 1920년대의 상징파, 30년대의 현대파, 40년대의 구엽파(九葉派), 그리고 70년대 말의 몽롱파(朦朧派)로 그 명맥을 이어왔다고 평가하였다. 이는 물론 서양 모더니즘의 시작을 프랑스 상징주의 시들로 보는 견해와 같은 맥락이다.

중국의 상징주의 시는 리진파(李金髮)에 의하여 주도되었다. 그는 일찍이 1919년 프랑스에 가서 조각을 공부하다가 1923년 독일에 머무르면서 시를 썼는데 그 시들이 1925년『가랑비(微雨)』라는 시집으로 발간되었다. 보들레르에 심취했던 리진파는 그의 시를 모방하는 습작 끝에 시를 쓰기 시작하였는데『가랑비』이후에도『행복을 위한 노래(爲幸福而歌)』,『식객과 흉년(食客與凶年)』등의 시집에 4백 여 편의 시들을 발표하였다. 언뜻 보면 어수선한 언어의 나열 같기도 한 그의 시는 극도의 우울과 절망의 정서를 불러일으키는 생소한 상징과 이미지들로 가득한데 이 같이 난해한 시풍은 왕두칭(王獨淸), 펑나이차오(馮乃超), 후예핀(胡也頻) 등으로 이어지다가 따이왕수(戴望舒)에 의하여 그 면모를 일신한다.

현대파의 대표 시인으로 알려져 있는 따이왕수는 이처럼 상징파 시인으로 출발하였다. 그러나 그는 다른 상징파 시인들과 달리 일찍부터 평이하면서도 상징성이 강한 시어들을 사용하여 매우 독특하고 호소력 있는 시들을 썼다. 예를 들어「비 내리는 골목(雨巷)」을 보면 비 내리는 적막한 골목길을 외로이 서성이는 한 가난한 영혼이 또 하나의 가난한 영혼을 만나고 싶은 간절한 소망이 그대로 전달된다. 따이왕수도 리진파처럼 프랑스에서 유학하며 프랑스 상징주의 시인들로부터 영향을 받았지만 그는 시어의 상징성을 대중화하고 중국화하는 데 성공하였다. 그의 시는 확실히 다른 상징파 또는 현대파 시인들이 보여주는 개인주의적 경향이 덜하다. 그 때문인지 그는 중국공산당에 대해서 긍정적 태도를 보였고 그 결과 사회주의 현실주의에 따라 집필된 중국현대시사(中國現代詩史)에 30년대 현대파 시인으로 기록되어 있다.

1940년대에 활동한 현대주의 시인들로서는 단연 구엽파(九葉派)의 신디(辛笛), 무단(穆旦), 정민(鄭敏), 위엔커쟈(袁可嘉) 등을 들 수 있는데 리진파, 따이왕수 등 현대파 시인들이 프랑스 유학파라면 신디, 무단, 정민, 위엔커쟈 등은 영문학도로서 특히 신디는 영국에 유학하여 엘리오트의 강의를 듣기도 하였다. 그러나 이들 구엽파의 시들은 1981년『구엽집(九葉集』이라는 제목으로 출판되기 이전까지는 중국현대시사에서 배제되었다. 이는 물론 구엽파에 속한 아홉 시인가운데 항위에허(杭約赫)를 제외하고는 중국공산당에 협조하지 않았다는 이유 때문이기도 하지만 이들의 시가 너무 생소하고 난해하여 일반 대중에게 그다지 호소력이 없었던 데도 그 이유가 있다. 그러나 이들 가운데 사망한 무단을 제외한 여덟 명의 시인들은 1984년에도 『팔엽집(八葉集)』을 출판하는 등 나름대로 건재함을 과시하였는데 어쨌든 이들 구엽파는 상징파, 현대파와 다음에 논의될 몽롱파(朦朧派) 사이의 교량적 역할을 담당하였다.

1949년 중공의 집권 이후 수 십 년간 황무지였던 현대주의의 기운은 덩샤오핑 시대에 와서야 몽롱시파의 등장과 함께 소생되었다. '몽롱시'라는 명칭을 가장 먼저 사용한 사람은 장밍(章明)으로 그는 『시간(詩刊)』 1980년 8월호에 「사람을 답답하게 하는 '몽롱'」이라는 제목의 글에서 다음과 같이 말하고 있다 :

> 일부 작가들 가운데 잘못을 바로잡다가 궤도를 벗어난다고 일부 외국시인의 영향을 받아 의도적이건 의도적이 아니던 간에 시를 너무 난해하고 괴벽하게 써서 몇 번을 읽어도 분명한 인상을 얻을 수 없다. 즉 어떤 것은 이해할 듯 말 듯 하기도 하고 어떤 것은 반쯤은 알 것 같기도 하고 심지어 어떤 것은 아무리 생각을 해봐도 해독할 수가 없다… "너무 심한 비평"이라는 의심을 피하기 위하여 나는 이 시들에 대하여 다른 형용사를 사용하지 않고 다만 '몽롱'이라는 두 글자만을 사용하기로 하고 이 같은 시체를 잠정적으로 '몽롱체'라고 부르기로 한다.

이처럼 몽롱체라는 명칭은 다소 부정적인 의미로 사용되기 시작하였다. 이에 대하여 몽롱시인 가운데 한 사람인 꾸청(顧城)은 몽롱의 의미를 다음과 같이 해명한다 :

> 몽롱은 무엇을 가리키는가?… 이론가의 말을 빌면 이는 시의 상징성, 암시성, 감춰진 이념, 다중적 인상, 잠재의식에 대한 의식 등을 지칭한다. 그러나 단지 그것뿐이라면 아직 몽롱의 주 특징을 파악했다고 볼 수 없다. 몽롱의 주 특징은 역시 진실, 즉 객체로부터 주체를 향하고 수동적 반영으로부터 능동적 창조로 향하는 진실이다. 근본적으로 말해서 몽롱은 그저 몽롱한 것이 아니라 일종의 심미의식의 소생인 것이다.

몽롱시에 관한 논쟁은 1980년대 전반 중국의 각종 신문잡지에 실린 글만도 수 백 편에 이를 만큼 뜨거웠다. 몽롱시 논쟁은 몽롱의 의미, 몽롱미(朦朧美), 몽롱시의 탄생배경, 몽롱시의 특징, 몽롱시에 대한 평가 등 여러 방면에 걸쳐 진행되었는데 먼저 몽롱의 의미에 대하여 시에미엔(謝冕), 손사오전(孫紹振), 쉬징야(徐敬亞) 등은 '구름 속의 달' 또는 '안개 속의 꽃'처럼 시의가 깃들인 함축으로 보는 반면 장밍, 야오산비(堯山壁), 띵리(丁力) 등은 이를 '구름 속 달 없음' 또는 '안개 속 꽃 없음' 같이 도대체 이해할 수 없는 난삽(難澁)으로 본다. 요컨대 몽롱의 의미는 긍정적 함축일 수도 있고 부정적 난삽일 수도 있고 둘 다를 뜻할 수도 있고 둘 다 아닐 수도 있는 개념이다.

몽롱한 아름다움 즉 몽롱미에 대해서는 몽롱시를 긍정적으로 보는 측이나 부정적으로 보는 측이나 다 인정하고 있다. 즉 중국의 전통적 시론에서 볼 때 몽롱미는 비록 명확하게 규정할 수는 없으나 몽롱한 경지가 독자의 심경과 맞아떨어질 때 뜻밖에 명료하고 그윽한 시의(詩意)를 지니는 아름다움으로 이는 작품을 감상하는 과정에서 이루어지는 재창조라고도 할 수 있다. 다만 몽롱미에도 도가 있어서 몽롱하면 할수록 더 아름다운 것은 아니다. 즉 '구름 속의 달' '안개 속의 꽃'이되 반드시 구름을 뚫고 달을 볼 수 있어야 하고 안개를 통과하여 꽃을 볼 수 있어야 한다. 그러니까 몽롱미를 느낄 수 있으려면 독자가 구름 또는 안개 저편의 달과 꽃을 볼 수 있어야 하는 것이다. 여기서 몽롱시를 긍정적으로 평가하는 측은 몽롱시에 달과 꽃이 숨겨져 있다고 보는 반면 부정적으로 평가하는 측은 몽롱시에서 그것들을 찾을 수 없다고 보는 것이다.

다음 몽롱시의 탄생 배경을 살펴보면 이 역시 자생(自生)이냐 외래사조의 영향이냐로 의견이 갈린다. 먼저 자생으로 보는 시에미엔은 몽롱시가 10년간의 문화혁명으로 인하여 젊은 시인들이 세상을 바라보는 눈이 회의적이고 경계심에 가득 차게 되었고 그 결과 불확실한 언어와 형상을 사용하여 복잡하고 불분명한 감정을 표출하는 한편 정치적 회오리에 말려들지 않기 위하여 몽롱이라는 보호막을 쳤다고 본다. 또한 쉬징야는 문화혁명뿐만 아니라 1970년대 말 덩샤오핑(鄧小平)의 개혁 개방 및 현대화정책의 결과 몽롱시가 나왔다고 보고, 왕저우보(王舟波)는 몽롱시가 문화혁명이나 현대화정책 등 같은 정치 변화의 영향이라기보다 문화혁명 시기에 난무하던 표어나 구어 같은 혁명시들에 대한 젊은 시인들의 반발과 이에 따른 중국 전통 시 미학이 회복된 결과라고 본다.

이 같은 자생설에 반하여 장커쟈(臧克家)는 개혁, 개방 등 문호개방 이후 물밀 듯 들어오는 서양 현대주의 문예사조를 젊은 시인들이 받아들여 쓴 시가 몽롱시라고 하는 외래영향설을 주장한다. 사실상 1970년대 말부터 모더니즘, 포스트모더니즘을 소개하는 적지 않은 자료들이 해외로부터 유입되었고 많은 중국 문학도들이 가뭄 끝에 맞는 비처럼 이를 반겼음은 부인할 수 없다. 그러나 따지고 보면 몽롱시의 생성배경을 안으로 보느냐 밖으로 보느냐의 문제는 동전의 앞면이냐 뒷면이냐를 따지는 것처럼 편협하고 옹졸한 일이다. 어차피 동전이 앞면과 뒷면으로 이루어져 있듯 몽롱시의 발생도 국내외적 동기가 있게 마련 아니겠는가?

그 다음으로 몽롱시의 특징을 보면 이 역시 긍정과 부정으로 양분되는데 몽롱시의 특징을 이해하기 위해서는 역시 긍정적 평가를 하는 측의 주장을 살펴보는 편이 낫지 않을까 하여 이를 중심으로 살펴보면 몽롱시에는 두 가지 독특한 특징이 발견된다. 그 첫 번째 특징은 가치관을 자기 자신이 아닌 외면세계로 향하게 하는 현실주의의 속박을 타파하고 시인 자신의 내면세계로 파고드는 것이다. 이는 몽롱시인들이 시대정신이라는 나팔을 불거나 영웅의 투쟁을 미화하는 사회주의현실주의를 뛰어넘어 자아의 창조적 세계를 표현하는 데 주력하였음을 말한다. 두 번째 특징은 이성에 도전하고 감정을 중시함이다. 즉 몽롱시는 시의 줄거리나 구성 등에 있어서 이성적이고 논리적인 체계를 무시하고 직관 등 감성 위주로 시인의 잠재의식을 추구한다. 그 때문에 몽롱시는 사회주의현실주의 시들과 달리 작품의 서사적 구조를 중시하지 않고 서정적 분위기를 중시하여 무엇보다 시인 자신의 정서적 흐름을 따른다. 뿐만 아니라 몽롱시인들은 감정을 직접 표출하기보다는 상징적 수법을 사용하여 완곡하게 우회적으로 표현한다.

이 같은 몽롱시의 특징은 서양의 현대주의 또는 후현대주의 시의 특징과 유사하다. 자본주의건 사회주의건 간에 어떤 위기의식이 깔려 있다는 시대배경이 그렇고 또 그러한 절망적 상황 속에서 안정적이고 객관적인 이성을 믿는 대신 불안정하고 주관적인 감정을 토로하면서 획일적 전체가 아닌 다양한 개인을 강조하는 점도 그렇다. 몽롱시인 가운데 베이따오(北島)같은 사람은 비교적 분명히 사회주의 체제에 도전하는 시, 예를 들어 「대답(回答)」, 「일체(一切)」, 「감전(感電) 등과 같은 부정적 시를 쓴 결과 중국 공산당의 심기를 건드려 끝내 해외로 도피하기도 하였는데 이로서 볼 때 몽롱시에는 중국 공산당의 지지를 받던 사회주의 현실주의에 반항하는 일면도 있음을 알겠다.

3. 수팅 몽롱시에 나타난 현대주의

이제 꾸청, 베이따오 등과 함께 몽롱시파의 대표주자로 손꼽히는 여성시인 수팅의 몽롱시에 드러나는 현대주의의 특색을 살펴보자. 그녀 시의 첫 번째 현대주의적 특색은 문화혁명 10년의 폐해로 더욱 촉발된 사회주의 사회의 소외와 인간성 상실이다. 다만 이 문제를 직접적으로 내세워 공산당으로부터 미움을 산 베이따오와는 달리 수팅은 이를 시 안에 함축적으로 담아내고 있다는 점이 다를 뿐이다. 다음으로 그녀 시의 현대주의적 특색은 그간 억압된 자아형상의 구현이다. 그녀는 이를 통하여 국가와 사회, 그리고 다른 사람들을 위해 억압당해온 자아 형상을 되살리는 데 주력하였다. 마지막으로 그녀 시의 독특한 특징은 해체와 통합을 전제로 하는 사랑이다. 이 세 가지 현대주의적 특색을 상술하면 다음과 같다.

1) 사회주의 사회의 소외

서양의 모더니즘과 포스트모더니즘 문학이 자본주의의 전기와 후기를 그 배경으로 하여 산업화의 진행에 따라 소외된 인간의 왜곡되고 변형된 영혼을 그리고 있다면 수팅의 몽롱시는 주로 사회주의사회의 정치, 사회 및 노동현장에서 드러나는 개별 인간의 소외된 모습을 형상화하고 있다. 예를 들어 「담장(墻)」에서 그녀는 사회체제로부터 철저히 소외된 개인을 다음과 같이 그리고 있다 :

> 나는 담장에 반항할 도리가 없다.
> 다만 반항하고 싶은 마음 뿐.
>
> 나는 무엇인가?
> 그것(담장)은 무엇인가? 아마도
> 그것은 점차 노화된 내 피부일거다.
> 비바람 서리 풍상도 느낄 수 없고
> 개만쌀나무의 향기도 맡을 수 없는.
> 어쩌면
> 나는 다만 한 그루의 질경이일지 모른다.
> 장식하듯 그것의 진흙 틈새에 기생하는.
> 나는 우연이고 그것은 필연.
>
> 밤에 담장이 활동한다.
> 유연한 가짜 발을 내뻗어
> 나를 짓누르고 내게 강요한다.
> 각양각색의 형상에 적응하라고.
> 나는 질겁하여 큰길로 도망하지만
> 똑같은 악몽을 발견한다.
> 모든 사람의 발꿈치 뒤에 걸려있는
> 한 줄기 또 한 줄기의 위축된 눈빛과
> 하나 또 하나의 얼음처럼 차가운 담장.

아, 이제 알겠다.
내가 가장 먼저 반항해야만 하는 것은
담장에 대한 나의 타협과
이 세상에 대한 나의 불안임을.

담장이라는 상징이 말해주듯 이 시는 체제에 의하여 차단된 나의 절망적 상황을 그리고 있다. 시인은 담장이 어쩌면 '나의 노화된 피부'로서 무감각한 나의 또 다른 부분일지도 모른다고 동일시하기도 하지만 그보다 담장은 우연히 비집고 나온 '질경이' 같은 '나를 짓누르고 강요하는' 필연적 존재로 규정하기도 한다. 밤에 가짜 발을 내뻗어 나를 제압하는 담장을 피해 나는 큰길로 나오지만 거기에도 담장에 갇힌 나와 같은 수많은 사람들이 있을 뿐이다. 그리하여 시인은 깨닫는다. 문제는 자신의 현실에 대한 불안과 권력에 대한 타협에 있음을. 그 불안을 떨치고 어정쩡한 타협을 거부하기 위하여 시인은 이 시를 썼을 것이다. 소극적인 반항인 셈이다.

중국 문예계에서는 사회주의사회에도 소외가 존재하는지에 대한 논쟁을 했다. 소외가 없다고 보는 측은 대체로 친 체제적인 이론가들로 이들은 사회주의를 실천해온 중국에 자본주의 사회에 있는 것과 같은 소외가 있을 리 없다고 잘라 말한다. 이들의 주장에 따르면 마르크스의 소외론은 자본주의 사회를 전제한 개념으로 설사 중국 사회주의 사회에 어떤 문제가 있음을 인정한다고 하더라도 이를 소외의 범주 안에 넣을 수 없다는 것이다.

반면 사회주의사회에도 소외가 있다고 보는 측은 대체로 반체제적인 성향을 띠는 젊은 이론가들로 이들은 중국 내에도 소외 현상이 다방면에 걸쳐 드러나고 있다고 본다. 이들은 우선 정치 사회적인 소외를 드는데, 이는 중국의 사회주의가 인민의 사회주의에서 인민이 소외되고 관료들의 교조주의로, 다시 개인숭배로 변질되었음을 말한다. 다음으로 경제의 소외에 대해서 이들은 중국 경제의 주체인 노동자가 자본주의 사회에서 해방된 사회주의 사회에서도 여전히 상부계급, 즉 공산당 간부들에 의하여 철저히 소외당하고 있다고 주장한다.

그렇게 볼 때 「담장」은 분명 중국 사회주의체제 안에서 소외당하는 개인을 그리고 있다. 즉 체제에 의하여 억압당하고 핍박받아 마침내 자기 자신의 가치까지 상실당하고도 감히 체제에 반항하지 못하고 불안에 떨며 웅크리고 있는 개인의 왜소한 모습을 보여주고 있다. 비록 마지막 부분에서 불안감에 휩싸여 체제와 타협하고 있는 자신을 깨닫기는 하지만 이 시는 내 몸의 노화된 피부와 같이 나를 보호하고 감싸주던 체제가 마침내 딱딱하게 굳으면서 여린 식물(질경이) 같은 내 몸을 철저히 지배하게 되는 소외의 과정을 순간의 포착, 연상, 그리고 구체적 상징 등으로 형상화하는 데 성공하였다.

2) 자아형상

수팅의 시에는 자아가 소외된 사회의 절망적 상태만을 그리지 않고 상실된 자아를 되찾는 적극적 노력이 보인다. 이 같은 노력은 「담장」의 마지막 대목에서 그 실마리를 찾을 수 있는데 사실 그녀 시의 대부분은 '나'로부터 출발하여 '나'로 끝나고 있다고 해도 과언이 아니다. 수팅의 시에 묘사되는 자아는 물론 절망적이고 소극적인 자아[「나라의 빛(國光)」]도 있지만 각성된 자아[「이것도 모든 것(這也是一切)」, 「조국아 나의 친애하는 조국아」), 독립적 자아[「참나무에 바침(致橡樹)」, 「쌍돛배(雙桅船)」], 그리고 헌신적 자아[「햇빛 어린 바위 밑의 매화(日光巖下的三角梅)」, 「드림(贈)」] 등도 있다. 이는 서구의 일부 상징주의 시들에서 드러나는 뒤틀리고 왜곡된 병적 자아도 아니고 일부 후현대주의 시처럼 분열되고 해체되어버린 자아만도 아니다. 이제 수팅의 자아형상을 가장 잘 볼 수 있는 시 「자화상(自畵像)」을 통하여 그녀의 자아를 살펴보자 :

> 그녀는 그의 작은 음모가.
>
> 대답하라고 간청할 때 한마디도 없다가
> 침묵해야 할 때 그녀는 도리어 웃고 떠들고
> 사람을 온통 어지럽게 하네.

그녀는 균형을 파괴하고
그녀는 개념을 경시하고
그녀는 제멋대로 움직이는 숲 속의 요정처럼
괴상한 춤을 추며 그의 주위를 맴도네.

그녀는 그의 작은 음모가.

그가 자나 깨나 구하는 걸 그녀는 주지 않고
그가 전혀 바라지 않는 걸 억지로 받으라 하네.
부드러운 정에 끌리면서도 내색하지 않고
아직 얻지 못한 것을 잃을까 두려워하네.
자기 자신이 하나의 소용돌이면서
또한 셀 수 없는 소용돌이를 만드는
그녀의 마법은 누구도 알 수 없네.

그녀는 그의 작은 음모가.

부르면 오지 않고 물리치면 가지 않고
가까운 듯하나 가깝지 않고 끝내려 해도 끝내기 어렵네.
때로는 얼음산 같고
때로는 불바다 같네.
늘 가사 없는 곡조와도 같이
귀 기울여도 참인지 거짓인지 알 수 없고
음미해 봐도 달콤한지 맵싸한지 분간할 수 없네.

수팅은 이 시에서 '나'라는 일인칭 화자 대신 '그녀'라는 삼인칭을 등장시키고 있다. 이는 자신조차 어느 정도 거리를 두고 객관화하려는 노력인 동시에 자기를 노출시키고 싶지 않은 의지, 그리고 자신의 어떤 부분을 극단적으로 강조한 결과 진짜 자기 같지 않은 낯설음 때문일 것이다.

이 시에서 '그녀'는 청개구리처럼 '그'의 요구와는 정반대로 행동한다. 가라면 오고 오라면 간다. 그러나 이처럼 그녀가 변덕쟁이 철없는 여자로 그려지고 있지만 사실상 그녀가 반항하는 대상은 '그'가 아니라 좌로도 우로도 치우치지 않는 "평형"이요 피도 눈물도 없는 "개념"이다. 즉 그녀가 음모하고 있는 것은 이처럼 피도 눈물도 없는 박제화된 이성(理

性)의 해체다. 그녀는 "숲 속의 요정"처럼 또는 "마법사"처럼 이성의 세계에 갇혀있는 그에게 "얼음산"과 "불바다" 같이 차갑고 뜨겁게 자극할 뿐 아니라 "가사 없는 곡조"를 흥얼거림으로써 정해진 가사만을 반복하고 있는 그를 어리둥절하게 하는 것이다. 또한 이 시는 개인의 주관적 감정을 극단적으로 강조하고 있는데, 이는 반우파운동(反右派運動), 문화혁명 등을 거치면서 마치 똑같은 크기의 신발에 발을 맞추기 위하여 작은 발을 늘이거나 큰 발을 줄이듯 사회주의 체제 속에 개인을 끼어 맞추느라 자유를 전당잡힌 젊은 세대의 아우성이라고 할 수 있다.

재미있는 점은 이 시에 후렴구처럼 반복적으로 나오는 "그녀는 그의 작은 음모가"라는 대목인데 이를 통해 그녀가 어디까지나 그에 속한 음모가이고 그것도 대단히 큰 위협적 존재가 아니라 그저 작은 음모가일 뿐임을 드러내고 있다. 요컨대 수팅은 그녀의 주관적 감정, 독특한 개성 등 현대주의적 특징을 담은 자아가 결국 객관적 이성과 개성이 없는 체제에 소속되어 있음을 부인하지 않음으로써 여전히 체제와 타협하고 있다고 하겠다.

3) 해체와 통합으로서의 사랑

사회주의 사회에서 소외되고 상실된 자아를 되찾으려는 노력은 두 가지 방식으로 진행된다. 그 하나는 나와 다른 사람과의 관계 또는 나와 사회와의 관계를 해체하는 방식이고 다른 하나는 양자의 대립된 관계를 화해시키고 통합하는 방식이다. 그러나 겉으로 보기에 엄연히 다른 두 가지 방식인 해체와 통합은 따지고 보면 사랑의 전·후 단계로 이는 결국 사랑으로 일원화된다. 즉 나와 다른 사람과의 관계가 어느 한 쪽으로 치우쳐 한 쪽이 다른 한 쪽의 일방적 희생을 강요할 때 사랑을 전제로 양자를 해체시켰다가 다시 사랑의 힘으로 통합시키는 것이다. 한마디로 헤쳐 모이는 것이다. 예를 들어 앞에 소개한 「자화상」이 사랑을 전제로 하는 대립과 해체를 노래하였다면 「참나무에 바침(致像樹)」은 남녀간의 바람직한 화해와 통합을 힘주어 노래한다 :

내 만약 당신을 사랑한다면
절대로 기어오르는 능소화처럼
당신의 큰 가지를 빌어 뽐내지 않으리.
내 만약 그대를 사랑한다면
절대로 미련한 새처럼
푸르름을 위해 단순한 노래를 반복하지 않으리.
또한 그저 샘물처럼 매년 당신에게
시원한 위로만을 주거나
또한 그저 높은 산봉우리처럼
당신의 키를 키워 위용만을 돋보이게 하지 않으리.
햇빛까지도
봄비까지도
아니, 이것들로도 아직 부족하고말고!
난 꼭 당신 곁에 한 그루 목면이 되어
나무의 형상으로 당신과 함께 서리.
뿌리는 땅 속에서 서로 꼭 잡고
잎은 구름 속에서 서로 만지며
바람이 한 차례 지나갈 때마다
우리는 서로의 안부를 묻지만
아무도
우리의 말을 알아듣지 못하리.
당신에겐 당신의 청동가지 강철줄기가 있다.
단도 같은. 장검 같은.
그리고 창 같은.
나에겐 나의 붉고 큰 꽃송이가 있다.
무거운 탄식 같은.
또한 영웅한 횃불 같은.
우리는 한파, 폭풍, 천둥번개를 나눠지고
우리는 들안개, 산안개 무지개를 함께 누리리.
영원히 떨어져 있는 것 같지만
오히려 죽을 때까지 서로 의지하리.
이야말로 위대한 사랑이요
견고한 지조가 바로 여기 있다.
사랑하리.
당신의 위용 있는 체구만이 아니라
당신이 굳게 지키는 위치와 발아래 땅까지도.

이 시도 물론 앞부분에서 남녀관념의 해체를 시도한다. 즉 수팅은 남자에게 무조건 의지하거나 남자에게 위안만을 주거나 남자를 돋보이게 하는 배경으로서의 여자 되기를 거부한다. 또한 햇빛이나 봄비처럼 남자의 성장을 위한 일방적 헌신도 원하지 않는다. 이 같이 남존여비적 남녀관계를 해체한 후 그녀는 참나무로 비유되는 남자의 곁에 당당히 서 있는 목면나무가 되어 그와 조화롭게 통합되길 원한다. 즉 남자와 대등한 관계로 살아가면서 기쁨과 슬픔을 함께 나누기를 원하는 것이다.

물론 수팅은 남녀의 차별은 인정하지 않아도 남녀의 신체적 및 성적(性的) 차이를 인정한다. 그래서 남성의 몸을 칼 또는 창으로 상징하고 여성의 몸을 꽃송이 또는 횃불로 상징한다. 즉 남성을 힘과 용기로, 여성을 아름다움과 지혜의 화신으로 보고, 여성은 남성의 담대한 힘에 의지하고 남성은 여성의 지혜로운 안목에 의지하는 상부상조의 관계로 통합시킨다. 이밖에도 수팅은 이 시의 맨 마지막 세 줄을 통하여 남녀의 사랑이 둘 만의 사랑으로 완성되는 것이 아니라 그들이 서 있는 자리 및 그들이 뿌리내리고 있는 사회, 나아가 국가까지 사랑함으로써 비로소 완성됨을 강력히 시사하고 있다.

요컨대 수팅은 그녀의 몽롱시를 통하여 먼저 남성으로부터 소외된 여성으로서의 자아와 중국이라는 거대한 사회주의 사회의 한 작은 부속품으로 전락한 자아를 해체하여 자타(自他)의 관계, 즉 나와 남의 관계를 상호 평등한 일대일의 대립관계 내지는 병립관계로 재정리하였다. 여기까지만 보면 수팅 몽롱시의 특징은 서양의 모더니즘 또는 포스트모더니즘의 특징과 비슷하다. 보다 좁혀서 말한다면 그녀의 시는 포스트모더니즘의 한 갈래로 알려진 페미니즘(feminism) 문학과 그 맥을 같이 하고 있다고 말할 수 있다. 그러나 수팅은 거대 이데올로기에 의하여 소외된 자아를 해체시키고 남성에 대하여 여성, 체제에 대하여 개인의 자리를 되찾는 정도에 머무르지 않고, 한 걸음 더 나아가 자아와 타자(他者), 즉 서로 다른 쪽에 서 있는 양자(兩者)를 아우르고 통합시키고 있다. 여기에 그녀 시의 현대주의가 서양의 모더니즘, 포스트모더니즘 및 페미니즘을 뛰어넘는 점이 있으니 그것은 다름 아닌 사랑에 대한 확고한 믿음이다.

제4장

띵링(丁玲)의 여성주의 문학론

1. 띵링은 누구인가?

띵링의 원래 이름은 장웨이(蔣偉)이고 1904년 호남성 림풍(臨澧)의 권문세가 출신이다. 그녀는 세 살 때 아버지를 여의고 어머니와 함께 친가에서 살다가 역시 권문세가인 외가로 거처를 옮겼다. 하지만 그녀 나이 18세 되던 1922년 외삼촌과의 불화 끝에 가출하여 상해의 평민여학교에 들어갔다가 이듬해인 1923년 상해대학 중문과에 입학했다.

하지만 대학생활에 적응하지 못한 띵링은 대학을 중퇴하고 소설을 쓰기 시작하여 1927년 첫 소설 「몽커(夢珂)」를 발표했다. 이 무렵 가난한 시인 후예핀과 결혼하여 아들을 낳았으나 좌익 활동을 하던 남편은 불행히도 국민당에 붙잡혀 처형당했다. 이 사건은 당시까지도 정치적으로 좌우의 경향이 뚜렷하지 않았던 그녀를 좌익으로 끌어당겼고 결국 띵링은 1930년에 좌련(中國左翼作家聯盟의 약칭)에 가입하고 1932년에는 공산당에 가입하여 당 기관지인 『북두(北斗)』의 편집을 맡았다. 그러다가 국민당의 기관원에 붙들려 3년 남짓 옥살이를 한 후 1936년 공산당 점령지구인 연안으로 들어가 해방일보(解放日報) 편집 등을 담당하면서 작품 활동을 계속했다.

이렇듯 비교적 자유스런 창작활동을 하던 띵링은 1942년 공산당과 당 간부를 비판했다는 이유로 공직을 박탈당한 채 농촌으로 보내졌다.

1949년 중공 수립 이후 복권되어 『문예보(文藝報)』, 『인민문학(人民文學)』 편집을 맡기도 했지만 1955년부터 다시 우파(右派)로 지목되어 두 번째로 모든 공직이 박탈되고 흑룡강성의 한 개간 농장으로 보내져 양계 등으로 소일했다. 이후 문화혁명 기간 중에는 "외양간"으로 불리는 감옥에서 옥살이를 했고, 1979년에는 또 다시 복권되어 작협(中國作家協會의 약칭) 부주석을 하다가 1986년 향년 82세로 세상을 떴다.

일찍이 봉건 대가정의 여성으로 살기를 거부하여 가출한 후 경직된 학교 교육조차 거부하고 자퇴를 감행한 띵링은 두 차례의 결혼과 옥살이 등 정치적 고초를 겪으면서도 소설과 산문 등 적지 않은 작품을 남겼다. 그 가운데 「태양이 상간하를 비추고 있다(太陽照在桑干河上)」로 1951년 스탈린 문학상을 받았다.

본 논문은 띵링의 생애와 작품을 깊이 관통하고 있는 그녀의 여성주의와 여성주의문학을 탐구하려고 한다. 이를 위하여 먼저 여성주의의 개념과 범주를 정하고, 나아가 여성주의 문학이란 무엇을 말함인지 짚어본다.

2. 여성주의와 여성주의문학에 관하여

여성주의는 페미니즘(feminism)의 역어로서 최근 포스트모더니즘(post-modernism)의 한 갈래로 학계의 주목을 받고 있다. 그럼 페미니즘은 무엇이고 왜 여성주의로 번역되고 있는지, 또 페미니즘문학, 즉 여성주의문학은 무엇을 말하는지에 관하여 간단히 알아보자.

1) 페미니즘의 정의

동서고금을 막론하고 여성을 가정이라는 울안으로 밀어 넣으려는 남성 중심의 문화에 저항해온 여성들이 있었다. 조선의 허난설헌, 송(宋)의 이청조(李淸照) 등은 비록 그들이 남성들에게 저항한 것은 아니지만 활발한 작품 활동을 하는 등 남편을 내조하는 아내로서만 머무르지 않았다는 점에서 후세 진보여성들에게 귀감이 된다. 하지만 20세기의 중국, 한국 여성들의 저항은 역시 영국, 미국, 프랑스 등 서양문화의 영향을 받아 전개된 현대사 속에서 이루어졌다. 그런 의미에서 현대 서양에서 페미니즘이 어떻게 전개되어 왔는지 알아볼 필요가 있다.

일찍이 18세기 말부터 아일랜드의 매리 울스톤크래프트(Mary Wollstonecraft) 같은 선구적 여성에 의해 주도되었다는 페미니즘은 사실상 20세기 중반의 여권주의(女權主義)로 본격화되어 여성주의 및 양성주의(兩性主義) 내지는 무성주의(無性主義)로 발전해 왔다.

먼저 여권주의는 1950년대 말에서 1960년대 초 주로 영국과 미국의 여성들이 추진한 선거권쟁취운동에서 비롯되었다. 이 시기의 페미니즘을 여권주의로 보는 이유는 당시의 페미니스트들이 주로 정치 방면에서 남녀동등을 주장했기 때문이다. 당시의 페미니스트들은 무엇보다 헌법이 여성에게 남성과 똑같은 권리를 보장해야만 여성의 경제 사회적 권리가 보장된다고 믿었다. 이들은 정치 경제 사회 등 모든 분야에서 여성도 남성과 똑같은 권리를 행사해야 한다고 주장함으로써 사실상 구미 여러 나라의 자유민주주의의 초석이 되는 남녀평등사상을 실천하려고 노력했다.

이들의 남녀동권운동은 어떤 의미에서는 여성의 남성화를 추구했다고 볼 수 있다. 물론 이들이 남녀의 성적인 기능 차이까지 무시하는 등 극단적인 여성의 중성화를 추구했다고 할 수는 없지만 적어도 남녀의 성적인 차이 이외의 어떤 차별도 인정하지 않았다는 점에서 남녀동권주의를 지향한 여권주의자들이라 할 수 있다.

이 같은 여권주의자들의 투쟁 덕분으로 서양뿐 아니라 동양의 나라들도 점차 여성의 법적 권리를 보장했음에도 불구하고 정치 경제 사회생활에서 남녀의 차별은 여전히 존재했다. 그 때문에 1960년대 말의 페미니스트들은 남녀차별의 문제가 단순히 정치적인 선언이나 법률 제도적인 장치만으로 해결될 수 없는 복잡한 문화의 문제임을 절감하게 된다. 역시 주로 영국과 미국 국적의 페미니스트들이었던 이들은 먼저 이전의 여권주의자들이 남녀평등에 대하여 지나치게 안이하고 단순한 생각을 가졌었다고 평가했다. 이들은 여성이 남성과 똑같은 존재라는 생각을 잠시 접어두고 여성과 남성이 근본적으로 다른 존재인지, 다르다면 서로 어떻게 다른지에 관하여 고심했다.

이들 페미니스트들은 여성과 남성의 생리적 차이에서 출발하여 남녀의 심리적 차이, 지적인 능력 차이 및 사회적 차이 등을 다각적으로 논의한 끝에 여성이 분명 남성과는 다른 여성만의 본질을 지니고 있음을 인정했다. 그렇다고 해서 이들이 모든 면에서 남성이 우월하고 여성은 상대적으로 열등하다는 식의 남성중심문화를 받아들인 것은 절대로 아니다. 오히려 그 반대로 이들은 여성의 본질은 남성의 본질보다 우월하다고 보았다. 이들은 남성들에 의해 열등한 특징으로 규정된 여성의 소극적 태도를 오히려 평화 애호적 태도로 보고 여성의 주관적이고 감성적인 성품도 자의식을 자연스럽게 표출할 줄 아는 보다 자유로운 성품으로 찬미하였다.

여권주의자들이 남장(男裝)을 하거나 치마 대신 바지를 즐겨 입고 짧은 머리에 화장기 없는 맨 얼굴로 다녔다면 이 시기의 페미니스트들은 여성성을 강조하는 짧은 치마와 긴 머리에 짙은 화장을 하고 다녔다. 이들은 또한 임신과 출산 및 육아 등으로 압축되는 모성과 그 밖의 가사노동에 대한 평가를 대폭 절상하는 한편 포용성과 인내심 및 생명력이 강한 여성들이 사회적 활동에도 남성들보다 더 유리하다고 주장했다. 이들을 여성주의자들로 번역하는 이유가 바로 여기에 있다.

거의 비슷한 시기이거나 조금 늦은 시기에 프랑스를 중심으로 활동한 페미니스트들은 여성이 남성보다 우월하다는 여성주의자들의 주장이야말로 우월과 열등으로 양분하는 남성문화의 이원론(二元論)에 빠지는 지름길임을 경고하고 나섰다. 이들에 따르면 남성은 이렇고 여성은 저렇다는 식의 어떤 정의도 내릴 수 없다는 것이다. 이들의 페미니즘은 특히 모든 것에 문제를 제기하며 기존의 권위를 해체하는 해체주의와 궤를 같이 하며 남성중심의 남성문화를 부정하는 동시에 여성중심의 여성문화 또한 부정함으로써 철저한 무성주의(無性主義)를 주장했다.

그렇지만 이처럼 여성뿐 아니라 남성에 관한 어떤 정의도 배제하는 철저함으로 무장하고 있는 이들의 무성주의는 역설적으로 여성과 남성은 어떤 것으로도 될 수 있다는 다원적 양성주의(兩性主義)를 지향한다. 이들에 따르면 여성은 집사람일 수도 있고 바깥사람일 수도 있으며 남성도 바깥사람도 되고 집사람도 될 수 있다는 것이다. 요컨대 무성주의는 남녀의 성별에 따른 고정적인 역할을 벗어나 남녀 각자의 개성에 맞는 역할을 자유로이 선택할 수 있는 양성주의의 길을 활짝 열었다.

이상 페미니즘을 여권주의, 여성주의, 무성주의로 번역하는 이유를 설명했다. 물론 이 밖의 다른 이름으로도 번역될 수 있을 만큼 페미니즘의 의미는 꾸준히 확장되어 왔다. 그럼에도 불구하고 서양 중심의, 남성 중심의 문화는 현재까지도 뿌리가 깊어 아직도 거대한 벽이 되어 수많은 동양의 여성들을 짓누르고 있다. 그런 의미에서 여권주의, 여성주의 및 무성주의 또는 양성주의는 서로서로 연대하며 지속적으로 발전해야 할 것이다.

마지막으로 필자가 본 논문에서 페미니즘의 역어로 사용할 여성주의는 좁은 의미의 여성주의가 아니라 여권주의, 여성주의, 무성주의, 양성주의 등을 포괄하는 넓은 의미의 페미니즘임을 밝혀둔다.

2) 여성주의문학이란 무엇인가?

여성주의문학이란 한마디로 문학을 여성주의 관점에서 해석하고 창작하며 비평하는 문학이다. 또한 문학을 통하여 여성주의를 이해하고 널리 알리는 일이 바로 여성주의문학의 목표이다. 여성주의문학의 대상은 넓은 의미로 보면 문자로 된 모든 글이고 좁은 의미로 한정하면 문학사와 문학 작품이다. 여성주의문학은 작가와 비평가가 읽기와 쓰기라는 수단을 통하여 실천된다.

여성뿐 아니라 남성도 주체가 될 수 있는 여성주의문학의 내용은 매우 다양하다. 즉 정치 경제 사회적 여권(女權) 신장 또는 남녀동권(男女同權)을 그 내용으로 할 수 있고, 남성보다 더 우월할 수도 있는 여성의 본질을 탐구할 수도 있고, 남녀 성별에 근본적인 문제를 제기할 수도 있다.

여성주의문학의 구체적인 실천은 역시 주로 비평을 통해 이루어진다. 여성주의문학이 여성주의문학비평으로 불리는 이유가 여기에 있다. 여성은 생명의 출산을 경험하는 생산자이고 또 남성중심 사회의 주변에 밀려나 있어 오히려 권력 구조의 중심을 잘 볼 수 있는 관찰자라는 점에서 매우 우수한 비평가적 자질을 가지고 있다. 그럼에도 불구하고 문학비평사에 등장하는 여성의 존재는 극히 미미하다. 물론 문학비평가가 여성이라고 해서 꼭 여성주의문학비평을 한다고 할 수는 없지만 이 같은 여성의 소외현상은 여성주의 문학의 첫 번째 비평대상이다.

다음으로 문학작품에 형상화되고 있는 여성 또한 문제가 있다. 그야말로 모양을 갖추기 위한 양념으로 등장하는 여성은 대부분 독립적 인간이 아니라 남성을 위한 보조적 인간으로 설정된다. 즉 문학작품 속에 등장하는 남성이 중심인물이라면 여성은 주변인물로서 흔히 남성은 능동적으로 그려지는 반면 여성은 수동적으로 그려진다. 심지어 여성은 남성에 의해 만들어지고 감상되고 희롱당하는 대상으로 묘사되기도 한다. 예컨대 예술가인 남성이 예술품으로서의 여자를 감상한다든지 "술과 여자"라는 표현에서 드러나듯 여성은 남성이라는 주체가 즐기는 객체에 불과할 뿐이다. 이 같은 여성의 비인간화가 여성주의문학의 두 번째 비평 대상이다.

여성주의문학의 세 번째 비평대상은 첫째 둘째 비평 대상의 출발점인 동시에 여성 스스로도 담뿍 젖어있는 서양 중심, 남성 중심 문화 그 자체다. 즉 세계의 중심은 동양이 아닌 서양이고, 국가와 사회, 심지어 가정까지도 남성이 우두머리가 되어야 한다는 뿌리 깊은 통념에 도전하는 일이야말로 여성주의문학비평의 주요 임무라고 할 수 있다.

이 같은 여성주의문학을 편협한 성별주의문학이라고 보는 사람들도 있다. 지나치게 남녀를 갈라서 대립시키고 있지 않느냐는 것이다. 하지만 여성주의문학은 비록 여성주의를 표방하고는 있지만 사실은 인간주의를 추구하는 문학이다. 그렇다면 왜 인간주의문학이라 하지 않고 굳이 여성주의문학이라 하는가? 그 이유는 간단하다. 마치 양팔저울의 한 쪽이 크게 기울 듯 오늘날 가정과 사회에서 활동하는 남성의 무게가 과중한 반면 여성의 무게는 턱없이 가볍기 때문에 여성 쪽에 무게를 실어 줌으로써 남녀의 진정한 평형을 유지하기 위함이다.

3. 띵링의 여성주의

띵링은 한번도 여성주의를 내세운 적이 없는 작가다. 그럼에도 불구하고 그녀의 생애와 작품을 볼 때 누구보다 확실한 여성주의자임이 드러난다. 그렇다면 그녀의 여성주의는 어떻게 형성되고 발전되었는가? 이에 대한 해답을 얻기 위해 넓은 뒤뜰과 장서각(藏書閣)과 많은 하인을 거느린 집에서 우울하게 지내던 소녀시절로부터 자유를 찾아 나서지만 허무를 느끼며 방황하다가 사회주의라는 돌파구를 찾는 청년시절을 거쳐 온갖 난관 속에서도 나름대로 마르크스레닌주의를 견지하는 노년기에 이르는 그녀의 발자취를 살펴본다.

1) 여성으로서의 자각

비록 권문세가의 딸로 남 보기에는 부러울 게 없었지만 띵링은 아버지가 가산을 탕진하고 그녀 나이 세 살 때 세상을 뜨자 빈궁한 처지가 되었다. 얼마간 들어온 부조금은 큰아버지가 빌려간 후 갚지 않았고, 단지 여자라는 이유 때문에 장씨 문중의 자제로서 마땅히 받아야 할 장학금조차 받지 못했다. 결국 어머니를 따라 외가로 갔지만 권문세가인 외가 또한 이들을 그리 반기지 않았다. 주인도 아니고 하인도 아닌 애매한 처지의 띵링 모녀는 집안에서 설 자리가 없었고, 심한 소외감을 느낀 띵링은 마치 방관자처럼 말수 적은 우울한 소녀가 되었다.

그런 상황에서 띵링은 외삼촌이나 외종사촌과 어울리는 대신 외갓집의 여종들에게 심한 연민을 느꼈다. 그래서 여종들이 외삼촌들에게 얻어맞고 한 겨울에 옷까지 벗겨 내쫓기면 이들에게 자기 이불을 들고 가서 덮어주고 화로도 지펴주고 함께 앉아서 울기도 했다. 그러면서 외삼촌들에게 강한 적개심을 갖는데, 그 중에서도 띵링은 셋째 외삼촌을 악당 중의 악당이라고 표현할 만큼 미워했다. 그 셋째 외삼촌이 그녀를 억지로 시집보내려하자 그녀는 급기야 일간지 민국일보(民國日報)에 그의 비행을 고발하는 글을 쓰기도 했다.

띵링이 감히 셋째외삼촌을 고발하는 글을 쓸 만큼 강하게 반발할 수 있었던 것은 어머니의 힘이 컸다. 시를 쓰고 피리를 불 줄 알고 그림 그리기를 좋아하던 그녀의 모친은 출가외인임에도 불구하고 친정에 돌아와 갖은 역경 속에서도 상덕문예여학교(常德文藝女學校)의 교장이 되는 의지를 보였고 이는 그녀에게 외삼촌들에 대항하여 투쟁할 힘을 주었던 것이다. 이후 그녀가 왕지엔홍(王儉虹) 등 여자 친구들과 함께 가출하여 상해로 갈 수 있었고, 우여곡절 끝에 상해대학을 자퇴할 수 있었던 것도 모두 어머니로부터 받은 무언의 지지 때문이었을 것이다.

2) 자존자강의 여권의식

청년기의 띵링은 대부분의 청년들이 그렇듯 연애라는 문제와 자아실현이라는 문제에 봉착한다. 1920년대의 상해에는 비록 남녀평등과 자유연애 풍조가 있기는 했지만 이를 실제로 실천하는 용기를 지닌 여성은 극히 드물었다. 대부분의 여성은 부모가 짝지어준 남자에게 시집을 가서 죽을 때까지 살았다. 그러나 그녀는 과감히 자유연애를 한 끝에 결혼했다. 어찌 보면 가산을 탕진하고 일찍 세상을 뜬 부친이나 자신을 사람 취급하지 않은 백부나 외숙의 횡포를 겪었기에 평생 독신을 고집했을 법한데 그녀는 오히려 그처럼 일찍 결혼했다. 다만 그녀가 이른바 명문가의 남자들이 아닌 종업원 출신의 무명 시인 후예핀(胡也頻)을 선택했고, 그녀의 처녀작 「몽커(夢珂)」와 출세작 「사페이여사의 일기(莎菲女士的日記)」가 모두 결혼 후에 나온 것으로 보아 그녀에게 있어서의 결혼은 자아실현을 포기하는 시집살이가 아니라 오히려 자아실현의 길이었음을 알 수 있다.

이처럼 띵링은 후예핀과 결혼한 후 활발한 작품 활동을 했는데 묘하게도 그녀의 작품에 등장하는 여주인공들은 모두 상대 남자들을 떠난다. 예를 들어 「몽커」의 여주인공 몽커는 샤오쏭(曉淞)에게 연정을 느끼지만 그가 몰래 기생집을 찾아 문란한 생활을 하자 그를 떠나 독립한다. 「사페이여사의 일기」의 사페이 또한 링지스(凌吉士)라는 청년을 만나 "후리후리한 키와 백옥 같은 얼굴, 얇고 작은 입술, 부드러운 머리털, 그리고 뭐라 말로는 표현할 수 없고 포착할 수도 없는 위풍당당함"에 매료당하여 사랑의 열병을 앓으면서도 그의 속물적이고 경박한 품성을 파악한 후 그로부터 등을 돌린다. 「1930년 봄 상해(1930年 春 上海)」의 여주인공 마리(瑪麗)도 애인 왕웨이(望微)를 열렬히 사랑한 끝에 동거하면서도 그의 급진적인 사상과 가정을 등한시하는 태도에 반발하여 끝내 결별을 고한다.

이로서 띵링이 결혼 후에도 남자들을 향해 자존심의 날을 세우고 있음을 알겠다. 즉 그녀는 「몽커」의 샤오쏭 같은 남자나 「사페이여사의 일기」의 링지스 같은 바람기 많고 천박한 남자들과 결별을 고하듯 「1930년 봄 상해」의 왕웨이 같이 급진적 사회주의자와도 결별할 수 있음을 보여주고 있다. 어쩌면 그녀와 결혼한 후예핀이 급진적 좌익 활동 끝에 결국 죽임을 당하지 않았다면 실제로 그녀도 결국 그를 떠났을지도 모른다.

서양화가 뭉크(Munk)와 지혜의 뜻인 소피아(Sophia) 및 성모 마리아(Mary) 등 서양 이름이 연상되는 몽커, 사페이, 마리를 자신의 여주인공 이름으로 사용했던 띵링은 비록 일찍부터 중국 공산당과 사회주의에 관심은 가지고 있었지만 처음부터 공산당의 정치 활동에 찬동하지는 않았던 듯하다. 그 때문에 「1930년 봄 상해」에서 왕웨이가 마리에게 공산당 활동에 참여할 것을 권하자 그녀는 모여 앉아서 토론이나 하고 기껏해야 무모한 가두시위나 한다면 불필요한 희생자만 늘 뿐이라고 말하며 반대하는데, 이야말로 띵링 자신의 생각을 말한 것이라고 볼 수 있다.

실제로 그녀는 그간 물심양면으로 자신을 후원하던 어머니가 국민당의 의심을 받아 교장직을 잃게 되었을 뿐만 아니라 친구들이 하나 둘 국민당의 이른바 백색 테러의 희생물이 되던 당시에도 남편 후예핀과는 달리 어떤 좌익 단체에도 속하지 않고 어디까지나 자유로운 작가로 남기를 바랬다.

3) 사회주의로의 수렴

그럼에도 불구하고 띵링이 1932년 결국 공산당에 입당하여 이후 줄곧 사회주의 노선을 걷게 된 데에는 결정적인 사건이 있었다. 즉 여러 가지 원인으로 당시 작가로서 위기를 느끼고 있던 그녀에게 상해의 한 잡지사 편집장이 원고를 청탁했는데 그 편집장이 여류작가 특집호를 "예쁘게" 꾸며달라고 청탁하면서 그녀에게 후한 원고료를 선불한 것이다. 심한 모멸감을 느낀 띵링은 비록 다음달 집세를 낼 돈도 없는 궁핍한 처지였지만 "나는 원고를 써서 팔 뿐 '여자'를 팔지는 않는다"며 거절하였다.

이처럼 여성을 차별하고 상품화하는 문화를 더 이상 받아들이기 어려웠던 띵링은 결국 남편 후예핀을 따라 좌련 활동을 하기 시작했다. 얼마 후 남편이 국민당 측에 체포되어 처형되자 그 뒤를 이어 더욱 본격적으로 좌련 활동을 하다가 그녀 또한 체포되어 삼년 남짓 옥고를 치른다. 남편에 이어 자신의 목숨도 위태롭게 된 상황에서 그녀의 살 길은 국민당 치하에서 벗어나 공산당 근거지로의 탈출뿐이었을 것이다.

우여곡절 끝에 공산당 근거지인 연안에 간 띵링은 처음에는 그곳의 현실에 만족하지 못했다. 공산당 간부들의 애정행각과 관료주의가 예리한 그녀의 눈에 포착된 것이다. 그 때문에 띵링은 1942년 「부녀절 유감」이라는 글을 써서 사회주의 혁명을 추구하는 공산당 간부가 조강지처를 내몰고 젊은 여성에게 새장가를 드는 풍토를 꼬집는 한편 내조를 위하여 자기 개발을 포기한 부인들에게 남녀평등을 쟁취하기 위하여 스스로 자중할 것과 강해질 것을 촉구하였다. 또한 띵링은 공산정권을 쟁취하자는 거창한 말보다 먼저 무산계급의 일원으로서, 항일전사(抗日戰士)의 한 사람으로서, 또 여성의 한 사람으로서 하루하루 충실할 것을 권고하기도 했는데, 이는 그녀가 계급문제와 민족문제, 그리고 성별문제를 사회주의 혁명의 주요한 세 부문으로 인식하기 시작했음을 보여준다.

비록 이 글로 인해 자아비판을 하고 농촌으로 "하방"당하고 문화혁명 기간에는 감옥생활을 하지만 띵링은 이후에도 줄곧 사회주의혁명이 곧 여성혁명이라는 믿음을 견지했다. 여성이 사회주의 혁명에 참여함으로써 남녀평등의 세상을 이룰 수 있다는 희망을 버리지 않았던 것이다. 그 때문에 1983년 한 서양 기자로부터 중국의 여권(女權) 상황에 대한 질문을 받고 이렇게 대답함으로써 여성을 상업화하는 서양의 상업주의를 꼬집었다 : 서양의 여권운동이 활발하기는 하지만 여전히 기생과 창녀들을 방치하고 있는 데 반하여 중국은 비록 여권운동은 따로 없을지 모르나 남녀가 모두 함께 일하고 함께 공부한다.

그렇다고 해서 그녀가 사회주의 중국의 여성들이 완전히 해방되었다고 본 것은 아니다. 그녀 역시 현대 중국의 사회주의에 문제가 있고 중국 여성의 비극 또한 아직 끝나지 않았다고 본다. 다만 그 원인을 여전히 봉건주의의 잔재 또는 자산계급의 해독으로 파악하고 이를 타파하기 위해 앞으로도 계속 혁명을 지속해야한다는 입장을 견지하였다.

4. 띵링의 여성주의문학론

여성주의를 내세운 적이 없는 만큼 띵링은 여성주의문학도 스스로 내세운 적은 없다. 그러나 여성이 주인공으로 등장하는 「몽커」, 「사페이 여사의 일기」, 「여름휴가 중」, 「한 여인」, 「병원에서」, 「뚜완샹」 등 소설에서 띵링은 여성을 독자적인 존재인 동시에 사회적인 존재로 보는 여성주의문학을 실천하고 있다.

1) 여성 현실주의 문학

「몽커」로부터 「뚜완샹」에 이르기까지 띵링은 여성 인물을 구체적인 현실 속에서 다루고 있다. 특히 좌련 활동을 본격화하면서 띵링은 현대주의에 반대 입장을 표명하고 현실주의를 옹호했다. 물론 그녀가 좌련에 가입하기 전에 쓴 작품에는 현대주의적인 색채도 있다. 하지만 그 같은 초기 소설에서도 띵링은 여전히 주인공과 몇몇 주변 인물의 심리적인 현실을 다루고 있다. 이에 비해 좌련 가입 이후 발표한 작품에서는 보다 많은 사람들과 조직 및 단체 등 사회 속의 여성 현실을 폭넓게 다루고 있다.

먼저 띵링의 초기소설 가운데 「몽커」와 「사페이여사의 일기」 및 「1930년 봄 상해」를 보면 몽커, 사페이, 마리의 심리가 깊이 있게 묘사되어 있는데 그 공통점은 세 여주인공들이 가지고 있는 서로 다른 이중적 가치와 그에 따른 갈등의 증폭이다. 즉 이들은 연애와 결혼을 놓고 감정과 이성 사이를 오락가락하는 자가당착에 빠지는데 특히 사페이의 갈등은 심각하다. 예를 들어 사페이는 링지스에 반해서 무분별한 거짓 언행으로 가슴 속 정열을 태우면서도 그녀의 냉철한 이성은 링지스의 속물적이고 비열한 영혼을 꿰뚫어본다. 또한 남자는 여자 앞에서 눈물을 보여서는 안 되고 여자는 남자에게 애정표현을 하면 안 된다는 식의 보수적 관점과 그 무엇에도 속박되지 않고 마음껏 사랑하고 싶은 진보적 관점간의 모순 속에서 사페이의 고통은 극에 달한다.

물론 몽커가 결국 자신에게 성실하지 못한 샤오쏭을 떠나듯 사페이도 마침내 경박한 링지스를 떠남으로써 이성과 감정의 싸움에서 이성이 이기기는 한다. 또한 마리도 사랑 때문에 방황하다가 마침내 자신이 동참할 수 없는 혁명에 깊이 빠져 있는 왕웨이에게 결별을 고하고 자기 자신의 길을 간다.

이들 세 여자가 비록 모두 자신들이 선택한 길을 갔다고는 하지만 그들 앞에는 밝은 삶이 아니라 어두운 삶이 기다리고 있을 뿐이다. 예를 들어 샤오쑹을 떠나 배우로 독립한 몽커가 거울에 비친 자신의 화장한 얼굴을 보고 거리의 매춘부와 다름없다고 느낀다. 왕웨이를 떠난 마리도 자포자기식으로 애정 없는 남자와 어울린다. 링지스를 떠난 후 세상에 믿고 의지하며 사랑할 만한 사람이 하나도 없다고 절망한 사페이도 병에 걸린 몸으로 아무도 모르는 곳에서 생을 마감하려 한다.

이렇게 과감히 구각을 탈피한 신여성들이 마땅히 설 자리가 없었다. 옛 사회를 벗어났으나 새 사회는 도래하지 않은 것이다. 1920년대 말과 1930년대 초의 현실은 여성들에게 여전히 절망적이어서 띵링 같은 신여성들을 죽느냐 사느냐의 극심한 심리적 갈등에 휩싸이게 했던 듯하다.

하지만 그녀의 갈등은 공산당에 입당하면서 해소되기 시작했다. 이는 그녀가 자신의 내부에 또아리를 틀고 있는 절망의 뿌리를 스스로 뽑는 대신 외부에서 구원의 손길을 찾았다는 뜻이다. 관심의 초점을 자기로부터 사회로 돌렸다고도 볼 수 있다. 어쨌든 띵링은 공산당과 사회주의를 선택했고 이때부터 복잡하고 절망적이었던 그녀의 문학세계도 단순하고 희망적으로 변모한다.

1936년 공산당 근거지인 연안에서 생활하면서 쓴 소설 「병원에서」와 산문 「부녀절 유감」은 공산주의를 향해 전진하고 있는 연안 사회의 현실을 적나라하게 드러낸다. 이 작품들을 통해 띵링은 그때까지 자기 자신에게 들이댔던 해부의 칼날을 다른 사람들과 심지어 공산당을 향해 겨냥함으로써 자유로운 사회참여를 시도했다.

이를테면 「병원에서」의 경우, 여주인공 루핑(陸萍)은 공산당에 의하여 반강제적으로 한 병원의 산부인과 의사로 부임된 후, 무례하고 오만한 병원장, 이기적이고 불결한 간호사들과 환자들, 그리고 형편없이 낙후된 병원시설을 보고 참지 못한다. 루핑은 각종 회의에 참석하여 이 같은 문제점들을 직접 보고하고 또 보고서를 작성하여 시정을 요구하지만 결국은 도리어 자신이 불미스런 연애사건의 주인공이 되어 사람들의 입줄에 오르내린 끝에 병원을 떠나라는 명령을 받는다.

산문 「부녀절 유감」에서 띵링은 보다 분명한 공산당 비판을 한다. 이 산문에서 띵링은 마오쩌뚱의 아내인 쟝칭(江靑)의 사교춤 모임을 비판하고 당의 고급 간부들 가운데 조강지처의 '낙후'를 구실로 이혼한 후 새 장가를 드는 풍조에 대해 비판한 후 다음과 같이 버림받은 아내들을 옹호했다 :

> 이혼의 구실은 물론 여동지의 낙후이다. 나로 말하자면 여성이 스스로 진보하지 못하고 남편에게 끌려 다니는 것을 무엇보다 수치스럽게 여기기는 하지만 과연 그들이 어떻게 하여 낙후되었는지 한번 살펴보자. 그녀들은 결혼하기 전에 모두 청운의 뜻을 품고 각고의 투쟁을 했다. 하지만 생리적인 욕구와 "서로 돕자"는 달콤한 말 아래 결혼을 했지만 결과적으로 그녀들은 처녀 때 박차고 나온 가정으로 다시 돌아와 집안일에 전념하도록 강요받게 된 것이다.

이 같이 예리한 비판의 칼날은 곧 이어 불어 닥친 마오쩌뚱의 정풍운동으로 인하여 무디어질 수밖에 없었다. 이때부터 띵링은 사회주의 현실주의라는 문예사조를 접수하고 문예는 어디까지나 정치에 예속되어야 하고 인민을 위해 봉사해야 한다는 마오쩌뚱의 『문예강화』에 따라 공산당의 토지개혁운동에 참여하는 등 인민생활을 체험한다. 이제 그녀 작품의 주인공은 지식 청년이 아니라 깨어난 인민, 즉 인민의 영웅이어야 했다.

그녀가 재창조한 인민의 영웅으로는 단연 「뚜완샹」의 여주인공 뚜완샹을 들겠다. 「병원에서」의 루핑이 지식 여성의 전형이라면 뚜완샹은 근로 여성의 전형이다. 말보다 행동이 앞서는 뚜완샹은 군소리 없이 노동에만 열중하며 오직 시댁을 위해 존재하던 소극적 삶에서 탈피하여 이웃과 사회를 위해 일하고 필요하면 당에게 요구하고 가족을 설득하는 적극적이고 주체적인 삶을 일구어낸다. 뚜완샹을 통하여 띵링은 사회에 참여하는 데 있어서 이론보다는 실천을, 사물에 대한 날카로운 비판보다는 부드러운 교정을 해내는 여성을 형상화하는 데 성공했다.

2) 감정이입

감정이입은 여성주의문학의 주요한 특징으로, 이를 통해 작가는 주관과 객관의 일치 즉 나와 남이 하나 되는 경지를 맛본다고 할 수 있다. 띵링은 자신의 소설 속 주인공인 몽커, 사페이, 마리 및 뚜완샹의 모델이 자신이 주위에서 직접 본 사람들이거나 그녀 자신이라고 고백한 바 있는데 모델이 누구든 간에 띵링은 주인공들에게 자신의 감정을 담뿍 이입하고 있다. 작가라면 누구라도 자신이 만들어낸 인물에 애정을 가지기 마련이지만 띵링의 경우는 특히 작중 주인공과 자신을 동일시할 만큼 강열한 감정이입을 한다. 일찍이 집을 뛰쳐나와 방황하던 그녀 자신과 몽커, 마리, 사페이가 그렇고 단신 연안으로 들어간 그녀와 루핑이 그렇다. 뿐만 아니라 문화혁명 기간 중 흑룡간성의 한 농촌에서 닭을 기르던 그녀와 뚜완샹도 동일시되어 있다.

이처럼 청년기의 그녀가 연애와 결혼 및 자아실현 문제를 두고 고민하고 갈등하는 지식 여성에게 감정을 이입했다면 정풍운동, 반우파운동 및 문화혁명을 겪으며 띵링은 점차 일하는 노동 여성과 자기를 동일시하였다. 특히 인민과의 동일시에 대해서 띵링은 이렇게 그 과정을 설명한 바 있다 :

> 작가는 인민에 대하여 좋은 감정을 가질 뿐 아니라 인민 또한 작가에게 육친과 같은 감정을 느껴야 한다. 예를 들어 당신이 농촌에 가서 한 할머니를 만나 그녀를 마치 친어머니 같이 느낀다고 하더라도 그녀가 당신을 친딸로 여기지 않는다면 아직 당신이 그녀를 진짜로 이해했다고 할 수 없다. 그러기 위해서는 당신이 그녀를 어머니로 삼고 그녀가 당신을 딸로 삼는 상호적 감정이 있어야만 되는 것이다. 이렇게 하려면 당신은 반드시 오랜 기간에 걸쳐 그녀에게 무언가를 주어야 하고 무엇보다 감정을 주어야 한다. 당신은 그녀를 자주 찾아가 그녀의 일에 개입하고 그녀를 위해 의견을 내고 실제로 그녀를 돕는 등 성심성의껏 대하다 보면 어느 날 그녀는 마침내 당신과 평등하다고 느끼고 당신을 완전히 신뢰하게 되는데 이렇게 되어야만 비로소 당신은 그녀와 사귀게 되었다고 말할 수 있다.

한 지식인 작가가 인민에게 육친 같은 친분과 동지 의식을 갖기 위해서는 오랜 세월 동안 고통을 감수하는 인내와 끈기가 필요한 법이다. 띵링은 근 25년 동안 작가로서 쓸 권리를 박탈당하고 농촌 생활과 감옥 생활 등 이런저런 박해를 당하면서도 끈질기게 살아남았다. 이는 그녀 자신이 짓밟히고 짓밟혀도 다시 고개를 쳐드는 민초의 삶을 살지 않고서는 불가능한 일이다.

훗날 한 기자가 어떻게 '우파'로 몰려 오랜 세월 동안 혹독한 비판을 당하고도 살아남을 수 있었느냐고 묻자 띵링은 "때리는 사람이 있으면 맞는 사람도 있는 것이니 얻어맞은 들 뭐가 그리 대수로우냐"고 담담하게 응수한 뒤 "일자리를 잃고 홀로 외로이 떨어져 있을 때 오히려 세상을 더 잘 볼 수 있었다"고 말했다. 띵링은 또 "비록 목숨을 걸고 투쟁하지는 않았어도 살아남았다는 그 자체가 바로 투쟁의 승리"라고 말함으로써 온갖 역경 속에서도 끈질긴 생명력을 발휘하는 인민과의 상호 감정이입에 성공했음을 입증했다.

3) 양성적(兩性的) 사회주의 문학

띵링은 비록 여성으로서 여성의 문제를 자신의 문학적 발판으로 삼기는 했지만 그녀 자신은 결코 여류작가로 불리기를 원하지 않았고 성별 구분 없이 그냥 작가로 불리기를 원했다. 실제로 띵링은 많은 소설, 산문 및 평론을 통하여 문예창작과 인생, 항전과 투쟁, 생활과 수양, 사회주의와 시대 등 광범위하고 일반적인 주제를 다루었지 여성문제라는 주제를 따로 떼어 언급한 적이 거의 없다. 그녀의 여성주의가 민족주의와 함께 궁극적으로 사회주의 혁명을 추구하는 에너지로 화했기 때문이다. 이는 그녀가 남성에 대항하는 여성 문제를 열강에 대항하는 중국 민족 문제와 부르주아에 대항하는 프롤레타리아 계급 문제로 싸안으려는 당의 정책을 따를 수밖에 없었고, 그녀 또한 여성 문제를 여성만의 문제가 아니라 남성과 함께 풀어가는 양성 문제로 인식하고 있었음을 의미하기도 한다.

양성 문제에 대한 그녀의 인식은 연안 시절이 길어짐에 따라 어쩔 수 없이 계급문제로 포괄되어 사회주의 혁명으로 방향을 잡는다. 그 때문에 띵링은 「나는 인민의 아들딸(我是人民的兒女)」, 「군중 속으로 들어가다(到群衆中去)」 등의 산문을 씀으로써 민중 속에 뿌리내리는 삶을 그녀 문학의 근간으로 삼았다. 그 때문에 그녀의 소설에는 늘 인민, 대중, 군중이 등장하되 그녀 자신과 떨어져 있는 대상으로서가 아니라 어디까지나 그녀와 하나로 뭉쳐져 있는 우리로서의 민중으로 형상화되어 있다. 작가와 인민대중의 관계에 대한 그녀의 생각은 다음과 같은 글에서도 확인된다 :

> 어떤 작품이 가치 있느냐 없느냐는 작품 속에 구현되어 있는 작가와 인민 대중과의 관계를 보아야만 한다. 설사 당신이 자기 자신을 쓴다 하더라도 당신도 결국 인민의 한 사람이므로 당신이 자기 자신에 대해 쓴다 하더라도 바로 인민에 대해 쓰는 셈이다. 그러기 위해 당신은 마땅히 자신을 인민 대중의 일부로 만들고 인민 대중에 융화시켜야 하는데, 이것이 바로 개조이다.

여기서 그녀가 말하는 작가의 '개조'는 인민의 생활을 체험하는 1년 정도가 아니라 훨씬 더 장기적인 기간을 말한다. 「창작과 생활」에서 언급했듯 띵링은 실제로 수 년 간 양계를 생업으로 삼았고 당시에는 죽을 때까지 닭을 기르며 살 생각도 했다고 고백한 바 있다.

띵링은 이처럼 인민이 되어 생활하면서 인민의 문학을 하기를 원했지만 문화혁명 시기의 사인방(四人幇)의 주장에는 동조할 수 없었다. 그 때문에 문혁 기간동안 단 한편의 글도 쓰지 않았고 또 쓸 수도 없었다. 1970년대 말 복권이 된 이후 비로소 띵링은 「새로운 사물을 말한다(談新事物)」, 「창작에 관한 여러 문제를 말한다(談與創作有關諸問題)」 등의 글에서 문학이 교조적인 이데올로기의 선전물이 되어서는 안 되고 공상에 의하여 만들어낸 인민의 영웅을 부각시켜서도 안 된다고 말했다.

진실된 마르크스주의와 마오쩌뚱주의를 실현하기 위해서라도 띵링은 무엇보다 작가가 자신으로부터 해방되지 않으면 안 된다고 강조하였다.

그리하여 작가 자신이 사상의 해방과 문체의 혁신을 이루어내야 한다는 것이다. 이를 위해서 작가는 먼저 '토(土)'와 '양(洋)', '신(新)'과 '구(舊)'의 질곡에서 벗어나야 한다. 즉 작가는 전통(토)과 외래(양)뿐만 아니라 새것(신)과 옛것(구)을 아름답게 조화시키고 나아가 사람들을 향상시켜야 한다는 것이다. 사람들을 향상시킨다는 것은 사람들을 감동시켜 그 영혼을 계발하고 변화시킴을 말하는데, 이는 도식적인 교훈이나 훈계가 아닌 심금을 울리는 호소와 격려로만 가능하다. 또한 심금을 울리는 호소와 격려는 작가와 독자 간의 자연스러운 교감으로만 가능하다는 것이 그녀의 지론이다. 많은 양심적 작가들과 마찬가지로 띵링이 추구한 문학은 바로 이러한 혁신, 해방, 감동의 문학이고 인간적 연대를 강화하는 문학이다.

띵링이 여성으로서 자각한 이후 자신의 외삼촌을 비롯한 적지 않은 억압적 남성에게 대항하고 또 공산당 입당 이후 연안에 가서도 그곳의 폭압적 남성들에 대항한 것도 따지고 보면 남녀가 공존하고 계급이 공존하는 평화로운 사회주의 사회를 희구했기 때문이다. 그 때문에 띵링은 자신을 포함한 모든 작가에게 자신과 인민을 해방하고 혁신하는 감동적인 작품을 쓸 것을 애써 강조했던 것이다.

제5장

티에닝(鐵凝)의 산문 미학

1. 산문가 티에닝이 되기까지

티에닝(1957－)은 하북성 조현(趙縣) 출신으로 화가인 아버지와 교사인 어머니, 그리고 여동생과 어린 시절을 보냈다. “나는 아버지의 아이다.…아버지가 두 손으로 자신의 작품을 받쳐 들고 보면서 만면에 띠었던 고요하고 애정 어린 표정이 내 심령을 일깨웠으며 예술의 매력을 알게 해주었다”고 술회하듯 티에닝은 아버지의 그림으로부터 결정적인 영향을 받았다. 비록 그녀의 관심 방향이 점차 아버지의 그림들로부터 아버지가 가지고 있던 소설들로 바뀌었지만.

아무튼 그렇게 존경하고 의지하던 아버지가 문화혁명 때 “반동분자”로 몰려 어머니와 함께 떠나자 티에닝은 북경의 외가로 가서 초등학교를 다니다가 1970년에야 병든 아버지와 함께 고향에 돌아온다. 이후 소설들을 탐독하면서 중학교 때부터 소설을 습작하기 시작한다. 딸에게서 문학적 재능을 본 아버지는 티에닝이 습작한 두 편의 단편소설을 들고 딸과 함께 작가 쉬광야오(徐光耀)를 찾아갔다. 쉬광야오는 티에닝이 열여섯 살 때 쓴 두 작품을 본 후 그녀에게 “네가 쓴 것은 이미 소설이다”라고 격려해주었을 뿐만 아니라 두 단편 중 하나인 「날 수 있는 낫(會飛的刀)」을 소설집에 끼어서 출판하게 해주었다.

이에 크게 고무된 티에닝은 고등학교를 졸업한 후 진정한 작가가 되기 위해 자원해서 박야현(博野縣) 장악촌(張岳村)으로 내려간다. 당시는 문화혁명 말기(1975년)로 한 집안의 맏이는 농촌으로 가지 않아도 되었건만 그녀가 굳이 농촌행을 결행한 이유는 작가가 되려면 생활 속으로 깊이 몰입해야 한다는 생각 때문이었다. 물론 "농촌생활을 모르면 중국사회를 모른다"며 격려해준 아버지의 역할도 컸다. 그래서 "설마 니가 중국의 고르끼(Maxim Gorki)가 되겠다는 건 아니겠지?"하면서 말리던 어머니를 뒤로 하고 농촌으로 떠났다.

농촌에 내려간 티에닝은 집집마다 나무사다리를 놓고 일년 내내 지붕을 오르내리면서 철따라 나는 농작물을 펴 말리고, 깔 판자 위로 보릿대가 자라날 만큼 습한 침상에서 잠을 자는 등 힘든 생활을 한다. 그런 그녀에게 마을 사람들은 들일 대신 차라리 아이들을 가르치는 일을 하라고 권유했지만 개의치 않고 고집스레 들일을 계속하면서 50만 자에 달하는 일기를 썼는데, 이것이 훗날 그녀 소설의 밑거름이 된다.

결국 22세가 되던 1979년 티에닝은 4년간의 농민생활을 끝내고 잡지 『화산(華山)』의 편집을 시작한다. 이듬해인 1980년 단편소설집 『밤길(夜路)』을 내면서 본격적으로 소설가의 길을 걷게 된 티에닝은 굵직한 문학상을 연이어 받는다. 즉 1982년 「아, 샹쉬에(啊, 香雪)」로 전국우수단편소설상을 받고 1984년에는 「유월의 화제(六月的話題)」로 전국우수단편소설상을, 「단추 없는 붉은 셔츠(沒有紐的紅衫)」로 전국우수중편소설상을 받은 것이다.

이처럼 티에닝이 중, 단편소설에 두각을 나타내며 소설가로서 자리를 굳히게 된 데는 사연이 있다. 원래 티에닝은 소설보다 시에 더 매력을 느끼고 약 60여 수의 시를 습작하여 몇몇 시인에게 보여주었으나 이들은 모두 그녀의 시에 대해서는 시큰둥한 반응을 보인 반면 이미 발표한 그녀의 소설을 칭찬하였다. 그렇게 되니 그녀로서도 자연히 소설 쪽에 매진할 수밖에 없었을 것이다.

시나 소설에 비하여 산문은 티에닝이 비교적 늦게 관심을 가진 장르이다. 소설보다 더 자유롭고 진솔하게 작가의 생각과 느낌을 표현할 수 있는 산문 형식에 대하여 티에닝은 1980년대 중반부터 관심을 갖고 쓰기 시작했다. 그녀에 따르면 소설이 읽는 것이라면 산문은 귀 기울이는 것이다. 산문은 생명으로부터 흘러나오는 마음의 소리이기 때문이다. 90년대에 들어서 더욱 산문에 치중하고 있는 티에닝은 「심령의 목장」에서 산문을 이렇게 정의하고 있다 :

> 소설과 시는 사람의 심령을 불안하게 할 수 있고 사람의 정신을 흥분시킬 수 있고 사람으로 하여금 큰 소리로 울고 웃거나 또는 울 수도 웃을 수도 없게 할 수 있고, 심지어 사람으로 하여금 죽고 싶거나 살고 싶게 할 수 있다. 하지만 산문은 그렇지 않다. 산문은 그저 인간의 정감을 편안히 적셔 준다.

티에닝도 이제 불혹의 나이인 사십 세를 훨씬 넘었으니 불안과 초조, 흥분과 사생결단을 무릅쓰는 소설이나 시보다 차분하고 고요한 문학 장르인 산문을 더욱 선호하게 되었을지 모른다. 많은 작가들이 시나 소설을 먼저 쓰고 산문을 나중에 쓰기 시작하는 것도 사실이다. 그러나 사십 세부터 소설을 쓰기 시작한 작가들도 있고 이, 삼십대부터 산문을 쓰는 작가도 있음을 볼 때 작가의 연령과 문학 장르 사이에 불변의 관계가 있는 것은 물론 아니다.

본 논문은 티에닝의 산문 가운데 비교적 이른 시기에 발표된 「토시(套袖)」(1984.1)로부터 비교적 최근작인 「골목길 상상(想像胡同」(1994.3)에 이르기까지 약 10년간에 걸친 총 66편의 산문을 중심으로 하고, 그 밖에 그녀의 소설들과 작품집 서문 등을 참고로 하여 그녀의 산문이 추구하는 미학의 본질을 살펴본다. 아울러 티에닝 산문의 내적 아름다움과 외적 아름다움, 즉 내용미와 형식미가 어떻게 조화를 이루고 있는지 짚어볼 것이다.

2. 티에닝 산문의 주선율

티에닝의 산문은 미술로부터 계발되었다. 아버지가 정물화가여서 어릴 때부터 온 방에 배어 있는 유화의 냄새를 맡으며 자랐고 커서는 린펑미엔(林風眠), 펑즈카이(豊子愷)의 그림으로부터 많은 감흥을 받았다고 고백한 바 있음을 볼 때 그렇다. 물론 이 같은 감흥은 그녀의 소설 속에도 잘 형상화되어 있다. 하지만 고흐(Vincent Gogh), 로댕(Francois Rodin)에 관한 산문을 통해 보듯 그녀의 산문은 소설보다 더욱 미술작품처럼 어떤 프리즘도 거치지 않고 직접 한 눈에 들어온다. 티에닝의 산문이 위 미술가들의 작품을 볼 때 느끼는 강한 힘과 순진무구, 그리고 어떤 초월성을 담고 있기 때문이다.

1) 생명력

그녀가 부친의 그림을 보고 느꼈던 최초의 감흥은 생명력이었다. 안개로 촉촉한 꽃잎에서 생명의 활력을 느끼고 고요한 정지상태의 물체를 보면서 살아 숨쉬고 있는 생명의 풋풋함을 맛보았다. 심지어 화병에서도 숨소리를 들었다고 토로한 바 있다. 아버지의 정물화뿐만 아니라 린펑미엔의 그림에 묘사된 하늘과 수수한 여인에게서도, 고흐의 태양과 나무에서도, 로댕의 생각하는 사람에서도 생명의 광채를 느꼈다는 것이다.

그림을 보며 느낀 이 생명력은 그녀의 산문에 고스란히 옮겨졌다. 그 때문에 그녀의 산문에서도 생명의 숨소리가 느껴진다. 그 생명은 어린이의 풋풋한 생명이나 청년의 팔팔한 생명보다는 오히려 노인이나 심지어 병자들로부터 더욱 확실히 감지되는 그런 생명력이다. 그녀가 묘사하는 생명력은 또한 동물과 식물, 심지어 무생물인 바위에까지 확산되는 그런 생명력이기도 하다.

이는 「복사꽃물에 미역 감는 시절(洗桃花水的時節)」에서 확인된다. 이 작품에서 티에닝은 한 온천마을 요양원에 입원해 있는 친척을 방문하러 가는데 기차 안에서 한 노인으로부터 "복사꽃물에 미역 감으러 간다"는 말을 듣는다. 온천마을에 도착한 티에닝은 사방에 흐드러진 복사꽃을 보고 노인이 말한 "복사꽃에 미역 감는다"는 요양원에서 환자들이 온천수로 지병을 치료한다는 뜻이라고 생각한다. 하지만 다음날 빵집에 간 티에닝은 한 할아버지에게서 또 "복사꽃물이 흐르는 곳으로 노인들이 미역 감으러 간다"는 말을 듣고 물어물어 복사꽃이 만발한 숲 사이로 온천수가 흐르는 곳을 찾아가보니 그곳에는 과연 팔다리를 걷어붙이고 온천수에 발을 담근 채 수건으로 마사지를 하는 건강한 노인들의 생기 있는 얼굴들이 있다. 알고 보니 복사꽃이 만발한 이 마을의 온천수는 환자와 노인에게 힘을 주는 생명수였던 것이다. 그 생명의 광채는 물론 대중목욕탕에서 목욕하고 나오는 청춘남녀에게서도 뿜어진다.

원로 여작가 빙신(冰心)을 다룬 산문 「빙신 외할머니 안녕하세요」와 「당신의 미소가 나를 젊게 합니다」에서도 잔잔한 생명력이 감지된다. 이 산문들은 그녀의 노작가 방문기이기도 한데 티에닝은 노작가 곁에다가 앉아 별 다른 말을 나누지 않았음에도 거의 한 세기를 살고 있는 노작가로부터 "생명의 격정"을 느낀다. 그 때문에 얼마 후 노작가가 보내준 사진을 보고 이렇게 기술하고 있다 :

> 나는 오랫동안 사진 속의 빙신 선생님을 주시하고 있다. 선생님은 내게 전에 없던 따스함과 해맑음을 주고, 지극히 아름다운 경지를 보여주고 있다. 이 같은 경지는 세월의 부식을 이기고 연령의 한계를 초월한 이 구십일 세의 노구로 하여금 누구도 흉내 낼 수 없는 생명의 매력을 발산케 하고 있다.

원로 작가 손리(孫犁)를 그린 「토시」와 왕청치(汪曾祺)를 형상화한 「따스하고 고독한 여정」에서도 이 같이 강인한 생명력을 느낄 수 있다. 티에닝이 감지하는 생명력은 이처럼 고령의 노인들의 잔잔한 얼굴에서 더욱 격렬히 감지되는 그런 독특함이 있다.

앞에서 언급한 대로 티에닝이 묘사하는 생명력은 사람뿐만 아니라 동식물, 심지어 바위에까지 이른다. “세상의 그 무엇도 풀에 대체될 수 없다”며 풀의 생명력을 예찬한 「풀 반지」에서부터 계곡의 매끄러운 바위들에게서 처녀들의 몸을 느끼는 「강가의 여인」에 이르기까지 그녀의 생명예찬은 끝 간 데가 없다. 그중에서도 고양이에 대한 감정은 다소 특별하다. 산문 「에이미와 헤어지다」는 선물 받은 에이미라는 흰 고양이에 관한 이야기인데, 낯선 집에 온 에이미는 처음엔 주눅이 들어 괴팍한 행동을 보인다. 그러다가 자신을 식구처럼 사랑하는 가정에서 차차 마음을 풀고 자기 의지를 표현할 줄 아는 생명체로 변화한다. 나쁘게 길들여진 방뇨 습관도 고쳐지고, 작가인 주인이 밤마다 펜을 들고 창작의 고통을 겪는 것을 보고 몰래 펜을 감춰놓기도 한다. 티에닝은 이 작품을 통해 고양이와 사람이 서로 생명을 공유하고 있음을 보여주고 있다.

「내게 작은 게 한 마리가 있었네」에서는 게와 인간의 소통을 보여준다. 이 산문에서 티에닝은 한 작가로부터 건네받은 작은 참게 한 마리를 기른다. 처음에는 비스킷 따위를 억지로 먹이려다 이를 싫어한 게로부터 배설물 세례를 받기도 하는데 점차 지렁이, 송사리 등 참게가 좋아하는 먹이를 잡아다 주며 정을 나눈다. 그런 과정에서 티에닝은 사람의 정성스런 마음이 게에게 통할 수 있다는 믿음을 가지게 된다. 하지만 게는 결국 호텔에 묵고 있는 그녀를 떠나 사라졌고 이를 발견한 티에닝은 자유를 찾아 북적대는 호텔 복도를 빠져나갔을 게의 앞날이 평안하고 순탄하길 기원하는 것으로 끝을 맺는다. 이 글을 통해 티에닝은 사람과 게가 공유하고 교감하는 생명의 총체적 광휘를 보여주고 있다.

2) 천진성

티에닝 산문에서 반짝이는 생명의 광휘는 천진한 마음을 가지지 않고서는 결코 감지할 수 없는 찬란한 빛이다. 그녀가 독자에게 요구하는 천진성은 알프스의 소녀 하이디가 산 속의 통나무집에서 할아버지와 나누는 순진무구이다. 또한 린펑미엔의 풍경화에 그려진 화병 속의 꽃,

물 속의 하늘, 하늘 속의 물, 수수한 여인, 몇 그루의 나무, 작은 집 같은 때 묻지 않는 마음이기도 하다.

그렇다면 이러한 천진성은 어떻게 얻어지는가? 이에 대해 티에닝은 「나는 시인이 되고 말거야」에서 우리가 습관적인 자기로부터 벗어날 때 비로소 천진해질 수 있다고 말한다 :

> 자기로부터 벗어난 자기의 머리 속에 비로소 천진한 공백이 열리게 된다. 자연은 다만 이 공백에 스케치를 해줄 뿐이다. 결국 당신 자신만이 높게 걸린 달, 가까이 흐르는 물, 물가의 깨진 그릇 및 산이 포용하는 모든 것을 볼 수 있다.

티에닝은 우리가 인간사에 관한 잡다한 말을 잊을 때 비로소 꽃과 함께 웃을 수 있고 갈대와 물새 등과 더불어 탄식할 수 있는 천진성을 얻게 된다고 말한다. 이 같은 천진성은 바로 동심과도 통하는데, 이는 「사계절이 있다면 노래도 있다」에서 확인된다 :

> 설사 훈련되지 않은 어린이의 노래 소리라 하더라도 진실하기만 하다면, 감정이 일어나기만 한다면, 애써 모방하는 어른의 노래 소리보다 더 사람을 감동시킨다.

진실한 어린이의 노래 소리야말로 사람을 감동시키는 힘이 있다는 것이다. 이 같은 사심 없는 천진성은 「또 샹쉬에」의 시골 처녀 샹쉬에의 계산할 줄 모르는 순진무구한 모습에도 잘 드러나 있다. 또한 티에닝 자신이 농촌에서 들일을 하다가 손이 물집 투성이가 되자 친구 쑤잉(素英)이 그 손을 붙잡고 울음을 터뜨린다든지, 간질병 발작을 일으키고 있는 쑤잉을 위해 그녀의 어머니가 정성스럽게 지전(紙錢)을 태우고 문을 열어 귀신을 몰아내는 엄숙한 광경이 묘사되어 있는 산문에서도 동심의 천진성을 느낄 수 있다.

또 한 편의 고백적 산문 「심령의 흑백 이야기」는 티에닝이 노 판화가 부웨이친(卜維勤)과 함께 그의 판화를 감상하는 이야기를 담고 있는데, 그 내용을 소개하면 이렇다. 즉 부웨이친은 자신의 판화 몇 장을 뒤에 감추고 와서 티에닝에게 눈을 감으라고 한다. 지시에 따라 그녀가 눈을 감자 그가 판화 한 장을 그녀 앞에 놓고 그녀에게 눈을 뜨라고 한다. 그러자 눈앞에 몇 그루의 큰 나무와 고요한 강물이 있다. 또 다시 지시에 따라 눈을 감고 기다리다가 다시 눈을 뜨면 빗줄기가 교차하는 낮은 지붕이 있다. 이 같이 천진난만한 놀이를 하면서 티에닝은 눈을 감고 있을 때마다 노판화가의 예술에 대한 열정, 세속과 무관한 진솔함, 그리고 성실한 자아긍정에 감동한다. 환갑이 넘은 나이에도 여전히 동심을 갖고 있는 노판화가를 통해 티에닝 또한 밝고 맑은 동심을 만끽하는 것이다.

3) 득의망형(得意忘形)

어른으로서 천진성을 갖기 위해서는 이처럼 세속의 자기로부터 벗어나 사심과 욕심을 버려야 한다. 그러기 위해서 때에 따라서는 외부로부터의 격절, 즉 고독한 생활이 필요하다. 「따스하고 고독한 여정」, 「짙은 안개 속에서 뜻을 얻어 자신을 여의다」, 「가라앉힌 예술과 나의 가라앉힘」 등이 바로 예술가의 고독을 다룬 산문들인데 이 가운데 「가라앉힌 예술과 나의 가라앉힘」은 린펑미엔이 어떻게 고독을 자초했는지 잘 보여준다 :

> 진정한 예술가는 눈을 크게 뜨고 우주를 감지하고 시대를 감지해야 하지만 때로는 문을 굳게 닫고 눈을 오로지 네모난 백지에 고정시켜야 한다. …린펑미엔 선생님이 문을 열 때면 평범한 몇 그루의 나무나 몇 간의 집, 또는 한 줄기의 시냇물을 아무리 많이 보아도 싫증내지 않았고, 심지어 재미없는 영화까지도 "형상이 있고 동작이 있고 변화가 있어서 흥미롭다"고 했다. 하지만 린 선생님이 일단 문을 닫을 때면 누가 아무리 오래 두드려도 열지 않았다.

예술가의 문 닫음은 곧 마음의 가라앉힘, 즉 고독한 좌정을 말한다. 외부로 통하는 문을 닫고 혼자 조용히 마음을 가라앉히는 일은 바로 침묵과 명상을 의미하는데 이는 누구에게나 매우 중요한 삶의 과정이기도 하다. 이러한 과정을 통하여 우리는 마음의 중심을 안정되게 잡을 수 있기 때문이다. 삶에 있어서 문 닫음과 문 엶의 아름다움은 노작가 왕청치를 형상화한 「따스하고 고독한 여정」에도 잘 드러난다. 이 산문에서 티에닝은 농촌에서 홀로 살던 왕청치가 손수 버섯을 따서 말려두었다가 설날을 맞아 버섯을 등에 지고 가족에게 돌아가 몸소 버섯탕을 끓여 나누어 먹는 이야기를 전하면서 다음과 같이 끝맺고 있다 :

> 그래서 나는 믿는다. 이 세상의 우수한 영혼들이 고독한 까닭은 그들이 따스한 향기와 기쁨을 보상없이 세상 사람들에게 나누어 주기 때문이라고. 문학으로서든지 버섯으로서든지 말이다.

고독은 일상으로부터 벗어나 유유자적하는 초탈과도 통한다. 또 초탈은 습관적인 자기, 즉 세속의 자기로부터 벗어난 천진과도 통한다. 그러나 천진이 아직 때 묻지 않은 어린이의 동심을 연상시킨다면 초탈은 인생의 산전수전을 다 겪은 끝에 구도적 일념으로 도달하는 어른의 참선을 연상시킨다. 그렇다고 하더라도 천진한 어린이와 초탈한 어른의 행위에 공통점이 있는 것처럼 초탈과 천진 사이에는 강한 연관이 있다.

「쩡딩에서의 사흘」에서 티에닝은 쩡딩(正定)의 융흥사(隆興寺)에 가서 본 반가관음상의 미소에 대해서 언급하고 있다. 명(明)나라 때 조성된 이 관음상이 보여주는 고통 후의 평정과 평정 후에 맛보는 재생의 영원성에 대해 이야기하는 것이다. 티에닝은 이 관음상의 미소에서 다빈치의 걸작 「모나리자」의 미소를 본다. 한마디로 시간과 공간을 초월한 예술혼의 만남을 느끼는 것이다. 이 같은 예술혼은 북경에 전시된 로댕의 「생각하는 사람」의 긴장된 등판을 보고 쓴 「로댕의 약속」에서도 만날 수 있다.

티에닝에 따르면 고금동서를 막론하고 세속을 초탈한 상태에 이르러야 인간은 뜻을 얻어 자기 자신을 여의는 이른바 "득의망형(得意忘形)"에 도달한다. 「짙은 안개 속에서 뜻을 얻어 자신을 여의다」에서 티에닝은 바로 그런 상태를 이야기한다. 즉 사방 1미터밖에 보이지 않는 짙은 안개 속에 갇혀서 걸어가던 티에닝은 어느 순간부터 오히려 자신이 안개를 부리고 안개 속의 세상을 부리는 듯한 자유를 느낀다. 외부의 모든 것이 보이지 않을 때 비로소 자기 자신이 가장 명료하게 보이고, 다른 사람들로부터 철저히 떨어져 있을 때 비로소 모든 사람들과의 일체감을 느끼게 된 것이다. 결국 티에닝은 짙은 안개 속에서 자기와 마찬가지로 유유자적 걸어오는 '너'와 지나치며 짧은 웃음을 나누는데, 어찌 보면 별 의미 없는 이 만남을 티에닝은 매우 소중한 만남으로 친다. 왜냐하면 이 같이 사심 없는 너와 나의 만남 속에서 비로소 가장 해맑은 축복을 나눌 수 있기 때문이다.

3. 티에닝 산문의 부선율로서의 사람노릇

비록 티에닝이 "득의망형"을 노래하고 있지만 사실 언제나 빛나는 생명의 광휘나 천진무구와 초탈의 경지는 인간이 쉽게 도달할 수 있는 목표가 아니라 간절하고 꾸준한 수행을 통하여 도달할 수 있는 마지막 경지이다. 그 때문에 티에닝은 우리에게 그것들보다 훨씬 현실적이고 실천 가능한 방법인 '사람노릇'을 제시한다.

그녀가 말하는 사람노릇은 충효의 도덕도 아니고 모든 사람들이 그럭저럭 살아가는 무난하고 무탈한 삶도 아니다. 서당 훈장이나 중·고등학교 윤리선생으로부터 일방적으로 주입되는 윤리는 이미 생명력을 잃은 지 오래고 상업주의와 배금주의가 도처에서 우리의 발목을 잡고 있는 오늘날 주위의 모든 사람들로부터 칭찬을 받는 일은 불가능할 뿐 아니라 바람직하지도 않기 때문이다. 그녀의 영원한 소망이자 일생의 목표인 사람노릇은 기회주의적이고 교활한 처세술이 아니라 다른 사람들에 대한 진정한 관심과 배려, 자기 자신에 대한 자중과 근면, 그리고 나와 남 사이의 화해와 일체감의 추구로 집약된다.

「염려」와 「낯선 사람과의 교류」를 비롯하여 티에닝의 거의 모든 산문에는 타인에 대한 관심과 배려가 밑바탕에 깔려 있다. 예를 들어 1991년 티에닝이 하북성 보정(保定) 루촌(婁村)의 한 문화관에서 기거할 때의 이야기를 담은 「염려」에는 쟝(姜) 주방장의 식구들에 대한 따뜻한 배려가 그려져 있다. 이 작품을 읽으면 단 한 식구를 위해서 식사 때 종을 치고, 한밤중에 돌아오는 단 한 식구를 위해 밤새 불을 켜놓고 화덕을 지키는 쟝 주방장의 사람됨이 그대로 전해진다.

「낯선 사람과의 교류」에서도 남에 대한 관심과 배려가 어떻게 사람을 변화시키는지 잘 보여준다. 이 산문은 먼저 티에닝이 중학교 1학년 때 자주 가서 사먹던 여우티야오 집 소녀의 건강한 피부와 반짝이는 눈, 그리고 숱 많은 까만 머리와 그 위에 단정히 쓴 흰 모자를 보고 그녀를 얼마나 부러워했는지에 대해 기술한다. 그러나 세월이 흘러 다시 보게 된 그녀의 몸가짐은 흐트러지고 눈빛은 권태로워져 있다. 비록 한 번도 개인적으로 대화한 적이 없던 사이였지만 티에닝은 그녀에게 다가가 자기가 옛날에 얼마나 그녀의 아름답고 활기찬 모습을 흠모했는지 털어놓는다. 그러자 그 자리에선 짜증 섞인 말로 외면했던 그녀가 얼마 후 가지런한 머리에 흰 모자를 쓰고 민첩하게 움직이고 있다. 낯선 여자에 대한 관심과 배려가 그녀를 변화시킨 것이다.

남에 대한 관심과 배려는 곧 남에 대한 관용으로 이어진다. 티에닝은 상대가 실수로 자신을 해쳤을지라도 그것이 고의가 아니라면 화를 내거나 탓하기 전에 따뜻하게 감싸줘야 한다고 생각한다. 즉 「사랑스런 여인」의 L여사는 자신이 과거에 큰 도움을 주었건만 자기를 알아보지도 못하는 티에닝에 대해 조금도 언짢아하지 않고 오히려 상대를 편안하게 해주는 여유를 보인다. 「한 작은 사건」에서도 이웃처녀가 갓 주사기술을 배운 티에닝에게 주사를 맞으며 팔뚝 여기저기를 찔리는 곤욕을 치렀음에도 불구하고 오히려 다음번에도 자기에게 주사를 놓아달라고, 그때는 틀림없이 더 잘할 수 있을 거라고 위로한다.

타인에 대한 관심으로부터 시작하여 타인에 대한 관용으로 이어지는 사람노릇은 사실 먼저 자신을 중히 여기고 자신을 엄격하게 사랑하지 않고는 수행하기 어려운 과제다. 티에닝은 「남성의 일종」과 「여성의 일종」에서 자중자애를 하지 못하는 남녀의 왜곡된 모습을 묘사한다. 즉 「남성의 일종」에 등장하는 남성은 온갖 방법으로 무고한 여성을 괴롭히는데, 이런 남성은 실은 자기보다 강한 남성에게 느끼는 열등감과 피해

의식이 많은 나머지 자기보다 약자라고 믿는 여성을 괴롭힌다. 한편 「여성의 일종」에 등장하는 여성도 비상식적인 언행으로 선량한 남성을 골탕 먹이는데, 이런 여성은 남성에 비해 상대적으로 제한된 여성의 현실에 정면으로 도전해서 극복하기보다 남성을 이용하여 이익을 얻어내려고 한다. 티에닝에 따르면 이 두 남녀는 다 자중자애하지 않고 남녀의 관계를 오직 권력과 손익의 관계로만 보고 공생의 관계로 인식하지 못하고 있다.

자중자애와 함께 티에닝 산문 곳곳에서 드러나는 근면하고 성실한 생활, 진지하고 열성적인 책임감. 그리고 무엇보다 인간의 가장 고귀하고 순진한 표정인 부끄러움 또한 사람노릇을 하는데 있어서 뺄 수 없는 덕목이다. 이처럼 타인에 대한 관심과 배려는 자기를 중히 여기고 부지런히 사는 삶과 긴밀하게 연관되어 있다. 하지만 삶은 그렇게 순탄한 길만은 아니어서 때로는 나와 남 사이에 뜻밖의 모순과 갈등이 일어난다. 부부간의 갈등, 가진 자와 못 가진 자의 갈등, 종교 차이로 인한 갈등 등등 그 모순과 충돌의 역사는 길다. 사실 이 같은 모순 충돌의 관계는 비록 해결의 실마리를 풀었다 하더라도 곧 또 다른 대립 관계에 놓이게 되는 것이 우리네 삶의 현주소다. 그럼에도 불구하고 우리는 끊임없이 각종 대립 관계를 해소하고 싶은 것 또한 사실이다.

티에닝이 화해를 중시하는 이유도 여기에 있다. 「쩡딩(正定)에서의 사흘」은 그녀가 쩡딩의 한 목기 상점에서 휴대용 나무의자를 살 때의 일을 다루고 있다. 중국의 경우 관광지에서의 판매자와 구매자 관계는 어찌 보면 거의 적대 관계라고 볼 수 있을 만큼 살벌하다. 그럼에도 불구하고 티에닝은 목기를 판매하는 여점원으로부터 지칠 줄 모르는 응대를 받았던 기쁨을 술회하고 있다.

또한 「그때 나는 화산(花山)에 있었다」에서는 티에닝이 한 "이치에 어긋난 남자"와 웃음으로 화해하는 장면이 나온다. 그렇게 된 사정은 이렇다. 즉 티에닝이 작가 탐방을 위해 버스를 타서 보니 그녀의 좌석에 한 남자가 앉은 채 절대로 일어나지 않는 것이다. 다섯 시간이나 소요되는 여정인데 티에닝이 자신의 좌석을 강점한 채 일어나지 않는 그 남자를 곱게 봐줄 수는 없는 노릇이다. 그래서 티격태격 입씨름을 하며 서로 간에 미움을 키우고 있던 중 버스가 울퉁불퉁한 산간 도로를 달리느라 심하게 흔들리는 통에 그만 티에닝이 그 남자의 무릎에 넘어졌다. 그 순간 얼결에 그 남자와 눈이 마주치며 함께 웃게 됨으로써 그만 감정의 앙금이 사라졌다는 이야기다.

피해자와 가해자의 화해는 역지사지(易地思之)의 발상 없이는 불가능하다. 가해자의 입장에 서서 생각할 줄 아는 피해자라면 적어도 가해자의 마음과 하나가 될 수 있다. 피해자의 입장에 서서 생각할 줄 아는 가해자 역시 마찬가지다. 티에닝은 「그때 나는 화산에 있었네」의 말미에서 작게는 너와 내가 하나가 되고 크게는 온 세상 내지는 우주만물과 내가 하나 되는 생명의 일체감을 추구하고 있다 :

> 나는 세계에 속하고 세계는 나의 것이다. 나는 강물에 속하고 강물은 나의 것이다. 나는 바다에 속하고 바다는 나의 것이다. 하늘을 찌를 듯 높고 큰 고목 한 그루 한 그루도, 여리디 여린 풀 한 포기 한 포기도 다 나의 것이고 내 생명의 일부이다. 나는 마치 내 생명을 사랑하듯 그것들을 사랑하며 그것들은 또 내게 생명 그 자체에서 솟아나는 기쁨을 주었다.

살아서는 하늘과 땅을 갈라놓고 죽어서는 자기의 눈, 뼈, 근육, 살, 털 등 온몸을 바쳐 대자연을 만들었다는 반고(盤固)의 신화가 생각나는 대목이다. 티에닝에 있어서 나와 세상의 관계는 이처럼 서로 교통하는 관계이지 어느 한편이 다른 한편을 지배하는 종속 관계가 아니다. 마찬가지로 나와 남의 생명도 하나로 연결된, 피와 살이 통하는 유기체 안에 있는 것이다. 「그저 이렇게 걸어가며 일하며」에 바로 이 같은 대목이 있다 :

> 어느 곳에서 한 아기가 태어나면 내게도 생명이 늘고 어느 곳에서 한 사람이 죽으면 내게서도 무엇인가가 줄어든다. 한 사람이 세상을 벗어날 수 없음은 그가 자신을 벗어날 수 없음과 똑같다. 나는 세상과의 뒤엉킴이 기쁘다. 세상이 나를 어떻게 대하든 간에. 그러나 나는 또 내게 속한 세

> 상을, 내게 속한 나만의 공간을 추구하지 않은 적이 없다. 나는 안다. 내가 그 나만의 공간을 차지했을 때 비로소 온 세상을 직면할 수 있고 온 세상의 일부가 되는 것을 부끄러워하지 않을 수 있음을.

여기에 이르면 티에닝 산문의 부선율인 사람노릇이 주선율인 생명과 천진과 초탈에 자연스레 닿아 있음이 발견된다. 요컨대 남에 대한 관심, 배려와 자신에 대한 자중, 근면, 그리고 대립되는 나와 너의 화해로 요약되는 사람노릇은 반드시 유기체적인 생명의식과 사물에 대한 천진한 접근 및 얼마간의 고독과 초탈로 완성된다는 것이다.

4. 티에닝 산문의 풍격

풍격(風格)은 사람의 경우 풍채와 품격이다. 하지만 문학의 경우는 문학작품에 표현된 사상적, 예술적 특징을 말한다. 흔히 문학작품의 분위기, 즉 작품의 내용적, 형식적 특성이라고 정의하기도 하는 풍격은 어찌 보면 다소 모호한 개념이기도 하다. 본 논문에서는 풍격을 일단 문학작품의 모양, 소리, 냄새, 맛, 감촉 등으로 얻어지는 전체적인 인상으로 규정하고 티에닝 산문의 풍격을 살펴보기로 한다.

1) 심령의 목장

앞에서도 언급했듯이 티에닝은 산문이라는 장르를 "사람의 정감을 편안히 적셔주는 심령의 목장"이라고 비유했다. 그녀에 따르면 심령은 마치 널따란 목장에서 이리저리 노닐며 풀을 뜯는 소와 양 같아서, 우리의 심령이 넓은 세상에서 맘껏 뛰놀 때 비로소 광활하고 비옥하며 향긋한 터전으로부터 나오는 유유자적을 누리게 된다는 것이다.

보통 산문은 수필이라고 하여 붓 가는 대로 자유로이 여유를 가지고 쓰는 글이라고 하는데 티에닝의 산문관 또한 이에서 크게 벗어나 있지는 않다. 그녀 스스로 신경을 바짝 긴장시키는 소설에서 벗어나 근육을 이완시키고 편안한 마음으로 물 흐르듯 펜을 놀리는 산문이라는 장르가 그녀에게 얼마나 중요한지 토로하고 있음을 보아 그렇다.

하지만 티에닝의 산문관이 여늬 산문관과 조금 다른 부분이 있으니 이는 그녀가 심령에 중점을 두고 있다는 점이다. 문학비평서의 고전인 유협(劉勰)의 『문심조룡(文心雕龍)』에서도 문심, 즉 글을 쓰는 이의 마음을 중시했다. 즉 문심의 근본은 도(道)로서 글을 쓸 때는 감정과 이성을 조절하여 표현하되 무엇보다 작가 자신의 마음을 맑고 편안히 하여 기(氣)를 알맞게 펼 것을 강조했다. 아울러 이 책은 곳곳에서 글을 쓰는 데 있어서의 허정(虛靜), 즉 마음을 비워 고요히 하는 태도를 중시하고 있으니 이 허정의 마음이야말로 티에닝이 말하는 유유자적하는 심령이 아닐까? 이는 그녀의 「사계절이 있다면 노래도 있다」의 다음과 같은 대목에서 확인된다 :

> 만약 어떤 작가가 마땅히 독자에게 들려주어야 할 자기 자신의 참되고 간절한 목소리를 소홀히 한 채 어떻게든 독자의 눈앞에 자신의 박학다식과 다양한 경험을 조급히 드러낸다면 그 결과가 얼마나 부자연스러울 것인가.

티에닝은 심령의 의미를 박학다식이나 다양한 경험이 아닌 참되고 간절한 목소리로 표현함으로써 그녀 산문의 제1주제인 생명력과 천진성 및 "득의망형"의 문풍(文風)을 드러내고 있다.

2) 사상의 표정

『문심조룡』 「풍골(風骨)」편에 보면 "꿩이 화려한 색을 갖췄으나 백보 밖에 날지 못하는 것은 살집은 있지만 힘이 떨어지기 때문이요, 매가 비록 채색이 모자라나 드높이 날아오르는 것은 뼈가 단단하고 기가 세기 때문이다"라고 하여 굳세고 맹렬한 문체를 강조하고 있다. 티에닝의 산문체는 비록 그 같이 굳세고 맹렬하지는 못하다 하더라도 나름대로 당찬 풍골을 갖추고 있다. 이는 소설에 관해 논한 산문 「우대하는 것 같은 학대 및 기타」에서 다음과 같이 확인된다 :

> 소설의 독자에 대한 침투 능력은 여러 가지 심오한 사상의 배열이나 조합에 있지 않고 소설가가 생명의 숨결 속에서 창조해낸 사상의 표정, 즉 표정의 힘과 풍부성에 있다.

비록 여기에서는 소설의 문체를 말하고 있기는 하지만 이는 단지 소설에 국한된 이야기만이 아니라 산문에도 적용된다. 그렇다면 그녀가 말하고 있는 사상은 과연 무엇이고 그 힘차고 풍부한 사상의 표정은 과연 어떤 식으로 그녀의 산문 속에 그려져 있을까?

티에닝 산문의 사상에 관해서는 앞 절의 주선율, 부선율에서 다루었기 때문에 따로 언급하지는 않겠다. 다만 한 가지 짚고 넘어갈 점은 그녀가 작품 속에서 추구하고 있는 내용은 거창한 정치적 사회적 역사적 이야기가 아니라 평범한 일상에서 일어나는 이야기라는 것이다. 즉 그녀의 산문은 자신을 비롯하여 화가인 아버지, 음악선생인 어머니와 활달한 여동생 등 가족에 관한 이야기 또는 친구 등 주변 사람들의 이야기 및 고양이, 게, 풀, 나무, 강, 책, 침대, 빵 등 지극히 소소한 것들에 관한 이야기로 채워져 있다. 한마디로 신변잡기다.

물론 그녀도 정치나 여성 등에 대하여 문제의식을 가지고는 있다. 하지만 문화혁명의 폐해를 다룬 「골목길 상상」이나 여성문제를 다룬 「여인의 흰 밤」에서조차도 문혁이나 여성문제의 쟁점을 직접 부각시키기보다 특정 상황에 처한 남자와 여자의 변화를 묘사함으로써 독자 스스로 문제를 느끼게 한다. 예컨대 노르웨이 오슬로에서 열린 국제여류작가도서전시회에 참가한 경험을 쓴 「여인의 흰 밤」에서 티에닝은 매년 마을의 우두머리가 지목하는 죄 많은 여인을 산 채로 화장했던 한 마을의 풍습을 그대로 전하면서 오늘날 그 마을에서는 더 이상 산 여자를 희생의 제물로 삼지 않고 밀짚인형을 엮어 제물로 삼는다는 이야기와 함께 마지막으로 "그런데 그 밀짚인형도 여자일까?"라는 의문을 제기한다.

한편 가정으로부터 탈출을 꿈꾸는 수많은 여성들을 향하여 티에닝은 입센의 『인형의 집』 주인공 노라가 뛰쳐나온 문이 뒤에서 '꽝'하고 닫히는 그 소리가 여성을 각성시켜 여성이 꿈으로부터 깨어나 생활에 봉헌

할 때 비로소 그 꿈은 진정한 현실로 변할 것이라고 충고한다. 이로서 볼 때 티에닝은 정치나 여성 등 어떤 문제도 그것을 이론적으로 긍정하거나 부정하는 일은 의미가 없고 오직 일상의 생활과 실천 속에서 문제가 해결된다고 믿고 있음을 알 수 있다.

그 때문에 그녀의 산문은 어디까지나 옛날이야기식이다. 「천 장의 사탕봉지」의 경우만 봐도 그렇다. 이 산문은 그녀가 외갓집에서 살던 초등학교 1학년 때의 경험을 쓴 것이다. 그러니까 티에닝은 당시 그녀와 함께 외갓집에서 살고 있던 당고모로부터 사탕 싸는 종이 천 장을 모아오면 완구용 전동(電動) 개 한 마리와 바꿔주겠다는 말을 듣고 친구와 함께 그야말로 온갖 방법을 다 동원해서 사탕종이 천 장을 모아가지고 간다. 그러나 뜻밖에 당고모는 깔깔 웃으며 그 약속은 순전히 집안에서 떠들어대던 그녀를 조용하게 만들기 위한 속임수였을 뿐이라고 말하는 것 아닌가? 자기를 기만한 당고모의 속임수 앞에서 티에닝은 난생 처음으로 마음을 짓누르는 피로를 느꼈다고 고백한다. 이렇듯 어찌 보면 너절한 옛날이야기이지만 이 같은 방식으로 티에닝은 평범 속에서 비범을, 구체적 생활 속에서 추상적 관념을 부각시키고 있다.

물론 신변잡기 또는 옛날이야기가 갖는 문제점도 있다. 마치 누에가 실꾸리를 풀 듯 한없이 길게 늘어지는 이야기의 전개가 성급한 독자를 지루하게 만드는 것이다. 예를 들어 「사랑스런 여인」의 경우 L여사와의 난처한 상황을 담은 본론에 진입하기 전 일반적 난처 상황을 묘사하는 데에만 전 작품의 3분의 1 이상을 할애하고 있다. 「짙은 안개 속에서 뜻을 얻어 자신을 여의다」에서도 도입부가 역시 3분의 1 이상이다. 비록 「복사꽃물에 미역 감는 시절」처럼 다소 긴 도입부가 때로는 독자에게 호기심을 갖게 하고 흥미를 유발시키기도 하지만 역시 지루한 느낌을 면하기 어렵다. 긴 도입부와 함께 간혹 산문 끄트머리에 붙어 있는 도덕적 교훈도 권선징악을 강조하는 구태를 보인다.

티에닝의 산문은 이처럼 평범하고 때로는 진부하기도 한 신변잡기식 옛날이야기지만 꼼꼼히 살펴보면 갈피마다 재미있는 표정을 띠고 있다. 이는 예상할 수 없는 국면전개라는 복병 때문이다. 이 뜻밖의 복병은 그녀 스스로 삶 속에서 체험한 진리로서 "한 가지 답안을 얻을 때 다른 여러 가지 답안을 잃는다거나 해결의 실마리가 전혀 보이지 않을 때 뜻밖의 해결책이 눈앞에 있는 것이다." 이는 일종의 역설을 의미하기도 하는데, 티에닝은 「산은 높은 데 있지 않다」에서 이를 "낙관의 괴로움, 우아한 비루함, 터무니없는 익살, 우둔한 지혜"로 표현하기도 했다.

그 구체적 예를 원로작가 손리(孫犁)를 그린 산문 「토시」에서 보자. 이 산문에서 티에닝은 손리를 탐방하러 갔는데 처음에는 높은 담에 둘러쳐진 넓은 정원을 갖춘 손리의 저택을 보고 일종의 거부감을 가진다. 하지만 막상 대문에 들어서서 집 안에 꼿꼿이 앉아 하인들의 시중을 받고 있으리라 짐작한 노작가를 찾으니 그는 뜻밖에도 콩밭에서 토시를 끼고 구부정한 자세로 콩대를 뽑고 있지 않은가.

따지고 보면 우리의 일상생활 자체가 반전과 역설의 연속이다. 그 때문에 주로 우리네 삶을 다루는 문학작품의 전개에 있어서 예측을 불허하는 반전(反轉)은 빼놓을 수 없는 대단히 중요한 창작의 기법임이 사실이다. 또 그렇기 때문에 실제로 많은 작가들이 이 작법을 절묘하게 운용해왔고, 티에닝 또한 자신의 산문에 이를 효과적으로 사용하여 생동감 넘치는, 힘 있고 풍부한 표정을 갖추는데 성공했다고 할 수 있다.

제6장

한·중 페미니즘문학의 이해

1. 들어가는 글

한국과 중국에서 이제 페미니즘이나 페미니즘문학은 더 이상 낯선 용어가 아니다. 실제로 많은 문학연구가들이 페미니즘문학에 호감을 갖고 연구를 진행하고 있다. 근래에는 여성연구가들 뿐만 아니라 남성연구가들도 이 분야에 관심을 갖고 연구하고 있을 만큼 페미니즘과 페미니즘문학은 일종의 붐을 타고 있다. 철학에서는 포스트모더니즘의 한 갈래로, 사회학에서는 비판사회학의 한 분과로 인식되고 있는 페미니즘이 과연 어떻게 정의될 수 있는지에 대해서는 학자들마다 의견이 분분하다. 또 어디서 어디까지를 페미니즘문학의 범주로 보아야할 것인지에 대해서도 애매한 점이 많다.

필자는 일찍이 「띵링(丁玲)의 여성주의문학론」에서 서양의 페미니즘이 남녀의 동등한 권리와 사회참여를 주장하는 여권주의(女權主義)로부터 출발하여 여성의 고유한 성품을 중시하는 여성주의를 거쳐 남녀의 개성에 따라 성 역할 선택이 가능한 무성주의로 발전된 것과, 오늘날에는 이 세 가지 특성이 혼재하는 양상을 보인다고 정리한 바가 있다. 물론 이 밖에도 페미니즘의 의미는 매우 다양하게 변주되어 왔고 지금도 끊임없이 변화하고 있다. 마찬가지로 페미니즘문학도 그 정의와 범주가 고정되지 않고 계속하여 변화하고 발전하고 있다. 그 때문에 주로 문학사에서 소외된 여성작가들의 작품을 발굴하여 정당한 자리매김을 하거나 소설 속에 그려지는 여성상 비판 등을 통해 페미니즘을 실천하는 페미니즘문학도 페미니즘 이상으로 논란의 여지가 많은 게 사실이다.

이러한 상황에서 한국과 중국의 페미니즘문학을 과연 어떻게 정의할 수 있을까? 만약 이를 제대로 정의하려면 페미니즘문학이라는 일반적 의미와 함께 한국과 중국의 페미니즘문학이라는 특수한 의미를 동시에 싸안아야 한다. 물론 그저 사전식으로 "한·중 페미니즘문학이란 한국과 중국에서 페미니즘을 실천하는 문학이다"라고 정의할 수는 있겠지만 어딘지 다 찢어진 어망처럼 허술하기 짝이 없는 설명 같다는 생각이 든다.

그 때문에 본 논문은 다소 소극적인 방법으로 한·중 페미니즘문학을 이해하려고 한다. 즉 페미니즘문학이란 억압받고 소외당하고 있는 여성들에게 관심을 갖고 이들을 더욱 사랑하자는 문학이라는 매우 순박한 생각으로부터 페미니즘문학의 성취는 결국 여성의 노동력을 지속적으로 착취하기 위해 여성의 지위를 남성의 하위에 묶어두려는 자본주의의 음모를 분쇄하는데 달려 있다는 거창한 주장에 이르기까지 다양한 주장들 가운데 특히 필자의 눈길을 끈 세 가지 견해에 대한 탐구를 통하여 한·중 페미니즘문학의 실체에 한발자국씩 다가가는 식의 접근을 하려고 한다.

이를 위해 필자는 주로 1920년대와 30년대, 그리고 80년대와 90년대에 활약한 한국과 중국의 여성작가들을 중심으로 논지를 펴나가려 한다. 왜 하필 이 시기를 선택했는지에 대해서는 다음과 같은 이유가 있다. 즉 20세기 초기는 한국과 중국이 열강의 식민지(반식민지) 상황 속에서 서양으로부터 자유민주주의, 공산사회주의뿐 아니라 아나키즘, 페미니즘 등의 사상을 받아들인 시기로서 특히 1920, 30년대는 특정 사상이나 주의주장으로 모아지기 이전의 자유로운 분위기가 조성되어 있었다. 한마디로 이 시기는 좌, 우 이데올로기의 공존과 근대화(현대화)의 시기였다. 1980, 90년대 또한 중일전쟁과 한국전쟁으로 얼룩진 1940, 50년대나 내란, 분단으로 얼어붙었던 1960, 70년대와 달리 해빙의 시기였다. 물론 80년대 한국의 신군부 독재와 중국의 천안문사태 등이 있었지만 이후 90년대에 이르러 중국의 개혁개방과 시장경제, 그리고 한국의 민주화정권과 남북관계호전 등으로 화해분위기가 무르익었다. 비록 중국은 공산사회주의를, 한국은 자유민주주의를 표방하고 있지만 8, 90년대도 2, 30년대와 마찬가지로 좌, 우의 공존과 현대화의 시기였다. 요컨대 이 양대 시기는 20세기 중에서 문화적으로 매우 활발한 시기였고 문학적으로도 풍성한 수확을 거둔 시기였기에 이 시기에 주목한 것이다.

다음 굳이 남성작가들을 배제한 까닭은 이렇다. 사실 처음 필자가 문학에 뜻을 두었을 당시에는 한국의 이청준, 조정래, 윤흥길, 중국의 장시엔량(張賢亮), 왕쑤어(王朔), 리샤오(李曉) 같은 남성작가의 작품에 매료되었었다. 하지만 언제부터인가 이들 작품 속 여성형상에 관심을 가지고 자세히 살펴보니 묘하게도 이들 남성작가의 작품에 묘사되는 남성이 주체적이고 독자적인 반면 여성은 오직 그런 남성과의 관계 속에서만 존재하는 비주체적이고 비독자적인 인간으로 그려져 있음을 알게 되었다. 즉 한국의 이문열, 조정래, 윤대녕, 김곰치 등과 중국의 왕쑤어, 장시엔량, 리샤오 등의 소설 속 여성들은 한결같이 남주인공의 어머니거나 누이 또는 애인이거나 아내이다. 한마디로 희생적인 어머니나 구원의 여성, 아니면 나약하고 소심한 누이 또는 신들리거나 한을 품은 여인이 대부분으로 이들은 남주인공 없이는 아예 존재하기 어려운 인물에 불과했다.

물론 현실적으로 아직도 많은 여성들이 독자적인 존재이기 이전에 남성과의 관계 속에서 살아가는 의존적인 존재이기 때문에 이들 남성작가의 작품은 상당부분 현실성을 갖는다. 한편에서는 이러한 남녀현실을 그대로 수용하고 있는 남성작가들을 페미니즘의 반면교사로, 이들이 쓴 작품들을 페미니즘문학의 반면교재로 이용할 수 있다는 주장도 하는데 수긍이 가기도 한다. 하지만 남성중심문화를 착실히 반영한 반면교재라는 점 외에 독자적 여성에 관한 어떤 비전과 대안도 없는 남성작가들의 작품에 솔직히 식상하지 않을 수 없었고 이것이 본 논문에서 남성작가들을 잠시 배제한 이유임을 밝혀둔다.

2. 한·중 페미니즘문학에 대한 세 가지 견해

한·중 페미니즘문학에 대한 첫 번째 견해는 페미니즘문학과 한국 중국의 전통문학과는 아무런 관계가 없다는 주장이다. 즉 한·중 페미니즘문학의 성립은 20세기 초 유럽과 미국의 영향을 받아 비로소 가능해졌을 뿐 그 이전 수 천 년 동안 한국과 중국의 전통사회에 페미니즘문학은 전혀 없었다는 것이다. 물론 페미니즘이라는 용어는 서양에서 도입된 것으로 우리네 전통 용어가 아니라는 점이 이 같은 주장에 설득력을 부여한다. 그런 의미에서 볼 때 페미니즘문학은 분명 낯설고 생경한, 굴러들어온 돌이다.

실제로 고대로부터 근대에 이르기까지 문학사를 살펴보면 여성은 거의 언제나 남성과의 관계 속에서 존재했다. 은(殷)나라의 달기(妲己), 주(周)나라의 포사(褒姒), 월(越)나라의 서시(西施), 당(唐)나라의 양귀비, 그리고 조선의 장록수, 장희빈, 정난정 등 여성들은 미모를 바탕으로 각각 당시의 남성권력자에게 영향을 끼친 대표적 예이다. 물론 당나라의 측천무후와 청나라의 서태후가 황제를 누르고 막강한 황권을 휘둘렀고, 조선의 인수대비와 명성황후가 한 때 왕권을 좌지우지하며 정사를 주물렀지만 이들이 역사를 주름잡은 시기는 전체 역사를 볼 때 매우 짧은 기간이었고 그것도 어디까지나 황제 또는 왕의 부인인 '후(后)'와 '비(妃)'로서 가능했을 뿐이다.

신라 제27대 선덕여왕이 독실한 불심으로 선정을 베풀고 28대 진덕여왕이 삼국통일을 이루었다고는 하나 이들이 왕위에 오르게 된 것도 왕실의 혈통을 유지하기 위해 측근의 남성권력자들이 이들을 옹위한 결과였기 때문에 여왕들이 주체적으로 왕권을 행사하기는 어려웠을 것이다. 역사 속에서 이들이 '여왕'이라는 칭호로 불리고 있음만 보아도 이들이 남성 '왕'에 비하여 얼마나 예외적으로 취급되었는지 알 만하다.

문학사상에서 볼 때도 여성 작가의 활동은 미미하기 짝이 없다. 수

천 년의 문학을 기록한 문학사에서 여성이 자기 이름을 걸고 활동한 경우는 극히 드문 것이 사실이다. 그 단적인 예로 『중국시가선(中國詩歌選)』에 실린 중국시인 76명 가운데 여성 시인은 이청조(李淸照) 한 명 밖에 없다. 그녀의 사(詞)로 소개된 작품도 여성의 애잔한 사랑의 정서를 담은 「여몽령(如夢令」 등 6수에 불과하다. 비록 『전당시(全唐詩』에 여성 시인 상관완아(上官婉兒)의 시가 전해진다고는 하나 이 또한 극히 일부에 지나지 않는다.

한국문학사상 여성작가의 활동도 마찬가지로 극히 미미하다. 「공후인(箜篌引」의 작가인 고조선의 여옥을 제외하면 고구려, 백제, 신라와 고려를 훌쩍 뛰어넘어 조선의 신사임당, 황진이, 허난설헌이 뇌리에 떠오르는 여성작가의 전부이다. 그것도 여옥은 남편 곽리자고가 백수광부의 처가 불렀다며 전해준 「공무도하가(公無渡河歌)」에 가락만 붙였고, 사임당 신씨는 효심이 지극한 아들 율곡의 명성에 힘입어 후대에 그 이름을 남겼고, 허난설헌 또한 남동생 허균으로 인하여 이름을 얻었다고 할 수 있다. 그나마 시댁으로부터 일탈을 꿈꾼 허난설헌의 한시(漢詩)들은 한중문학자에 의하여 당나라 원진(元稹)의 시를 표절한 혐의를 받고 있는 형편이다. 그렇다면 오직 기생 황진이의 시조만 남는 셈인데, 이 또한 뭇 남성들의 사랑을 구하는 애정시로 폄하되고 있다고 해도 과언이 아니다. 이처럼 한국 중국의 전통문학사에 페미니즘문학이 없었다는 것이 한·중 페미니즘문학에 대한 첫 번째 주장이다.

다음 두 번째 주장은 20세기 초부터 형성된 한·중 페미니즘문학이 한국 중국 여성의 성적 (性的) 해방에 결정적 기여를 했다는 견해이다. 바꿔 말하자면 페미니즘문학이 여성의 방만한 성 추구를 위한 나팔수 노릇을 하고 있다는 주장이다.

실제로 1990년대 이래 발표된 소설들 가운데 상당부분이 여성의 자유로운 성생활을 그 내용으로 삼고 있다. 한국의 경우 이경자의 『혼자 눈뜨는 아침』, 은희경의 「내가 살았던 집」, 「마지막 춤은 나와 함께」, 전경린의 「내 생애 꼭 하루뿐인 특별한 날」, 김인숙의 「꽃의 기억」 등 작품 속 여주인공들은 모두 불륜도 마다 않는, 자유로운 성을 구가하고 있다. 중국의 경우도 비슷하다. 그 단적인 예로 웨이후이(衛慧)의 『상하이베이비』를 들 수 있는데, 반자전적 소설인 이 작품 속에서 여주인공 코코는 혼전동거는 물론 유부남과의 불륜 등 그야말로 자유분방한 성생활을 영위한다.

이로 보아 페미니즘문학을 여성의 성 해방문학으로 보는 견해는 꽤 설득력이 있는 듯하다. 왜냐하면 이 같은 성 해방 물결이 페미니즘이 유입된 20세기 초, 즉 1920, 30년대에 활약한 한국의 나혜석, 김일엽 등과 중국의 루인(廬隱), 샤오훙(蕭紅) 등 여성작가의 자유연애에서 드러나기 때문이다. 그 결과 훗날 불가에 귀의한 김일엽은 이혼 후 유부남과 동거했고 나혜석은 유부남과 정사 후 이혼했다. 루인도 유부남과 결혼했고 띵링(丁玲)과 샤오훙도 혼전동거와 이혼을 감행했다.

반면 1980, 90년대의 작가들 가운데 중국의 천룽(諶容), 티에닝(鐵凝) 등과 한국의 박완서, 최명희, 양귀자, 신경숙 등은 1920, 30년대 작가들과 달리 적어도 겉보기에는 남성편력이 그다지 없다. 몇몇 독신 작가를 제외하고 대부분은 정상적인 결혼생활을 유지하는 듯하다. 하지만 이들의 작품 속 여주인공들은 20, 30년대의 여주인공들보다 훨씬 분방한 성생활을 한다. 이는 8, 90년대의 작가들이 단순하고 실천적인 2, 30년대의 작가들에 비해 더욱 복잡하고 관념적인 성 의식을 갖고 있다는 뜻으로 풀이된다.

어찌 보면 지나치게 분방하게 여성의 성 해방을 구가하는 이 같은 현상은 분명 남성에게 성적(性的)으로 수동적인 것만을 미덕으로 알던 때와는 달리 여성도 남성과 마찬가지로 자신의 몸의 요구에 귀 기울이고 나아가 몸의 사랑을 자유롭게 표현하는 페미니즘문학의 영향을 입은 바가 크다. 그렇다면 이 같은 현상의 배경과 그 의미는 무엇일까? 만약 여성의 성 해방이라는 껍질 속에 숨겨진 알맹이가 있다면 과연 무엇일까?

이에 대한 해답은 잠시 미뤄두고 마지막으로 한·중 페미니즘문학이 결국 남녀를 대립시키는 편협한 성별주의문학이라는 세 번째 견해를 소개한다. 이 견해에 따르면 비록 동기가 아무리 순수하다 하더라도 페미니즘문학이 남녀의 화해와 조화를 추구하기보다 오히려 남성들을 향한 여성들의 무기로 이용되고 있다는 것이다.

실제로 나혜석은 「이혼고백서」에서 자신의 불륜을 이유로 이혼을 요구한 남편을 정면으로 공격했을 뿐만 아니라 이혼 후에는 자신과 스캔들을 일으켰던 최린을 대상으로 위자료소송을 했다. 김일엽도 소설 「자각」에서 여주인공 순실이로 하여금 다른 여자와 놀아난 남편에게 정면으로 도전한 끝에 이혼을 선택하게 한다. 백신애 또한 실제로 남편과 별거 끝에 이혼을 감행했다. 비슷한 시기에 루인도 여성을 비하하는 발언을 한 남성에게 즉각 반격을 가하였고 띵링도 「부녀절유감」이라는 산문을 써서 조강지처를 버리고 새장가를 드는 공산당 간부를 꼬집었다.

비교적 원만한 결혼생활을 유지하다가 남편과 사별한 박완서조차 『서 있는 여자』에서 가출하는 엄마와 이혼하는 딸을 그리고 있다. 또한 양귀자는 『나는 소망한다. 내게 금지된 것을』에서 여주인공 강민주로 하여금 여성들을 악랄하게 지배해 온 남성들에게 복수하기 위해 영화배우 백승하를 납치하여 복수극을 벌이게 한다. 공선옥의 「어린 부처」에서도 여주인공이 전남편의 아이들을 데리고 재혼한 후 또 다시 남편과의 이혼을 모색한다. 그런가 하면 『상하이베이비』의 여주인공 코코는 선량하기 그지없는 남자친구 티엔티엔을 배신함으로써 결과적으로 그를 죽음에 이르게 한다.

직접 남성을 공격하거나 결별을 선언하지는 않더라도 계속 증가하고 있는 독신여성율과 저출산율도 페미니즘문학의 영향이라는 시각이 있다. 또한 TV토론회 등에서 한 남성작가의 작품을 놓고 여성작가들이 그 저자의 면상에서 집중 공격을 한다든가 여성 군인이 상급 남성 장교를 성희롱 또는 성추행으로 고발한다든가 간호사가 하급 군위관을 명령불복종으로 고발하는 일이 페미니즘문학의 확산과 무관하지 않다는 시각도 있다.

실제로 근래 페미니즘문학에 종사해온 작가나 비평가들은 대부분 여성작가와 여성비평가들이었다. 물론 최근 여성학을 연구하거나 페미니즘문학비평을 시도하는 남성비평가들의 수가 꾸준히 증가하고 있지만 여전히 여성작가와 여성비평가의 숫자에 비하여 그야말로 극소수에 불과하고 이들의 연구방식도 다소 안이한 면이 있다. 이로서 볼 때 근래 한국과 중국의 페미니즘문학이 자칫 편협한 성별싸움을 부추기고 있다는 주장은 매우 설득력이 있다. 그러나 과연 그렇기만 한가? 이에 대한 탐구가 본 논문의 세 번째이자 마지막 목표다.

3. 한·중 전통문학과 페미니즘문학

근대(현대) 학자들 가운데는 고대로부터 조선 또는 청나라까지의 역사를 싸잡아 봉건 역사로 규정하고 이른바 근대(현대)화, 즉 서구화를 개시한 19세기 말부터 비로소 민주주의의 길, 또는 사회주의의 길로 들어섰다고 보는 시각이 우세하다. 이는 물론 근대사(현대사)를 그 이전의 역사들과 전혀 다르게 발전되기 시작했음을 부각시키려는 전략적 서술방법일 것이다. 하지만 고대사나 중세, 근세사를 깊이 알아보지도 않고 너무 쉽게 수 천 년의 역사를 봉건적 역사로 단정하는 태도는 바람직하지 못하다. 같은 맥락에서 볼 때 서양으로부터 페미니즘문학이 도입되기 이전 한국과 중국의 전통문학은 페미니즘문학과 전혀 관계가 없다고 단정하는 태도에는 문제가 있다.

물론 페미니즘이라는 용어 자체는 20세기 초기에 유입되었다. 하지만 용어의 도입 시기에 그리 큰 의미를 부여할 필요가 없다. 자칫하면 용어에 얽매어 마치 그 용어가 들어오기 이전에는 한국과 중국의 전통문학에 그 용어가 품고 있는 내용이 전혀 없었다고 하는 형식논리에 빠질 수 있기 때문이다. 사실 여성의 독자적인 권리, 여성성의 긍정과 발현 등 페미니즘문학의 기본적인 내용이 동북아시아의 전통문학에 없었다고 보기는 어렵다. 본 절에서는 한국과 중국의 전통문학에 이 같은 내용이 어떻게 존재하는지 살펴봄으로써 페미니즘문학의 지평을 넓히고자 한다.

아마도 독자적인 여성의식이 그려져 있는 최초의 문학작품은 신화일 것이다. 이 가운데 한국의 마고(麻姑) 신화와 중국의 여왜(女媧) 신화를 보면 여성이 남성 없이 최초의 신과 인간을 낳거나 창조하고 있다. 먼저 마고신화가 수록된 『부도지(符都誌)』 첫머리에 보면 다음과 같은 구절이 있다 :

> 마고는 짐세(朕世)에 태어나 희로의 감정없이 선천(先天)을 남자로 삼고 후천(後天)을 여자로 삼아 배우자 없이 두 희씨(姬氏)를 낳았다. 두 희씨 또한 선천과 후천의 정기를 받아 배우자 없이 두 천인(天人)과 천녀(天女)를 낳으매, 합하여 네 천인과 네 천녀이다.

이 책에 따르면 마고는 천부인(天符印)을 받고 지상에서 가장 높은 마고성에 살면서 두 희씨, 즉 궁희씨(穹姬氏)와 소희씨(巢姬氏)를 낳았고, 궁희씨와 소희씨도 배우자 없이 두 천인과 천녀를 낳았다. 마고신화는 이처럼 마고라는 여성신이 궁희씨와 소희씨라는 두 여성신을 처녀출산하고, 궁희씨와 소희씨는 다시 네 천인과 네 천녀를 처녀출산하여 네 천인에게는 율(律)을 관장하게 하고 네 천녀에게는 려(呂)를 관장하게 했다. 율을 맡은 네 천인 중 궁희씨가 낳은 황궁씨(黃穹氏)와 청궁씨(青穹氏)는 각각 북방과 서방을 관장하고 소희씨가 낳은 백소씨(白巢氏)와 흑소씨(黑巢氏)는 각각 서방과 남방을 관장했다. 이처럼 마고성의 사방을 관장하는 사방신부터는 남성신이 득세하기 시작하지만 그 이전은 여성신이 우세하다. 그런 의미에서 마고신화는 독자적 여성의식을 지닌 한국 페미니즘문학의 원조이다.

한편 여왜 신화를 보면 여왜가 지상에 내려와 진흙으로 천신의 모습을 닮은 사람을 최초로 만들어 땅에 세움으로써 생명력을 부여하는데, 이를 통해 우리는 중국페미니즘문학의 씨앗을 발견할 수 있다. 요컨대 동북아시아의 이 두 신화로부터 한국과 중국의 페미니즘문학이 시작되었다고 볼 수 있다.

한(漢)나라 유향(劉向)이 편찬했다는 『列女傳』도 비록 남성 저자의 의도 하에서 구성된 책이기는 하지만 여성 자신의 입을 빌어 여성 개인으로서의 자각, 인간다움의 의미 찾기뿐 아니라 예(禮)와 법 제도에 대한 비판, 정치의 역할과 정치가의 자질문제 및 삶에 대한 관조를 담고 있는 고전으로 재평가되고 있다. 열녀 하면 흔히 남성을 위해 목숨까지 바치는 열녀(烈女)를 떠올리지만 이 책의 열녀(列女)는 어디까지나 가정과 사회, 정치뿐만 아니라 인간의 근원적 문제로 고민하고 실천한 여러 여성들의 이야기라는 점에서 역시 페미니즘문학의 일단을 보여주고 있다고 하겠다.

한편 신라 화랑들의 이야기로 알려진 『화랑세기』에는 미실이라는 여성에 관한 기록이 있는데 미실은 진흥왕, 진평왕을 포함한 10명에 가까운 왕족과 관계를 가졌다는 점 이상의 의미가 있다. 미실은 단순히 뛰어난 미모로 왕들을 사로잡은 잉첩노릇만 한 게 아니라 이 왕을 폐하고 저 왕을 세우는 등 엄청난 권력행사를 한 장본인이었다. 이종욱의 『화랑세기로 본 신라인 이야기』에 다음과 같은 기록들이 있다 :

> 미실은 심복들을 모두 다시 끌어 모아 중요한 지위를 주었는데 (진흥)제가 모두 허락하였다… 미실은 이에 사도 황후와 함께 내정을 마음대로 하였고… 정사는 모두 사도와 미실로부터 나왔다… (진흥)제가 죽자 사도, 미실, 세종, 미생은 이를 비밀로 하였다. 태자(진지왕)가 알지 못하였다. 사도가 먼저 미실로 하여금 태자와 통하게 하고 다른 마음을 가지지 않기로 약속하고 태자를 왕위에 오르게 하였다.

> (진흥)제가 죽고 금 태자(진지왕)가 즉위하였다. 인하여 미실을 받아들였는데 세상의 여론으로 인하여 황후로 봉하지 못했다. 또한 (진지왕은) 다른 사람에게 빠져 미실을 심히 총애하지 않았다. 미실은 그 약속 어긴 것에 노하여 마침내 사도 태후와 함께 낭도를 일으켜 (진지왕을) 폐위하고 동 태자의 아들인 백정공을 즉위시키니, 이가 진평대제이다. (진평)제는 어리고 미실은 이미 늙었기에 스스로 후궁의 일을 맡아 조정의 일을 제 마음대로 함이 많았다.

미실은 이처럼 꽤 오랜 세월 동안 남성들의 배후에서 막강한 권력을 휘두르기도 했지만 학식과 문장에도 능하여 진흥왕이 조정에 나가 정사를 볼 때 옆에서 문서들을 작성하는 역할도 했다. 이로 보아 미실 역시 페미니즘을 실천한 여성으로 볼 수 있고『화랑세기』또한 페미니즘 문학의 일단을 보여주는 문학으로 재평가할 수 있다.

당(唐)나라에도 상관완아(上官婉兒)라는 문재(文才)가 있었다. 상관완아는 측천무후(則天武后)의 총애를 받으며 황실의 문치(文治)를 도왔는데, 특히 시를 잘 지어서 당시 많은 사람들이 그녀의 시를 즐겨 외웠다고 전한다.『전당시(全唐詩)』에 실려 있는 그녀의 시 32수 가운데 몇 수만 보더라도 사회개혁과 자아실현에 정진했던 그녀의 젊은 시절과 인생의 덧없음, 자연과 은일(隱逸)에 대한 동경을 느끼는 노년기를 감지할 수 있다.

페미니즘문학의 한 특징이기도 한 여성의 노골적인 애정표현이 깃들어 있는 전통 문학작품으로는 백제의「정읍사」와 당(唐)나라의「강남을 바라보며」를 들겠다. 이 작품들은 모두 작가미상의 민요로 전해지고 있지만 송(宋)나라의 사(詞)와「쌍화점(雙花店)」같은 고려의 속요(俗謠)처럼 자유분방한 남녀의 애정을 표현하고 있다.

유교적인 제도로 여성의 발목을 잡았다는 조선시대에도 여성 성리학자 임윤지당(任允摯堂)이 있었고 남의유당(南意幽堂 : 1727-1823), 서영수합(徐令壽閤 : 1753-1823), 김삼의당(金三宜堂 : 1769-1823) 등 여성작가들이 작품 활동을 했다. 이영춘이 번역한『임윤지당-국역 윤지당유고』에 따르면 남의유당은『남의유당일기』를 남겼고, 서영수합은 시집인『영수합고(令壽閤稿)』를, 김삼의당도 시집『삼의당고』를 남겼다. 뿐만 아니라 사도세자의 참변으로 인한 지어미의 한을 담았으리라 짐작했던 혜경궁 홍씨의『한중록(閑中錄)』도 정조(正祖) 때에 득세한 홍국영(洪國榮)이 실각하게 된 배경과 그 경위 등 정치적 견해까지 담고 있는 일종의 비사(秘史)로 재평가되고 있다.

조선시대 말 전통적 양반 가문을 중심으로 전개되는 박경리의『토지』와 최명희의『혼불』역시 페미니즘문학의 관점에서 재조명해야 한다. 즉『토지』는 윤씨부인과 손녀 서희를 주축으로 하고,『혼불』은 청암마님과 손부(孫婦) 효원을 주축으로 하여 조선 말기의 유교적 종법 사회에서도 여성들이 단지 집안의 창고 열쇠만 쥐고 있는데 머무르지 않고 한 가문을 경영하고 나아가 한 마을의 사업을 주관하는 모습을 설득력 있게 보여준다.

이처럼 신화를 비롯하여 신라, 백제, 한(漢), 당(唐), 고려, 조선, 명(明), 청(淸) 등 한·중 전통문학 속에도 페미니즘문학의 씨앗은 뿌려져 싹이 나고 열매를 맺었다. 다만 문학사상 기록되어 있는 여성 작가와 작품이 극히 소수라는 점이 문제로 남는다. 하지만 이는 조선 후기 및 청나라 후기 이래 근래까지 한층 강화된 남성중심 문화의 영향으로 문학사 집필에 있어서 여성소외 내지 여성배제가 철저히 진행되어 온 결과일 뿐이다.

실제로 관심을 갖고 열심히 찾지 않는 한 수 천 년 한국문학사에 기록된 여성작가는 기껏 다섯 손가락 안에 다 꼽히고 중국문학사의 경우도 거의 비슷하다. 그 단적인 예로 당나라의 시인 상관완아의 경우 그녀의 시문집이 20권이라 했는데, 지금까지 전해지는 작품은 『전당시』에 수록되어 있는 32수밖에 없다. 또한 한국의 경우 최남선의 시 「해에게서 소년에게로」보다 김일엽의 「동생의 죽음」이 1년 먼저 발표되었으나 문학사에는 최남선을 최초의 현대시 작가로 기술하고 있다. 중국의 경우도 비슷해서 먼저 발표된 천헝저(陳衡哲)의 「하루」대신 루쉰(魯迅)의 「광인일기」를 최초의 현대소설로 소개하고 있다.

이렇게 볼 때 전통문학 속에서 페미니즘문학을 실천한 여성작가들과 작품들이 의외로 많이 있을 것이나 대부분 주로 남성 집필가들에 의하여 배제된 채 묻혀 있을 것으로 사료된다. 아울러 전통문학작품의 해석에 있어서도 여태까지의 판에 박힌 시각을 교정하여 새롭게 조명해야 할 필요가 있다. 앞서 재조명을 시도한 『열녀전』 『한중록』 등 뿐만 아니라 여타의 전통 작품을 대할 때도 기존의 유가적 해석이나 감상에서 벗어나 새로운 각도로 접근해야 할 것이다.

하지만 아직도 한·중 전통문학과 페미니즘문학과의 관련을 선뜻 받아들이기 어려운 사람들이 많을 것이다. 이들은 신라의 미실이나 당나라의 상관완아 등 여성들이 남성중심의 가부장문화와 종법제도를 부정하지 않고 오히려 그 안에서 자신의 뛰어난 재주를 이용하여 특권을 누린 예외적인 여성들로, 이들과 페미니즘문학과는 아무런 관련이 없다고 생각할지 모른다. 그렇지만 이 같은 입장은 20세기 초 서양으로부터 유입된 페미니즘의 원리원칙에 지나치게 집착한 나머지 전통문학에 숨어 있는 페미니즘문학적 요소를 아예 무시하려는 일종의 교조적 태도가 아닐까 한다.

4. 페미니즘문학과 여성의 성 해방

다음으로 나혜석, 김일엽, 루인, 샤오홍 등의 자유연애와 결혼 및 이혼경력, 그리고 이경자, 은희경, 전경린, 웨이후이 등 작가의 작품 속 여주인공의 자유로운 성 생활과 페미니즘문학과의 관계를 살펴보자. 보수적 시각으로 볼 때 여성의 자유로운 성 생활은 도덕의 상실과 인생목표의 부재 하에서 쾌락이라는 막다른 골목으로 치닫는 위험한 질주로 보이기 쉽고, 여성들의 외도도 남성들의 바람기에 맞서는 맞바람에 불과할 수도 있다. 그런 의미에서 볼 때 특히 1990년대 이래 여성의 자유로운 성을 주제로 쏟아져 나온 문학작품들이 여성의 성 해방을 부추긴 면이 있다고 볼 수 있다.

그럼에도 불구하고 여성의 자유로운 몸의 표현은 분명 페미니즘문학의 중요한 한 부분으로 긍정적인 기여를 해왔다. 그간 많은 여성들은 "술과 여자"라는 말처럼 남성들이 즐기는 대상물이었으며 성에 관한 담론은 거의 남성들이 주도해왔고 이런 환경 하에서 여성들은 자신의 몸이면서도 주인의식이 없었다 해도 과언이 아니다. 그 결과 적지 않은 여성들이 그저 사랑하는 남성에 의해 받아들여지기를 원하거나 거부당하는 것을 견딜 뿐이었는데 페미니즘문학이 이 같은 남성 전유의 성 담론을 여성에게까지 확장시키는데 결정적 역할을 한 것이다.

예를 들어 영화 『처녀들의 저녁식사』와 『주부가 말하는 성 이야기』에서 여성들은 자신이 몸의 주인임을 인식하고 자기 몸의 언어에 귀 기울이면서 점차 자신의 성적 욕구를 꾸밈없이 표현하기 시작한다. 남성들이 한 명 이상의 여성과 사랑을 꿈꾸듯 여성들도 한 남성과의 사랑에서 막다른 골목에 이르렀다고 느낄 때 또 다른 남성을 향하여 탈출을 꿈꾸는 것이다. 물론 이들 중 극소수는 '묻지마 관광'에 빠지는 등 이른바 성 중독증세를 보이기는 하지만 대부분의 여성은 남편이나 애인이 배신하거나 이들로부터 부당한 대우를 받았을 때 다른 남성을 찾아 따뜻한 위로를 받고 싶은 나머지 불륜을 저지른다. 이경자의 『혼자 눈뜨는 아침』이나 전경린의 『내 생애 하루뿐인 특별한 날』의 여주인공이 불륜을 저지르는 심리가 바로 이것이다. 이들의 불륜은 역설적이지만 여성으로서, 나아가 인간으로서 자신을 발견하겠다는 의식에 기초하고 있다.

이렇듯 여성의 성 해방이라는 껍데기 속에 들어 있는 알맹이는 여성이 주체적 인간으로서 제 발로 서고 싶은 욕구이다. 그 때문에 불륜을 저지르는 중년여성의 문제를 단순히 분방한 성(性) 추구로 이해하는 태도는 옳지 않다. 오히려 남편으로부터 적절한 관심과 인정을 받지 못하고 거부당했거나 지나치게 과중한 가사의 책임을 떠맡은 결과로 보는 편이 타당할 것이다. 실제로 많은 여성들은 남녀간의 성생활보다 대화 생활을 더욱 중시한다. 기혼 여성을 상대로 한 어느 설문조사에서 응답자의 92%가 부부간의 솔직한 대화를 그 무엇보다 선호했음만 보아도 여성들이 성 생활 이전에 평등한 대화 생활을 얼마나 갈망하는지 알 수 있다.

사실이 이러함에도 불구하고 여성들의 위기를 오직 성적(性的)인 위기로만 보고 여성들의 공허감을 다만 성적인 공허감으로만 이해하는 시선에는 문제의 핵심을 회피하려는 의도가 숨어 있다. 즉 이 같은 관점에는 여성의 성 해방 의식의 원인을 남성 중심적인 제도에서 찾기보다 페미니즘문학에 그 책임을 전가함으로써 가부장 중심의 문화를 계속 유지하려는 저의가 깔려 있다.

그러나 아무리 여성들을 잠재우려 해도 이미 깨어나 기지개를 켜고 있는 여성들을 막을 수는 없다. 그 때문에 고대 한국과 중국으로부터 면면히 이어져 와 20세기 초 신여성작가들을 일으켜 세운 페미니즘문학은 21세기 초인 오늘날까지 많은 작가와 독자에 의해 향유되고 있다.

여성의 성 해방은 그런 의미에서 여성의 인간선언인 것이다.

일찍이 나혜석의 소설 「경희」에서 경희는 다음과 같이 인간선언을 하고 있다 :

> 경희도 사람이다. 그 다음에는 여자다. 그러면 여자라는 것보다 먼저 사람이다. 또 조선사회의 여자보다 먼저 우주 안 전 인류의 여성이다. 이철원 김부인의 딸보다 먼저 하나님의 딸이다. 여하튼 두 말할 것도 없이 사람의 형상이다. 그 형상은 잠깐 들씌운 가죽뿐 아니라 내장의 구조도 확실히 금수가 아니라 사람이다. 사람으로 보이지 않는 험한 길을 찾지 않으면 누구더러 찾으라 하리! 산정에 올라서서 내려다보는 것도 사람이 할 것이다. 오냐. 이 팔은 무엇 하자는 팔이고 이 다리는 어디 쓰자는 다리냐? 경희는 두 팔을 번쩍 들었다 두 다리로 껑충 뛰었다.

중국의 신세대작가 웨이후이도 『상하이베이비』에서 한 남자의 아내도 여성이기 이전에 인간임을 주장한다. 즉 이 소설에서 여주인공 코코의 사촌언니 주사가 심사숙고 끝에 남편에게 이혼을 요구하자 그녀의 남편은 당장 아내에게 다른 남자가 생겼다고 의심한다. 이에 대해 주사는 다음과 같이 항의하고 있다 :

> 어째서 남자는 언제나 여자가 자신을 떠나려고만 하면 틀림없이 여자에게 따로 만나는 남자가 있을 거라고 생각하는 거지? 여자는 단지 자신의 진실한 느낌만으로 이별 선택을 할 수 없다는 말이야? 여자들은 잠시도 남자들을 떠날 수 없다고 생각하나보지?

과연 언제쯤이나 남성들이 처녀, 과부, 이혼녀 등 독신여성들을 조만간 다른 남성들에게 의지하게 되고야 말 "임자 없는 여성"으로 취급하지 않고 자신들과 똑같은 생각과 느낌을 가진 주체적인 인간으로 보게 될 것인가?

5. 페미니즘문학과 성별주의

끝으로 한·중 페미니즘문학이 편협하기 짝이 없는 성별주의문학 아니냐는 주장을 살펴본다. 이 같은 주장을 하는 사람들은 페미니즘문학이 여성 대 남성으로 편을 가르고 여성 편에서 남성 편에 싸움을 거는 성별싸움의 근거가 되고 있다고 생각하는데, 이에 대해 결론부터 말하자면 "아니요"다.

물론 앞에서도 언급했듯 나혜석, 김일엽, 루인, 띵링을 비롯하여 양귀자, 웨이후이 등의 작품 속 여주인공이 상대 남성을 공격하고 결별을 선언하고 나아가 복수의 대상으로 삼음으로써 남성들을 곤경에 빠뜨리고 심지어 죽음에 이르게 한다. 또한 김신명숙을 비롯한 페미니스트 문학가들은 각종 토론회와 이벤트를 통하여 일부 남성들을 공격하고 심지어 특정 남성을 고발하기까지 한다.

하지만 페미니즘문학가가 도전장을 내미는 상대는 남성들이 아니라 아직도 많은 남성들이 담뿍 젖어있는 남성 중심의 문화 그 자체다. 물론 대다수 남자들이 남성 중심 문화 속에서 살아가는 편안함을 즐긴다. 또한 말로는 문제가 있다고 인정하는 진보적 남성들조차도 현실적으로 가부장 문화를 당장 바꾸기는 어려우니 정치 사회적 개혁세력과 연대하여 점진적으로 개선하자고 하면서 페미니즘운동의 에너지를 이용하려 든다. 그 때문에 페미니즘을 실천하는 여성들이 남성들을 직접 공격하는 것처럼 보이는 것도 무리가 아니다. 그러나 이들의 진정한 공격대상은 남녀 역할에 대해 고정적인 사고방식을 가진 남성들, 즉 아직도 삼종지도(三從之道)니 칠거지악(七去之惡) 운운하며 합리적이고 진보적인 여성들을 "여자가 따진다"거나 "여자가 팔자가 세다"며 비판하고, 또 남편이 사망하면 당연히 아들이 어머니의 호주가 되어야 한다고 목청을 세우는 남성들이 아니라 이들이 견지해 마지않는 전근대적인 의식 바로 그것이다.

그 때문에 남성들만이 아니라 많은 여성들, 즉 남성 중심 문화를 고스란히 받아들여 가슴 깊이 내면화하고 있는 여성들의 의식도 페미니즘문학의 공격 대상이다. 이러한 여성들은 아직도 남아를 선호하며 "비구니는 성불할 수 없다"거나 "여자는 두레박 팔자"라고 믿어 의심하지 않는다. 또한 이들은 스스로 인간이기 이전에 여자임을 먼저 생각하고 그렇게 행동할 뿐 아니라 다른 여성들도 그래야만 한다고 생각한다. 이들은 자신의 지역구에 출마한 여성 국회의원 후보를 무시한 채 남성 후보에게 표를 주고 병원을 갈 때면 여성 의사가 아닌 남성 의사를 찾고 교회를 갈 때도 남성 목사를 찾는다.

사실 페미니즘문학을 하는 여성들조차도 남성 중심의 문화에서 완전히 자유롭지 못하다. 그 때문에 나혜석, 공선옥, 루인, 웨이후이처럼 비타협적으로 정면공격을 시도하는 경우보다 강경애, 박완서, 양귀자, 신경숙, 천헝저, 띵링 등처럼 타협적으로 원만한 우회공격을 하는 경우가 더 많다. 아이러니컬하게도 여성운동의 선각자로서 남성의 전근대적 의식에 대해 직접공격을 마다하지 않은 나혜석, 루인도 남성 중심적 문화의식으로부터 완벽하게 자유롭지 못했다. 이는 나혜석이 끝내 이혼을 담담히 받아들이지 못한 나머지 마음의 평정을 잃고 무연고자 병동에서 비극적 죽음을 맞았고, 루인이 불행한 결혼생활 끝에 서둘러 삶을 마감한 데서 잘 알 수 있다. 이처럼 페미니즘문학가들도 대부분 비록 일부 남성들이 남성 중심 문화에 푹 젖어서 여성을 차별한다 하더라도 결코 남성들을 배척하거나 적대시하지 않는다. 어디까지나 바람직하지 못한 남성의 의식과 행위를 점진적으로 교정하며 그들과 함께 조화롭고 행복하게 살기를 원한다.

요컨대 페미니즘문학의 공격 대상은 많은 남성들과 여성들이 사로잡혀 있는 남성 중심의 가부장 문화의식이지 결코 남성들이 아니다. 오히려 페미니즘문학은 남성이라면 당연히 추구해야할 것으로 여기는 권력과 재력으로부터 소외당한 남성들을 이해하고 옹호하는 입장을 취한다. 그 때문에 "남자는 눈물을 보여서는 안 된다"든지 "가장으로서 아내와 자식들을 평생 책임져야한다"든지 "모름지기 남성이라면 당연히 연약한 여성을 이끌어 가야 한다" 등 이른바 사내대장부 콤플렉스에 시달리는 남성들의 짐을 덜어주는 역할 또한 페미니즘문학의 몫으로 보고 있다.

6. 나오는 글

그럼에도 불구하고 아직도 많은 사람들이 페미니즘문학에 마땅찮은 눈길을 거두지 않고 있다. 이 눈길에는 두 가지 종류가 있을 듯한데 그 하나는 처음부터 페미니즘문학에 대한 반대 입장을 갖고 누가 뭐라 해도 이를 풀지 않을 고정불변의 시선이고 다른 하나는 페미니즘문학을 이해하고는 싶은데 본 논문의 설명이 아직 충분하지 않다고 느끼며 보내는 아쉬운 시선일 것이다. 전자의 경우는 필자가 어찌 할 능력이 없지만 후자의 경우를 위하여 몇 마디 덧붙임으로써 한·중 페미니즘문학의 이해를 돕고자 한다.

페미니즘문학에 아쉬운 시선을 보내는 이들은 대개 여성의 시대라는 21세기를 맞아 페미니즘이 유행어처럼 번지는 분위기에 이끌린 자들이다. 이들은 그간 억눌려 왔던 여성의 인간선언을 심정적으로 이해하고 지지해주고 싶기는 한데, 페미니즘이 데모크라시(민주주의), 내셔널리즘(민족주의), 글로벌리즘(세계주의), 모더니즘(현대주의) 등 비교적 보편타당한 주의주장에 비해 일반화하기에는 여전히 너무 편협하고 불완전한 주의주장이 아니냐는 의심을 품고 있다.

그렇지만 민주주의, 민족주의, 세계주의, 현대주의도 따지고 보면 불완전한 주의주장이기는 마찬가지다. 많은 사람들이 신봉하는 민주주의는 기득권층, 즉 정치 경제 사회적 권력층의 전횡을 막고 자유언론과 보통선거를 통하여 기층민중의 권리를 신장하는데 기여하고는 있지만 종종 이익집단에 의하여 여론이 조작되고 선거조차 악용되는 등 삽시간에 우중정치의 도구로 전락되기도 한다. 민족주의 또한 강대국의 폭압에 대항하여 약소민족의 자긍심을 북돋우는 긍정적 효과가 있음에도 불구하고 나치독일과 일본군국주의가 그랬듯이 국수주의, 민족지상주의, 내지 국가이기주의로 빠져들기 십상이다.

세계주의도 한 나라가 우물 안 개구리식의 쇄국주의에서 벗어나 세계 여러 나라와 공존, 공영한다는 점에서 매우 긍정적인 구호지만 자칫 몇몇 강대국이 세계를 지배하기 위한 명분이 되기 쉽다. 일본, 한국과 중국 등지에서 전근대적 의식과 인습을 뿌리 뽑으며 경제적인 성장을 안겨준 현대주의 또한 지나친 자본주의, 상업주의 및 환경 파괴적 무한 개발의 대의(大義)가 되기도 한다.

페미니즘, 즉 여성주의도 여성을 남성의 보조자로 못박아 두려는 뿌리 깊은 남성주의에 제동을 걸고 세계 인구의 절반인 여성의 인권을 신장하는데 기여하고는 있지만 자칫 여성우월주의, 계층간의 불화, 상업주의와의 결탁으로 떨어질 위험이 있다. 그 때문에 앞서 언급한 주의주장들과 마찬가지로 페미니즘도 절대의 눈이 아닌 상대의 눈으로 보아야 한다. 즉 페미니즘 역시 언제 어디서나 통용되는 절대주의가 아니라 일정한 전제와 조건 하에서 통용되는 상대주의인 것이다.

여기서 페미니즘문학의 문제 가운데 하나인 여성 내부의 상호불화를 짚고 넘어갈 필요를 느낀다. 20 세기 초부터 서구화와 남녀평등을 실천하는데 앞장선 이른바 신여성과 구여성 상호간의 반목과 질시는 대단했다. 당시 대다수였던 구여성들은 신여성들을 아무데서나 목청을 높이며 잘난 척하지만 기껏해야 화냥질이나 첩질을 하는 존재로 여겼다. 신여성들도 각종 인고에 허덕이는 구여성들을 노예 같은 생활을 끝내 떨치지 못하는 한심한 존재로 보았음은 물론이다.

현대에도 학력이나 재력을 가진 여성과 못 가진 여성, 또는 전문직 여성과 비전문직 근로여성 등 서로 다른 계층에 따라 페미니즘문학을 이해하고 수용하는 태도가 다르다. 또한 기층 여성들은 주로 가난과 폭력에 시달리고 있는 반면 지식층 여성들은 주로 의사결정과정에서의 소외 등으로 좌절하고 있기에 양 계층이 페미니즘문학에 거는 기대 또한 다르다. 물론 페미니즘에 대한 여성들의 시각이 반드시 학력과 재력, 또는 사회적 계층에 따라 그렇게 무 가르듯 딱딱 나누어지는 것은 아니다. 학력과 재력 수준이 높은 여성이 의외로 보수적인 남성 중심 문화에 순응하는 경우도 있고 그 반대로 비록 학력과 재력 수준은 낮아도 진보적 페미니스트가 되는 경우도 있다.

어찌 되었든 아직도 상당수 여성들이 페미니즘을 부르짖는 여성들을 어떤 의미에서는 남성들보다 더욱 못마땅하게 여기고 있다. 그럼에도 불구하고 고학력이냐 저학력이냐, 부자냐 가난뱅이냐, 전업주부냐 비전업주부냐를 막론하고 여성이라면 누구나 공통적으로 느끼는 억울함과 포한이 있기에 사실상 여성 내부의 갈등은 그리 우려할 만한 수준은 아니다. TV드라마 『아줌마』에서 고졸 출신의 아줌마와 대학원 출신의 여교수가 처음의 반목과 질시를 뛰어넘어 의기투합하게 되는 것처럼 말이다.

중요한 점은 비록 페미니즘이 다소 편협하고 불완전하며 많은 남성들뿐 아니라 일부 여성들에게서도 배척을 당하고 있는 주장임에도 불구하고 이는 여전히 우리 사회의 불평등을 해소하는 중요한 이론과 실천의 틀인 동시에 남녀를 모두 힘들게 하고 있는 성차별 문제의 확실한 해법 가운데 하나라는 것이다. 또한 한·중 페미니즘문학도 비록 여러 가지 오해가 있지만 기본적으로 여성이 남성과 더불어 몸과 마음의 소통을 하는 진정한 인간으로 서기를 원할 뿐, 결코 모든 남성을 적대시하지 않음을 그 본령으로 삼으며, 이러한 내용의 페미니즘문학은 서양으로부터 페미니즘문학이 유입되기 훨씬 전부터 한국과 중국에서 면면히 실천되어 왔다는 사실이다.

제7장
중국현대문학의 신화적 현실주의

1. 환상적 현실주의에 대하여

최근 문예사조로서 환상적 현실주의 또는 마술적 현실주의(magic realism)가 각광을 받고 있다. 이는 물론 『반지의 제왕』, 『해리포터』 같은 판타지소설을 시나리오로 하고 있는 영화의 선풍적 인기몰이와도 무관하지 않으나 어쨌든 청소년의 청각과 시각을 사로잡고 있는 영상물이 상대적으로 날로 침체의 늪에 빠져들고 있는 순수 시, 소설 등의 손을 잡아끌고 있다는 점에서 문학의 앞날에 희망을 주고 있다.

환상은 비현실적인 허상으로, 눈에 보이지 않는 세계이다. 흔히 상상, 직관을 통하여, 또는 의식의 자연스런 흐름을 통하여 닿을 수 있는 환상은 문예사조로 말하자면 낭만주의. 상징주의, 내지는 초현실주의와 통한다. 반면에 현실은 문자 그대로 현실적인 실상으로, 눈에 역력히 보이는 세계이다. 그 때문에 과학적이고 상식적이며 합리적 분석이 가능한 영역이기도 하다. 문예사조로 말하자면 현실주의는 낭만주의, 상징주의, 초현실주의의 반대 지점에 서 있는 고전주의, 사실주의 및 자연주의와 통한다. 이처럼 어찌 보면 전혀 상반된 문예사조로서 도저히 서로 결합할 수 없을 듯한 환상과 현실이 가로 세로로 교직되어 있는 문예사조가 바로 환상적 현실주의이다.

한국의 문단에서 환상적 현실주의 계열의 작품을 발표해온 작가로는 최인석, 신경숙, 원재길 같은 젊은 작가들을 들 수 있다. 최인석의 경우를 보면 「내 사랑 나의 귀신」에서처럼 주로 귀신과 그 귀신의 숙주가 되는 인간의 어울림을 통하여 달동네 철거촌의 척박한 현실을 타개하고 있다. 즉 이 소설에 일인칭 화자로 등장하는 '나'는 친구 귀연이의 엄마를 남몰래 사모하는데, 그녀는 최 영 장군 귀신을 모신 무당으로서, 푸닥거리 따위의 비현실적인 의식을 진행하기도 하지만 산동네 철거민들의 현실적인 생존권을 위하여 스스로 철거반의 삽차에 몸을 던지기도 한다. 귀신의 숙주로서 고상하게 안주하지 않고 온 몸을 던져 달동네 철거민의 처참한 마음을 현실적으로 대변하고 있는 것이다.

한편 "이미 사라지고 없는 것들을 불러와 유연하게 본질에 닿게 하고 자연의 꿈에 잠기게 하고 싶은 꿈"(『오래 전 집을 떠날 때』)이 있는 작가 신경숙은 "살아있는 사람들은 죽음을 먹고 산다"고 단언하며 "소설이 보이는 것과 보이지 않는 것을 헤치고 나가 언젠가는 존재의 빛을 보게 해주리라 믿는다." 그 때문에 그녀의 소설에서는 어린 시절 기차에 치어 죽은 어린애들의 모습이 보이고 말소리와 웃음소리가 들리고, 죽은 영혼이 산 친구들을 방문하고, 사람이 소, 사슴, 강아지와 대화하기도 한다. 그런가 하면 신경숙은 『외딴 방』, 『바이올렛』 같은 소설의 주인공을 통하여 빈궁한 삶 속에서 극도의 고독을 경험하면서 몸과 마음의 죽음을 초래하는 주인공의 현실을 적나라하게 그림으로써 궁극적으로 독자를 어디까지나 현실주의 세계에 묶어둔다.

또 다른 한편 원재길은 「달밤에 몰래 만나다」에 '뿔이 하나 뿐인 염소', '눈이 하나이고 다리가 여섯인 송아지', '귀가 셋인 토끼', '늑대 울음소리를 내는 분홍빛 오리' 같은 환상적 동물들을 등장시킴으로써, 이 괴상한 동물들에게 어린 시절 성장장애로 친구들로부터 따돌림 당하던 친구 영순이를 결부시킨다. 한마디로 이 같이 기형적인 동물들이 백안시되는 현실을 통하여 이 사회에서 손가락질 받으며 살아갈 수밖에 없는 장애인들의 현실을 파헤친 것이다. 장르는 다르지만 이창동 감독의 영화 『오아시스』에서도 다소 모자라는 남녀 주인공이 서로 사랑하게 되어 서로 업고 업혀 도는 중, 느닷없이 인도 소년과 아기 코끼리가 등장하여 방안에 사랑의 꽃비를 뿌리는 장면이 있는데, 장애 남녀의 사랑이라는 너무나 애절한 현실이 환상적으로 그려진 경우다.

중국문학사를 거슬러 올라가면 『산해경(山海經)』을 비롯하여 위진남북조 시대의 『수신기(搜神記)』 『속제해기(續齊諧記)』 등에서 환상과 현실이 교차되어 있는 많은 이야기가 발견된다. 특히 위진남북조 시대의 소설에는 귀신이나 도깨비와 교류하는 사람, 개미나라와 박달나라에 가서 벼슬을 하고 사는 인물들이 등장한다. 재미있는 점은 이 소설들은 말미에 반드시 현실적인 증거를 댄다는 것이다. 예를 들어 구리 쟁반을 남기거나 꿈을 깨고 현실로 돌아오는 것으로 끝을 맺는다. 소설의 이 같은 마무리는 꿈과 현실, 즉 환상과 현실을 자연스럽게 연결해주는 교량적 역할을 함으로써 환상적 현실주의의 문예사조에 부합되는 바가 있다. 위진남북조의 이 같은 지괴(志怪)소설은 당나라 때 이공좌(李公佐)의 「남가태수전(南柯太守傳)」 등의 전기(傳奇)소설과 명나라 때 오승은(吳承恩)의 『서유기(西遊記)』 등의 종교소설로 이어지면서 환상적 현실주의 소설의 맥을 후대까지 이어간다.

사회주의현실주의를 중심축으로 하고 있는 중화인민공화국의 현대문학사에서도 환상적인 현실주의 작품을 발견할 수 있다. 이른바 혁명적 낭만주의 작품으로 분류된 마오쩌뚱의 「접련화(蝶戀花)」가 바로 그 경우인데, 주지하다시피 마오쩌뚱은 1950년대에 신민가(新民歌)운동을 제창하면서 이 작품을 직접 썼는데, 공산혁명이라는 현실적 과제에 달의 신 같은 낭만을 끌어들인 이 작품은 당시 문인들 사이에도 적지 않은 논란을 불러 일으켰다. 왜냐하면 당시의 문인들도 현실주의는 이상을 동경하는 낭만주의에 대한 반발에서 나온 것이기 때문에 현실주의와 낭만주의가 결합하기는 어렵다고 보았던 것이다. 그러나 마오쩌뚱은 민중을 대상으로 사회주의 혁명을 효과적으로 고취시키기 위해 민가에 혁명현실주의와 혁명낭만주의를 결합해야 한다는 주장을 거두지 않았을 뿐만 아니라 스스로 그러한 민가를 짓기까지 했다. 즉 1930년 국민당에 의하여 피살된 자신의 첫 부인인 양카이후이(楊開慧)의 친구 리수이(李淑一)에게 화답하는 형식으로 지은 마오쩌뚱의 「접련화」는 남편 리우즈쑨(柳直

筍)을 잃은 리수이와 아내를 잃은 자신의 동병상련을 드러낸 작품으로, 하늘나라로 간 양카이후이와 리우즈쑨의 소재를 묻는 마오쩌뚱에게 달의 남신 오강(吳剛)이 승리를 뜻하는 월계화 술을 받쳐 들고 달의 여신 항아(姮娥)가 이들의 충성을 위해 춤을 춘다는 환상적인 내용으로 되어 있다.

2. 환상의 보고로서의 동북아 신화

「접련화」에서처럼 환상의 원형은 신화이다. 일찍이 융(C.Jung)은 신화를 인류의 집단 무의식의 원형으로 보았고, 프라이(N.Frye)는 융의 이론을 신화비평이론으로 더욱 발전시켜 『비평의 해부(Anatomy of Criticism)』를 저술하였는데, 이 책은 문학에 있어서 신화가 얼마나 중요한 원형적 이야기인지에 대하여 갈파하고 있다.

사실 그리스 로마신화에 비하여 동북아시아의 신화는 그리 잘 정리되어 있지 않은 상태다. 『산해경』, 『초사(楚辭)』, 『열자(列子)』, 『환단고기(桓檀古記)』, 『부도지(符都誌)』 등에 산재되어 있는 동북아 신화는 양적, 질적으로 그리스 로마신화에 뒤지지 않건만 이야기들이 얽히고 설혀서 일목요연하게 이해하기 어렵다는데 문제가 있다. 이처럼 난마처럼 얽혀 있는 동북아 신화를 요령 있게 정리하는 일은 본 논문의 능력 밖의 일이므로 본 절에서는 우선 동북아 신화에 등장하는 신들의 가장 기본적인 특성, 즉 신과 인간, 동물 및 자연물과의 관계, 나아가 신과 시간, 공간의 관계를 분석한다. 아울러 다음 절에서는 이들 신들의 이야기가 중국현대문학의 현실주의 소설과 시 속에서 구체적으로 어떠한 역할을 하고 있는지 살펴보기로 한다.

동북아의 신들은 흔히 사람과 동물이 동체인 경우가 많은데 복희씨(伏羲氏), 여왜씨(女媧氏), 신농씨(神農氏), 공공씨(共工氏), 서왕모(西王母) 등이 그렇다. 먼저 팔괘를 처음으로 열어 하늘과 땅과 삼라만상의 뜻을 전하였고 그물을 만들어 사람들에게 고기 잡는 법을 가르쳐주었다는 복희씨는 포희씨(庖犧氏) 또는 태호씨(太昊氏)로도 불리는데 몸은 뱀이고 머리는 소이고 범 꼬리에 얼굴은 사람이다. 또한 삼황(三皇) 가운데 하나이고 여왜씨의 오라버니로도 알려져 있다.

다음으로 여왜씨는 복희씨의 누이 신으로서 「복희여왜도」라는 그림에 복희씨와 한 몸을 이루는 근친상간의 형상을 하고 있다. 여희씨(女希氏), 왜황(媧皇)이라고도 불리는 여왜씨는 진흙으로 최초의 사람을 빚어서 만든 인류창조의 신으로도 알려져 있다. 「창세기」에서는 기독교의 신 여호와가 아담과 이브를 진흙으로 빚었다고 하는데, 여호와와 비슷한 발음의 여왜가 진흙으로 만든 사람은 아담과 이브 둘만이 아니라 꽤 여럿이었다고 전한다. 즉 처음에는 마치 진흙으로 인형을 빚듯 한 사람씩 빚다가 성이 차지 않자, 걸쭉한 진흙반죽과 새끼줄을 들고 높은 산에 올라가 새끼줄에 진흙반죽을 묻혀 탈탈 털었는데, 이렇게 떨어진 진흙 덩어리가 모두 사람이 되었다는 것이다. 또한 여왜씨는 역시 인면사신(人面蛇身)인 물의 신 공공씨가 오제(五帝)의 하나로 알려진 전욱(顓頊)과 제위를 놓고 다투다가 패배하자 화가 나서 하늘기둥을 끊는 바람에 서북쪽으로 기울어진 하늘을 오색의 돌로 보수하고 또 자라의 네 발을 잘라 동극, 서극, 남극, 북극의 사극을 세웠으며 동남쪽으로 쏟아져내려오는 홍수를 갈대 재로 막아낸 신으로도 알려져 있다.

다음으로 신농씨는 염제(炎帝)로도 불리는데, 인간에게 불의 사용법과 함께 농사짓는 법을 가르쳐주었다. 신농씨는 또한 쇠붙이로 주물을 만드는 주조의 신과 술을 빚는 양조의 신, 의료의 신, 음악의 신, 교역을 가르쳐준 상업의 신으로도 알려져 있다. 다른 신들과 마찬가지로 인간에게 매우 유익한 신이라고 할 수 있는 신농씨는 머리가 소이고 몸은 사람의 형상이었다고 전한다.

마지막으로 얼굴은 사람이지만 이빨과 꼬리가 범이고 더벅머리에 화관을 쓴 다소 기괴한 형상으로 그려져 있는 서왕모를 소개한다. 서왕모는 옥산(玉山)의 동굴에서 살면서 하늘의 살기(殺氣)를 가지고 다섯 가지 잔혹한 일을 주관했다고 한다. 이에 반해 『목천자전(穆天子傳)』과 『한무제고사(漢武帝故事)』에 묘사된 서왕모는 매우 낭만적인 여신의 모습을 하고 있다. 먼저 『목천자전』을 보면 주(周) 나라 목왕이 곤륜산(崑崙山)에 가서 서왕모를 만나 요지(瑤池)에서 놀았는데, 서왕모는 목왕에게 검은 옥과 흰 옥을 선물하고 함께 술을 마시며 시를 지어 서로 화답했다. 서왕모가 목왕을 치켜세우며 또 놀러오라는 뜻의 시를 지어주자 목왕도 백성을 편안히 다스리고 3년 후에 꼭 다시 오겠다는 내용의 시로 화답한 후 서왕모와의 만남을 엄산(弇山)의 돌에 기록하고 엄산을 '서왕모의 산'이라 불렀다는 것이다.

또한 『한무제고사』에는 다음과 같은 이야기가 있다. 즉 한나라의 임금 무제가 장수(長壽)와 불사(不死)를 꿈꾸고 있을 때 서왕모가 7월7일 7시에 7개의 천관을 쓰고 자줏빛 수레를 타고 푸른 새의 호위를 받으며 지상에 내려왔다. 서왕모는 불사약을 구하는 한무제에게 "그대는 지상에 쌓아놓은 정이 너무 많아 불사약을 줄 수 없다"고 말한 뒤 대신 신선의 복숭아인 선도(仙桃) 일곱 개를 꺼내어 두 개는 자기가 먹고 다섯 개를 무제에게 주었다. 무제가 그 복숭아를 먹고 나서 씨를 지상에 심으려하자 서왕모가 "이 복숭아는 지상에 심을 수 없는 하늘의 복숭아로, 천상에서도 3천년에 한번 열매를 맺는다"고 말한 후 홀연히 사라졌다는 것이다.

요컨대 동북아의 주요 신들은 이처럼 사람과 뱀, 사람과 소, 사람과 범이 한 몸을 나누어 가지고 있으며 서왕모처럼 새의 호위를 받고, 달의 여신 상아처럼 두꺼비나 토끼로 변신하기도 할 만큼 사람 또는 동물과 긴밀히 연결되어 있다. 바꿔 말하면 신화 속의 신들은 사실 사람 또는 동물과 동일시되었다는 뜻으로, 이는 신과 사람과 동물이 같은 생명줄로 이어져 있음을 의미한다고 할 수 있다.

자연물과 한 몸을 이루는 신들로는 태양신인 제준(帝俊), 달의 신인 항아(姮娥), 바람신인 치우씨(蚩尤氏), 불의 신인 신농씨, 구름신인 운신 및 해, 달, 별, 산, 바다, 수목, 논밭 등의 종합신인 반고씨(盤古氏) 등이 있다. 그런데 앞에서 언급한 대로 사람 얼굴에 뱀의 몸이었다는 공공씨도 물의 신이고, 불을 담당했다는 신농씨도 소 머리에 사람 몸을 하고 있고 반고씨의 옆구리에서 벌레가 나와 사람으로 화했음을 볼 때, 무엇보다 동물이나 사람도 자연의 일부임을 감안할 때, 사람 또는 동물과 한 몸인 신들과 자연물과 한 몸인 신들은 서로 공통점이 있다고 하겠다.

자연물과 한 몸을 이룬 신들 가운데 먼저 태양신인 제준을 소개한다. 유감스럽게도 제준에 관한 기록은 필자의 불민함 때문인지 달의 신 항아의 남편이었다는 점 말고는 그리스로마신화의 아폴로의 이야기만큼 재미있는 이야기 거리를 찾을 수 없다. 이에 비하여 명궁 예(羿)의 이야기는 비교적 잘 알려져 있다. 즉 요임금 시절에 11개의 태양이 떠서 초목을 타죽게 하므로 예가 활을 들어 그 가운데 10개의 태양을 쏴서 떨어뜨리고 한 개만 남겼다는 전설의 주인공이 바로 예이다.

한편 달의 신으로 알려진 항아(姮娥)는 상아(嫦娥) 또는 상희(嫦羲)로도 불리는데, 예와 마찬가지로 서로 다른 이야기의 주인공으로 등장한다. 그 중 한 설에 의하면 항아는 태양신 제준의 아내로서 달 12개를 번갈아 낳고 일월산 골짜기에서 목욕을 했다고 한다. 또 다른 설에 따르면 항아는 예의 아내로, 예가 서왕모로부터 얻어온 불사약을 훔쳐 달로 달아나서 두꺼비가 되었다고 한다. 이와 비슷한 또 다른 기록에 따르면 항아가 불사약을 훔쳐 달로 달아나긴 했는데 두꺼비가 아니라 토끼로 변했다고 한다. 그런가 하면 항아는 두꺼비나 토끼가 아니라 달의 정령 또는 달의 요정이 되었다고 한다. 이 설들을 종합해보면 항아는 원래 태양신 제준의 아내이자 달의 신이었는데 또 다른 태양신 예가 나타나 기존의 태양신 제준을 멸하고 그 아내인 항아를 탈취하여 아내를 삼았으나 항아는 결국 예를 떠나 달에 가서 독자적 삶을 살았다는 이야기로 재구성해봄 직하다.

다음으로 바람신인 치우씨는 『환단고기』에 고조선 제 14대 천황으로 기록되어 있는 만큼 동이족(東夷族)의 신으로 추정된다. 치우씨에 대해서는 긍정적인 기록과 부정적인 기록이 있는데 긍정적 기록은 그를 안개바람을 일으켜 황제(黃帝)에 대항한 영웅으로 묘사한 반면 부정적 기록은 그를 황제에 반기를 들다가 멸망당한 패배자였다고 한다. 이처럼 풍신 치우씨에 관하여 긍정과 부정이 엇갈리는 까닭은 후대 사관이 동이족이었는지 화하족(華夏族)이었는지에 따른 것으로 보인다. 즉 동이족

사관의 입장에서 볼 때 치우씨는 매우 용감한 신이었지만 황제 헌원씨의 후예로 자처하는 화하족 사관의 입장에서는 매우 흉악한 신으로 보았을 것이다.

구름신인 운신에 관해서는 『초사』 「구가(九歌)」에 묘사되어 있는데, 용이 이끄는 수레를 타고 천제의 옷을 입고 번개처럼 내려오는 그 모습이 밝고 휘황한 빛이 끝 간 데 없다. 꽃단장을 한 무녀(巫女)가 아무리 붙잡아두려고 해도 구름신은 불꽃처럼 높고 멀리 치솟아 대륙을 굽어보다가 순식간에 사해를 가로질러 종횡무진하는 카리스마를 과시한다.

마지막으로 제 몸을 희생시켜 천지를 창조하고 자연과 인간을 창조한 반고씨를 소개한다. 즉 마치 소용돌이치는 계란 속 같은 혼돈 속에서 깊이 잠들어 있던 반고가 마침내 눈을 뜨고, 부화하는 병아리처럼 계란껍질을 깨고 나온 반고는 제일 먼저 두 팔을 높이 쳐들어 가볍고 투명한 기운을 위로 보내고 두 발로 무겁고 혼탁한 기운을 내리 누르기 시작한 끝에 드디어 가볍고 투명한 하늘과 무겁고 혼탁한 땅을 갈라 천지를 창조하였다. 그런 다음 힘이 다한 반고는 그만 숨을 거두게 되었는데, 숨진 그의 두 눈은 해와 달이 되었고 그의 근육은 산맥이 되었고 그의 체모는 우거진 숲이 되었다. 또한 반고의 피는 강과 바다를 이루어 흘렀고 살은 비옥한 논과 밭이 되었고 땀은 비가, 한숨은 바람이, 치아는 오색찬란한 보석이 되었으며 머리털은 밤하늘에 반짝이는 뭇별이 되었다. 마지막으로 반고의 옆구리에서 벌레가 한 마리 나왔는데 그것이 진화하여 결국 사람이 되었다는 것이다. 흔히 사람을 소우주로 말하는데, 반고신화야말로 해, 달, 별, 바람, 산, 바다, 논밭 등 자연물을 인간의 한 몸에 싣고 있음을 보여주는 단적인 예라고 하겠다.

시간과 공간을 넘나드는 신들의 이야기로는 주로 『부도지』에 기록된 마고씨(麻姑氏)와 그녀의 두 딸인 궁희씨(穹姬氏) 와 소희씨(巢姬氏), 그리고 네 손자인 황궁씨(黃穹氏), 청궁씨(靑穹氏), 백소씨(白巢氏), 흑소씨(黑巢氏)의 활약상에서 찾을 수 있다. 『부도지』에 따르면 마고씨가 태어나기 전 선천시대인 태초에는 오직 빛과 소리만 있었는데 이 소리를 팔려음(八呂音)이라 불렀고, 바로 이 소리에서 허달성(虛達城)과 실달성(實達城)

이 나왔고 허달성과 실달성에서 마고씨가 나왔다. 바꿔 말하면 마고씨는 무(無)의 나라(허달성)인 과거 선천시대와 유(有)의 나라(실달성)인 미래 후천시대의 중간에 태어난 것이다. 마고씨는 지상에서 가장 높은 마고성에 살면서 선천을 남자로 삼고 후천을 여자로 삼아 배우자 없이 두 딸인 궁희씨와 소희씨를 낳았다. 한마디로 마고씨는 궁희씨와 소희씨를 처녀잉태하여 처녀출산한 것이다. 오직 과거의 시간을 의미하는 선천과 미래의 시간을 의미하는 후천의 만남만으로 말이다.

궁희씨와 소희씨 또한 선천과 후천의 정을 받아 결혼하지 않고 각각 두 천인(天人)과 두천녀(天女)를 낳았으니, 궁희씨가 낳은 두 천인이 황궁씨와 청궁씨이고 소희씨가 낳은 두 천인이 백소씨와 흑소씨다. 이들 네 천인이 6개의 율음(律音)을 맡았고, 궁희씨와 소희씨의 두 딸인, 이름이 밝혀지지 않은 네 천녀가 6개의 려음(呂音)을 맡았는데 율과 여가 각각 반음으로 엇갈려 이루어지는 12음계의 율려(律呂)가 바로 세상이 만들어지기 이전의 우주소리였던 셈이다.

드디어 선천시대의 운이 다하고 후천시대의 운이 열리자 마고씨가 실달성을 떨어뜨렸다. 그러자 실달성의 몸체가 열려 그 가운데서 땅이 생기고 물이 생겼고, 땅과 물이 서서히 바람과 함께 돌며 불이 생겼으며, 점차 낮과 밤이 갈라지고 사계절이 변화하며 식물과 동물을 길러냈다. 그러니까 생명의 시초는 땅(地), 물(水), 불(火), 바람(風)이었던 셈이다. 그런데 이 지, 수, 화, 풍을 다름 아닌 마고씨의 손자이자 방위신이기도 한 황궁씨(북방), 청궁씨(동방), 흑소씨(남방), 백소씨(서방)가 각각 담당하였다. 이렇게 보면 흙을 맡은 황궁씨, 물을 맡은 청궁씨, 불을 맡은 흑소씨 및 바람을 맡은 백소씨도 모두 자연물의 신이라고 할 수 있다.

이처럼 사방 신인 황궁씨, 청궁씨, 흑소씨, 백소씨는 공간 신이기도 하면서 자연물의 신이기도 하였으니 이 가운데 물의 신인 청궁씨는 공공씨의 역할과 같고, 불의 신인 흑소씨는 수인씨와 신농씨, 또는 축융씨의 역할과 같고, 바람을 맡은 백소씨는 치우씨와 역할이 같다고 할 수 있다. 또한 백제나 고구려 무덤 벽화에 그려져 있는 사신도에 따르면 동 청룡, 서 백호, 남 주작, 북 현무라 하여 동방 신을 용으로, 서방 신을 호랑이로, 남방 신을 공작으로, 북방 신을 거북으로 그려 놓았으니 공간 신은 자연물뿐만 아니라 동물과도 한 몸을 이루고 있음을 알 수 있다.

한편 사방 신 말고 오방 신도 있는데 이 경우 동방 신 청제(靑帝)는 나무 목(木)을 맡고 서방 신 백제(白帝)는 쇠붙이 금(金)을 맡고, 북방 신 흑제(黑帝)가 물 수(水)를 맡고, 남방 신 적제(赤帝)가 불 화(火)를 맡고, 중방 신 황제(黃帝)가 흙 토(土)를 맡는다고 한다. 이렇듯 오방 신의 역할이 사방 신과 다소 다른 것(사방 신의 경우 북방 신이 흙을 담당하였지만 오방 신의 경우 중방 신이 흙을 담당하고 북방 신은 물을 담당한다)도 역시 민족과 국가가 이합집산을 거듭하는데 따른 결과라고 할 수 있다. 요컨대 마고씨, 궁희씨, 소희씨 등 여성 신이 선천과 후천이라는 시간을 지배하는 신들이라면 황궁씨, 청궁씨, 흑소씨, 백소씨 등 남성신은 자연물과 동물과 한 몸을 이루기도 하면서 후천시대에 공간을 분담하여 지배한 신들이라고 하겠다. 또한 이들 신들은 시간과 공간, 과거와 미래, 이승과 저승 및 산 영혼과 죽은 영혼간의 거리도 단박에 줄일 수 있고, 나아가 서로 간의 교류도 가능함을 알 수 있다.

3. 중국현대문학의 신화적 현실주의

이처럼 사람 또는 동물과 한 몸을 이루고, 지, 수, 화, 풍과 한 몸을 이루고, 시간과 공간을 지배하는 신들의 이야기인 동북아 신화는 분명 문학 창작에 있어서 환상적인 소재이다. 중국현대문학의 중요한 장르인 시와 소설에서도 신화는 우화와 민담의 형식으로, 나아가 활유(活喩)와 상징의 기법으로 많이 운용되고 있다. 그러나 한국과 마찬가지로 영국, 미국 등으로부터 침략을 받으면서 근대화한 중국의 현대문학은 마냥 낭만적이고 환상적이고 초현실적일 수는 없었다. 눈 뻔히 뜬 채 뺏기고 찢기는 현실 속에서 중국의 문인들은 어쩔 수 없이 현실주의 문학에 뿌리내리지 않을 수 없었던 것이다. 그 때문에 신화적 소재를 운용한 중국현대문학 작가들의 작품도 대체로 신화를 이용하여 현실주의를 기초로 하는 작품의 효과를 높였다고 말할 수 있다.

함축과 상징을 그 주요한 수법으로 하는 현대시에 있어서 신화는 시인들의 주목을 많이 받는 소재다. 신화적 분위기는 주로 낭만주의, 상징주의, 현대주의 계열의 시에서 특히 많이 발견되는데, 이제 꾸어모루어(郭沫若)의 「하늘개(天狗)」, 쉬즈모(徐志摩)의 「우연」, 아이칭(艾青)의 「태양」이 어떻게 신화를 끌어들여 현실적인 의미를 부여했는지를 살핀다. 먼저 꾸어모루어의 「하늘개」를 보자 :

나는 한 마리 하늘개로다!
나는 달을 삼켰고,
나는 해를 삼켰고,
나는 모든 별들을 삼켰고,
나는 온 우주를 삼켰다.
나는 바로 나로다!

나는 달빛이고,
나는 햇빛이고,
나는 모든 별들의 빛이고,
나는 X광선의 빛이고
나는 온 우주에너지의 총량이다!

나는 날뛰고,
나는 울부짖고,
나는 탄다.
나는 열화 같이 탄다!
나는 큰 바다 같이 울부짖는다!
나는 전기 같이 날뛴다!
나는 날뛰고,
나는 날뛰고,
나는 날뛴다.
나는 내 피부를 찢고,
나는 내 살을 먹고,
나는 내 피를 빨고,

나는 내 심장과 간을 깨문다.
나는 내 신경에서 날뛰고,
나는 내 척추에서 날뛰고,
나는 내 뇌에서 날뛴다.

나는 바로 나로다!
나의 내가 폭발할 것이다!

하늘개는 중국 민담에 나오는 개로, 민담에 따르면 일식은 하늘개가 해를 삼킨 결과이고 월식은 하늘개가 달을 삼킨 결과라고 한다. 이 시에서 꾸어모루어는 자신을 하늘 개와 동일시하여 자신이 해와 달뿐만 아니라 모든 별과 온 우주까지 삼켜서 스스로 햇빛, 달빛, 별빛, X광선이 되고 나아가 온 우주의 에너지가 된다. 마치 반고씨의 오른 눈과 왼 눈, 그리고 머리털이 해와 달, 그리고 밤하늘의 뭇별이 되었듯이. 또한 하늘개인 나는 나의 살을 먹고 나의 피를 빨고, 나의 척수와 뇌 속을 날아다닌다. 반고씨의 살이 비옥한 논과 밭이 되어 사람들이 그 땅을 갈아서 먹고 반고씨의 피가 바다와 강물이 되어 사람들이 그 물을 빨아마시듯이.

하늘개는 신성(神性)을 지닌 신견(神犬)이지만 동시에 인간의 행동을 하는 존재로서, 사람과 동물과 한 몸인 신이라고도 할 수 있다. 꾸어모루어는 이 시를 통하여 스스로 무한히 확장될 수 있고 동시에 또 무한히 축소될 수 있는 자기 자신의 폭발적 야심을 매우 효과적으로 표현하고 있다. 실제로 꾸어모루어는 훗날 젊은이의 터질 듯한 포부를 융통성있게 관리함으로써 굴곡 많은 중국현대사에서도 길을 잃지 않고 자신의 야망을 성취하는데 성공한 작가로 평가된다.

다음 쉬즈모의 「우연」을 소개한다 :

나는 하늘의 한 조각 구름,
우연히 그대의 물결 속에 투영된-.
그대 의아해할 필요는 없소
더욱 기뻐해서도 아니 되오

눈 깜짝할 사이에 자취 없이 사라질 테니까.

그대와 나는 어둔 밤바다 위에서 만났지만
그대는 그대의, 나는 나의 방향이 있소.
그대 기억하여도 좋지만
결국 그대는 잊게 될 거요
우리 만났을 때 서로 방출했던 그 빛을!

그대는 바다의 신이고 나는 구름의 신이다. 그대와 나는 신들이 활동하는 어둡고 신비로운 밤에 만나 서로 빛을 발하며 결합하였지만 환한 현실의 낮이 오면 서로 다른 방향으로 흘러갈 수밖에 없는 사이이다. 바꿔 말하자면 그대와 나는 해신(海神)과 운신으로서, 한 밤중에 축제의 불꽃놀이를 하였지만 아침이 되면 그 사랑은 그야말로 눈 깜짝할 사이에 자취도 없이 사라지고 서로 다른 일상의 삶을 살아가야 한다.

예술을 위한 예술을 추구한 심미주의 작가 쉬즈모는 남자와 여자의 사랑을 이처럼 자연과 한 몸을 이루는 운신과 해신의 신비롭고 낭만적인 사랑으로 상징하였지만, 그와 동시에 일상의 현실 속에서 그 사랑이 지속될 수 없음을 아쉬워하는 현실주의자의 면모도 보여주고 있다.

이번에는 아이칭의 「태양」의 경우를 보자 :

태고의 무덤으로부터
흑암의 세월로부터
인류의 죽음이 흐르는 저편으로부터
깊이 잠든 산맥을 뒤흔들며
모래언덕을 휘도는 불 바퀴 같이
태양이 나를 향해 굴러온다…

그 가려 덮을 수 없는 햇살이
생명을 숨쉬게 하고
무성한 나뭇가지가 그를 향해 춤추게 하고
강물이 미친 노래로 그를 향해 달리게 한다.

그가 올 때 난 들었다.
동면하던 애벌레가 땅 속에서 꿈틀거리는 소리를
군중이 광장에서 큰 소리로 떠드는 소리를
도시가 멀리서부터
전력과 강철로 그를 부르는 소리를

마침내 나의 가슴은
화염의 손에 찢기어
케케묵은 내 영혼이
강변에 내팽개쳐지니
나는 인류 재생의 확신을 갖는다.

태초의 어둠을 뚫고 태양신 제준이 불 바퀴처럼 휘돌아 나에게 굴러오고 있다. 전지전능한 태양신은 모래 언덕을 통과하며 나에게 다가오는 동안에도 온갖 생명을 호흡하게 한다. 즉 무성한 나뭇가지를 춤추게 하고 강물을 내달리게 하고 겨울잠을 자던 애벌레를 깨워 꿈틀거리게 하고 수많은 사람들을 광장에 모이게 하여 떠들썩하게 하고, 심지어 도시의 전력과 강철까지도 태양신을 향해 손짓하게 한다. 드디어 내게 다가온 태양신은 활활 타오르는 불꽃의 손으로 내 가슴을 찢고 썩어 문드러진 내 영혼을 꺼내어 패대기치니 나는 드디어 새로운 영혼을 가진 인간으로 재생하는 것이다.

마고씨의 신화에 태초에는 빛과 소리만이 존재하였듯, 이 시에서도 태양은 암흑을 뚫고 나온 태초의 빛으로서, 모든 만물을 깨워 숨쉬게 한다. 나무와 강물과 애벌레 같은 동식물과 자연물을 호흡하게 하고 사람들과 도시와 마침내 시인 자신까지도 살아 움직이게 하는 것이다. 이 시에서 태양은 동물과 식물, 그리고 온갖 자연물과 인공물(도시의 전력과 철강)이 어우러지고 마침내 '나'라고 하는 사람에게도 적극적으로 개입하고 간섭하는 절대적 신이다. 시인 아이칭은 태양에게 이 같은 절대적 권력을 부여함으로써 그 힘을 통해서라도 진부하고 나약한 시인 자신이 새 인간으로 다시 태어나고 싶은 현실적인 욕구가 간절했던 것으로 보인다.

한편 츠즈지엔(遲子建)의 소설에는 사람과 동식물, 사람과 자연물의 소통이 매우 빈번히 이루어진다는 특징이 있다. 물론 다른 많은 중국의 현대소설가들도 작품 안에 동물, 식물 및 자연물의 묘사가 있지만 거의 대부분 등장인물의 배경으로 사용하고 있을 뿐 인간과 똑같은 생명을 가지며 교류하는 상황은 아니다. 그러나 츠즈지엔의 소설에 등장하는 나무나 개나 물고기는 인간과 직접 영혼의 소통을 하고 있다는 점이 독특하다.

중국현대소설 가운데는 흔히 의식의 흐름이라는 수법을 이용하여 과거와 현재의 만남, 이승과 저승의 교차를 그리고 있는 작품이 적지 않은데, 이에 관해서는 츠즈지엔을 비롯하여 장아이링(張愛玲), 리샤오(李曉), 팡팡(方方) 등의 몇 작품을 소개한다. 현재와 과거의 만남, 즉 산 자와 죽은 자의 만남 같은 시간의 이동과 함께 공간의 자유로운 이동도 중국현대소설에 쓰이는 수법으로 이에 관해서는 쉬샤오빈(徐小斌)의 한 작품을 소개한다.

먼저 츠즈지엔은 「스추안(逝川)」, 「안개 낀 달밤의 외양간(霧月牛欄)」, 「북극촌 동화(北極村童話)」 등의 단편소설을 통하여 동식물의 영혼과 소통하는 사람들을 묘사한다. 이 가운데 「스추안」에 나오는 우는 물고기 이야기를 소개하면 이렇다. 스추안에 첫눈이 오면 물고기들이 울면서 스추안 강물을 타고 내려오는데, 이 때 마을 사람들은 반드시 물을 가득 담은 항아리를 갖고 물가로 와서 이들을 건져 항아리 속에 넣은 후 하루 밤을 곁에 둔 채 "이제 괜찮단다. 물고기야. 울지 마, 응?"하며 달래준다. 그런 다음 이튿날 이들을 다시 스추안 강물에 넣어주면 물고기들은 더 이상 울지 않고 편안히 갈 곳으로 가고 마을 사람들도 일년간 큰 탈 없이 편안히 고기잡이를 할 수 있다는 것이다.

그런가 하면 「안개 낀 달밤의 외양간」에서 어린 소년 바오주이는 '꽃', '땅', '넙죽이'라 직접 이름 붙인 세 마리의 소와 함께 외양간에서 기거하면서 그들과 대화를 한다. 또한 「북극촌 동화」에서도 '나'는 '얼간이'라는 이름의 개와 사람처럼 친밀하게 지낸다. 특히 개는 츠즈지엔 소설에서 가장 많이 등장하는 동물로 언제나 주인공과 가장 가까운 사이이다. 그 때문에 「북극촌 동화」 말고도 「온통 창망한 북쪽 나라(北國一片

滄茫)」, 「원시 풍경(原始風景)」, 「거꾸로 가는 요정(逆行精靈)」 등에도 개가 등장하여 주인공 및 등장인물과 교감하고 있다.

츠즈지엔 소설의 주인공들은 별의 노래 소리를 들을 수 있고[「깊이 잠든 따꾸치꾸(深睡的大固其固)」], 눈꽃과 융화되어 한 몸이 될 수도 있고(「온통 창망한 북쪽 나라」), 사람이 구름으로 변신할 수 있고, 심지어 나무와도 대화가 가능하다.[「나무 아래(樹下)」] 그 때문에 「꼬리별 관찰기(觀慧記)」의 화자 '나'는 이렇게 생각한다 : 만약 나무에게 귀가 없다면 어떻게 바람이 나무의 가장귀 사이를 스쳐지나갈 때 싸싸 거리는 절묘한 소리를 만들어낼 수 있을까? 만약 나무에 코가 없다면 또 어떻게 이렇듯 감동적인 맑은 향기를 걸러낼 수 있을까? 나는 나무에게도 혀가 있어서 아침이슬과 가랑비를 맛볼 수 있다고 믿는다. 그렇다면 나무의 눈은? 눈도 틀림없이 나무의 몸체에서 반짝이면서 대자연의 무쌍한 변화를 체득하고 있을 것이다.

츠즈지엔 소설에서 쉽게 맞닥뜨리는 이 같은 신화적 환상은 그녀 자신이 몸은 냉엄한 현실을 떠날 수 없음을 알고 있지만 마음만은 현실을 뛰어넘을 수 있음을 믿기에 가능하다. 실제로 그녀는 일찍이 산문 「저녁 바람 속에서 피안을 바라보다(晚風中眺望彼岸)」에서 이렇게 토로한 적이 있다 : 상상은 수를 셀 수 없이 많은 신화와 전설을 탄생시켜서 우리로 하여금 이 소란한 생존 공간 안에도 은은한 빛을 반짝이게 하여 사람들로 하여금 따스함을 두 배로 느끼게 한다… 내가 몸은 비록 물고기 떼가 춤추고 은하수가 찬란한 환경에 갈 수 없다고 하더라도 심령으로 하여금 그곳에 가게 할 것이다.

요컨대 츠즈지엔은 자신의 소설 속에 인간이 소, 개 등 동물과 원래 한 몸을 이루고 별과 눈과도 한 몸을 이루고 나아가 나무와도 한 몸을 이루는 등 무한히 자유자재하는 신화를 끌어들임으로써 현실 속에서 속박 받고 있는 삶을 위안하고, 나아가 유한한 삶을 극복해 나가는 현실적인 힘을 얻고 있다고 하겠다.

과거와 현재의 만남, 즉 산 자와 죽은 자의 교류는 장아이링, 리샤오, 팡팡 등 소설가의 작품에서 만날 수 있다. 물론 츠즈지엔도 산 자와 죽은 자가 만나서 대화하는 환상적 상황을 만드는 데도 앞장서고 있다. 예를 들어 「푸른 풀이 노래하는 정오(青草如歌的正午)」에는 일찍 죽은 아내를 위하여 아내가 생전에 좋아했던 손가방 등을 풀로 짜면서 늘 아내의 영혼과 대화를 나누는 주인공 천성(陳生)이 나온다. 또한 「백야를 향한 여행(向着白夜旅行)」의 여주인공 '나'는 이미 저세상 사람이 된 고고학자 마쿵두어(馬孔多)와 함께 백야를 보기 위해 긴 기차여행을 한다. 이 소설에서 '나'는 실제로 죽은 마쿵두어를 위하여 침대를 따로 예약하고 다른 사람이 그의 침대에 함부로 접근하지 못하게 할 만큼 죽은 영혼을 산 사람과 똑같은 존재로 그리고 있다. 또한 「음악과 화첩 속에서의 생활(音樂與畵冊里的生活)」에서도 주인공 노부인은 하녀의 도움을 받아 겨우 방안에서 살 수 밖에 없을 만큼 쇠약한 몸이지만 음악을 듣고 화첩을 넘기면서 과거와 현재를 함께 살아간다.

다음으로 1940년대 상해에서 활동한 작가 장아이링의 소설 『반생의 인연(半生緣)』을 보자. 이 소설은 첫눈에 반하여 사랑하게 된 두 남녀가 결국 맺어지지 못하고 여주인공은 자신의 친 언니와 형부의 어리석은 음모에 말려 형부의 아이를 갖게 된다. 한편 남주인공은 실종된 애인을 찾는데 실패하고 결국 사랑하지도 않는 여인과 결혼하는 비극적 종말을 맞는다. 여기까지의 줄거리는 우리 주위에서도 흔히 볼 수 있는 연애담이나 결혼담일 수 있다. 그러나 이 소설의 제목인 『반생의 인연』은 전생에 사랑했던 사람들이 현생에서 다시 만나는 특별한 인연을 뜻하고, 이를 통해 우리는 작가 장아이링이 현재생을 과거생의 연장선상에서 보고 있음을 알 수 있다. 장아이링에 따르면 남녀가 첫눈에 반해서 사랑을 하게 됨은 현생의 인연만이 아닌, 전생의 인연이 현생에 이어진 결과라는 것이다.

한편 리샤오의 소설 「구름다리(天橋)」에서는 빙의(憑依), 즉 죽은 이가 산 이의 몸을 빌려 나타나는 현상을 다루고 있다. 이 소설에서 주인공 왕바오(王保)는 1957년 당시 상해의 한 평범하고 선량한 선반공이었다. 그러나 그는 뜻밖에 반사회주의분자로 몰려 노동개조를 받기 위해 외진 곳으로 떠나게 되고, 몇 년 후 자신을 만나기 위해 기차를 탔던 어머니가 기차에서 강도를 만나 목숨을 잃었음을 알았지만, 1960년 당시 호수를 메우는 사업에 동원된 왕바오는 모친의 시신조차 수습하러 갈 수 없는 상황이었다. 결국 장장 22년 만에 원래의 선반공 자리로 돌아온 그는 드디어 결혼도 하고 몇 년 후에는 고향도 찾게 되는데, 그곳에서 27년 전 비극적 죽음을 당한 어머니의 목소리를 듣는다. 그러니까 어머니의 영혼이 숙모의 입을 빌어 자신이 억울하게 죽임을 당하였고, 오랫동안 들판을 헤매왔으니 부디 자신을 찾아 달라고 말하는 것이다. 너무도 처절한 어머니의 목소리를 들은 왕바오는 그제서야 휴가를 내고 구름다리를 지나던 기차로부터 내던짐을 당한 어머니의 시신을 찾아 수습함으로써 이야기는 끝이 난다.

또한 팡팡의 소설 「풍경(風景)」은 1960년대 한구(漢口)의 한 빈민촌 판잣집에서 살아가는 부모와 아홉 남매의 처참한 이야기를 그린 작품인데, 이 소설의 화자는 태어난 지 보름 만에 죽어서 창문 밑에 묻혀있는 여덟째 아이인 '나'이다. 이 소설은 죽은 영혼의 시점에서 산 사람들의 이야기를 매우 사실적으로 묘사하고 있는데, 죽은 사람의 시선으로 산 사람들의 욕망과 야심을 마치 한 폭의 풍경화를 바라보듯 냉정하게 바라본다는 점에서 이 소설 또한 과거와 현재가 공존하는 신화적 특성을 지닌 현실주의 작품이라고 하겠다.

요컨대 팡팡의 「풍경」, 리샤오의 「구름다리」, 장아이링의 「반생의 인연」, 그리고 츠즈지엔의 「푸른 풀이 노래하는 정오」 등의 작품들은 이렇듯 모두 과거의 영혼과 현재의 영혼의 만남이라는 시간적 환상을 깔고 있지만 사실 따지고 보면 모두 다 현실주의 소설이라고 할 수 있다. 왜냐하면 소설의 전체적인 줄거리가 여전히 일상과 상식에 깊이 뿌리내리고 있기 때문이다.

과거와 현재의 만남이 시간의 자유로운 이동이라면 이곳과 저곳의 만남은 공간의 자유로운 이동이다. 물론 시간의 이동은 자연히 공간의 이동을 수반하기도 하지만 때로는 현재 또는 과거에 이곳과 저곳이 순간적으로 교차하는 공간이동만도 가능하다. 전자의 경우 츠즈지엔의 「음악과 화첩 속에서의 생활」에서처럼 주인공 노부인이 자신의 방안에서 음악을 듣고 화첩을 넘기면서 동서고금의 예술 세계를 자유자재로 여행한다. 이 경우에는 시간이동과 공간이동이 서로 씨줄날줄로 교차되면서 주인공은 나름대로 행복한 생활을 하다가 현실적으로 죽음이라는 끝을 맞는다.

반면에 쉬샤오빈의 「룸비니성(藍毗尼城)」에서의 공간이동은 거의 같은 시간대에 진행되는 특징이 있다. 즉 석가모니로 알려진 고타마 싯다르타가 태어난 성인 룸비니성을 제목으로 삼은 이 소설은 비행기 사고로 황량한 벌판에 혼자 떨어진 '나'가 산발한 채 불을 쬐고 있는 남루한 한 여인을 만나는 장면으로 시작된다. 내가 그 여인에게 다가가 몇 마디 건넨 후, 배가 고프다고 말하자 그 여인은 나를 데리고 순식간에 룸비니성에 이른다. 그곳에는 맑고 푸르고 향기 나는 호수와 거대한 꽃이 있었고, 먹고 마실 것이 넘쳤다. 허기진 배를 채우고 난 나는 그곳에서 회색 옷을 입은 한 더러운 남자가 성모 같이 숭고하고 아름다운 그 여인을 탐하는 광경을 보고 이를 저지하려다가 오히려 그 여인에게 팔을 물리고 룸비니성의 지도를 온 몸에 문신당하는 벌을 받게 된다.

그 순간 '나'는 어느 새 그 여인을 처음 만난 장소로 이동해 있다. 내가 또 산발한 머리에 남루한 옷차림의 그녀에게 다가가 왜 룸비니성에 돌아가서 여왕 노릇을 하지 않느냐고 묻자, 그 여인은 룸비니성의 옷은 언제나 벗어버려야 할 옷임을 왜 모르느냐고 대답한다. 그럼 왜 나를 이끌고 그곳에 갔느냐고 묻자 그 여인은 "너의 굶주림을 어떻게 해결할 수 있었겠니?"하며 "만약 내가 너를 데리고 가지 않았더라면 너는 내 발가락이라도 뜯어먹었을 것이다"라고 말한다. 이 일이 있은 지 몇 년 후 한 고고학자가 나의 등에 새겨진 흐릿한 문신을 발견하게 되는데 그것은 바로 문신당한 룸비니성의 지도였다고 소설은 끝을 맺는다. 요컨대 환상이 난무하는 이 소설에서 쉬샤오빈은 '나'의 등에 흐릿하게 남아있는 룸비니성의 지도를 통하여 식욕과 성욕 같이 제어하기 어려운 인간의 현실적인 욕망을 환기시켜준다. 아울러 더러움과 깨끗함, 어지러움과 정돈됨 및 욕망과 해탈의 양면을 한 손에 쥐고 있는 존재로서 '그 여인'을 등장시킴으로써, 여성에게 인성(人性)과 함께 관세음보살 같은 신성(神性)을 부여하기도 한다.

이 밖에도 「물고기좌(雙魚星座)」, 「하늘의 소리(天籟)」 등 환상적이고 신비스러운 제목의 소설을 즐겨 발표해온 쉬샤오빈은 현대 중국의 어떤 작가보다 더 환상적이고 마술적이고 신화적인 소재를 좋아하는 듯하다. 그러나 동시에 "룸비니성의 지도가 문신되어 있는 내 몸"에서 보여주듯 그녀가 추구하는 환상과 마술은 어디까지나 몸이라는 현실적 실체에 체현되어 있음을 주목하지 않을 수 없다.

4. 신화적 현실주의 비평의 미래

흔히 문예사조사를 이야기할 때 고전주의에서 낭만주의로, 낭만주의에서 사실주의, 즉 현실주의로 발전하였고, 다시 사실주의에서 상징주의, 즉 초현실주의로 변화해왔다고 한다. 이에 따르면 네모반듯한 고전주의의 틀을 깨고 자유로운 낭만주의가 등장했고, 낭만주의가 극에 달하자 다시 규격과 체재를 갖춘 현실주의가 강조되었고, 현실주의가 개인의 운신의 폭을 극도로 제한하자 다시 현실이라는 울타리를 뛰어넘는 초현실주의에 자리를 내주지 않을 수 없었다는 설명이 가능하다.

역사를 직선적인 발전으로 보는 시각에 따르면 분명 고전주의, 낭만주의, 현실주의, 초현실주의 식으로 문예사조가 발전해왔다고 볼 수 있다. 그러나 역사를 원형의 순환으로 본다면 반대로 현실주의와 비현실주의라는 양대 사조가 반복적으로 순환해왔다고도 볼 수 있다. 즉 규율과 규범, 상식과 과학, 내지는 이성과 합리적 설명이 가능한, 보이는 세계가 고전주의와 현실주의 세계라면 자유와 일탈, 비상식과 상상, 내지는 감정과 직관으로 느끼는 보이지 않는 세계가 바로 낭만주의와 초현실주의의 세계로서 이 양 극단이 반복적으로 자리를 바꿨다고 보는 것이다.

보이는 세계를 생시라 하고 보이지 않는 세계를 꿈이라 한다면 마치 낮과 밤처럼 새끼줄 꼬듯 반복적으로 나타나는 현실주의와 초현실주의는 사실 정(正)과 반(反)의 관계로 이 둘은 서로 전혀 다른 길이라고 하는 사람이 많다. 때문에 마오쩌뚱이 이른바 신민가운동을 일으키면서 사용했던 혁명적 낭만주의라는 용어는 당시 문예비평가들 사이에서 감히 드러내놓고 표현할 수 없었던 넌 센스였고, 지금도 그렇게 생각하는 비평가들이 적지 않을 것이다. 하지만 정과 반이 만나 합(合)을 이루듯 서로 다른 개념의 결합이 그토록 불가능한 것은 아니다. 꿈이 생시이고 생시가 꿈인, 현실과 비현실의 전향적 합일도 마음만 먹으면 가능한 일인 것이다. 마치 입자와 반입자가 융합 반응하면서 서로 다른 두 입자가 각자의 질량을 잃고 합해지면서 엄청난 에너지를 방출하는 것처럼 말이다.

비현실주의, 즉 낭만주의의 정점에는 신화가 있다. 환상의 극점에는 또 신화가 있다. 융(Jung)이 지적한 대로 인류의 집단무의식으로서의 신화는 문학의 원형이고, 문학 비평에 있어서 신화비평은 무궁무진한 잠재력을 가지고 있다. 더구나 그리스로마신화처럼 수없이 각색되고 윤문되어오지 못한 동아시아의 신화들, 예를 들어 삼황오제 신화, 반고신화, 마고신화, 여왜신화 및 기타 신들의 이야기는 거의 처녀지로 남겨져 있어서 앞으로 많은 문학연구가들로부터 관심과 주목을 받게 될 것이 분명하다. 이미 전 세계적인 문예사조로 각광을 받고 있는 환상적 현실주의, 즉 마술적 현실주의에 있어서 신화는 환상 또는 마술의 가장 심오하고 광대한 소재로 이용되고 있기 때문이다.

다시 말하지만 신화는 보이는 현실과 상식의 한계를 극복하기 위해서 인류의 잠재된 의식, 즉 무의식을 최대한 동원한 결과이다. 그런 의미에서 신화는 환상의 보고일 뿐만 아니라 문학의 보고이기도 하다. 신화로부터 건져 올릴 대어(大魚)는 우리의 상상을 초월하는 대붕(大鵬)일 수 있다. 물론 현실이라는 토대에 발을 붙이고 살아갈 수밖에 없는 우리에게 현실주의는 꼭 필요한 발판이다. 과학과 상식, 이성과 합리주의를 기반으로 하는 현실주의는 문자 그대로 우리 일상의 엄연한 현실이기 때문이다. 그래서 현실주의가 정(正)이라면 초 현실을 대표하는 신화는 반(反)이고 정과 반이 합해진 신화적 현실주의는 합(合)이라 하겠다. 그런 의미에서 정과 반이라는 양극단을 동시에 아우르는 합인 신화적 현실주의야말로 21세기 문단을 선도할 창창한 미래라고 할 수 있다.

제2부

중국현대여성작가와 작품 산책

제1장

수팅(舒婷) 시에 있어서의 사랑

1. 머리말

수팅(1952－)은 1970년대 후반부터 시를 발표하기 시작하여 문단의 주목을 받아 온 여성 시인이다. 중국현대문학사에서는 문화혁명이 막을 내린 1976년부터를 이른바 신시기문학시기(新時期文學時期)로 통칭하는데, 수팅은 바로 이 시기에 『오늘(今天)』이라는 지하문학지를 통해 베이다오(北島), 꾸청(顧城) 등과 더불어 활약한 시인이다. 1979년 4월 「참나무에 바치다(致橡樹)」가 『시간(詩刊)』에 공식 발표된 이후 수팅의 시를 놓고 중국의 많은 시인과 평론가들이 토론을 벌였는데, 이는 그녀 자신이 술회했듯 "마치 나의 이름이 닳아빠진 축구공처럼 쌍방 선수들 발 사이로 굴러 다녔"을 정도였다. 그만큼 그녀의 시는 당시 중국 문단의 논쟁 중심에 있었다.

사실 그녀의 시는 문화혁명 후기인 70년대 초부터 전국 각지에서 베껴지고 읽혀진 이래 1980년대에는 두 차례에 걸쳐 전국 규모의 상을 받았고 영어, 일본어, 프랑스어 등 외국어로도 번역되어 있을 만큼 중국신시단의 선두주자이다.

그렇다면 무엇이 그녀의 시를 중국현대시사에 중요한 자리를 차지하게 했을까? 어떻게 하여 일개 무명의 중학중퇴생이 한 시대의 대표적 시인이 될 수 있었을까? 본 논문은 이 문제를 풀기 위해 수팅 시의 배경이 되는 문화혁명 직후의 중국문학 풍토를 살펴보고 아울러 그러한 시대 배경 하에서 두드러질 수 있었던 수팅 시의 주제가 무엇인지 또 그 테마가 왜 그토록 사람들의 심금을 울렸는지에 대하여 고찰하려고 한다.

이를 위해 본 논문은 수팅의 시 약 100여수를 연구 대상으로 하되, 그 가운데서도 그녀의 대표작으로 꼽히는 25수를 주요 대상으로 삼아 연구를 진행했음을 밝혀둔다.

2. 문화혁명 직후의 중국문학 풍토

날이면 날마다 마오쩌뚱의 어록가(語錄歌)를 부르고 충성무(忠誠舞)를 추었던 문혁 전반기에 비해 문혁 후반기에는 쟝칭(江靑) 등 사인방이 설치해 놓은 금지구역을 과감히 돌파하는 문학작품들이 지하에서 돌았다. 시도 그 중의 한 장르였다. 하지만 본격적인 시 운동은 1976년 4월 5일 천안문 광장에 모여 저우언라이(周恩來)의 서거를 추모한 이른바 천안문시가(天安門詩歌)라 할 수 있다. 무명의 시인들이 지어서 천안문 여기저기에 붙인 "천안문시가"는 저우언라이에 대한 열렬한 사랑과 사인방에 대한 원한이 주제를 이루고 있어, 이는 결국 문화혁명의 종말을 고하는 데 결정적 역할을 했을 뿐 아니라 다가오는 신시기(新時期) 시문학의 인도자가 된다.

1) 해빙문학

중국공산당은 1976년 10월 쟝칭 등 반혁명집단을 물리치고 문혁의 종말을 선언했다. 이는 문혁 기간의 "패거리"문예를 청산하고 근 10년간 재갈 물려 놓았던 문인들의 입을 풀어준다는 해방선언이었다. 이에 문인들은 서둘러 문련(文聯), 작협(作協) 등의 조직을 정비하는 한편 『인민문학』, 『문예론』, 『문학평론』 주최 좌담회와 토론회에 참여하여 이른바 반동 작품들을 해방시키고 억울한 누명을 쓴 작가들의 명예를 회복시켰다.

하지만 당 중앙이 이렇듯 문혁의 과오를 인정하고 문인들을 해방시켰으나 그렇다고 그들을 마냥 자유롭게 놓아두지는 않았다. 이는 1979년 10월 30일부터 11월 16일까지 북경에서 열린 제4차 전국문학예술일군대표대회에서 덩샤오핑(鄧小平)이 한 축사 내용을 보면 알 수 있다. 덩은 이 축사에서 문인들에게 4개 현대화를 방해하는 여러 사상과 효과적으로 투쟁할 것과 사회주의 정신문명을 건설하기 위해 기여할 것을 당부했고, 아울러 차후 문예사업에 있어서 당의 영도를 강화할 것을 주장했다. 이듬해인 1980년 극본창작좌담회, 81년의 사상전선문제좌담회 및 영화 『애절한 사랑(苦戀)』 비판회 등에서도 문인들의 자유화에 제동을 걸었다.

그렇지만 1982년의 모더니즘문학 논쟁부터는 비교적 자유로운 문예토론이 활성화되기 시작했다. 이는 비록 1984년 12월 29일부터 1985년 1월 5일까지 북경에서 열린 중국작가협회 대회 개막식 축사에서 작가들에게 현대화를 위해 몸 바쳐 싸우는 인물형상을 창조하라는 덩샤오핑의 요구에도 불구하고 그리 약화되지 않았다. 이처럼 당 중앙이 쳐놓은 울타리가 점점 넓어지면서 문단은 마치 꽁꽁 얼었던 한겨울의 얼음이 새봄의 따뜻한 햇볕을 받아 녹아내리듯 서서히 풀리기 시작했다. 문인들의 숫자도 늘어났을 뿐만 아니라 작품의 내용과 기법도 보다 다채롭고 다양해졌다.

문혁 이후의 중국문학은 내용상 크게 두 가지로 분류될 수 있다. 그 하나가 이른바 사인방의 죄상과 문혁의 피해를 낱낱이 폭로하고 그와 같은 사회적 동란 속에서 박해받고 수난당한 민중의 상처를 호소함과 아울러 문혁 이전의 역사까지 소급하여 중공수립이후 문혁까지를 회고, 반성 및 재평가하는 내용이고 다른 하나가 당 중앙의 4개현대화 정책에 발맞춰 개혁현실을 형상화하는 내용이다.

전자는 중국문학사에서 "상흔문학(傷痕文學)"과 "반사문학(反思文學)"으로 불리는데, 대표적 작품으로는 사인방의 죄상을 폭로하고 문혁 10년의 깊은 상처를 호소하는 루신화(盧新華)의 「상처」, 왕야핑(王亞平)의 「신성한 사명」 등의 소설을 꼽는다. 또한 중공수립 이후 문혁까지를 회고하고 반성하며 재평가하는 대표적 소설로는 루즈쥐엔(茹志鵑)의 「잘못된 이야기를 자르며」, 장이랴오(張一了)의 「범인 리통종의 이야기」 등을 들 수 있다.

후자는 이른바 "개혁문학"으로, 4개현대화를 묘사하고 개혁을 반영하며 현대화 건설을 위하여 헌신하는 새 인물을 형상화한 최초의 소설인 쟝즈롱(蔣子龍)의 「챠오공장장 부임기」와 허스광(何士光)의 「과거시험장에서」 등이 있다.

한마디로 간추리면 문혁 직후의 중국문학은 마치 꽁꽁 얼었던 대지가 녹아내리듯 문혁의 폐해를 폭로하고 이로 인하여 억울한 누명을 쓴 사람들의 명예를 회복하고 그동안 그들이 받았던 상처를 자연스럽게 드러내는 해빙의 문학이라고 하겠다.

2) 서정성의 중시

문혁 직후의 중국문학 작품들은 그 주제가 정치풍자건 사회개혁이건 간에 많은 작품에 공통적으로 서정적 분위기가 감돌고 있다. 그동안 있는 대로 억눌려 왔던 감정이, 그저 가슴 속에 품고만 있었던 개인의 정서가 출로를 찾아 마구 쏟아져 나왔던 것이다. 문혁 기간에 무엇보다 금기시되었던 개성, 집단속의 '나'가 아닌 개체로서의 '나'의 감정이 마침내 되살아나기 시작했다. 이 시기의 정치 풍자시를 흔히 정치 서정시로 부르는 까닭이 바로 여기에 있다.

시의 경우 일종의 비공식 간행물인 '민간(民刊)'을 중심으로 신인들의 수많은 시들이 나왔다. 이들은 문혁의 문화전제주의에 대하여 기본적으로 불신과 저항의 태도를 취하는 한편 과거와 현재의 어두운 정치사회 현실을 풍자하고 민주와 자유가 있는 새나라 건설을 열망하는 내용의 시들을 썼는데, 대부분 정치서정시로 불러도 좋을 만큼 서정적 개성이 물씬 풍긴다.

예를 들자면 과거의 끔찍했던 정치현실을 고발하고 있는 스즈(食指)의 「미친개」, 시로서 투쟁하겠다는 망커(芒克)의 「나는 시인이다」, 민주와 자유를 갈구하는 내용을 담은 링용(凌永)의 「너에게」 등 시들은 이전과 달리 '나'라는 분명한 개성의 정서가 듬뿍 담겨 있다.

이처럼 정치, 사회, 역사를 대상으로 하는 시들에도 서정적 개성을 갖춘 '나'가 등장하지만 '민간'을 중심으로 창작된 시들 가운데 무엇보다 두드러진 주제는 다름 아닌 남녀간의 사랑이다. 참으로 오랜 기간동안 중국에서 금지 당했던 애정시의 재등장이야 말로 이 시기 시들의 서정적 특성을 결정적으로 강화시켜 주었다.

베이따오(北島)의 「미소, 눈꽃, 별」, 리쟈화(李家華)의 「애정」, 황샹(黃翔)의 「갈매기를 본 순간 너를 떠올렸다」 등 적지 않은 애정시가 이 시기에 나왔다. 하지만 어떤 애정시보다 문단의 파문을 일으킨 애정시가 바로 수팅의 「참나무에 바치다」이다. 이 시는 '민간'의 하나인 『오늘(今天)』에 발표되었는데 수팅은 이 시로 『오늘』이 주최한 한 시낭송회에서 청중이 주는 상을 받았다. 문혁기간에 살아남기 위하여 가정에서, 학교에서, 직장에서 마오쩌뚱의 어록을 학습하고, 또 그 학습한 내용을 실천하기 위하여 동료간에, 사제간에, 학우지간에, 심지어 부부간과 부모자식간에 갈등과 적대감을 가지도록 강요받았던 수많은 중국인들에게 가장 절실히 요구되었던 것은 다름 아닌 사랑이었던 것이다.

그 사랑은 물론 남녀간의 애정만이 아니라 친구사이의 우정, 사제간의 사랑, 부모자식간의 사랑 및 동료와의 사랑까지도 포함하지만 결코 집단적이고 당위적인 사랑이 아니라 어디까지나 피와 살이 통하는 일대일의 끈끈하고 뜨뜻한 사랑임은 두 말할 필요가 없다.

간호사들이 대부분 여성이듯이 육체적 상처뿐만 아니라 정신적 상처를 매만지고 감싸주고 따뜻한 위로와 격려를 하는 일에는 역시 남성보다는 여성이 더욱 어울린다. 문혁 직후에 수팅 말고도 장지에(張潔), 천롱(諶容) 등등 여성 작가들이 대거 활약한 이유도 바로 여기에 있다.

요컨대 문혁 직후 70년대 말 및 80년대 초의 중국문학에 있어서 서정성은 작품의 주제가 정치현실의 비판이건 사회개혁이건 개인의 애정이

건 간에 관계없이 중시되었으며, 그 가운데에서도 특히 부쩍 늘어난 여성작가들이 즐겨 쓴 사랑이라는 주제가 대중의 사랑과 호응을 얻었다고 하겠다.

3. 수팅 시에 있어서의 사랑

흔히 수팅은 애정시인으로 불린다. 이것은 그녀가 애정시만을 많이 써서 얻어진 이름이 아니라 사랑이라는 주제를 그녀가 누구보다 참신하고 의미심장하게 형상화하였기 때문에 붙여진 이름이다. 이제 그녀의 시 25수를 중심으로 그녀가 시 속에 구현하고 있는 사랑이 어떤 것인지 그 특성과 대상 및 범위 등을 살펴보기로 한다.

1) 여성성

수팅의 시는 대부분 여성의 정서를 가득 담고 있다. 시인 자신이 여성이기 때문에 이는 새삼스러운 일이 아닐지 모르나 사실 여성의 정서니 여성성이니 하는 것을 규정하기란 그리 쉬운 일이 아니며 논자에 따라 견해를 달리 할 수 있는 민감한 문제다. 여기서는 다만 시인 수팅이 그녀의 시 속에서 구현하고 있는 여성성을 찾아보기로 한다.

서정은 「참나무에 바치다」, 「자화상」, 「쌍돛배」, 「신녀봉」, 「달을 꿈꾸는 담쟁이덩굴」, 「사월의 황혼」, 「그리움」, 「지난 일 두세 가지」, 「비 오는 날의 이별」, 「여름밤 회나무 아래서」 등의 시에서 남성에 대한 여성의 사랑을 노래하고 있는데 위 시들에 구현된 사랑은 크게 두 가지 다른 성격을 보이고 있다.

그 하나는 남자를 위하여 헌신하는, 부드럽고 수동적이며 끝이 없는 사랑이고 다른 하나는 남자와 동등하게 서서 독립적으로 자기의 자유와 이상을 추구하는 사랑이다.

전자는 모성애, 즉 어머니의 사랑으로부터 출발한다. 1957년 수팅이 여섯 살 때, 은행에서 일하고 있던 그녀의 아버지가 멀리 변방의 산으로 압송되어 노동자생활을 하게 된 이후부터 수팅은 어머니와 함께 외갓집에서 동고동락하게 되는데 그래서인지 그녀의 시 가운데에는 어머니의 사랑을 직접 간접으로 그리는 대목이 많다. 「아, 어머니」에서 수팅은 가족을 위해서 자신의 행복을 포기하고 병을 얻어 세상을 떠난 어머니를 다음과 같이 그리워하고 있다 :

> 당신의 창백한 손끝이 내 귀밑머리를 쓰다듬을 때
> 난 마치 어릴 때처럼
> 당신의 옷깃을 꽉 붙들어 쥡니다.
> 아, 어머니
> 여명이 이미 꿈을 잘라 연기로 피워 올렸건만
> 점점 멀어져가는 당신의 실루엣을 머물게 하려고
> 난 오랫동안 감히 눈을 뜰 수 없었습니다.
> 난 여전히 그 빠알간 목도리를 소중히 간직한 채
> 빨면 목도리에 남아 있을 당신 특유의
> 따스한 내음이 사라질까 몹시 두렵습니다.
> 아, 어머니
> 세월의 흐름은 역시 늘 그렇듯 무정한 건가요?
> 추억 또한 그렇듯 빛바랠까 두려우니, 내 어찌 감히
> 추억의 그림병풍을 함부로 펼칠 수 있겠습니까?
>
> 가시 하나 때문에 당신에게 울고불고 했던 내가
> 이제는 가시관을 쓰고도 감히
> 신음소리 한마디도 감히 낼 수 없습니다.
> 아, 어머니
> 난 늘 슬프게 당신의 사진을 올려다봅니다.
> 설사 당신을 외쳐 부르는 소리가 황토를 뚫을 수 있다 해도
> 내 어찌 감히 당신의 편안한 잠을 깨울 수 있겠습니까?
>
> 난 다시는 사랑의 선물을 진열하지 않으렵니다.
> 비록 지금까지 수많은 노래를 써서
> 꽃에, 바다에, 여명에 주었지만.
> 아, 어머니

나의 달콤하고 부드럽고 은밀한 그리움은
격류도 아니고 폭포수도 아닌,
꽃나무가 어우러진 노래 부를 수 없는 옛 우물이랍니다.

문혁 초 "우파분자"라는 낙인이 찍힌 남편을 포기하고 오직 자식들의 장래를 위하여 재혼을 감행한 어머니를 그린 시다. "가시 하나 때문에 당신에게 울고불고했던" 그녀가 이제는 옛날 어머니가 그랬듯 "가시관을 쓰고도 신음소리 한마디도 감히 낼 수 없는" 철 든 딸이 되어 있다. 그래서 이제는 더 이상 어머니에게 매달리는 딸이 아니라 어머니를 편히 쉬게 하는 성숙한 딸로서 "설사 어머니를 외쳐 부르는 소리가 (무덤의) 황토를 뚫을 수 있다 해도" 어머니의 편안한 잠을 깨울까봐 소리를 지르지도 않는다. 이처럼 수팅은 자신의 시조차도 어머니의 사랑 앞에서는 너무도 보잘 것 없어 감히 진열하지 않고 노래 부를 수 없을 만큼 헌신을 근본으로 하고 있는 모성애를 최고의 사랑으로 노래하고 있다.

비록 어머니의 불행을 통하여 그녀 자신은 도리어 생활에 굴복하지 않는 꿋꿋한 태도를 지니게 되었다고 고백하였지만 이 시에서 볼 수 있듯 그녀의 어머니에 대한 사무치는 그리움과 사랑은 인내와 희생을 감수하는 따뜻하고 부드럽고 은밀한 "옛 우물" 같은 어머니와 자기 자신의 동일시인 것이다.

「햇빛 속 바위 아래의 삼각매화」에서도 헌신의 아름다움을 노래하고 있다. 그 앞부분을 인용하면 다음과 같다 :

요란하게 떨어지는 폭포수다
적막한 돌 벽을 장식하는
최소한의 영양만으로
가장 풍성한 자기를 헌신하는
아름답고 귀한 양산이다.
거친 들을 위하여 바람을 막고, 비를 가려주는

생명을 상징하는 물, 그것도 가장 힘차게 쏟아져 내리는 폭포수로 비유된 삼각매화는 "최소한의 영양"만 취하면 최대한으로 자신을 희생하여 사람들에게 유익을 끼치는 존재다. “적막한 돌 벽”과 “거친 들”로 그려진 척박하고 막막한 인생을 위안하고 보살피는 어머니의 사랑이 바로 “폭포수”고 “삼각매화”이고 “양산”인 것이다.

수팅 시에 있어서 물과 식물은 자주 등장하는 시어인데 특히 식물은 그녀가 가장 좋아하는 자연물이다. 불이 남성적이라면 물은 여성적이고 동물에 비하여 식물이 여성적 이미지가 강한데 수팅은 위 시 말고도 「달을 꿈꾸는 담쟁이덩굴」에서 식물의 이미지를 빌어 자신을 이렇게 형상화하고 있다 :

> 만약 그대가 내게 빗물을 주었다면
> 난 순식간에 무럭무럭 자랐을 텐데.
> 만약 그대가 나를 지원해줄 수 있었다면
> 난 곧 바로 위를 향해 선회할 수 있었을 텐데.
>
> 만약 그대가 그리 빨리 떠나지 않았다면
> 우린 곧 천당에서 만날 수 있었을 텐데.

매우 짤막한 이 시에는 상대를 위해 희생하는 모성애적 사랑이 아니라 오히려 상대의 도움을 필요로 하는 수동적 여인의 사랑이 애절하게 묘사돼 있다. 어떤 의미에서는 담쟁이덩굴로 비유된 자신이 위를 향해 선회할 수 있도록 물과 양분을 주지 않은 채 떠나버리고 만 상대에 대한 원망의 마음까지 담겨 있다.

심지어 「자화상」에서는 “그녀는 그의 작은 음모가/ 그가 자나 깨나 구하는 것을 그녀는 거부하며 주지 않고/ 그가 전혀 바라지 않는 것을 그녀는 멋대로 받으라고 요구하네”라고 하여 자기 자신을 천방지축 날뛰는 변덕스럽기 짝이 없는 여성으로 묘사하고 있다. 이처럼 다소 과장되게 표현되고는 있지만 이 시들은 상대에 대한 소극적인 사랑을 그린 「비 오는 날의 이별」, 옛 사랑을 추억하는 「여름밤, 회나무 아래서」, 환상적인 사랑을 담은 「지난 일 두세 가지」 등과 함께 시인 수팅의 사랑하고 사랑받고 싶은 마음이 담겨져 있다.

이러한 그녀의 마음은 「신녀봉」의 마지막 두 구절 "낭떠러지에 천년 동안 전시되느니/ 차라리 애인의 어깨에 기대어 하루저녁 괴로워하는 편이 낫다"에 잘 표현되어 있다. 이는 그녀가 사랑하는 마음을 가슴 속에 묻고 목석이 되어 천년을 존재하느니 차라리 하루저녁이라도 애인의 품속에 있겠다는 평범한 여자의 사랑을 선택하고 있음을 보여준다. 이처럼 수팅의 시에 나타난 사랑은 「드림」의 "만약 그대가 불이라면/ 난 석탄이 되어서/ 이렇게 그대를 위안하고 싶어요/ 그러나 차마 할 수 없군요"와 같이 소극적이고 수동적인 특성을 지니고 있다.

그러나 그녀의 사랑은 단순히 거기에 머물러 있지 않다. 그녀의 대표적인 시 「참나무에 바치다」를 보자 :

> 내 만약 당신을 사랑한다면 —
> 절대로 기어오르는 능소화처럼
> 그대의 높은 가지를 빌어 나를 뽐내지 않을 거예요.
> 내 만약 그대를 사랑한다면 —
> 절대로 치정어린 새를 따라
> 녹음을 위한 단순한 노래를 반복하지 않을 거예요.
> 또는 샘물의 원천처럼
> 해마다 시원한 위안을 보내지 않고
> 또는 험준한 봉우리처럼
> 그대의 고도를 높여 그대의 위용을 드러내지도 않을 거예요.
> 심지어 햇빛
> 심지어 봄비
> 아니, 그것들로도 아직 모자라고말고요!
> 난 꼭 그대 곁에 한 그루 목면 되어
> 나무의 형상으로 그대와 함께 서 있을 거예요.
> 뿌리는 땅 속에서 서로 꼭 잡고
> 이파리는 구름 속에서 서로 만지며.
> 바람이 지나갈 때마다
> 우리는 피차 안부를 묻지만
> 아무도
> 우리의 말을 알아듣지 못할 거예요.
> 그대는 그대의 청동가지와 강철줄기를 지녔어요.

단도 같고 장검 같고
창과도 같은.
난 나의 붉고 큰 꽃송이를 지녔어요.
무거운 탄식 같고
영용한 횃불과도 같은.
우리는 한기, 습기, 바람, 천둥번개를 나누고
노을, 산안개, 무지개를 함께 누리죠.
영원히 분리되어 있는 듯하지만
오히려 죽을 때까지 서로 의지하지요.
이것이야말로 위대한 사랑으로
꿋꿋한 지조가 바로 여기에 있죠.
사랑해요 —
그대의 위용 있는 체구만 사랑하는 게 아니라
그대가 견지하는 발아래 땅까지도.

목면으로 상징된 여성이 참나무로 상징된 남성에게 바치는 이 시는 수팅이 지닌 사랑의 성격을 잘 보여주고 있다. 즉 수팅은 애인의 힘에 의지하여 애인의 명예를 자기 것으로 삼지도 안고 애인이 제공하는 편안한 생활을 얻기 위해 단순한 애교나 교태를 부리지도 않는다. 뿐만 아니라 애인을 위로하고 그의 위신을 세워주는 것으로 만족하지 않고 애인에게 일방적으로 유익을 끼치는 일만으로는 부족감을 느낀다. 한마디로 말하자면 수팅은 애인의 충실한 내조자로서 결코 만족하지 않는다.

그녀가 원하는 사랑은 그와 똑같은 독립적 개체로서 그의 곁에 함께 서서 은밀하게 대화를 나누고 어려운 일이 닥칠 때 서로 위로하는 것이다. 그와 그녀가 서로 다른 점이 있다면 그가 강하고 튼튼하고, 공격적이고 전투적인데 반하여 그녀는 아름답고 부드러우며 신중하고 지혜롭다. 그러나 그들은 모든 괴로움과 즐거움을 함께 나누고 비록 서로 다른 개체로서 각기 존재하지만 죽을 때까지 서로 의지하는 관계를 긴밀히 유지한다. 그녀에 따르면 이것이야말로 "꿋꿋한 지조"와 "위대한 사랑"이라는 것이다.

이 시에서 수팅은 비록 사랑하는 사람을 위하여 "샘물"처럼 "시원한 위안"을 주고 "험준한 봉우리"가 되어 상태의 "위용을 드러내"기도 하며 "햇빛"처럼 따스하게, 또는 "봄비" 같이 촉촉하게 상대를 위해 봉사하겠다는 모성애를 견지하기는 하지만 거기서 한 걸음 더 나아가 강인한 개성을 지닌 독립적 인격체로서 서로 상보적인 성격을 갖고 인생의 고락을 함께 나누는 대등하고 성숙한 사랑을 추구하고 있다.

강인한 성격의 외할머니로부터 구수한 사투리로 "바지통 좀 높이 걷어붙이고"라는 소리를 듣고 자란 그녀이기에 일찍부터 자기의 운명은 자기가 개척하겠다는 다부진 자세를 견지하게 된 것이다. 그녀의 첫 시집 제목이기도 한 시 「쌍돛배」의 앞부분을 보면 적극적으로 자기실현을 추구하는 한 인간으로서 사랑을 다음과 같이 묘사하고 있다 :

> 안개가 내 양 날개를 적셨건만
> 바람은 내가 더 이상 망설일 수 없게 하는구나.
> 강기슭아, 사랑하는 강기슭아
> 어제 막 너에게 이별을 고했는데
> 오늘 네가 또 여기 있구나.
> 내일 우리는 또
> 다른 위도에서 만나겠지.

흔히 배를 남성으로, 항구나 강기슭을 여성으로 상징하여 남녀간의 이별이라고 하면 배를 타고 떠나간 남자를 강 언덕에서 애타게 기다리는 여자를 연상한다. 하지만 이 시에서는 의외로 여자가 쌍돛배고 남자가 강기슭으로 상징되어 여자가 남자에게 이별을 고하고 거친 삶의 항로를 떠난다. 험난한 인생을 향해 떠나가는 '나'는 이 시의 마지막 구절에서 "너는 나의 항로상에 있고/ 나는 너의 시선 속에 있다"라고 하여 상대에게 따뜻하고 믿음직한 부성애를 기대한다. 이처럼 상대에게 가슴 넓은 부성애를 기대하는 마음은 앞에서 일부 소개한 「자화상」이나 「달을 꿈꾸는 담쟁이덩굴」에도 잘 나타나 있다.

요약하자면 수팅 시에 드러나는 여성 형상은 외모와 기질에 있어서 남성과는 다른 여성이지 남성보다 아래에 서서 언제나 남성을 내조하는 부창부수(夫唱婦隨)의 여성이 아니다. 물론 그녀가 몇몇 시에서 상대에게 소극적이고 수동적이며 심지어 유아적인 변덕을 부리고는 있지만 이는 이성보다 감정을 강조하기 위한 시적(詩的) 전략이다. 설사 그렇지 않다 하더라도 이는 그녀가 헌신적인 모성애를 실천하는 것처럼 상대에게도 너그러운 부성애를 요구하는 것일 게다.

2) 저항정신으로서의 사랑

수팅이 사랑, 특히 남녀간의 사랑을 시의 주요 테마로 삼은 것은 사실이다. 하지만 그녀가 중국민족과 역사에 전혀 관심이 없었던 것은 아니다. 일찍이 수팅은 「생활, 책, 그리고 시」에서 "내가 시를 써온 이래 가장 잊을 수 없는 때는 천안문사건 직후다"라고 쓸 만큼 국가 사회에 대한 관심도 갖고 있었다.

그 때문에 천안문사태 이후 이른바 반동적인 시들을 색출할 때 그녀의 아버지는 그녀가 쓴 '반동' 시 원고를 불살라 버리라고 했지만 그녀는 거부했다. 또한 바람직하지 못한 사회에 대한 가장 강렬한 항의는 살아남아 입을 여는 것이라고 하면서 비록 직접 온몸으로 저항하지는 않았지만 베이따오, 쟝허 등 『오늘』의 동료시인들과 함께 함의가 풍부한 몽롱시(朦朧詩)로서 저항했다. 「조국아, 내 친애하는 조국아」, 「작업선」, 「길에서 마주치다」 등이 그 예다. 이 가운데 「조국아, 내 친애하는 조국아」의 앞부분을 인용한다 :

> 난 그대 강가의 부서진 지 오래된 수차
> 수 백 년 간 피곤에 지친 가락을 뽑고 있는.
> 난 그대 이마 위의 검게 그을린 채굴 램프
> 역사의 동굴 속에서 암중모색하는 그대를 비추는.
> 난 말라비틀어진 벼이삭 : 수리하지 않은 노반
> 여울 위의 난파선
> 견인 밧줄을 깊이깊이
> 그대의 어깨에 묶는.
> — 조국아!

이 시에서 수팅은 자신이 조국의 한 모퉁이에서 오랫동안 단조롭고 지루한 노래를 불러왔지만 자기야말로 조국의 어둠을 헤쳐 나오는 데 필요한 등불이었음을 강조한다. 지금은 비록 말라비틀어진 벼 이삭이고 수리하지 못한 노반이며 여울 위의 난파선이지만 자기는 어디까지나 조국이라는 언덕에 굳건히 뿌리내리고 있음을 노래한다.

하지만 '나'는 조국에게 일방적으로 딸려 있는 존재가 아니라 "역사의 동굴 속에서 암중모색하는 그대를 비추는" 존재이기도 하다. 이는 '나'라고 하는 개인과 '그대'라고 하는 조국의 관계가 일방적 관계가 아니라 쌍방관계임을 드러내고 있다. 이로 보아 수팅은 문화혁명 기간 동안 철저히 억압되었던 개인의 자율의지와 자유추구를 긍정적으로 평가하고 있음을 알 수 있다. 개인의 자율과 자유를 갈망하는 시로는 「가을밤 친구를 보내며」와 「담장」 등이 있는데 이 가운데 「가을밤 친구를 보내며」의 가운데 부분을 보자 :

그대 언제나 자기를 비유하기를
벼락 맞은 노송과 같다고 했죠.
평생 치유할 수 없는 그 상처의 고통은
해마다 봄이면 더욱 아름다운 모습으로 바뀌어
꽃가루 흩뿌리고 풀솜 흩날리는 저 버들과는 다르다고.

난 늘 바라죠. 내 자신이 마치
남에서 날아와 북으로 가는 기러기 같기를.
나의 길을 저 아득한 하늘에 깔 거예요.
온종일 조롱을 떠나지 못한 채
제 신세를 서러워하는 앵무새를 따라하지 않고.

이 시는 비록 상처투성이지만 우직하게 지조를 지키는 노송 같은 친구와 남이 하라는 대로 따라 하며 감옥 같은 생활을 하기보다 무한한 자유를 구가하고 싶은 기러기 같은 시인 자신의 우정을 그리고 있다. 비록 지금은 둘 다 불행하고 고통스러운 상태에 있지만 언젠가는 대지에 봄이 찾아와 지친 영혼을 위안받을 날을 간절히 기다리는 것이다.

수팅은 이 밖의 적지 않은 시에서 문화혁명 당시의 비인간적 상황을 그림처럼, 활동사진처럼 적나라하게 형상화하였다. 다만 그녀가 이처럼 비인간적이고 몰개성적인 사회에 저항하는 방식이 사랑이라는 점이 다른 시인들과 다르다. 그 때문에 그녀의 많은 시 속에서 만나는 개인과 조국의 관계 또한 사랑하는 남녀의 관계처럼 어디까지나 나와 너의 관계인 것이다.

3) 영혼의 교감

수팅은 그녀의 산문 「바다의 혼」, 「우울한 밝음으로 침묵을 꿰뚫다」에서 점을 친 경험이 있다고도 하고 신약성경을 인용하기도 하지만 기본적으로는 무종교주의자이다. 하지만 그녀의 작품 속에서 인간의 마음과 사랑을 노래할 때 자주 영혼을 언급하는 것을 보면 그녀에게 풍부한 종교적 자질이 있음을 알 수 있다. 다만 그녀의 신앙 대상은 특정 신이 아니라 인간의 진심과 사랑이고 그녀가 믿는 것은 하늘이 안배해준 운명이 아니라 삶과 죽음을 초월한 영혼의 교감이다. 그 때문에 수팅은 많은 시 속에서 진정한 인간애와 영혼의 교감을 노래한다. 「백조」의 끝부분을 보자 :

> 날 표본실의 백조로 만들지 마오.
> 내 피격당한 양 날개는 따스한 피 속에 웅크리고 있고
> 핏방울이 먼지 속을 뒹굴다 냉각되어 호박(琥珀)이 되었다오.
> 울지 마라 아이야.
> 어느 날 네가 변해서
> 한 조각 구름이 되고
> 한 마리 깡충깡충 뛰는 토끼가 되고
> 노트 겉장의 한 척 흰 돛단배가 되고 싶을 때
> 날 잊지 말아라!

이 시는 북경 옥연담(玉淵潭) 공원에 네 마리의 백조가 날아왔다가 그 중 한 마리가 총격을 받아 죽었다는 기사를 읽고 쓴 시라고 한다. 수팅

은 이 시에서 순결하고 우아한 이미지의 백조를 빌어 무고한 한 생명이 무자비하게 죽임을 당했으나 그 영혼은 결코 죽지 않고 영롱한 호박으로, 천진한 아이로, 조각구름으로, 토끼로, 흰 돛단배로 변신할 수 있음을 노래하고 있다.

「백조」가 동물 등 자연의 영혼과 인간의 영혼 간의 교감을 그렸다면 「"?.!"」는 남녀간의 영혼의 교감을 노래한다 :

> 그렇다면 이것은 참이다.
> 그대 다시 변심하지 않는다면.
> 설사 내 부드러운 손이 이미 터지고
> 볼 위의 연한 홍조가 없어졌다 해도
> 설사 내가 피를 토하며 피리를 불었으나
> 만년설이 전혀 녹지 않았다 해도
> 설사 등 뒤에 채찍이 뒤쫓고 눈앞이 낭떠러지라도
> 설사 여명이 오기도 전에 암흑이 내게 덮쳐와
> 대지와 더불어 침몰하더라도
> 심지어 상사조(相思鳥) 한 마리조차 때맞춰 날려 보내지 못했지만
> 그대의 기다림과 성실함이야말로
> 바로 내가
> 희생을 지불한 대가이다.

죽음을 초월한 남녀간의 숭고한 사랑을 느낄 수 있는 시다. 여기서는 여자의 앳띤 아름다움도 사랑의 조건이 아니오, 여자의 능력 또한 사랑의 전제조건이 아니다. 뿐만 아니라 설사 진퇴양난, 사면초가의 상황에 처한 여자가 마침내 사라져간다 해도 변할 수 없는 사랑인 것이다. 남자로부터 이런 기다림과 성실함이 담긴 사랑을 받는다면 심지어 마지막 한마디 사랑한다는 말조차 전하지 못하고 죽는다 하더라도 후회가 없다는 말이다.

수팅에게 있어서 사람과 사람 간의 사랑, 사람과 동식물 등 자연과의 사랑은 이처럼 시공과 생사를 초월한 종교적인 사랑이다. 뿐만 아니라 수팅은 시를 통하여 시인 자신과 독자의 영혼도 만날 수 있다고 믿는다. 이는 한 독자에게 답장한 편지 글인 「메아리 벽 앞의 가을」의 "공중

에서 춤추듯 날고 있는 반딧불이들이 마치 독자의 심령 벽에서부터 메아리쳐오는 모습 같다"에서 확인된다.

이밖에 동료 시인 꾸청(顧城)에게 주는 시 「동화시인-GC-에게」에서도 수팅은 다음과 같이 영혼의 대화를 추구한다 :

> 순은과 같은 목소리로
> 그대의 꿈과 대화한다.
> 어쩌면 이 세계는 조그맣지만
> 마음의 영역은 커다랄 거야.

요컨대 수팅의 시에 형상화된 사랑은 조건부 사랑에 머물지 않고 사람과 사람뿐 아니라 사람과 자연 간을 오고가는 영혼의 교감인 동시에 믿음과 소망에 기초한 영원불멸의 신앙으로 승화되어 있다고 할 수 있다.

4. 맺는 말

산문 「우울의 밝음으로 침묵을 꿰뚫다」에서 수팅은 "나는 감정 면에 있어서나 생활면에 있어서 평범한 보통 여자다. 그 때문에 나는 이제껏 무슨 작가나 시인이 되겠다는 생각을 해본 적이 없다…만약 가능하다면 난 꼭 현모양처가 되고 싶다"라고 고백했다. 또한 자신은 사상적으로 빈곤할 뿐 아니라 천성적으로 심각해질 수 없는 성격이라고 토로하기도 했다. 그 말 그대로 현재 50대 전반의 수팅은 특별한 작품 활동을 하지 않고 남편과 자식과 함께 조용한 가정생활을 하고 있다.

그런 그녀가 1970년대 말 80년대 초 중국 몽롱시파의 대표자로 불릴 만큼 유명한 시인이 된 데에는 몇 가지 이유가 있다. 그녀의 아버지는 일찍이 지역신문에 시를 발표할 만큼 문학적 재능이 있었고 그녀의 어머니는 전통악기를 즐겨 연주했으며, 어린 시절 함께 살았던 외할머니 또한 문학적 소양이 풍부하여 그녀에게 『요재지이(聊齋志異)』 등 소설 이야기를 들려주었다. 이처럼 선천적으로 문재(文才)를 타고 난데다가 그녀 자신도 독서광으로 마치 연애하는 기분으로 책을 읽었다고 고백한 데서 그 이유를 찾을 수 있다.

하지만 책을 즐겨 읽던 내성적인 그녀가 직접 시를 쓰게까지 된 것은 문화혁명이라는 회오리바람 덕분이라고 할 수 있다. 문혁으로 인하여 세상이 뒤바뀌고 가족이 뿔뿔이 흩어지고 본인은 낯선 고장에서 몸에 익지 않은 노동을 하게 되는 상황에 처하게 되는데, 이 같은 급격한 신변의 변화가 감수성이 예민한 그녀에게 시를 쓰게 만들었을 것이다.

비록 시를 쓸 수 있는 내적, 외적 상황이 맞아 떨어졌다 해도 오직 그 때문에 그녀가 훌륭한 시인이 된 것은 물론 아니다. 그녀가 유명한 시인이 된 보다 결정적인 이유는 시 쓰는 일밖에는 다른 아무것도 할 수 없어서 시 쓰는 일에 매달릴 수밖에 없었다는 그녀의 고백에서 드러나듯 시를 향한 그녀의 외곬수적 사랑이 그녀를 당대의 대표 시인으로 만들었다고 하겠다.

수팅 시의 주제는 두 말할 필요도 없이 대부분 사랑이다. 그런데 그 사랑 안에 수팅은 단순한 남녀간의 애정만이 아닌 그녀 자신의 실존적 개성이 추구하는 사랑을 아로새기고 있다. 그 사랑은 또 나아가 사회적 사랑으로, 국가적 사랑으로, 심지어 종교적 사랑으로 자연스럽게 확장된다. 게다가 수팅은 사회와 조국에 대한 사랑을 마치 남녀간의 끈끈한 사랑처럼 진한 감정이 흐르게 하는 독특한 시체(詩體) 창조에 성공했다.

이처럼 끈끈한 사랑의 주제가 당시 수많은 독자들의 심금을 울리게 된 데에는 물론 문화혁명이라는 몰개성적이고 반감정적인, 사랑이 금기시된 시대가 있었기 때문이다. 요컨대 그녀의 시가 당대 시사(詩史)의 정점에 오르게 된 까닭은 사랑을 주선율로 연주하는 그녀의 시가 문혁의 상처를 어루만지고 가슴 속 응어리를 푸는 당시의 문학풍토와 잘 맞아떨어진 결과라고 할 수 있다.

제2장

천룽(諶容) 소설에 형상화된 제도와 인간

1. 천룽의 소설

장지에(張潔)와 함께 현대중국문단의 중추적 작가라고 할 수 있는 천룽(諶容)의 본명은 천더룽(諶德容)이고 원적은 사천성 무산(巫山)이다. 1936년 8월 18일 호북성 한구(漢口)에서 출생하여 15세인 1951년 학교를 그만두고 출판사에 취직했다. 이듬해부터 독학으로 공부한 끝에 1954년 북경의 대학에 입학해서 러시아어를 전공했다. 1957년 중국 중앙방송국에 입사하여 번역과 음악편집을 했다. 23세인 1963년부터는 북경의 한 중학교에서 교사 생활을 했는데 곧 병으로 사직하고 산서성의 한 농촌에서 휴양하면서 극본을 습작하기 시작했다.

문화혁명(文化革命) 기간인 1969년 하남성, 안휘성, 사천성 등지의 농촌에서 일을 하다가 1973년 다시 북경의 한 중학교의 러시아어 담당교사가 되었다. 이 때부터 천룽은 본격적으로 소설을 쓰기 시작하여 2년 만인 1975년 첫 장편소설『만년송』을 출판했고 1978년 출판한『광명과 암흑』으로 세상에 알려져 1979년부터 전업 작가가 되었다.

천룽은 어린 시절부터 이곳저곳으로 옮겨 다니며 공부를 했고 중학 졸업 이후 서점 점원, 신문사 간사로 일하면서 어렵사리 대학을 나왔다. 또 졸업 후에는 방송국의 번역, 음악편집, 중학 교사 등 다양한 사회 경험을 했고 문혁 때에는 농촌 생활도 했다. 바로 이 같은 풍부한 인생경험과 출판사, 신문사, 방송국, 학교 등 비교적 글쓰기와 가까운 직장경험이 그녀를 작가의 길로 들어서게 했을 것이다.

천룽은 무한(武漢), 성도(成都), 북경 등 대도시에서 학창생활과 직장생활을 했기 때문에 자신의 소설 속에서 도시 지식인의 생태와 심리를 매우 실감나게 묘사하고 있다. 예를 들어 대표작인 중편소설 「중년에 이르러」에서는 안과 의사 루원팅(陸文婷)과 장야펀(姜亞芬)의 생활양식과 사고방식을 생생히 묘사하고 있고, 「사심 없는 사람」에서는 극작가이자 시인인 양즈펑(楊子豊)의 복잡한 심리가 심층적으로 파헤쳐진다.

또한 다년간 농촌에서 살았던 체험을 바탕으로 천룽은 농민을 주인공으로 한 소설들도 많이 썼다. 예를 들어 「흰눈」의 주인공 시포 할머니(西坡奶奶)의 헌신적인 삶과 「영원한 것은 청춘이다」의 한라메이(韓臘梅)의 장렬한 최후 등이 그것이다. 하지만 천룽이 그리는 농민은 지식인에 비해서 지나치게 단순하고 영웅적인 묘사가 두드러지는데, 이는 이 소설들이 대부분 농민과 노동자를 혁명적 영웅의 전형으로 떠받들었던 문혁 후반기에 씌어졌음을 감안하면 수긍이 가기도 한다. 그 때문에 지식인과 농민이 함께 등장하는 소설들에서 천룽은 대체로 기회주의적이며 나약하고 권위적인 지식인의 모습을 순박하고 희생적인 농민의 모습과 극명하게 대비시키고 있다. 「새끼돼지의 월동문제에 관하여」의 당간부 장띵판(張丁凡)과 농민 궈따마(郭大媽) 부부가 그렇고 「퇴색한 편지」의 의과대학생 장샤오쥐엔(張小娟)과 농촌청년 온쓰저(溫思哲)가 그렇다.

이처럼 다소 도식적으로 도시의 약삭빠른 지식인과 농촌의 우직한 농민을 대비시키는 초기소설들에 비해 「중년에 이르러」를 비롯한 그녀의 주요 소설들은 구성에 있어서나 인물 묘사에 있어서 더욱 심도 있고 치밀하다. 이 소설들은 대부분 지식인과 농민을 막론하고 성실히 살아가는 개개 인간이 관습과 제도 속에서 악전고투하는 모습을 보여주고 있다. 한마디로 인간과 제도 간의 모순과 갈등을 극명하게 보여준다. 이로서 볼 때 그녀의 주요 관심사는 중국사회 전반에 걸쳐 거대하게 자리잡고 있는 관료제도와 어쩌면 그보다 더 뿌리 깊은 결혼제도가 어떻게 개인을 옥조이고 있는가이다. 성잉(盛英)이 『이십세기중국여성문학사』

에서 천룽을 “사회심리와 여성운명 해부의 거장”으로 평가한 이유도 바로 여기에 있다.

2. 천룽 소설에 형상화된 제도와 인간

정치에 관심이 있건 없건 한 시대를 살아가는 사람들 중 정치가 끼치는 영향을 피할 사람은 아무도 없다. 어쩌면 정치에 냉담한 사람들이 더욱 거센 정치바람의 희생자가 될 수 있다. 특히 반우파운동(反右派運動) 등 각종 정치운동을 겪고 문화혁명의 광풍을 뚫고 이제 현대화와 개혁개방의 새바람을 맞고 있는 중국인으로서 어느 누가 정치바람을 피할 수 있었겠는가. 그렇게 볼 때 천룽이 소설을 통해 집요하게 추구하고 있는 주제가 문혁과 개혁개방을 통해 다져진 거대한 관료주의가 인간에게 끼친 영향이라는 것은 조금도 이상한 일이 아니다. 천룽뿐 아니라 많은 현대 중국작가들의 창작에 불을 지핀 문화혁명(1966－1976)의 바람은 정치가는 물론 지식인과 민중들에게도 막대한 영향을 끼쳤는데, 그로 인해 삶의 터전을 잃고 이리저리 밀려다니는 경우로부터 목숨을 잃는 경우에 이르기까지 중국 내에서 그 광풍이 미치지 않는 곳이 거의 없었다.

그렇다면 문혁의 진정한 수혜자는 누구인가? 류샤오치(劉少奇)를 위시한 관료들을 최대의 적으로 몰아 말살시키려 획책했던 문혁은 역설적으로 더욱 공고한 관료주의를 제도화했는데, 어쩌면 이 제도에 힘입어 득세한 사람들이야말로 문혁의 과실을 따먹은 사람들일지 모른다. 그렇게 보면 문혁의 수혜자는 “사인방(四人幇)”이다. 하지만 이들은 훗날 덩샤오핑의 개혁개방이라는 새 바람으로 쉽게 도태되었고 개혁개방의 과실은 곧 덩을 비롯한 개혁주체세력에게 돌아갔다. 그렇지만 개혁개방의 인도자인 후야오방(胡耀邦)이나 자오즈양(趙紫陽) 등 신진세력 또한 역사의 무대에서 사라진 지 오래다. 그렇다면 문혁과 개혁개방의 궁극적 수혜자는 과연 누구인가?

그것은 바로 관료제도이다. 천룽은 그녀의 소설을 통해 문혁뿐만 아니라 개혁개방도 결과적으로 중국의 관료제도를 살찌운 정치바람으로 보고 있다. 물론 문혁의 폐해는 직접적으로 표현하는 반면 개혁개방의 문제는 다소 완곡하고 우회적으로 표현하고 있지만 천룽 소설의 제1주제인 관료제도의 폐해에 있어서 문혁과 개혁개방의 근본적 차별성은 없는 듯하다.

그러면 천룽 소설의 주인공들은 이 같은 관료제도 하에서 과연 어떻게 대처하고 있는가? 「중년에 이르러」 등 중단편 소설 11편에 등장하는 인물들을 살펴보면 크게 두 가지 유형이 있는데, 그 하나는 원칙을 포기하지 않고 꿋꿋이 견디는 태도이고 다른 하나는 적당히 타협하는 태도이다.

어떠한 외부변화에도 불구하고 묵묵히 자기 할 일을 해나가는 인간형으로는 「중년에 이르러」의 루원팅과 「사심 없는 사람」의 양즈펑, 「동창」의 우보지엔(吳伯堅), 「영원한 것은 청춘이다」의 한라메이, 「흰눈」의 시포 할머니, 그리고 「퇴색한 편지」의 온쓰저 등을 들 수 있다. 이들의 공통점은 세 가지로, 첫째는 이들이 모두 소박하고 검소한 생활을 한다는 점이고 둘째로는 이들이 약빠르게 세태와 타협하지 못하고 나름의 원칙과 진실을 고집한다는 점, 그리고 셋째는 이들이 다 결국 병이 들거나 죽음에 이르게 된다는 점이다. 특히 이 세 번째 특징이 온갖 난관을 뚫고 혁명을 성취하는 영웅이라는 문혁의 전형적 인물을 탈피하고 독자에게 생생한 비극적 현실감을 주고 있다.

첫 번째 공통점을 구체적으로 설명하자면 「중년에 이르러」의 루원팅은 의대 졸업 후 수련의 시험을 보러 올 때 소맷부리를 덧댄 윗도리와 무릎부분이 바랜 바지를 입은 초라한 모습인데, 이런 그녀의 외양은 의사생활 18년이 지난 후에도 일가족 4명이 한 간 방을 쓰고 56원 50전의 월급을 받는 형편으로 고스란히 이어진다. 「사심 없는 사람」의 양즈펑 또한 저명한 극작가이자 역사학자임에도 불구하고 구식 외투 속에 낡은 인민복을 입고 있다. 미적 감각이 풍부한 대학 동창 우보지엔도 초여름에 솜옷을 입고 어깨에 괴나리봇짐을 지고 나타난다(「동창」). 지식인들이 이 모양이니 평생을 농민이나 병사로 또는 노동자로 지낸 「퇴색한 편지」의 온쓰저, 「영원한 것은 청춘이다」의 한라메이, 「흰눈」의 시포할머니의 형편은 더 말할 필요도 없다.

그럼에도 불구하고 이들은 모두 당당한 진실을 추구한다. 예를 들면 루원팅은 어떤 의견도 개진할 수 없는 수련의 시절 고참 의사들 앞에서 당당히 자기 의견을 말하기도 하고 문혁 당시 홍위병들이 수술실에 난입했을 때에도 단호히 이들을 물리치고 수술을 끝낸다. 양즈평 또한 어떤 반대도 용납하지 않는 중국공산당에 반대 의견을 내는 자칭 공산주의자이다. 문혁 당시 농촌으로 보내진 대학 동창 우보지엔도 개혁개방의 파도타기를 통해 많은 사람들이 속속 도시로 돌아갔건만 결국 농촌에 정착하고, 농촌청년 온쓰저는 온갖 환난 속에서도 장샤오쥐엔에 대한 사랑을 견지한다. 또한 항일투쟁에 목숨을 걸었던 한라메이는 문혁 때도 오명(汚名)을 얻으면서까지 진실을 밝힌다. 시포 할머니도 공산당이 제공하는 부녀반장 자리도 마다하고 문혁 때에는 자신이 죽어 누울 관까지도 당에 헌납한다.

그 결과 이들은 공통적으로 비극적 상황에 처하게 된다. 18년간 승진도 제대로 못한 채 그야말로 혼신의 노력으로 의술을 베풀었던 루원팅은 결국 심근경색증으로 쓰러져 사경(死境)을 헤매고, 정치바람에 관계없이 일편단심 사랑을 고수한 온쓰저는 실연으로 인하여 망연자실해 있다. 욕심 없고 순수한 인생을 살아온 양즈평은 공산당의 인정을 받지 못하고 술과 수다에 빠져 있고, 농촌에 정착한 우보지엔은 도시에 사는 동창 앞에서 주눅이 들어 좌불안석하는 비굴한 태도를 보인다. 한라메이와 시포할머니의 종말은 더욱 비극적이다. 즉 한라메이는 과로사하고 시포할머니는 굶주림과 추위를 견디다 못해 생을 마감하고 마는 것이다.

한편 세태와 적당히 타협하는 인물 중에는 어쩔 수 없이 세태에 적절히 맞춰 사는 인물들과 오히려 세태를 적극 이용하는 인물들이 있다. 예를 들어 「중년에 이르러」의 손이민(孫逸民), 「사심 없는 사람」의 티엔휘중(田惠中) 부부, 「동창」의 저우웨이(周偉) 부부 등은 현실을 거스르지 못하는 평범한 보통사람들이라면 「흰눈」의 차이동샹(蔡冬祥), 「영원한 것은 청춘이다」의 꾸샹원(顧向文)과 「중년에 이르러」의 친보(秦波)는 현실에 안주하거나 현실을 적극적으로 이용하는 사람들이다. 즉 꾸샹원은 중일전쟁 시기에는 일본군을 위해 일하다가 문혁 시기에는 또 문혁파가 되어 한라메이를 곤경에 빠뜨리고, 차이동샹은 동사 직전의 극빈자인 시포 할머니의 몇 푼 안 되는 돈까지 챙긴다. 친보도 남편의 지위만 믿고 루원팅을 무시할 뿐만 아니라 면회가 금지된 중환자를 특권으로 면회하는 등 알량한 권력을 행사한다.

이처럼 관료제는 극소수 사람들을 제외한 대다수 중국인들에게 크고 작은 피해를 입히고 있다. 천롱은 거의 대부분의 소설 속에서 관료제의 폐해를 무책임성과 비효율성 및 '상후하박(上厚下薄)'으로 본다. 이 같은 관료제의 폐해를 적나라하게 보여주는 소설로는 단연 「새끼돼지의 월동문제에 관하여」를 들 수 있다. 이 작품은 공산당 시위원회 서기 장딩판(張丁凡)이 푹신한 의자에 앉아 시 농림관리인 쟈오(焦) 주임에게 전화로 새끼돼지들의 월동대책을 강구하라는 지시를 내리는 것으로 시작된다. 지시를 받은 쟈오 주임은 간사와 함께 밤늦도록 이에 대해 연구한 끝에 새끼돼지의 보온(保溫), 영양공급, 질병억제 등을 골자로 하는 문서를 작성하여 현 위원회에 보내는 한편 현 위원회 서기 마(馬) 서기에게 이 사실을 전화로 알린다. 공장오염문제, 치안문제, 정치학습에다 노간부의 일자리배정까지 맡고 있는 마서기는 이를 다시 각종 회의와 산적한 문제해결에 허리가 휘는 인민공사 선(沈)서기에게 알리고, 선서기는 대대(大隊)에, 대대는 마침내 지부의 쉬(徐) 서기에게 알린다. 하지만 정작 쉬 서기가 이를 알리러 새끼돼지들을 키우는 궈다마(郭大媽) 부부에게 가자 궈다마는 이미 돼지우리에서 살면서 새끼돼지들을 정성껏 돌보고 있었다는 내용이다.

이 작품은 새끼돼지의 월동대책 지시가 얼마나 번거로운 계통을 따라 비효율적으로 하달되는지, 또 그 지시를 내리는 관리들이 얼마나 이론적일 뿐인지를 몸소 돼지를 돌보는 실천적 농민을 통하여 잘 보여주고 있다. 더욱 어처구니없는 것은 푹신한 소파에 앉아 비서를 시켜 전화지시를 내린 상급 관리는 별 하는 일 없이 풍족한 생활을 보장받고 있는 반면 하급 관리로 내려갈수록 하는 일은 많고 작업환경은 열악하다는 사실이다.

또 하나의 단편 「007337」은 비록 가상적 줄거리로 인하여 핍진한 면이 다소 떨어지기는 하지만 돌발 상태를 당했을 때 책임을 서로 떠넘기는 관료제도의 문제점을 잘 드러내고 있다. 소설의 줄거리는 이렇다 : 어느 날 한 버스가 돌연 운전사와 차장도 없이 손님들만 태우고 떠났다. 그럼에도 불구하고 이 버스는 수험생, 산모, 컴퓨터연구가, 키 큰 사람, 키 작은 사람, 죽을 곳을 찾아가는 사람 등을 태우고 종착역까지 안전하게 운행된다. 이 해괴한 버스사건을 해결하기 위해 버스회사는 중앙회의에서 직무를 유기한 해당버스 운전사의 상여금을 지급하지 않을 것, 승객 가운데 이 상황을 긍정적으로 받아들인 키 큰 사람, 키 작은 사람과 죽을 곳을 찾아가는 사람 등을 처벌할 것 등을 결의한 뒤 그 같은 내용이 담긴 문서를 비서과에 보낸다. 그러자 비서과는 이 서류를 업무과로 보내고 업무과는 기술과로, 기술과는 또 보위과로 보낸 끝에 결국 이 서류는 비서과로 다시 돌아온다. 비서과는 이 서류를 다시 버스회사 사장에게 올리나, 사장은 이를 일주일간 방치한 채 회의에 참석하고 돌아와서는 다시 서류를 하급단위로 내려 보낸다. "새로운 상황, 새로운 문제, 새로운 사물을 연구하라."는 당 중앙의 지시와 함께.

이 소설은 어이없는 관료 행정의 공전(空轉)을 꼬집고 있다. 재미있는 점은 운전기사와 차장이 없는 버스가 승객들을 태우고 무사히 종착역에 도착했다는 사실이다. 어쩌면 저자 천룽은 이를 통해 통치자 없이도 국민들은 충분히 안전하게 살아갈 수 있다는 정치무용론을 말하고 싶었는지 모른다.

관료제 뒤에 숨은 인간의 무책임성은 때때로 웃지 못할 희극적 상황을 유발하는데, 「십년을 감해 준다」가 그 좋은 예다. 이 소설은 어느 날 문혁 10년의 세월을 감해 준다는 공문서가 발송되었다는 소문으로부터 시작된다. 이 소문을 들은 64세의 한 국장 부부는 정년이 십년 뒤가 되었다고 기뻐하고 49세의 한 부국장, 39세, 29세의 직원들은 각자 새로운 희망에 들뜬다. 뿐만 아니라 19세의 청년들과 69세의 노인들까지 소문을 듣고 각각 제 몫을 주장하며 공문서의 행방을 찾는 것으로 작품은 끝이 난다. 허망한 공문서소문으로 인해 많은 사람들이 희망과 절망의 도가니에 휘말려 들어감을 희화한 작품이다. 천룽은 이 소설을 통하여 관료제도가 무책임하고 비효율적일 뿐만 아니라 정보가 독점적으로 오르내리는 과정에서 왜곡되기 쉬움을 풍자하고 있다.

관료제도는 자칫 윗사람들의 지시가 아랫사람으로 내려가는 상의하달(上意下達)만 되고 아랫사람의 의견이 윗사람으로 올라가는 하의상달(下意上達)이 중간에서 막히는 경향이 있다. 물론 모든 제도가 그렇듯 관료제도도 제대로만 운영된다면 훌륭한 제도이다. 중앙의 결정사항이 일사분란하게 지방의 현장으로 전달되는 한편 지방 현장의 의견이 신속히 수렴되어 효율적인 통로를 타고 중앙으로 올라갈 수 있기 때문이다. 하지만 권력은 집요하게 추구되는 반면 책임은 쉽게 회피되는 현실을 감안할 때 관료제도도 이상적인 관료제도로 운영되기보다 일방통행의 현실적 관료제도로 전락하기 쉬운 게 사실이다.

3. 결혼제도와 여성

결혼제도에 대해서도 천룽은 강한 문제제기를 한다. 사실 결혼제도 또한 잘만 운영된다면 그리 문제될 것은 없다. 물심양면으로 권위가 있는 남편이 약하고 의존적인 아내를 보살핀다면 얼마나 이상적인 결혼생활인가? 하지만 현실은 그렇지 못하다. 현실 관료제도가 그랬듯 현실 결혼제도 또한 상대적 약자인 여성에게 더 많은 고통을 주고 있다.

오늘날 정치, 경제, 사회, 문화 전반에 걸쳐 여성의 참여가 눈에 띄게 늘어나고 있어 흔히 21세기를 여성의 시대라고들 한다. 그러니 새삼스럽게 여권주의니, 여성주의니 하는 말이 필요 없다고도 한다. 요즘 같은 대명천지에 여성들이 여전히 남녀차별철폐를 주장한다면 이는 여성들의 열등감과 나약함의 표출하는 처사라고 강변하는 남성들도 있다. 하지만 실제로 당당해 보이는 여성들조차도 성별로 인한 장벽을 느끼고 있으니 만큼 정직한 남성들이라면 가정과 사회에서 제도적으로 여성들을 차별하고 있음을 인정할 것이다. 다만 현실적으로 남녀의 성차별을 기정사실로 받아들이고 이에 현명하게 대처하는 여성들이 이를 문제 삼지 않을 뿐이다. 아니 문제삼아봤자 자기만 손해라는 의식이 마음 저변에 깔려 있다.

그 때문에 대부분의 지혜로운 부부는 서로 인간 대 인간으로 대화하기 보다는 어머니와 아들, 누나와 남동생, 아니면 아버지와 딸, 오빠와 여동생의 관계의 연장선상에 선 부창부수(夫唱婦隨)의 관계를 택한다. 한마디로 부부는 물심양면으로 보살피느냐 아니면 보살핌을 받느냐의 관계이지 서로 대등한 관계가 아니라고 할 수 있다. 그런데 현실적으로 여자가 남자의 보살핌을 받기보다 남자를 보살펴야 할 뿐 아니라 남자의 횡포에 속수무책으로 참아야 하는 경우가 더 많은지 아직도 많은 사람들이 아들을 딸보다 더 원하여 한국의 성비불균형은 가히 최고치다.

천롱 소설에 등장하는 중국 남녀의 모습도 이와 크게 다르지 않다. 「퇴색한 편지」에 다음과 같은 구절이 있다 :

> 농촌에 내려온 도시의 지식청년들을 환영하는 자리에서 현(縣) 위원회 서기 왈 “성(省) 위원회장(章) 부서기의 딸이 우리 생산대대에 배속되었습니다”라고 했다. 그는 내 이름조차 거명하지 않고 단지 내가 “장 부서기의 딸”이라고만 말하였다. 나는 강단 아래서 이 말을 듣고 속으로 정 말 언짢았다. 내가 공산주의청년단원이고 농촌에 배속된 지식청년이며 맨발의 의사로 이름은 장샤오쥐엔(章小娟)이라는 사실이 가장 중요한 것이지, 내가 누구의 딸인지는 사실 나와 전혀 상관없는 일이다.

중국에서도 흔히 미혼의 여자는 누구의 딸로, 결혼하면 누구의 아내로, 또는 누구의 엄마로 불리어진다. 물론 사람은 남녀 할 것 없이 관계 속에서 살아가기 때문에 필요에 따라 그렇게 호칭될 수 있다. 하지만 언제 어디서나 자기 자신이 아닌 누구누구와의 관계로서의 자기 밖에 없다는 게 문제다. 위 소설에서도 당 간부의 딸 장샤오쥐엔은 많은 남자들이 자기를 언제나 장 부서기의 딸로만 받아들여 출세의 발판으로 이용하려 하는 현실에 대해 분통을 터뜨린다.

처녀시절 여자는 꽃에 비유되어 많은 남자들의 사랑을 받고 심지어 여왕으로까지 숭배된다. 그러나 일단 여자가 남자와 어깨를 맞대고 경쟁하기 시작하면 이를 흔쾌히 받아들이는 남자는 매우 드물다. 많은 경우 여자는 보조직이나 심지어 구색을 맞추는 장식물 정도로 생각하기 때문이다. 심지어 언론사 기자와 같은 전문직 여성조차도 편집회의 등 중요한 회의석상에서 찬밥신세가 되기 일쑤다. 「결혼하기 귀찮다」의 한 대목을 보자 :

> 무슨 말을 해도 누구나 그녀를 좋아했는데 그것은 그녀가 단지 좋아하게 만드는 여자이고 젊은 여자이기 때문일 뿐이었다. 아무도 그녀를 진정으로 중시하지 않았고 아무도 그녀를 제대로 된 기자로 대우하지 않았다. 아무도 그녀에게 기사거리를 주지 않았고 아무도 그녀의 기사를 평가해 주지 않았다. 그녀의 가치는 오직 여자라는 성별인 것 같았고 그녀의 영예는 젊은 나이 같았다.

이처럼 제아무리 전문직을 갖고 자기실현을 위하여 노력하는 여성이라 하더라도 남자들로부터 인정받는 거의 절대적인 기준인 젊고 매력적인 여인상으로부터 완전히 자유로워지기는 힘들다. 젊고 매력적인 여성이 결혼식을 마친 신부가 되면 또 어떤 대접을 받는가? 「결혼하기 귀찮다」에 따르면 수줍은 신부는 시어머니의 명령에 따라 시댁의 어르신인 시장(市長) 옆에 앉아 담뱃불을 붙여드려야 한다. 신부의 어머니는 까닭 없이 주눅 들어 있는 반면에 신랑의 어머니는 피로연장을 마음대로 휩쓸고 다닌다.

그렇다면 결혼생활을 하는 여성들은 또 어떠한가? 직장을 갖고 있는 여성이든 전업주부든 간에 고달프기는 마찬가지다. 결혼 전에는 여성에게 아름다움과 매력이 요구되었다면 결혼 후에는 노동력과 인내가 요구되는 것이다. 예를 들어 「중년에 이르러」의 루원팅은 남편 푸쟈지에(傅家杰)와 상부상조하는 매우 모범적인 가정생활을 하고 있는 듯하지만 그녀 스스로 "어쩌면 일생일대의 착오가 결혼한 것인지 모른다"고 고백할 만큼 힘든 나날을 보낸다. 이처럼 직장생활과 결혼생활을 양립시키는 데 필요한 여성의 노동력과 인내는 엄청난 수준이다. 취업한 기혼여성의 경우 가정부나 파출부의 도움을 받으면 되지 않느냐고 반문할지 모른다. 하지만 설사 도움을 받는다 하더라도 기본적으로 주부의 의무가 아주 없어지지는 않는다. 더구나 루원팅은 파출부를 부릴 돈조차 전혀 없는 중국의 주부다. 그 때문에 집 안팎으로 끊임없이 이어지는 엄청난 양의 일을 도맡아 해나가야 하는 것이 대다수 취업주부의 실상인 것이다.

천룽 소설에 등장하는 부부의 결혼생활도 대체로 두 가지 유형이다. 그 하나는 그럭저럭 맞추며 살아가는 부부이고 다른 하나는 싸우면서 사는 부부이다. 「새끼돼지의 월동문제에 관하여」의 장떵판부부와 쉬촨(徐栓)부부, 「십년을 감해 준다」의 지원야오(季文耀)부부, 「동창」의 저우웨이 부부, 그리고 「영원한 것은 청춘이다」의 리멍위(李夢雨)부부 등은 대체로 부창부수의 평범한 부부로 보인다. 하지만 이는 그들의 결혼생활을 바깥에서, 그것도 어느 정도 거리를 두고 바라보았을 경우이지 실상은 아니다. 이들의 부부관계를 자세히 들여다보면 사정은 다르다. 그 단적인 예로 「이혼하기 귀찮다」에서 모범부부로 추천된 류수화이(劉述懷) 부부조차도 사실은 이혼하기 귀찮아서 그저 봉사가 시내를 건너는 아슬아슬함으로 그럭저럭 결혼생활을 유지하고 있다고 고백하는 정도이다.

「이혼하기 귀찮다」는 천룽이 결혼한 부부의 생활을 현미경으로 바짝 들여다보듯 세밀하게 관찰한 중편소설로, 이 소설에는 류수화이 부부 말고도 다섯 쌍의 부부가 등장한다. 이들은 갖가지 갈등과 충돌을 빚는데, 예를 들어 부부싸움 끝에 냉전이 일상화된 부부, 도박을 하다가 자식과의 약속을 지키지 못하는 아빠, 아내의 옷차림을 가지고 티격태격하다가 크게 싸우는 부부 등이 형상화되어 있다.

부부는 싸움을 하면서 정이 들고 갈등과 알력 끝에 결국 서로를 동반자로 감싸 안는 관계가 되는 게 아니냐고 말하는 낙관적 긍정주의자들도 있다. 물론 그럴 것이다. 또 실제로 다정하게 해로하는 부부도 적지 않다. 하지만 더 많은 경우 어쩔 수 없이 결혼생활을 지속하거나 또는 이중적인 생활을 하거나 심지어 파탄에 이르게 되는 것이 흔히 보는 부부생활의 실상이다.

결혼생활을 하는 부부가 끊임없이 갈등하고 충돌하는 원인이야 제각각 다르겠지만 천롱 소설에 드러나는 가장 공통적이고 기본적인 원인은 역시 제1의 성은 남성이고 여성은 제2의 성이라는 가부장적 부권(夫權) 제도에서 찾을 수 있다. 부창부수라는 말 그대로 부권제를 굳게 믿는 사람들은 임신과 출산뿐만 아니라 가사와 육아까지도 원칙적으로 여성의 일로 간주한다. 이는 여성이 직장을 갖고 있거나 그렇지 않건 간에 거의 예외 없이 적용된다. 그 때문에 결혼을 앞둔 여성은 자신의 일을 포기하고 안사람으로서 편안히(?) 눌러앉느냐 아니면 자기의 일을 포기하지 않고 안팎으로 힘겹게 뛰느냐의 기로에 서 있다.

부권제도 하에서 일단 결혼을 선택한 후 어떤 이유가 생겨 여성이 결혼생활을 끝장내려 하면 먼저 주위의 엄청난 반대에 부딪치게 된다. 「이혼하기 귀찮다」에 따르면 먼저 이혼하겠다고 나서는 여성은 친척과 동네 사람들의 맹렬한 반대에 봉착한다. 때로는 욕을 먹고 속임을 당하고 심지어 구타를 당한다 하더라도 절대 이혼을 해서는 안 된다는 동네 사람들, 잘잘못을 따지지 않고 무조건 덮어서 화해시키려 드는 일가친척들이 벌 떼 같이 몰려온다. 이 소설에는 이혼을 말리러 몰려온 모든 사람들에게 차 대접하랴 응대하랴 분주한 나머지 정작 하소연할 틈조차 없는 당사자 여성의 기막힌 모습이 적나라하게 묘사되어 있다.

설사 이 같이 힘겨운 과정을 다 거쳐 부부가 끝내 이혼하기로 마음을 굳힌 경우에도 중국에서 합법적으로 이혼하기는 매우 어렵다. 1980년경의 한 통계에 따르면 이혼을 신청한 백 쌍의 부부 가운데 일년 내에 이혼수속이 끝난 경우는 단 2퍼센트에 불과하고, 2년에서 3년이 걸린 경우가 8퍼센트, 3년에서 5년이 걸린 경우가 12퍼센트이고 10년이 지났는데도 아직 해결되지 않은 경우가 60퍼센트나 된다. 한 사람의 예를 들자면 이십 오세에 이혼신청을 했는데 오십이 지났는데도 해결이 나지 않았다는 것이다. 물론 이 소설이 발표된 시점과 현 시점은 20여 년의 차이가 있으므로 개혁개방과 세계화에 박차를 가하고 있는 현재의 상황은 많이 달라졌을 것이다. 하지만 당시에는 이혼신청 이후 10년이 지났는데도 미해결인 경우가 과반수를 넘었다.

이처럼 법률적으로 또 관습적으로 공고한 결혼제도는 부권제를 바탕으로 여전히 유효하다. 천룽은 이 소설을 통해 남녀간의 미묘한 감정이 존재하는 한, 또 이를 수용할 효과적이고 안정적인 다른 대안이 없는 한 부권제를 기반으로 하는 현행 결혼제도는 당분간 지속될 수밖에 없다고 말한다. 이는 모범부부를 취재하던 기자 팡팡(方芳)이 모범부부의 진상을 알고 나서 자신이 결혼하지 않은 자유로운 독신임을 즐거워해야 마땅한데도 취재 대상인 류수화이에 대한 묘한 동정심으로 착잡해지는 자신을 고백함으로써 드러난다. 또한 결혼에 대해 부정적인 태도를 견지하던 독신여성 리쑤어링(李索玲)이 비록 상대를 사랑하지 않는다 하더라도 “사람은 어쨌든 가정을 가져야 해.”라고 말하며 결국 결혼제도 속으로 들어가는 데서도 잘 드러나 있다.

요컨대 남녀의 감정을 담는 그릇으로서, 또 사회의 기본 단위인 가정이라는 울타리로서 결혼은 여전히 많은 미혼자들을 끌어들이고 있고, 다른 한편으로는 법률과 관습이라는 철옹성 때문에 기혼자들은 질척거리는 부부관계를 청산하지 못하고 있다는 것, 특히 많은 기혼자들이 그야말로 이혼하기가 너무 귀찮고 번거로워서 할 수 없이 결혼제도 안에 묶여 있다는 것이 바로 1980년 전후 중국의 실상임을 이 소설은 매우 생생하게 보여준다.

4. 천룽의 소설방식

천룽은 관료제도와 결혼제도의 문제점이라는 매우 굵직한 주제를 씨줄과 날줄로 하여 깊이 천착하고 있는데, 그 다루는 방식이 매우 독특하다. 어찌 보면 상당히 무겁고 골치 아픈 주제를 천룽은 구체적이고 현실적인 이야기 속에서 저절로 드러나도록 만든다. 그 때문에 천룽은 소설 속 주인공들의 언행을 통해 관료제도와 결혼제도에 대하여 격렬하게 반항하지 않으면서도 은근하고 끈기 있게 문제를 제기하는 데 성공했다.

이는 그녀가 남녀노소, 지위의 고하, 빈부의 격차를 뛰어넘는 사람에 대한 사랑을 추구하기 때문으로 보인다. 예를 들어 「중년에 이르러」에는 수술실에서 수술하는 사람들에 대한 묘사가 있는데, 남녀와 미추가 모두 다 하얀 수술복과 마스크 속에서 차별 없이 하나 됨을 감동적으로 그리고 있다. 「퇴색한 편지」에서도 화자(話者)인 '나'는 함께 살고 있는 한 모자(母子)의 어려운 처지에 감정이입(感情移入)되어 자신의 일을 제쳐두고 그들의 일을 제 일로 삼는다. 이처럼 나와 남의 벽을 허무는 일체감은 때로는 자연과의 교감으로까지 이어진다. 인간의 불행이 자연의 불행으로 자연히 연결되는 것이다 : 그것(불행)은 그림자처럼 지붕과 뜰을 뒤덮어 배꽃 이파리까지도 마치 형태 없는 비애로부터 타격을 받아 한 잎 한 잎 땅위에 떨어져 향기를 잃어갔다(「퇴색한 편지」).

자타동일시(自他同一視)와 물아일체(物我一體)는 동양문학의 미학이라고 할 수 있는 정경융합(情景融合)과 그 맥을 같이 하는 경지로서, 천롱의 소설을 읽는 독자로 하여금 감동하지 않을 수 없게 하는 중요한 관건이 되고 있다. 이처럼 이웃에 대한 단순한 관심과 배려를 뛰어넘는, 나와 이웃이 하나 되는 사랑이야말로 천롱 소설의 토대이고 주춧돌이다.

흔히 문학작품을 건축물에 비유하는데 천롱의 소설도 건물에 비유하자면 매우 다양하고 다채로운 구성양식임을 알 수 있다. 우선 화자의 시점이 1인칭인 나로부터 3인칭인 그(그녀), 그리고 전지적 시점까지 비교적 다양하다. 시제(時制)도 현재 또는 과거와 현재가 교차되는 방식이다. 뿐만 아니라 「이혼하기 귀찮다」처럼 원 줄거리 사이사이에 다른 이야기들을 끼워 넣는 삽화소설, 「수탉의 비극」 같은 우화소설, 「007 337」과 「십년을 감해 준다」 같은 가상소설, 「퇴색한 편지」와 「흰눈」 같은 취재소설, 「새끼돼지의 월동문제에 관하여」 같은 보고소설 등 양식도 다채롭다.

하지만 소설의 주제를 먼저 정해놓고 줄거리를 만드는 문화혁명문학식의 발상에서 완전히 자유롭지 못한 천롱의 일부 소설들은 구성과 전개에 있어서 다소 작위적인 냄새를 풍긴다. 예를 들어 「이혼하기 귀찮다」의 삽화식 구성은 다소 산만하여 독자를 혼란시킬 수 있고 「007337」과 「십년을 감해 준다」의 가상식 이야기 전개는 다소 부자연스러워 읽어나가는데 부담이 되기도 한다.

그럼에도 불구하고 천롱 소설에 묘사되고 있는 인물들은 매우 생생하게 부각되는데, 이는 그녀가 인물들의 의례적인 말에 그다지 큰 비중을 두지 않기 때문이다. 대신 인물의 용모와 표정, 태도 및 행동거지 등을 매우 세밀하게 관찰하여 핍진하게 묘사함으로써 독자 스스로 인물에 대한 판단을 하게 한다. 뛰어난 작가들의 공통적 특징이지만 천롱도 자신이 창조한 인물의 배경과 처지 및 그 인물의 상황에 대한 구체적이고도 치밀한 형상화를 통하여 그 인물의 성격과 심리를 매우 설득력 있게 드러낸다.

물론 그녀의 초기 작품인 「영원한 것은 청춘이다」의 한라메이나 「흰눈」의 시포 할머니처럼 전형적이고 도식적인 인물들도 있다. 이들은 프롤레타리아를 영웅화해야 하는 '근본임무론(根本任務論)'과, 긍정인물을 부각시키고 영웅인물을 부각시키고 무엇보다 주요 영웅인물을 부각시켜야 하는 '삼돌출원칙(三突出原則)' 같은 문화혁명문학의 잔재라고도 할 수 있다. 그 때문에 이들의 영웅적 언행이 지나치리만큼 자세하게 묘사되어 독자들에게 지루하고 답답한 느낌을 준다.

그렇지만 전체적으로 볼 때 천롱의 문체는 깔끔하고 유려하다. 언어는 율동감이 넘치고 또 구어체와 문어체가 적당히 조화되어 탄력을 유지하고 있다. 이 탄력성은 문장운용에 있어서의 시의적절한 밀고 당김, 강약, 장단 및 완급에서 비롯된 것이다. 무엇보다도 이야기 전개에 있어서 곳곳에 깔아둔 예측불허의 반전(反轉)은 가히 일품이다. 이런가 하면 아니고 또 저런가 하면 아닌 예측불허의 반전은 실제로 우리 인생의 절박한 현실 그 자체이기도 하다는 점에서 매우 긴요한 소설방식으로, 천롱은 소설 전반에서 이를 성공적으로 운용하고 있다.

인간과 사회에 대한 사랑과 꿈을 갖고 있는 작가 천롱은 이처럼 다양한 구성 방식과 잔잔한 문체, 그리고 치밀한 인물묘사를 통하여 관료제도와 결혼제도 속에서 고통 받고 있는 인간을 매우 진지하고 심각하게 형상화하고 있다. 이는 일부 소설에 드러나는, 구성에 있어서의 인위성, 인물묘사에 있어서의 도식성과 전형성 및 이야기 전개에 있어서의 늘어짐 등에도 불구하고 너와 나 그리고 우리가 함께 뭉쳐 사는 이 사회에 애정과 이상을 품고 있는 많은 독자들에게 충분한 감동을 준다.

제3장
1980년대 중국 여성시 소고(小考)

1. 들어가며

개혁개방 이후 1980년대 초부터 중국에서 여성작가들의 활약이 두드러지고 있다. 각종 문학상을 받는 여성작가들의 숫자도 늘었다. 한국의 경우에도 1997년의 각종 문학상, 즉 현대문학상, 이상문학상, 오늘의 작가상 등을 모두 여성작가들이 휩쓸었다. 이에 대하여 일부 남성비평가들은 거대한 이데올로기, 이를테면 공산주의, 자유주의 등의 근대정신이 잠시 주춤하는 시대를 틈타 여성들의 이른바 자전적인 신변잡기가 잠시 눈길을 끌고 있을 뿐이라고 일축한다. 이들에 따르면 많은 여성작가들이 쓰는 자전적인 이야기는 그저 너절한 주변 이야기일 뿐 어떤 역사적인 사회적인 문제제기나 전망도 없다고 본다. 이들은 문학에서 항상 커다란 무엇을 건지기를 원한다. 예컨대 근대와 현대를 아우르는 인문정신이라든지 동아시아 나아가 세계를 기반으로 하는 문예담론을 요구하고 있다.

하지만 최근 사상의 세계적 조류인과 포스트모더니즘문학, 그리고 한국, 중국, 일본 학자들을 중심으로 한창 논의 중인 동아시아문학, 또는 중국문학연구가들이 논의해온 '신본토문학(新本土文學)', '신상태문학(新狀態文學)' 등 신민족주의문학만이 본격적 문학이고 개인의 고민이나 사랑 이야기를 풀어놓은 문학은 하찮고 한심한 한풀이문학인 것인가? 한마디로 잘라 말한다면 이건 힘의 논리에서 나온 발상이지 가치의 논리에서 나온 것이 아니다. 분리와 차별에서 나온 주장이지 통합과 평등에서 나온 것이 아니다. 왜냐하면 개인은 그 개인이 속한 사회와 국가 및 세계와 떼려야 뗄 수 없는 연관이 있기 때문에 개인의 사랑이야기에는 그 개인이 속한 사회와 국가 및 세계의 흐름이 자연이 녹아들 수밖에 없다. 다시 말해서 개인간의 사랑 이야기야말로 가장 생생하게 살아있는 사회, 국가 및 세계의 단면이다. 사실 개인의 구체적인 생활을 통하여 체득되는 진리가 아닌 진리는 어디까지나 이론적인 진리이고 관념적인 탁상공론에 불과하다.

이에 대해 반론자들은 또 이렇게 항변할 것이다. 즉 개별보다는 일반에 중점을 두고 부분보다는 전체에, 소수보다는 다수의 공통분모를 찾는 것이야말로 진리의 보편성을 추구하는 올바른 태도가 아니겠는가고. 물론 우후죽순처럼 쏟아져 나오는 소위 신변잡기 류의 자전적 문학 속에 등장하는 개인의 이야기는 문자 그대로 정치, 사회 또는 역사와 아무 관계가 없는 사랑지상주의문학인 경우도 있다. 이런 종류의 문학은 최근 더욱 극성을 부리는 상업주의의 요구에 발맞춰 적당히 황색적이고 적당히 선동적인 상품으로 포장되어 우리의 말초신경을 자극하고 있음도 사실이다.

그렇지만 아무런 역사적 관심과 문제의식 없는 개인의 사랑이야기가 독자에게 마치 덫에 빠진 느낌을 주듯, 아무런 개별적 체험이 없는 일반적 이념이나 정신을 주제로 한 작품은 마치 혁명문학처럼 너무나 도식적이어서 결코 독자에게 감동을 줄 수 없다. 그 때문에 거창한 사회문제와 역사의식을 담은 문학이 독자에게 생생한 감동을 주기 위해서는 반드시 개개 인간의 절절한 이야기로서 뒷받침되어야 한다. 마찬가지로 개인의 문학이 답답하고 편협한 감정의 유희를 넘어서 독자에게 진정한 감동을 주기 위해서는 개인 주변의 잡다한 이야기 속에 어떤 사회적, 역사적 의미가 녹아 있어야 한다.

본 논문은 몇몇 여성시인들의 시에서 바로 그런 의미를 찾으려 한다. 주로 1980년대에 발표된 이 시들은 비록 중국 시단의 흐름을 주도했다고 할 수는 없지만 나름대로의 생명력을 가지고 80년대 중국시의 지평을 넓히는 역할을 했기 때문이다.

2. 80년대 젊은 여성들의 시

1980년대는 60년 전인 1920년대와 마찬가지로 많은 시인들이 활발한 작품 활동을 한 시기다. 특히 여성 시인들의 활약은 눈이 부실 정도다. 가장 많이 알려진 여성 시인으로는 역시 수팅(舒婷)으로, 꾸청(顧城), 베이다오(北島) 등과 함께 70년대 말부터 이른바 몽롱시파의 대표시인이 되었다. 수팅의 뒤를 이어 그녀보다 다소 연배가 어린 떵휘민(鄭惠敏), 샤오쥔(小君), 왕위메이(王汝梅), 바이멍(白夢), 펑옌(馮晏) 등 젊은 여성들이 역시 몽롱시 계열의 시를 썼는데, 본 논문은 바로 이들 다섯 시인의 시들을 연구 대상으로 삼았다.

이들은 2006년 현재 모두 40대 전반(41－44세)이지만 본 논문이 소개하는 시들은 이들이 20여 년 전, 그러니까 20대 전반에 쓴 시들이다. 먼저 절강성 소흥 출신 떵휘민(1961－)의 「바닷가의 낯선 사람(岸上陌生人)」을 소개한다 :

(1)
이 시간을 선택하여 너는 떠나려 하는가.
황혼이 일순간 걷어버린다.
보리수 아래서 상심하는 십 사행을
아무래도 읽어낼 수 없는 장마 층의 두터운 엄숙을.

정말이지 참을 수 없다.
검은 밤을 맞으며 너 홀로 외로이 떠나감을 보는 것을.
큰 바다에서는 바람이 외로운 배를 떠미는데
떠도는 씨앗은
유랑자의 한 뼘 땅조차 찾을 수 없음을.

돌아보지 않고, 손도 흔들지 않는
무섭고 사나운 사람— 마음을 아프게 한다.
분명히 앞에 길이 없음을 알면서
억지로 눈알을 꺼내어 검은 밤에 던지고
한 조각 저녁놀을 남겨 온몸의 상처를 싸매고
갈망의 정서를 가려 덮는다.
하지만 참을 수 없다.
난 정말이지 참을 수 없다.

(2)
아침햇살이 한 통의 유서를 부쳐왔다.
거만한 기러기는 뭇사람들에게 핍박받아 스스로 목숨을 끊었고
고독한 길목에는 길 찾는 이의 침묵이 서 있다.

어쩌면 진짜 우기가 이미 와서
바짝 마른 큰 바다에 은밀한 충동이 피어나고
사형수의 감방에서 미꾸라지, 올챙이가 사육되고
모든 산봉우리마다 분방한 정서가 흐르는지 모른다.

나는 서서 기러기가 쓴 담백한 안부편지를 봉독한다.
한 줄기 눈물이 온 여름을 적시고
언어는 포기되었다. 완전히 팽개쳐졌다.
토로할 수 있는 고통은 영원한 고통이 아니다.

어떻게도 말할 수 없다 말할 수 없다 하나의 환멸이
괘종이 침울하게 늘여 빼는 세월에 따라 어떻게
아름답게도 되고 구슬프게도 되는지.
오직 태양이 솟아오르기만 기다려
나는 그 햇빛 안에서 길을 가리라.

(3)
혈액이 순환하다 심장에 돌아오며 가져온 슬픈 호르몬
난 더 이상 여름에 빙하가 되살아날까 두려워하지 않으리.
우기가 사막으로 들어간다.
청춘이 너를 향해 돌진하고 노래 소리는 물을 치며 밀려오는 밀물과 같다.

고맙게도 바람이 내 손을 이끌어 네 기대 밖으로 내모니
내가 목면이 아닌데 누가 떡갈나무리오
시월 초하루 바람에게 이 기쁜 소식을 전파하게 하자
돌멩이로 선명한 노래 소리를 억누를 수 없다

그렇다 생명은 또 한번 상처 입을 수 있고
바람 또한 배를 가라앉히는 액운을 불러올 수 있다.
하지만 햇빛은 변질될 수 없고
눈빛은 쪽빛 하늘처럼 거리낌 없으며
토양 속에선 불타는 노래 소리가 집요하게 배양되고 있다.

전체적으로 볼 때 이 시는 외롭고 험난한 길을 떠나는 '너'를 안타까이 바라보는 '나'의 모습으로 시작되어 너의 장렬한 죽음 소식과 그 소식을 받고 애도하는 나, 그리고 그 죽음을 딛고 너로부터 빠져나오는 나의 재기가 그려져 있다.

첫 번째 부분의 너는 개인적인 우울과 종교적인 고뇌를 걷어내고 칠흑 같은 밤처럼 암울한 현실을 타개하기 위하여 외로운 투사의 길을 떠난다. 고독한 뱃길을 떠나는 너는 안착할 수 있는 한 뼘의 토양도 찾을 수 없는 유랑자이기에 나는 가슴이 아프다. 네가 선택한 길이 샛별처럼 빛나는 네 자신의 눈알을 빼줘야 하는 상처투성이의 길이기에 나는 더욱 참을 수 없는 고통을 느끼는 것이다.

'거만한 기러기' 같이 고고했던 너의 죽음으로 시작되는 두 번째 부분에서는 수많은 사람들의 적의에 찬 눈길 속에서 몸을 던져 죽음을 택한 너 이후 더 이상 고독한 투사의 길을 가는 사람은 없다. 한편 삶의 바다에는 분명하지는 않지만 어떤 긍정적 움직임이 있고 바짝 마른 죽음의 방에도 천박하나마 삶의 징후가 보인다. 그럼에도 불구하고 너의 죽음으로 인한 나의 고통과 절망은 언어를 잃고 긴 세월을 침묵하게 한다.

하지만 세월이 약이라고 나는 여전히 살아남았고, 두려움을 떨치고 마치 메마른 사막에 비가 오듯 청춘의 싱그러운 노래 소리에 귀를 기울인다. 그러자 새로운 변화의 바람이 너에 머물러 있던 나를 끌어내 나 자신만의 목소리를 내게 한다. 여기에서 띵휘민은 선배 시인 수팅이 「참

나무에 바친다」에서 묘사한 목면(여성을 비유)과 참나무(남성을 비유)를 끌어들여 자신은 이미 참나무(너)를 필요로 하는 목면(나)이 아님을 선포한다. 아울러 어떤 고난이 닥칠지라도 햇빛처럼 또는 눈빛처럼 밝은 진실에 의지하여 불타는 새 생명을 노래하겠다는 각오를 다짐으로 끝난다.

이 시를 발표할 당시 병원에서 근무했던 띵휘민은 '혈액', '심장', '호르몬' 같은 상징을 사용하고 있고 불교적 수행을 생각나게 하는 '보리수'라든가 중국인들을 해방시킨 날로 기념되는 건국일 '시월 초하루' 등 풍부한 은유와 은유를 사용하고 있다. 도치법과 점층법 및 반복법도 적절히 구사하여 낭독했을 때 확연한 리듬감과 시적 감흥을 준다. 다만 너무 많은 상징과 은유로 인한 난삽함과 애매함이 있어 자칫 독자가 길을 잃거나 곡해할 수 있다는 점이 문제인데, 바로 이점이 몽롱시 비판론자들의 표적이 되고 있다.

두 번째로 소개할 시는 샤오쥔(1962－)의 「바닷가(海邊)」다 :

> 바닷가에서 돌아와
> 나는 곧 알았다
> 바다는 누구도 특별대우하지 않음을
>
> 먼 길을 환호작약 달려온 사람들
> 돌아갈 즈음엔
> 십년이나 늙어버려
> 어질어질 자고 싶을 뿐이다.
> 집에 돌아왔건만
> 여전히 창백한 낯빛으로
> 언제나 꿈을 꾸다 놀라 깨어난다.
>
> 바닷가에 사는 사람들은
> 날마다 바닷물을 말갛게 씻는 바람이 부는
> 청랑한 하늘과 모래톱에 익숙해져서
> 한밤중
> 바다 위의 먹구름이 무섭게 달려와

머리 위를 한 차례 휘돌고 떠날 때도
그들은 모두 곤히 잔다.
그래서 사람마다 유쾌, 온화, 선량하다.

이 시는 삶의 현장에서 돌아온 내가 얻은 깨달음으로부터 시작되어 환호하며 현장으로 달려갔던 사람들이 지쳐 돌아와서도 악몽을 꾸는 반면 현장에 사는 사람들은 외부의 변화에도 끄떡없음으로 끝을 맺고 있다.

먼저 1연에서 나는 삶의 현장으로 상징되는 인민의 바닷가에서 돌아와 삶이 공평무사하고 어떤 정답도 제시하지 않는 묵묵부답의 바다라는 사실을 각성한다.

2연에서는 부푼 꿈과 들뜬 가슴으로 인민의 바닷가로 달려간 사람들이 집에 돌아갈 땐 모두 십년이나 늙어 악몽에 시달리는 창백한 사람들이다. 여기서 잠깐 십년의 의미를 되새겨보면 '십년동란' 문화혁명(文化革命)이 연상되는데, 이 시가 씌어진 시기가 1983년이니 시대적으로 충분히 가능한 해석이다. 그렇게 보면 2연의 사람들은 10년간 "하방"된 도시의 지식 청년들로 문혁이 끝나고 다시 도시로 돌아온 젊은이들인 셈이다. 1연의 나도 바닷가에서 돌아왔으니 결국 시인 자신도 '하방'에서 돌아온 지식청년이라고 하겠다.

도시로 돌아간 이들 지식 청년들에 반하여 3연의 바닷가에 사는 사람들은 매일 불어 닥치는 거센 바다 바람을 맞으며 사는 인민들이다. 이들은 깜깜한 밤에 먹구름이 몰려오듯 역사의 암흑기에 어떠한 고난이 닥쳐도 끄떡 않고 살아가는 유쾌하고 온화하고 선량한 사람들이다.

요컨대 이 시는 '하방'된 도시청년 중 하나인 내가 부푼 희망을 안고 서둘러 인민의 삶터로 달려갔던 많은 도시의 청년들과 어느 정도 거리를 둔 나의 시각으로 도시의 지식청년들의 불안한 정서상태와 기층인민들의 안정된 정서를 대비시키고 있다. 그 결과 나는 도시 사람들이라고 다 편안하고 행복하지 않고 시골 사람들이라고 다 불편하고 불행하지 않음을 알게 된다. 또한 삶에 있어서 예를 들어 사회주의 혁명완수와 같이 절대적인 어떤 공식도 없다는 것을 깨닫게 된 것이다. 그런 의미에서 볼 때 이 시도 하고 싶은 말을 숨겨두는 몽롱시에 속한다고 볼 수 있다.

하북성 당산(唐山) 출신이자 생물교사인 샤오권의 이 시는 20대 초반에 씌어졌음에도 불구하고 젊은이의 열정적이고 낭만적인 분위기 대신 중년의 관조적이고 냉정한 분위기를 띠고 있다. 한 행이 짧으면 석자, 길어야 열 넉자로 이루어진 이 시는 글자수를 맞추거나 장단을 적절히 운용하여 음악적 효과를 내고 있다. 하지만 시어가 지극히 단순하고 평이하여 밋밋할 정도이다. 한마디로 담박한 맨얼굴을 대하는 듯하다.

세 번째로 산동성 출신 왕위메이(1962－)의 「심령의 삭막함(心靈的荒漠)」을 보자 :

여기 다소 구불구불한 길이 있다
그 여자는 바로 이 구불구불한 길을 걸어왔다.
늘그막의 창 아래에 앉아
아이들을 위해 그녀의 세월을 들려준다.
하지만 그녀의 이야기는
마치 한 알 한 알의 빛 잃은 구슬처럼
아이들의 생활을 꾸며줄 수 없다.

그 여자는 언제나 외로이 앉아있다
그 여자는 「보름밤의 달빛」을 부를 수 없다
오직 「홍군이 된 오빠」를 부른 적이 있을 뿐
홍군이 된 오빠는 돌아오지 않았고
그녀의 애정은 그때부터 자물쇠를 채웠다
온갖 꿈들이 다 그녀의 백발을 따라
한 궤미 한 궤미씩 떨어졌건만
그 여자는 절대로 눈물을 흘리지 않는다.
헛되이 세월만 낭비한 채 남은 게 없을까 두려워서.

한 개비의 담배를 마는 건
적막을 태우기 위함이다.
밤도 태워져 일그러진다.

그 「월광곡」은
그녀의 삼월을 연주하지 못했다
그녀의 봄은 한번도 꽃피운 적이 없건만
그 여자는 남자가 그녀의 정원에 와서 마실 물을 달랠까 두렵다.
그녀의 문 앞엔 늘 아이들이 있어
노래 소리가 그녀 심령의 삭막함을 덮어주고 있다.

이 시는 곡절 많은 삶 속에서 피워보지도 못한 채 일찍 끝나버린 청춘을 쓸쓸히 돌아보면서 그래도 새 세대에 대한 희망을 잃지 않고 있는 그 여자를 그리고 있다.

1연에서 그 여자는 자신이 젊은 시절 겪었던 우여곡절 많은 삶을 아이들에게 무용담처럼 들려주지만 아이들은 시큰둥하다. 혁명 전사로서 살았던 자신의 전설적인 삶이 마치 빛 잃은 구슬처럼 더 이상 새 세대 아이들의 미래를 아름답게 만들어 줄 수 없게 된 것이다.

2연에서 그 여자는 언제까지나 고독하게 앉아 있다. 한 인민해방군 장교의 아내가 고향에서 시부모를 모시고 아이들을 키우며 남편을 그리워하는 노래인 「보름밤의 달빛」을 부를 수도 없다. 오직 젊은 시절 사랑했던 오빠가 홍군으로 떠날 때 「홍군이 된 오빠」를 불렀을 뿐이다. 그런데 그 오빠는 영영 돌아오지 않았고 그 때문에 결혼하지도 못했고 모실 시부모나 돌볼 자식들도 없다. 오빠와 꿈꿨던 많은 꿈들은 모두 백발과 함께 사라졌지만 그녀는 울 수도 없다. 울게 되면 그 울음 속으로 자신의 지난 생애가 무의미하게 사라질까 두렵기 때문이다.

마지막 연에서 그 여자는 밤의 적막과 고독을 이기기 위해 담배를 피운다. 담배를 태우며 밤에 듣는 월광 소나타의 낭만적인 가락도 그녀에게 청춘을 돌려주지 못한다. 한번도 젊음을 꽃피우지 못했건만 그 여자는 또 다시 상처받을까봐 새로운 사랑을 하기도 두렵다. 오직 자신의 문 앞에 와서 새 희망의 노래를 부르는 아이들의 노래 소리로 자신의 삭막한 영혼에 위안을 삼을 뿐.

모두 3연 25행으로 구성된 이 시는 연마다 압운을 맞췄다. 또한 「보름밤의 달빛」, 「홍군이 된 오빠」, 「월광곡」 등 남녀간의 사랑을 불러일으키는 노래 제목이 시어로 등장하여 상당한 효과를 보고 있다.

다만 이 시도 시의 화자(話者)를 1인칭 나가 아닌 3인칭 그녀로 삼아 거리를 유지하고 있고 또 돌아오지 않은 홍군 오빠나 새로운 사랑을 할 수 없는 맥 빠진 그녀의 메마른 감정을 토로함으로써 우회적으로 중국 사회주의 혁명의 실패를 드러내고 있다는 점에서 역시 몽롱시라고 할 수 있다.

네 번째로 소개할 시는 안휘성 출신 바이멍(1962－)의 「상념(心思)」이다 :

나는 두렵다 억압이 너무 오래 되어
감정 또한 화석으로 변할까봐.
나는 두렵다 어느 여름날
마음의 호수가 갑자기 얼어 버릴까봐…

하지만 누가 너의 초지(初志)를 이해할 수 있고
너의 깊디깊은 주름을 이해할 수 있을까?
누군가 내 열정보다 백배 더한 열정으로
너의 침통함을 태워버린다 해도
난 그저 가만히 너와 동행하며
내 묵묵한 무언의 살뜰함으로
차츰 평온을 되찾는 너의 생명 속에
청춘의 메아리를 일으키리라.

눈물. 아마도 너무 많아
난 차마 너의 면전에서
머리를 들고 눈을 들지 못한다.
사랑. 아마도 너무 깊어
난 차마 한 글자조차 함부로 사용하여
너를 신명나게 부르지 못한다.

수천수만 가지 상념이 있을지라도
모두 침묵에 맡겨라.
오월의 「미친 석류나무」와

헤일 수 없는 많은 별에 맡겨라.
은방울꽃이 문득 꿈속에서 깨어날 때
너는 믿을 수 있겠지
오직 내 손의 이 펜 한 개가
가장 침착하고 가장 성실하고 가장 진정하다는 것을…

오랜 억압으로 인하여 감정이 냉각될까 두려운 내가 고통으로 깊게 주름진 너에게 온갖 상념을 다 털어버리고 관념의 꿈에서 깨어나 나의 가장 진실한 사랑의 표현인 시를 받아달라고 호소하는 시다.

1연에서 나는 어떤 피치 못할 이유(문화혁명) 때문에 오랜 기간 동안 너에 대한 감정이 억압되어 왔음을 고백한다. 2연에서는 비록 타오르는 열정으로 너의 차갑게 가라앉은 마음을 지필 수는 없지만 오랜 세월 너의 고통을 이해해 온 나는 은근한 마음으로 묵묵히 동행하면서 끈기 있게 당신의 회복을 기다린다. 3연에서는 나에게 너를 향한 눈물과 사랑이 없어서 울고 불면서 사랑하고 존경한다고 말하지 않는 것이 아니라 너무나 사랑하고 우러러 보기에 그리 할 수 없음을 말하고 있다. 마지막 4연에서 나는 너에게 지나친 생각의 늪에 빠져 허우적대는 관념의 꿈을 깨면 나의 진실한 마음을 담은 시를 믿을 수 있을 것이라고 속삭인다.

이 시에서 특히 주목되는 부분은 4연 5행의 “은방울꽃이 문득 꿈속에서 깨어날 때”인데, 이 구절이야말로 시의 절정으로, 정적인 차분함에서 동적인 생생함으로 전환되는 부분이다. 그러니까 한없이 조롱조롱 밑으로 쳐지기만 하는 은방울꽃을 온갖 상념으로 상징하고 이 상념들이 문득 꿈속에서 깨어날 때 비로소 관념이 아닌 실제의 진실을 만나게 된다는 것이 시인 왕위메이의 생각인 듯하다.

1, 2, 3연에 압운이 되어 있고 전체적으로 운율감이 충만한 이 시는 도치법, 점층법, 대구법, 그리고 상징적인 시어들도 눈에 띈다. 하지만 언어는 비교적 평이하다. 다만 ‘오월의 「미친 석류나무」’와 같이 의미가 몽롱한 분위기가 감지됨을 볼 때 이 시 또한 감정 표현이 금기시되었던 문혁문학을 에둘러 비판하는 몽롱시 계열이라 하겠다.

마지막으로 펑옌의 연시 「늦게 타오르는 불꽃(遲燃的火焰)」을 보자 :

염원

충실은 무거운 것.
네가 전화벨소리로부터 걸어 나온 이래
연령에는 서리 눈이 상감되어 있고
자신감은 늘 산보다 높게 서 있다.
쓴웃음이 창살위로 떠오르고
(내가 창 아래로 지나갔을 때)
운명은 이미 활 모양의 도안을 이루고 있다.
마치 계절이 요동치며 내게 다가오듯.
행복, 하지만 난 더 이상 웃길 좋아하지 않는다.
황혼과의 중요한 대담으로부터
마음은 완전히 너의 힘든 기다림에 노출되었다.
생각지 못했다. 번뇌가 한 다발 눈빛으로 질식될 수 있음을.
내가 드나드는 작은 방이
아무리 연기로 가득할지라도
누군가의 새 언덕이 분명히 보인다.

너를 회피하지 않을 때
강 위엔 여전히 얼음요트가 바삐 오르내리고
이 만족스런 공모가
자기의 영지에 씨 뿌리게 하겠지.
빨아들이려 하지 않고 뻗어나가려 하지도 않는다.
온 세계는 갈망이 이어진 것에 다름 아니니
손을 뻗어 상대에게 내민 다음
눈을 감고 기다린다.
기다림은 세상처럼 드넓은 사랑이라.
네가 곁에 있어주기만 하면
다른 사람이 오건 말건 상관하지 않으리.

지각

검은 밤에 실망한 건반은
여전히 또 다른 손가락 끝으로 두드려질 수 있다.
늙은 회나무조차 망설이고 있다.
주름과 더불어 살다가

호수가로 걸어간 사람을 위하여.
봄을 가져다준 것은
먼지를 뚫고 나온 어린 풀이겠지만
너는 노련하고 맹렬한 불길로
엄청난 침울함과 무거움을 보내왔다.
단지 부드러운 마음이 없을 뿐.
아주 짧은 순간에
마음은 이미 크게 변해
의식의 박람회에 한 차례
사랑을 전시한다.
누군가 일거에 수석을 차지하면
먹구름 또한 벌벌 떨다
슬피 훌쩍이며 막후로 사라지고
남은 것은 비온 후의 일곱 빛깔 무지개.

실패

맨 처음 바다에 부딪쳤을 때
시는 아직 영혼 속에 숨어 기다렸다.
누군가의 힘이 파도소리를 꿰뚫고
내가 목숨 걸고 사수하던 이 모래밭에 넘어왔고
이 때부터 진정으로 승리하는 사람이 있었다.
내가 마주치기 두려워하는 눈길이
깨어 있을 때나 꿈속에서나 항상 나를 찾아와
비행접시 같은 선율을 가지고
나를 탐색하면 공기도 질식해버렸다.
이 중대한 귀결이 밤바람처럼 급히
내게 암시를 차 보냈다.
나는 바람을 몰고 온 이 공을 받았건만
다른 누구에게 던져줄 준비를 못하고 있다.
이 특별한 여명이
내가 기다리는 폐허 위에 열리자
먼지와 잡초는 모두 뒷걸음질치기 시작하고
유일한 빈 터마저도 너에 의해 채워졌다.
마음은 완전히 나의 침략자에게 자리를 내어주지만
그 누구에게도 말하지 않는다.

내몽고 포두(包頭) 출신 평옌(1960－)의 이 시는 대단히 난해하여 그 뜻을 파악하기가 쉽지 않다. 하지만 세 편의 시에 '염원', '지각', '실패' 등의 소제목이 붙어 있어 이에 근거하여 각 시의 내용을 짐작할 수 있다. 즉 염원대로 나는 너와 사랑을 하지만 너무 늦게 찾아온 불꽃처럼 너의 사랑이 나를 순식간에 휩쓸어 버리고 마침내 더 강한 새 사람이 등장하여 너와 나의 사랑은 실패의 파국을 맞는다는 줄거리가 잡힌다.

좀 더 설명하자면 '염원'에서 나는 자신만만한 모습으로 당당히 내 앞에 서있는 나이 지긋한 너를 진심으로 받아들인다. 그리하여 둘은 외부와의 모든 관계를 단절한 채 오직 서로에 대한 갈망의 세계 안에서 서로 사랑한다. 하지만 '지각'에서 나는 너에게 실망하기 시작한다. 마치 뒤늦게 타오르는 불꽃처럼 너는 지나치게 세찬 화염으로 들풀 같은 나를 태워버린 것이다. 참다못한 나는 너에 대한 사랑을 박제화("의식의 박람회에 전시")하고 만다. 결국 '실패'에서 너와 나의 사랑은 깨어지고 나는 또 다른 한 강력한 사람에게 사로잡혀 은밀히 마음을 내준다는 것이다.

평옌은 아마도 표현하기 어려운 속내 사정이 있었기 때문에 이토록 쉽게 풀리지 않는 시적 상징으로 일관한 듯하다. 그 속사정을 추론하자면 우선 나의 대상인 너의 나이가 지긋한 것으로 보아 두 사람의 나이 차이가 꽤 많거나 어쩌면 불륜의 관계일지도 모른다. 아무튼 두 남녀는 세대차 또는 둘 사이에 놓인 장애물을 극복하지 못하고 있는 동안 또 다른 남자의 등장으로 인하여 사랑이 완전히 깨지게 되었다고 볼 수 있다. 다음으로 가능한 추론은 나의 대상인 너는 남자가 아니라 오랫동안 사회주의 혁명을 주도해온 중국 공산당으로, 처음 나는 당과 사랑하는 관계였는데, 문화혁명의 바람을 이끈 당의 좌파(左派)가 나를 짓누르자 나는 그에 대한 사랑을 거두고 현대화와 개혁개방의 새 바람을 몰고 오는 당의 우파(右派)에게 마음을 열게 되었다는 것이다. 이 시가 발표된 1980년대 전반기의 상황을 고려할 때 두 번째 추론이 더욱 타당하지 않을까 생각된다.

그간 수 백 여 편의 시를 쓰며 비교적 활발한 작품 활동을 해온 평옌의 이 시는 은유와 상징을 종횡무진 운용하고 있어서 앞에 소개한 네 편의 시들보다 훨씬 모호한 함의를 담고 있다. 그런 의미에서 진짜 '몽롱시'인 셈이다. 게다가 많은 긍정 속에 약간의 부정을 풀어 넣고 또 많은 부정 속에 약간의 긍정을 섞어 놓는 수법을 사용하여 더욱 이 시를 대하는 독자를 당황스럽게 만든다. 이 같은 기법은 역설과 모순 및 예측불허의 반전으로 가득한 우리네 삶과 사랑을 표현하기에 걸맞기는 하지만 다소 뜬금없고 정신없는 것도 사실이다.

3. 나와 너, 그리고 우리들의 노래

떵휘민, 샤오쥔, 왕위메이, 바이멍, 펑옌 등 다섯 시인은 비슷한 나이의 여성들로, 각각 중국의 서로 다른 지역에서 서로 다른 일에 종사하고 있지만 모두 시를 사랑하여 20대의 나이에 시를 발표했고, 또 모두 국가로부터 월급을 받는 전업 작가가 아닌 아마추어 시인으로 현대문학사전에 정식으로 이름이 올라 있지 않다는 공통점을 가지고 있다.

이 같은 공통점 말고도 이들은 모두 시적 의미가 다소 모호한 몽롱시 계열의 시를 썼다는 공통점도 가지고 있다. 또 한 가지 매우 중요한 공통점은 이들의 시가 모두 나와 너, 그리고 우리들의 관계 속에서 이루어지고 있다는 것이다. 다시 말해서 이들의 시는 한결 같이 사물이나 다른 사람에 대한 나 자신만의 고유한 느낌이나 생각 또는 상상의 세계를 펼치기보다 어디까지나 나와 너, 혹은 그녀와 그, 또는 나와 다른 사람들 간의 관계 속에서의 나를 표현하고 있다. 위에서 감상했던 대로 다섯 시인의 어느 시에도 나 또는 그녀만의 고독한 시세계를 갖는 시인은 없다.

이들의 시가 이처럼 모두 나와 너, 그녀와 그 및 나와 사람들과의 관계에 중점을 두고 있음은 사실이지만 그렇다고 해서 나 또는 그녀로 대표되는 시인 자신의 독립적인 자아의지가 없다고 본다면 오산이다. 이들의 시는 오히려 나 또는 그녀라는 단단한 기초 위에 서 있다. 비록 처음에는 너 또는 그를 사랑한 나머지 너(그)에게 압도당하기는 하지만 결국 나 또는 그 여자는 너와 그를 마냥 쫓아다니지 않고 오히려 이끌어가거나 어쩔 수 없이 이별을 선택한다. 다만 이별 이후 대부분 또 다른 너와의 관계를 모색하고 있다는 점에서 이들은 여전히 관계지향적이라고 할 수 있다.

예를 들어 떵훠민의 「바닷가의 낯선 사람」에서 나는 사랑하는 너의 죽음을 딛고 일어나 자기 자신의 노래 소리를 배양하고, 바이멍의 「상념」에서 나는 절망하는 너에게 다가가 너에게 청춘의 메아리를 일으킨다. 또한 왕위메이의 「심령의 삭막함」에서 그녀는 젊은 시절 사랑했던 '오빠'가 떠난 후 돌아오지 않자 다른 누구와 사랑하지 않은 채 꿋꿋이 홀로 살아간다. 펑옌의 「늦게 타오르는 불꽃」에서의 나는 너를 사랑하지만 너의 짓누르는 무거움을 이기지 못하고 점차 너로부터 마음이 떠나 결별을 선택한다. 이 같이 이들 다섯 시인의 시에는 모두 다 너(그)와의 관계 속에서 또는 너(그)와의 관계를 뛰어넘어 새로운 너(그)와의 관계정립을 시도하는 나(그녀)가 그려져 있다. 왕위메이의 경우는 비록 또 다른 그와의 관계정립을 시도하지 않지만 그가 아닌 아이들이라는 새로운 대상을 찾아 자신의 애정 상대를 삼는 다는 점에서 여전히 관계지향적이라고 하겠다.

마지막으로 이들 시에 등장하는 너(그)가 누구인지에 대해 짚고 넘어갈 필요를 느낀다. 너는 물론 일차적으로 나의 사랑의 대상이다. 내가 여성이기 때문에 너는 당연히 남성일 것이다. 하지만 이 시들이 모두 몽롱시 계열에 속함을 볼 때 너는 단순히 나의 애정 대상만이 아니라 사회주의 중국이다. 더 좁게 말하자면 중국의 혁명과 반우파운동 및 문화혁명을 주도한 세력일 수도 있겠다. 그렇게 볼 때 위 다섯 수의 시에 드러난 각 시인의 사회의식과 역사의식은 비록 개인적 차이가 있지만 매우 확실하다. 즉 떵훠민이나 바이멍의 시에는 중국사회에 대한 적극적인 참여의식이 있고 왕위메이와 펑옌의 시에는 소극적이나마 분명한 역사의식이 있다. 이에 비해 샤오쥔은 상대적으로 방관자적인 관찰자의 태도를 지니고 있지만 사회에 대한 관심만은 분명히 있다.

요컨대 위 다섯 수의 시는 모두 중국현대사라는 다소 추상적이고 이념적인 문제를 모두 너와 나, 그리고 우리의 사랑이라는 구체적이고 감성적인 방식으로 노래하고 있다. 그 때문에 이 시들은 자칫 감상적이고 편협한 감정의 유희로 빠지기 쉬운 애정시의 차원을 넘어 나와 너 및 우리의 사랑이야기를 통하여 우리 모두에게 중국 정치, 중국사회 및 중국역사에 대한 의미심장한 메시지를 던지고 있다.

물론 반론자들은 시를 쓰는 데 있어서 사회나 국가 같은 거대 담론이나 이데올로기를 언급해야 훌륭한 시이고, 개인의 단순한 사랑이야기 같은 자잘한 신변잡기는 하찮은 것이냐고 반문할지 모른다. 그런 의미에서 본 논문이 앞서 들어가는 말에서 전개했던 논리에 반하여 논문의 말미에 여성들의 시에도 사소하고 개인적인 내용만이 아니라 거창하고 사회적인 내용을 담겨 있다고 애써 주장하는 태도는 자가당착적인 것 아니냐고 문제를 제기하기도 할 것이다. 그 또한 틀린 말이 아니다. 앞서 언급했던 대로 거시담론만 중요한 게 아니라 미시담론도 중요하기 때문이다. 사람에게 공적인 생활이 더 중요하고 사적인 생활은 덜 중요한 것은 아니니까 말이다. 하늘과 땅이 그렇듯 큰 것과 작은 것, 공적인 것과 사적인 것은 원래 평등하다. 다만 그간 여성 작가들의 작품은 오직 자전적인 신변잡기일 뿐이라는 선입견과 편견이 너무 강했기 때문에 본 논문은 그 같은 견해에 문제를 제기하고 나아가 거시와 미시, 공과 사 양쪽의 균형을 잡을 필요가 있다는 관점에서 씌어졌음을 밝혀둔다.

제4장

루인(廬隱) 소설의 비극적 진실

1. 중국현대문학사에 재등장한 루인

중국현대문학사상 1980, 90년대는 딱딱한 서사보다는 부드러운 서정이 주조를 이루는 작품들이 많이 나왔고 특히 여성작가들의 활약이 두드러지는 시기이다. 이는 근래 한국의 경우와도 비슷하여 소설가 황석영은 2000년 4월 27일자 『한겨레신문』에 "서사의 결여와 감각주의라는 중병을 앓고 있는 한국문학이 풍부한 서사를 지닌 남성풍의 문학으로 거듭나는데 기여하고 싶다"라고 말하여 오늘날 한국의 문단이 얼마나 서정적인 여성풍의 문학 중심으로 흘러가고 있는지를 역으로 증명하였다. 그러나 이처럼 서사성과 남성작가, 서정성과 여성작가를 등치시키는 것에는 문제가 있다. 여성작가라 하더라도 탄탄한 서사구조의 작품을 쓸 수 있고 남성작가도 서정미 넘치는 작품을 쓸 수 있기 때문이다. 또 한 작품 안에 서사와 서정이 어우러지는 경우가 많기 때문이다. 서사를 즐기는 남성작가의 대표 격인 황석영도 자신의 소설 『오래된 정원』이 자전적인 사랑이야기를 서정적으로 다루는 것을 중심축으로 하고 있다고 밝힌 바 있다.

아무튼 1949년 중화인민공화국이 수립된 이후 개혁개방이 본격화되기 전까지 약 30년 동안 중국대륙에서 출판된 중국현대문학사에서는 전혀 언급되지도 않던 루인(廬隱)이라는 여성작가의 이름이 1980, 90년대에 새로 집필된 중국현대문학사에 다시 등장하기 시작하였다. 루인은 19세기의 마지막 해인 1899년 복건성(福建省)에서 태어나 북경에서 사범대학을 졸업하고 북경, 상해 등지에서 중학교 교사, 잡지사 편집 일 등을 하다가 1934년 상해의 한 병원에서 35세로 생을 마감했다. 「한 저술가」, 「영혼을 팔 수 있을까?」, 「승리한 후」, 「돌아갈 곳은 어디인가?」, 「해변의 옛 친구들」, 「한 통의 편지」, 「어떤 사람의 비애」, 「가혹한 시련」 등의 소설과 「연못가」, 「이웃」, 「그 나약한 여인」 등등의 작품을 남긴 루인은 짧은 생애에 비하여 비교적 많은 작품을 남기고 간 1920년대의 작가이다.

루인의 소설은 대다수 여성작가들의 문체적 특징이기도 한 고백적 자전체(自傳體), 편지체, 일기체 및 산문체적 특성을 두루 갖추고 있다. 따라서 매우 생생하고 절절할 뿐만 아니라 친근감도 있어 독자와의 감정이입이 쉽게 이루어진다. 그러면서도 한번 펜을 들면 일필휘지(一筆揮之), 일사천리(一瀉千里)하는 호방함이 있고, 일부러 꾸미거나 우회하지 않는 솔직함과 담백함이 있다는 평가를 받고 있다. 실제로 필자가 그녀의 중편소설, 단편소설 등을 읽었을 때 이 같은 평가가 틀리지 않았음을 확인하였다. 루인의 문체에 관한 기존의 평가에 덧붙여 말하자면 그녀의 소설에는 동양문학의 전통적 기법인 정경융합(情景融合)과 시정화의(詩情畵意)가 있다. 즉 그녀의 소설에는 가을바람, 눈보라, 황혼, 흐린 봄날, 매화, 호수, 해변 등의 자연이 인물의 심정과 융합되어 시적으로 형상화되어 있어서, 이를 보면 마치 시와 그림이 한 폭에 담겨 있는 듯한 느낌을 받는다. 물론 이야기를 전개하는 데 있어서 「한 통의 편지」에서처럼 한 소녀의 참혹하고 비통한 사연을 전해준 뒤 "너도 동정이 가니?" 식의 쓸데없는 군더더기 표현을 과감하게 생략하지 못하는 문제점은 더러 있다. 그러나 작품이 씌어진 시대가 1920년대 초반인 점을 감안하면 이 정도는 눈감아 줄 수 있을 것이다.

요컨대 루인은 마오뚠(茅盾), 삥신(冰心) 등과 함께 문학연구회의 초기 회원으로 활발한 활동을 한 역량 있는 작가였다. 그럼에도 불구하고 루인은 수 십 년 간 중국현대문학사에서 배제되었다. 도대체 무엇이, 누가, 그녀와 그녀의 작품을 수 십 년 간 문학사에서 배제시켰을까? 그녀가 35세라는 젊은 나이에 요절하였기 때문일까? 그러나 요절한 작가라고 해서 문학사에서 제외되지 않음은 36세에 요절한 쉬즈모(徐志摩)를 통하여 잘 알 수 있다. 그럼 그녀가 여성이었기 때문이었을까? 그러나 그녀와 거의 같은 시기에 활약하기 시작한 여성 작가인 뼁신(冰心)이나 띵링(丁玲)은 문학사에서 줄곧 확고한 위치를 차지하고 있다. 그렇다면 도대체 무엇 때문에 루인은 오랫동안 문학사에서 소외되었던 것일까? 또한 무엇이 수 십 년 간 소외되었던 루인의 작품을 또 다시 재등장시킨 것일까? 이 같은 의문에 대한 해답을 지금부터 그녀의 생애와 작품을 통하여 찾아보기로 하자.

2. 강렬한 개성과 솔직담백한 언행

루인을 잘 알았던 문인들은 한결같이 그녀가 매우 활달하고 적극적인 성격이었다고 전한다. 문학연구가 리우따지에(劉大杰)는 같은 시기에 활약한 두 여성 작가인 뼁신과 루인의 인품과 작품을 다음과 같이 논하였다. 즉 뼁신이 온화, 자상하다면 루인은 호방, 통쾌하고, 뼁신의 작품에 모성, 동심 등의 따뜻한 정과 높은 산, 큰 바다 같은 대자연의 찬탄이 있다면, 루인의 작품에는 연애, 동성애, 삼각관계 등 애정의 추구와 비참한 운명에 빠진 자의 몸부림이 있다는 것이다. 특히 루인은 술과 담배를 하였고 매우 강한 개성의 소유자였으며, 여성을 비하하는 말을 들으면 상대가 누구든 즉각 반격하였다고 한다. 루인과 동창생인 작가 쑤쉬에린(蘇雪林)도 루인이 외향적 성품인데다가, 목소리가 크고 말할 때마다 욕설을 섞었는데, 특히 '똥'자를 버릇처럼 입에 달고 다녔다고 전한다. 또한 루인은 1919년 오·사 운동 이후 적지 않은 모임에 참여하며 연설도 잘하였고, 비록 겉으로는 건방지고 오만하였지만 실은 누구에게나 마음을 열고 정의로운 성품이어서, 어떤 모임에서든지 십중팔구 그녀가 대표로 선출되었다는 것이다.

이처럼 루인은 강한 개성의 소유자였을 뿐만 아니라 어려서부터 솔직한 언행으로 유명하였다. 즉 그녀가 6살 때 북경 외가에서 살 무렵, 이모가 『여사서(女四書)』를 가르쳐주자, 내용이 재미없고 시시하다고 이모에게 반항하다가 어머니에게 혼이 난 일이 있었다. 그녀의 모친과 외숙모 등은 막무가내인 루인의 고집을 꺾고 그녀를 얌전한 숙녀로 만들기 위하여 규율이 매우 엄격한 미션스쿨(mission school)인 북경여자모정학원(北京女子慕貞學院)에 입학시켰다. 그러나 그곳에서도 그녀의 기는 꺾이지 않았다. 교회부흥회에서 그녀를 교화하려던 교장선생님의 간절한 말도 그녀에겐 공허한 메아리였던 것이다.

무엇보다 자신의 생각과 느낌에 충실하였던 루인은 17세에 일본유학생 린홍쥔(林鴻俊)과 사귄 끝에 그와 약혼하였다. 그러나 어찌 된 일인지 그녀는 사범학교 졸업 후 하남성 개봉(開封) 등지에서 교사생활을 하다가 5년만인 22세에 전격적으로 그와의 파혼을 선언한다. 그녀는 파혼을 적극 만류하는 어머니에게도 강력히 반발하였고 주위의 비난에도 개의하지 않았다. 아마도 이즈음 그녀는 당시 북경대학 철학과 학생이었던 유부남 꾸어멍량(郭夢良)과 교제중이었기 때문에 더욱 비판의 대상이 되었던 것 같다. 아무튼 그녀의 파혼 및 유부남과의 열애는 같은 여성들에게조차도 “너무 낭만적이다”라는 비평을 들을 만큼 파문이 거셌는데, 정작 당사자인 루인은 꾸어멍량에게 “우리 사이에 애정이 있기만 하면 당신에게 아내가 있어도 괜찮다”는 식이었다고 한다. 이처럼 주위의 시선에 아랑곳하지 않은 그녀는 자신이 직접 각색하고 연출하고 주연까지 맡은 연극『엽계서(葉啓瑞)』를 루쉰(魯迅) 등 유명인사들 앞에서 당당히 공연하였고, 공연 때 모금된 돈으로 조선과 일본 등지를 여행하기도 하였다.

1923년 루인은 24세의 나이로 결국 유부남이었던 꾸어멍량과 결혼한다. 그러나 이 결혼은 겨우 2년 만에 사별로 끝이 나고, 그녀는 또 다시 홀로 상해, 북경 등지에서 교사, 편집 일 등을 하면서 창작활동을 한다. 그러나 꾸어멍량과 사별한지 3년 만에 루인은 또 청화대학에서 서양문학을 전공하는 리웨이지엔(李唯建)을 사귀게 되는데, 당시 그녀보다 열

살 이상 연하인 대학생 리웨이지엔과의 염문이 주위의 화젯거리가 되었음은 물론이다. 이번에도 무엇보다 자신의 감정에 충실했던 그녀는 2년 후인 1930년 리웨이지엔과 함께 일본으로 건너가 결혼을 감행하고 만다. 이처럼 루인은 당시뿐만 아니라 오늘날의 여성으로서도 선택하기 쉽지 않았을 삶을 몸소 살았던 현대여성이었다.

루인이 온 몸으로 실천한 '개성해방'과 '남녀평등'은 당연하게도 그녀 작품, 특히 산문에 주로 등장하는 주제이다. 즉 「향후 부녀자의 출로」에서 루인은 가정을 탈출한 '노라'들은 "남자는 바깥사람이고 여자는 안사람"이라는 봉건의식에 찌든 주위사람들과 여성의 사회진출을 극력 반대하는 교육자, 언론인들에 밀려 다시 가정으로 돌아갈 수밖에 없었고, 그 결과 여성은 독립적 인격과 사회적 지위 및 각자의 개성을 잃게 되었다고 설파한 뒤, 여성은 스스로 여자노릇 이전에 사람노릇을 해야 한다고 주장한다. 「연못가」에서도 남편 등 세 남자가 어떤 여성이 사랑스러운지를 논할 때 루인은 "어떤 남성이 사랑스러운지는 논하지 않나요?"하며 초를 친다. 또 중국에서는 예로부터 여자가 애완물이나 장식품에 불과했다는 이들의 남성 중심적 이야기에 그녀는 주공(周公)이 예악을 제정하기 이전의 중국은 남녀가 평등했고 오히려 모계중심의 사회였다고 반박한다. 심지어 「그 나약한 여인」에서 루인은 남편의 폭력에 시달리는 이웃여인에게 강력히 이혼을 권유하기까지 한다. 물론 루인의 소설에서도 개성해방과 남녀평등이라는 주제가 단연 으뜸인데, 산문에 비해서 소설에서는 이 같은 주제가 다소 간접적으로 묘사되고 있다. 즉 「일 막」은 사회적으로 명망이 높은 유명인사 쉬웨이(徐偉) 선생이 실은 두 명의 부인을 두고 있는데, 더욱 기막힌 것은 두 부인 중 조강지처인 첫 번째 부인이 완전히 찬밥신세로 골방에서 지내고 두 번째 부인이 본부인 노릇을 하고 있다는 내용으로, 집사람으로서의 여성의 삶이 얼마나 의존적이고 허위적인 것인지 생생히 보여준다. 이밖에도 봉건적 결혼제도에서 벗어나지 못한 남녀의 비극적 사랑을 그린 「한 저술가」, 결혼에 성공한 후 여주인공의 무료한 인생을 형상화한 「승리한 후」 등이 있다.

거의 같은 시기에 모성과 동심, 그리고 자연을 노래한 작가 빙신에 비하여 루인은 개성해방, 남녀평등처럼 사회적으로 매우 민감한 주제에 관하여 이처럼 강렬한 개성과 솔직한 언행으로 일관하였다. 그렇다면 루인이 이처럼 결코 우회하지 않고 자신의 생각과 느낌을 솔직담백하게 토로하고 몸소 실천하였기 때문에 주로 남성들이 집필하는 중국현대문학사에서 그녀의 이름이 지워졌던 것일까? 예나 지금이나 남성이 주도하고 있는 사회에서 여성이 알아서 조용히 우회하지 않고 당돌하게 정면 돌파를 시도하는 모습이 곱게 보일 리가 만무하니까 말이다. 그러나 루인보다 5년 늦게 태어나 스스로 봉건적 가정을 뛰쳐나와 학교까지 자퇴하고 나서는 등, 루인 못지않게 솔직한 언행과 강렬한 개성의 여성 작가 띵링은 왜 줄곧 문학사상에 이름을 남기고 있는가? 이를 보면 단순히 강렬한 개성과 솔직한 언행이 그녀를 문학사상에서 소외시킨 것은 아니다. 그렇다면 도대체 무엇이 루인과 그녀의 문학을 문학사에서 배제시킨 것일까?

3. 공산당 비판을 비롯한 철저한 비판의식

한때 정치적 입장을 정하지 못하고 방황하던 띵링이 결국 국민당에 의해 처형당한 남편의 뜻을 이어 공산당에 입당한 반면 루인은 애초부터 공산당에 뜻이 없었다. 그렇다고 그녀가 국민당이나 기타 다른 군벌세력을 지지한 것도 아니었다. 이는 그녀의 「영혼을 팔 수 있을까」에서 확인된다. 즉 이 작품에서 공장에 다니는 이웃집 처녀 허꾸(荷姑)의 불행을 오직 물질의 부족으로 파악한 '나'는 그녀에게 경제적 도움을 주려고 하지만 돈을 건네주려는 순간 그녀의 불행이 물질이 아닌 영혼임을 알게 된다. 이 밖에도 대부분의 소설을 통하여 루인은 자신의 관심이 물질이 아닌 마음임을 보여주고 있다. 그녀가 관심을 둔 것은 사회주의, 공산주의, 민주주의, 자유주의 따위의 주의주장이 아니라 각종 주의와 주장, 그리고 관습과 제도에 짓눌려 신음하는 인간의 마음이었다.

그 때문에 루인은 어떤 정당에 대해서도 일정한 거리를 유지하고 비판적인 태도를 취하였다. 공산당에 대하여도 비판적 입장을 보였음은 물론이다. 즉 「만리(曼麗)」에서 여주인공 만리는 꿈을 이루기 위하여 입당한 공산당이 미인 란펀(蘭芬)을 이용하여 국민당의 기밀을 알아내는 미인계를 쓴다든가, 부대장과 부녀부 간부가 입만 떼면 "동지들!"하면서 늘어놓는 영웅주의와 권위주의에 가득 찬 장광설에 염증을 느낀다. 또한 부녀부 비서노릇 반 년 만에 6, 7천 위엔이라는 거금을 벌어 미국으로 떠난다는 윈취엔(芸泉)을 보고 환멸을 느끼며 다음과 같이 탄식한다 :

> 시에언니가 내게 편지를 하여 공산당 입당 후의 새 생명에 관하여 물었는데 정말 부끄럽게도 이곳엔 원래 광명정대한 새 생명이 없다. 군벌이 돈을 요구하듯 이곳 사람들도 돈을 요구하고 군벌이 아편을 피우듯 이곳에도 언제나 아편 연기로 자욱하다. 아! 부패! 모두 다 부패되었다…

공산당 집권 이후 수 십 년 간 해방군으로 미화되는 공산군의 추한 단면을 루인은 이렇게 신랄하게 비판한 것이다. 띵링이 공산당의 '해방구'인 연안에 들어가 그곳 병원의 불결한 위생 및 병원장의 권위주의를 우회적으로 비판한 소설 「병원에서」와 비교해도 그 비판의 어조가 훨씬 직접적임을 알 수 있다. 「가혹한 시련」에서도 루인은 여주인공 매이헌(梅痕)이 파혼 후 공산당에 투신하지만, 수단방법을 가리지 않고 심지어 상대를 매수해서라도 승리를 쟁취하는 당의 책략에 절망하는 모습을 그림으로써 또 한번 공산당을 통렬히 비판하였다. 이밖에도 산문 「재난이 더 필요하다」에서 루인은 당시 엄청난 홍수피해를 입은 상황을 놓고 자신을 비롯하여 많은 사람들이 천재와 인재(人災)를 안타까워하고 있을 때, 공산혁명을 추구하는 한 동료가 이 정도로는 아직 부족하다며 앞으로 더 많은 재난이 일어나 더 많은 인민이 죽어야만 민중이 각성하여 분기할 것이라고 주장한 데 대하여 노골적인 반감을 드러내고 있다. 이처럼 루인은 공산당의 유물론과 투쟁전략에 대하여 일찍부터 신랄한 비판을 가하였기 때문에 1949년 이래 중국을 지배해온 공산당의 관심

밖으로 밀려났다. 그 때문에 공산당의 문예정책을 대체로 지지한 띵링이나, 애시 당초부터 공산당을 비판하지 않고 모성과 동심 및 자연을 노래한 삥신이 중국현대문학사 속에서 비교적 융숭한 대접을 받은 반면 루인은 1980년대 이전까지 완전히 잊혀진 존재가 된 것이다.

사실 루인의 비판대상은 공산당만이 아니라 군벌, 국민당 등 모든 권력집단이었다. 이는 군벌의 무도한 압제에 대항하여 시위에 나선 두 어린 학생 지엔성(堅生)과 궈수(國樞)의 부상과 두 어머니들의 고통을 그린 「두 초등학생」을 비롯하여 국민당 치하의 봉건주의와 자본주의를 비판한 「한 저술가」, 「한 통의 편지」, 「일 막」 등의 소설에 잘 드러나 있다. 또한 산문 「도둑이 도둑을 감시하다」에서 루인은 민권을 보장한다는 법률이 특권계급에 의하여 좌지우지되는 법 현실을 개탄하였다. 루인 자신이 북경, 상해 등지에서 교사생활을 하였기에 교육현실에 대한 그녀의 자아비판은 더욱 통렬하다. 예를 들어 「부끄러움」에서 그녀는 다음과 같이 고백하고 있다 :

> 부끄럽다. 나는 모든 아이들의 마음에 대하여 부끄러움을 품는다. 이 교활하고 간사한 사회 속에서 이른바 교육자들한테서 얻을 수 있는 것은 오직 악착스런 세상경험 뿐이니. 아! 이 세상에서는 오직 아이만이 어른들의 스승이 될 수 있다!

아이들에게 배워야 할 어른들이 오히려 아이들을 가르치고 있는 교육현실. 이것이 루인이 보고 겪었던 교육현실이었다. 루인의 자아비판은 「승리한 후」에서도 계속되는데, 이 작품에서 그녀는 간교한 수식에 뛰어난 교사들이 틀에 박힌 목소리로 아이들을 기만하고, 더 나아가 아이들의 천진성을 고갈시키고 있다고 개탄하고 있다.

루인의 비판의식은 급기야 여성운동에까지 이른다. 그녀 자신이 누구보다 남녀평등을 기본으로 하는 강한 여권의식의 소유자였음에도 불구하고 당시 부녀운동의 현실을 비판 대상으로 삼고 있는 것이다. 즉 「벚나무」에서 루인은 라오천(老陳)의 입을 빌어 "여권에 관한 온갖 학설이 밀물처럼 밀려오건만 모두 다 인류역사를 보기 좋게 장식하는 허울일 뿐, 실제로 누가 얼마나 혜택을 받은 적이 있던가?"하며 이론과 실제가 괴리된 여권운동의 현실을 개탄한다. 또한 「돌아갈 곳은 어디인가」에서는 2년 간 북경에서 부녀운동을 한 미혼여성 꾸구(姑姑)의 입을 빌어 "남자들은 여성운동가들을 돕는 척하면서 '모 여성은 누구의 첩이다' 등의 황당한 유언비어를 퍼뜨리기도 하고, 여성운동가들을 빗대어 '이 여자들은 다 부녀운동을 명분으로 삼아 주제넘게 나선다'고 비아냥거리는데도 여성운동가들은 단결하여 이들에 대항하지 못한 채 오히려 그런 남자들과 삼각관계에 빠지고…결국 부녀동맹회는 와해되었지요."라며 한탄한다.

루인의 철저한 비판의식은 마침내 인간성 자체에 대한 비판으로 귀결된다. 그녀에 따르면 원래 사람들은 앵무새처럼 판에 박은 몇 마디 말밖에 할 줄 모르고 앵무새와 마찬가지로 새장의 속박을 벗어날 수 없는 것이다. 사실상 루인의 소설을 보면 그녀의 진정한 비판 대상이 어떤 주의나 법률, 또는 제도 그 자체가 아니라 그러한 주의, 법률 및 제도를 운용하는 사람들임을 알게 된다. 그러니까 「한 저술가」, 「한 통의 편지」는 봉건주의나 자본주의 그 자체에 대한 비판이라기보다는 오히려 한 치 앞도 내다보지 못하는 짧은 생각을 가지고 인습에 이리저리 끌려 다니는 사람들의 의식이다. 마찬가지로 「만리」, 「가혹한 시련」 등에서도 비판의 초점은 공산당 그 자체가 아니라 온 국민을 평등하게 잘 살게 하겠다는 고상한 명분 뒤에 숨겨진 인간의 간교한 권력욕인 것이다.

4. 루인 소설의 비극적 진실

중국현대문학사상 루인 소설이 홀시된 또 하나의 결정적 이유는 그녀 소설의 비극성에 있다. 인간성에까지 이르는 루인의 철저한 비판이 적어도 희망을 전제로 한 건설적인 비판이었다면 아마도 그녀의 작품은 많은 각광을 받았을 것이다. 1980년대 이래 비교적 자유로운 분위기 속에서 이전에 활동한 거의 모든 작가들의 작품이 새롭게 출판되고 있는 현재까지도 여전히 뼁신이나 띵링에 비하여 루인의 작품이 큰 주목을 끌지 못하는 까닭은 바로 그녀가 밝히고 있는 인생의 실체가 희망이 아닌 절망, 긍정이 아닌 부정, 심지어 삶이 아닌 죽음에 더 가깝기 때문이다.

하지만 루인의 산문들은 대부분 비교적 따뜻한 느낌과 건설적인 비판을 담고 있다. 남편 친구들과 가벼운 대화를 즐기는 「연못가」, 일본인에 대한 편견을 깨뜨려준 한 일본 여인을 그린 「이웃」, 남녀가 혼욕하는 일본의 목욕문화를 긍정하게 되는 「목욕」, 기회주의적인 중국 지식인을 꼬집은 「자유자재로 굽혔다 펴기」, 폭력남편을 결국 떠나지 못하는 이웃 여인을 비판한 「그 나약한 여인」 등이 그 좋은 예이다. 루인의 산문에는 심지어 보통 여자들이 갖는 세속적 생각과 느낌까지도 드러나는데, 이는 「연못가」에서 남편의 "여자는 남자의 사랑을 받는 존재"라는 말에 자신도 신선함을 느꼈다거나, 「작은 질투」에서 젊고 예쁜 두 여자 손님의 방문을 받고 질투를 느꼈다거나, 「그녀」에서 루인 자신도 파혼한 경력이 있음에도 불구하고 이혼한 여자에게 대하여 불쾌감을 드러내는 대목 등에서 확인된다. 또한 「허풍의 묘용」에서 그녀는 살아가는데 있어서 때로는 허풍을 떨어야 할 필요가 있다고까지 생각한다. 루인의 산문이 띠는 이 같은 밝은 색채 때문에 마오뚠은 일찍이 그녀의 산문이 소설보다 훨씬 낫다고 평가한 바 있다. 그러나 이 산문들은 다 『동경소품(東京小品)』에 실린 작품으로, 이 산문집은 그녀가 남편 리웨이지엔과 신혼생활을 즐기던 시절의 산문들을 모은 것이다.

짧은 신혼시절에 쓴 산문들과 대조적으로 루인의 소설은 거의 예외없이 암울한 분위기를 띠고 있다. 즉 「한 저술가」로부터 「돌아갈 곳은 어디인가」에 이르기까지 루인 소설의 주인공들은 한결 같이 어떤 모순과 갈등 속에서 슬프고 괴로워하든지, 병들어 죽거나 스스로 목숨을 끊는다. 이 점에 대하여 마오뚠은 오·사 운동에 적극 참여하였던 루인이 오·사운동의 퇴조와 함께 자신의 소설도 방향을 잃고 표류하면서 오직 비관하고 고민할 줄 밖에 모르는 정체된 소설가가 되어버렸다고 아쉬워하였다. 물론 마오뚠의 말대로 오·사 운동의 실패가 그녀에게 무거운 암운을 드리운 것은 사실일 것이다. 그러나 운동이 퇴조하기 이전에 쓴 루인의 소설들에도 이미 비애의 분위기가 가득하다. 벌써 오래 전부터 그녀는 인간 실존의 허무를 낮은 목소리로 이야기하였던 것이다. 『삶의 수수께끼』라는 책을 남기고 자살한 야시아(亞俠)를 그린 「어떤 사람의 비애」, 우울과 불안으로 지옥 같은 나날을 보내는 루사를 그린 「해변의 옛 친구들」, 그리고 인생은 한 편의 연극이고 인간은 그 연극에 출연하는 배우이며, 세상은 연극이 공연되는 무대로 비유되는 「장미의 가시」 등이 그 예이다. 루인은 이처럼 무상하고 덧없는 인생임에도 불구하고 아는 게 병일뿐인 지식과 찰나의 환영에 불과한 애정을 끝없이 추구하는 모순된 인간의 본질을 일찍부터 적나라하게 파헤치고 있었던 것이다.

루인의 비극적 의식은 상당 부분 생래적(生來的)인 것이다. 이는 자전적 소설 「장미의 기사」에서 '나'가 토로한, 다음과 같은 고백에서 확인된다 :

> 현재 나의 불안은 어머니의 태내로부터 유래되었다고 말할 수 있다. 나는 이제까지 살아오면서 나의 불안한 개성을 한시도 드러내지 않은 적이 없다. 나는 어릴 때부터 부평초처럼 떠돌아다니는 생활을 좋아하였고, 어느 곳에서도 반 년 이상 살면 싫증을 느껴 어떻게 해서라도 살 곳을 바꿔야 마음이 편했다. 중학교를 졸업했을 당시 나는 십여 세에 불과한 나이였지만, 그때부터 이미 편안한 가정을 떠나 유랑생활을 시작하였다.

루인이 어머니의 태내로부터 자신의 불안이 유래되었다고 한 말은 사실일 것이다. 실제로 그녀는 어머니의 어머니, 즉 외할머니가 사망한 바로 그 날 태어났으니 모친의 상심이 얼마나 컸겠으며 태내의 그녀 또한 얼마나 불안하였겠는가? 게다가 그녀는 태어나자마자 곧 한 농가로 보내져 농민의 품에서 자라다가 세 살 때 비로소 부모의 집으로 돌아온다. 그러나 그로부터 3년 후인 여섯 살 때 아버지가 돌아가시고 그녀는 또 다시 어머니, 오빠 등과 함께 북경의 외삼촌댁으로 이사하게 되었으니, 십여 세에 스스로 가정을 떠나 유랑하기 이전에도 그녀는 세 차례나 집을 옮긴 셈이 된다.

그래서 그런지 필자가 본 루인의 소설 14편 가운데 「해변의 옛 친구들」을 제외한 어떤 소설에서도 그녀의 가족에 관한 이야기가 없다. 하지만 「해변의 옛 친구들」에서 언급한 어머니도 어떤 애잔한 그리움이 배어 있지 않다. 오빠와 여동생에 관한 언급은 아예 없다. 외삼촌과 이모도 등장하긴 하지만 필자는 루인의 작품 속에서 그녀가 그들과 어떤 유대감도 갖고 있지 않음을 느꼈다. 한마디로 그녀는 태어나면서부터 가족으로부터 사랑을 받지 못하였고 그녀 또한 가족을 그리 사랑하지 않았다고 할 수 있다. 그래서일까? 대학 동창 쑤쉬에린은 처음 본 루인을 왜소한 체구에 누렇고 마른 얼굴을 한, 우울한 친구였다고 전한다. 1983년에 홍콩에서 출판된 루인 전집에 실린 그녀의 사진들을 보아도 깊고 검은 동굴 같은 눈매에 꽉 다문 입술, 그리고 착 가라앉은 표정이 보는 사람의 마음을 무겁게 가라앉힌다.

하지만 학교생활을 해나가면서 루인은 점차 매우 명랑하고 적극적인 여학생으로 변모하였는데, 이는 그녀가 학교에서 문학적 재능을 인정받고, 문학연구회 회원으로 활동하면서 사회로부터 받은 각광에 힘입은 것이었다. 또한 무엇보다 그녀 스스로 말했듯 "각박한 세상에 정신적 위안인 애정"을 얻었기 때문이었을 것이다. 하지만 파혼까지 감행하면서 운명적 결혼을 한 꾸어멍량과의 사랑은 결혼 후 2년 만에 딸 하나를 얻은 후 사별로 끝이 났다. 애정의 덧없음이 너무도 빨리 증명된 것이다. 게다가 연이어 오빠가 죽고, 절친했던 작가 스핑매이(石評梅)의 죽음까지 맞았으니 가족과 친구의 사랑도 아침이슬처럼 덧없음이 증명된 셈이다. 사랑이 한낱 덧없는 찰나의 환상임을 알면서도 루인은 여전히 사랑, 특히 남녀간의 사랑을 추구한 나머지 10여 년 연하인 총각 리웨이지엔을 만나 재혼을 하는데, 이 같은 그녀의 애정에 대한 갈구를 쑤쉬에린은 "루인의 비통한 심령이 애정의 위안을 찾기를 마치 꽃이 햇빛의 따스함을 구하는 것과 같다"고 비유하였다. 어쩌면 어렸을 때부터의 애정결핍이 더욱 그녀를 애정에 집착하게 하였을지도 모른다.

리웨이지엔과 결혼하여 처음 얼마동안은 마음의 안정을 얻었던지 앞에서 언급한 대로 신혼 시절 루인이 쓴 산문에는 정서적 안정감이 보인다. 그러나 얼마 되지 않아 그녀는 소설 「승리한 후」에서 여주인공 친즈(沁芝)의 입을 빌어 결혼에 승리한 후부터 괴로운 일이 더욱 많고 참신한 일은 적어졌다고 고백한다. 심지어 「돌아갈 곳은 어디인가」에서는 여주인공 사뤄(沙侶)의 입을 빌어 결혼생활이 마치 천상에서부터 지상으로 굴러 떨어지는 것과 같다고 토로하고 있을 정도이다.

실제로 루인은 결혼 후 대학생 남편의 뒷바라지를 위하여 생활고에 시달린 듯하다. 게다가 리웨이지엔은 남성중심적인 유약한 남편이었다. 즉 산문 「그 나약한 여인」에 그려진 루인의 남편은 이웃집의 격렬한 부부싸움도 가서 말리지 못할 정도로 유약하였고, 폭력남편을 끝내 떠나지 못하는 이웃집 여인을 두고는 "여자에게 무슨 독립심과 용기가 있겠느냐. 설사 용기를 낸다 해도 남자는 이혼하고도 근사한 배필을 만나 재혼할 수 있지만 여자는 어렵다"고 비아냥거린다. 물론 아내인 루인은 예외라고 토를 달면서 치켜세우기는 하지만 그는 아내가 도움을 요청할 때마다 책에 파묻혀 있기 일쑤고 아내의 예민한 감수성에 대해서도 '신경과민'으로 넘겨버린다. 루인이 죽은 뒤 리웨이지엔이 아내를 회상하며 쓴 글 「루인을 그리며」에도 아내에 대한 깊은 이해보다는 오히려 자기감상에 치우친 탄식과 신음이 많음을 볼 때 그는 매우 자기중심적인 사람이었던 것 같다. 실제로 루인이 죽기 며칠 전, 치명적인 고통으로 인하여 나흘 밤낮을 신음하고 있었음에도 불구하고 그는 그저 가끔 들여다보고 괜찮으냐고 묻기만 했을 뿐 병원에 데려가지 않았다. 나흘이 지난 후 그가 의식을 잃은 아내를 병원에 옮겼을 때는 이미 너무 늦은 상태였다.

리웨이지엔과의 결혼 이후 루인은 이처럼 남편의 무능과 미숙함 때문에 행복하지만은 않았을 것이다. 그렇다고 독신으로 살기도 어려웠을 것이 루인은 너무나 애정의 위안이 필요한 여성이었다. 이러한 그녀 내부의 모순과 갈등은 「돌아갈 곳은 어디인가」에서 기혼여성 사뤄도 불행하지만 미혼여성 꾸구의 삶도 행복하지 않은 모습으로 그려지고 있는 데서 발견된다. 요컨대 루인에게 있어서 결혼은 해도 괴롭고 하지 않아도 괴로운 '뜨거운 감자' 였던 셈이다.

가정생활뿐만 아니라 1930년대의 사회생활 또한 그녀를 절망과 우울로 몰아갔다. 루인이 리웨이지엔과 결혼생활을 하였던 30년대 전반기는 오·사 운동으로 결집되었던 지식인, 문인, 작가들이 공산당, 국민당, 군벌 지지파로 갈가리 찢기어 피차 공방을 끊이지 않았고, 교육계를 비롯한 사회 전반에도 분열과 반목의 암울한 구름이 짙게 드리워 있던 때였다. 그 때문에 그 어느 쪽 단체로도 치우칠 수 없었던, 또는 그 어느 쪽 편도 맘에 들지 않았던 루인의 고통과 외로움은 컸을 것이다. 그렇다고 종교가 그녀를 구원해줄 수도 없었다. 일찍부터 인간의 마음, 즉 영혼에 관심을 기울인 그녀였으니 신앙에 귀의할 소양이 충분하였음에도 불구하고 루인은 끝내 현실종교를 받아들이지 못하였다. 사실 그녀는 미션스쿨을 다녔고 교회생활도 하였다. 그러나 부흥회에서 만난 교장선생님이 감격에 겨워 그녀를 껴안고 "너도 하느님을 믿지? 내 호주머니 안에 손수건이 있는 것을 믿는 것처럼?"이라고 하였을 때 그녀는 전혀 감동하지 않았고 오히려 교장의 맹목적인 신앙에 반감을 느꼈다고 고백한 바 있다. 그 후부터 루인은 안타깝게도 어쩌면 최후의 피난처가 되었을지 모르는 신앙을 최면과 같다고 보고 우울한 무신론자의 길을 걷는다.

그 결과 루인은 「상아반지」의 여주인공 친주의 입을 빌어 "나는 모순 속에 살다가 모순 속에 죽는다. 나의 고통은 영원히 없앨 수 없다"고 말함으로써 진퇴양난, 사면초가와 같은 비극적 인생에 직면하는 것이다. 그래서일까? 루인 소설에 등장하는 주인공들의 안식처는 대부분 유한한 이승이 아니라 영원한 저승이다. 덧없는 삶이 아니라 변함없는 죽음인 것이다. 즉 「한 저술가」, 「한 통의 편지」, 「만리」, 「서창의 비바람」 등의 주인공들은 모두 죽은 후에야 비로소 평화로운 안식을 맛보고, 「아버지」, 「집주인」, 「돌아갈 곳은 어디인가」의 주인공들도 모두 "죽음이야말로 가장 아름답고 신성한 것"이라거나 "이승 아닌 저승을 믿는다"거나 "인생은 여행이고 돌아갈 곳은 죽음"이라고 입을 모으는 것이다.

어쩌면 루인에게는 이러한 인생의 비극적 실체를 깨달아 독자를 상대로 토로하는 글쓰기만이 유일한 삶의 의미였을지 모른다. 실제로 그녀는 "고통과 번민의 시기에 나는 늘 마음속에 뭔가 얹혀있는 것 같았고, 어떻게 해서라도 그것을 토해버려야 시원할 것 같았다. 나중에 문학개론, 문학사 등을 읽으니 그 안에 문예창작의 충동에 관하여 씌어져 있었고, 나는 바로 나에게 그런 충동이 있다고 느꼈기 때문에 글을 쓰기 시작하였다"고 고백하였다. 그럼에도 불구하고 죽기 얼마 전부터 그녀는 글쓰기조차도 부담스러워하기 시작한다. 급기야 그녀는 글쓰기뿐만 아니라 말하기까지도 싫어하여, 「한 침묵하는 사람」에서 그녀는 말을 거의 하지 않고 살아가는 이웃집 여인을 극구 칭송하기도 하고, 집안에서 자기에게 말을 붙이는 남편 리웨이지엔에게 "침묵이 웅변보다 위대하다"고 퉁을 줄 정도였다고 한다. 이 같은 상황을 종합하여 볼 때 루인이 생의 마지막 나흘 밤낮을 병석에서 사투하면서도 남편에게 시종 "괜찮다"고 말하며 입원을 거절한 것은 어쩌면 그녀가 내심 그 무엇으로도 위안을 얻을 수 없는 유한한 삶 대신 영원한 안식인 죽음을 원했기 때문일지도 모른다. 죽음이 과연 그녀의 뜻대로 영원한 안식처일지는 또 다른 문제이지만 말이다.

5. 재조명되는 루인의 소설

루인의 소설은 그녀가 세상을 뜬 지 2년 뒤인 1936년부터 절판되었다가 1983년에야 비로소 홍콩의 한 출판사에서 그녀의 작품들을 묶어 전집을 냈다. 중국대륙에서는 그보다 더 늦은 80년대 말에 새롭게 출판된 현대문학사에 그녀의 이름과 작품이 다시 소개되기 시작하였다. 물론 공산당에 비우호적이었던 그녀를 여전히 다소 비판적 시각으로 다루고 있기는 하지만 말이다. 그렇다면 약 50년의 공백을 딛고 루인과 그녀의 소설이 다시 살아난 배경은 무엇일까?

앞에서도 언급하였지만 중국대륙에서 여성작가로 살아남으려면 적극적으로 사회주의 발전에 이바지하거나 아니면 소극적으로 조용히 순종하며 창작하는 여성이 무난하였다. 예를 들어 띵링처럼 사회주의의 선전자를 자처하는 강인하고 대담한 성격이거나 삥신처럼 온화하고 현실수용적인 성품이 그런 대로 잘 받아들여졌다. 그 때문에 루인처럼 강렬한 개성과 솔직한 성품으로, 공산주의를 비롯한 모든 주의 주장에 비판적 안목을 갖고 어떤 권위도 거부하는 자유로운 여성작가가 설자리는 없었을 것이다. 설사 루인이 병으로 일찍 세상을 뜨지 않고 공산당 집권 이후까지 살았다 하더라도 1950년대 중반에 일어난 반우파운동(反右派運動)에서 살아남기는 어려웠을 것이다.

그러나 대략 1980년대부터 이 같은 상황은 반전되었다. 동유럽과 러시아의 공산정권이 자의반타의반으로 와해되고, 중국도 덩샤오핑 집권 이후 마오쩌뚱의 급진적 혁명 전략을 포기하고 점진적인 개혁으로 방향을 급선회했기 때문이다. 특히 1990년대 이래 중국은 시장경제에 초점을 맞추고 경제발전에 박차를 가해 마침내 세계무역기구에 가입하는 등 사실상 자본주의적 경제체제에 들어섰다. 이 같은 현상은 곧 황금만능, 뇌물수수, 부정부패라는 부작용을 낳았고, 이러한 풍조는 나날이 확산되어 오늘날의 중국은 눈부신 발전과 함께 공산당 독재, 부익부빈익빈, 사회적 불신이라는 문제점을 안고 있다. 이러한 정치, 경제, 사회적 특징은 루인이 활동하였던 1920, 30년대 중국의 특징과 매우 닮아 있는데, 바로 이러한 공통점이 그녀의 소설이 재조명되는 배경이 되었다고 할 수 있다.

또 한 가지의 변화는 1980년대 이전까지 남녀를 불문하고 강조되어 왔던 사회주의혁명을 향한 투사로서의 이미지가 서서히 퇴조하면서 능력과 개성 있는 인간형이 또 다시 각광을 받고 있다. 특히 21세기는 여성의 시대라고 할 만큼 독립적 여성의 사회진출이 활발해지고 있다. 이제껏 숨죽이며 조용히 남성을 돕는 배필에 머물렀던 여성들조차 자아를 실현하기 위하여 밖으로 나서고 있고 이러한 여성들의 삶을 그린 문학작품들도 날로 호평을 받고 있는 것이다. 그 때문에 근래 한국에서도 일찍이 가부장적 사회에 순응하는 여성이기를 거부하고 자유로운 인간임을 절규하다가 끝내 가족과 사회로부터 버림받고 한 무연고자 무료병동에서 생을 마감한 화가이자 작가인 나혜석(1896－1946)이 재조명되고 있다. 강렬한 개성과 비판적 안목을 지녔던 루인과 그녀의 소설이 새로이 각광을 받게 된 것도 이와 같은 맥락에서 이해할 수 있을 것이다.

루인 소설이 재조명되는 세 번째 이유는 묘하게도 그녀 소설의 비극성에 있다. 「슬픔도 힘이 된다」는 양귀자의 소설도 있듯이 20세기 중, 후반까지만 해도 사람들은 슬픔이나 고통을 희망찬 미래의 원동력으로 받아들이는 경향이 강하였다. 그래서 소설이나 영화를 감상할 때도 해피 엔딩을 좋아하고 권선징악(勸善懲惡)에 안도하는 분위기였다. 물론 지금도 그런 사람들이 많지만 특히 그 시절 많은 한국 사람들은 새마을운동 등을 통하여 행복한 미래의 삶을 이루기 위하여 최선을 다하였다. 중국에서는 더더욱 그러했다. 공산당의 혁혁한 완전승리를 위하여 반우파운동, 문화대혁명 등이 일어났고 완벽한 프롤레타리아 사회를 목표로 대다수 중국인이 결사적으로 분투하였다. 그러한 상황에서 절망적인 미래가 입을 벌리고 있는 불행한 인생이라든지 죽음으로 귀결되는 패배에 찬 인생을 암울한 어조로 늘어놓는 루인의 소설이 설자리가 있을 리 만무했다. 그런데 20세기 말, 특히 1990년대에 이르러 세기말적인 현대주의 또는 포스트모더니즘(postmodernism)이 세계문화의 주류가 되면서 삶의 근원적 비애를 다룬 1920년대 루인 소설이 또 다시 각광을 받게 된 것이다.

기실 삶은 죽음에 비하여 아침이슬처럼 덧없고 짧다. 또한 그 짧은 삶 속에서 행복과 성공은 불행과 실패에 비하여 너무도 금방 사라진다. 그런 의미에서 인생의 본질은 비극에 가깝다. 셰익스피어의 4대 비극과 허난설헌의 비극적 삶과 문학이 보는 이의 심금을 울리는 것도 바로 이 때문이다. 일찍이 인생의 이 같은 비극성을 간파한 루인의 소설이 근래에 다시 조명을 받고 있는 가장 큰 이유도 그녀의 소설이 바로 인간의 비극적 진실을 말하고 있기 때문이다. 이제 21세기에 막 들어선 지금, 아직 세계는 대오를 정비하여 통합된 목표를 향해 매진하고 있지 못한 듯하다. 이곳저곳에서 해체된 체제와 가치가 채 봉합되지 못하고 세기말적인 음산한 공기를 퍼뜨리고 있는 것이다. 그러나 언제부터인가 신자유주의와 세계화라는 미명 하에 이윤을 극대화하려는 신 식민주의와 상업주의가 기승을 부리고 있다. 이 같은 상황에서 인생의 비극적 진실을 심각하게 탐구한 루인의 소설은 세계제패를 꿈꾸는 전체주의적 이데올로기에 언제 또 다시 희생당할지 모른다. 어쩌면 더 이상 황금 알을 낳지 못한다는 판단이 선 출판업자들에 의하여 그녀의 소설은 이미 또 한번 사양길로 접어들었는지도 모른다.

제5장

치옹야오(瓊瑤) 소설의 대중성

1. 들어가며

많은 문학연구가들은 그간 문학연구에 있어서 주로 문학상을 받거나 그에 상응하는 문제작을 연구대상으로 삼아왔다. 다시 말해서 문학평론가들로부터 문학성이 높다고 인정받은 작가들의 작품을 대상으로 연구하는 것이 문학연구의 일반적인 현상이었다. 그러나 언제부터인가 문학연구의 전문가들이 수여하는 문학상은 받지 못하였지만 대중의 사랑을 많이 받고 있는, 잘 팔리는 문학작품들이 중시되기 시작하였다. 때문에 통속소설로 치부되던 무협소설, 판타지소설 및 애정소설이 주제의식이 뛰어나고 구성이 탁월하고 독특한 문체를 갖춘 순문학소설을 도리어 압도하고 있다. 한마디로 대중문학의 영향력이 커진 것이다. 물론 예로부터 대중은 '아문학(雅文學)'보다는 '속문학(俗文學)'을 선호하였다. 그 때문에 작가나 문학연구가도 점차 시(詩), 부(賦), 송(頌), 책(策) 같은 아문학보다 소설, 가요, 연극 같은 속문학에 대한 관심이 꾸준히 증대해온 것 또한 사실이다. 그 결과 소설에 대한 관심이 커졌고 소설도 순 소설에서 점차 대중적 인기가 높은 대중소설로 관심이 확장되고 있는 추세이다. 물론 이렇게 된 데에는 구매력을 가진 대중의 덩치가 커졌고 비디오, 영화 등 매스컴을 이용한 상업주의의 창궐이라는 배경이 있다.

아무튼 학생들에게 마음에 드는 중국의 현대소설을 선택하여 읽고 독후감을 써오라고 하면 십중팔구는 무협소설이나 애정소설을 선택한다. 그 가운데 특히 많은 학생들이 읽고 독후감을 내는 소설이 바로 치옹야오(1938－)의 소설인데, 확인해 보니 그녀 소설의 한글 번역본은 대학 도서관뿐만 아니라 일반 서점에도 매우 많이 있었다. 오십 권이 넘는 그녀의 소설 가운데 필자가 확인한 한글 번역본만도 스무 권이 넘으니 그 어느 중국의 유명한 소설가의 번역소설이 이보다 많겠는가. 대부분 남녀간의 애정을 주제로 하고 있는 치옹야오의 소설은 사실 대만과 중국 대륙에서부터 선풍적인 인기를 모았다. 단행본만으로도 기존의 순문학소설의 판매부수를 훨씬 앞지른 그녀의 소설은 1980년대부터 대만 등지에서 영화와 텔레비전 드라마로 각색되어 더욱 많은 관중의 관심을 끌었다. 우리나라에서도 1992년 SBS가 그녀의 소설 『금잔화』를 극본으로 드라마를 방영한 바가 있다.

이밖에도 『사랑이 뭐길래』, 『겨울연가』, 『대장금』 같은 텔레비전 드라마와 『다이하드』, 『람보』, 『반지의 제왕』 등 영화의 대본을 이루는 대중문학이 오늘날 폭발적 인기를 누리고 있다. 흔히 『007』 시리즈나 『글래디에이터』 같은 할리우드 영화의 특징을 '성(sex)', '폭력(violence)', 그리고 권선징악의 '행복한 결말(happy ending)'이라고 한다. 그런데 이 세 가지 요소 중에 성과 폭력을 다소 부정적 표현이라고 한다면 사랑과 힘은 상대적으로 긍정적인 표현이라고 할 수 있는데, 예를 들어 『매트릭스』 같은 영화가 바로 이 같은 사랑과 힘 및 권선징악과 사필귀정의 행복한 결말을 잘 보여주고 있다.

그렇다면 얼마 전 아카데미영화상을 거머쥔 『반지의 제왕』을 비롯하여 위에 언급한 영화와 드라마는 어째서 이렇듯 수많은 대중을 사로잡고 있는 것일까? 앞서 언급한 사랑(성)과 힘(폭력)을 바탕으로 하는 사필귀정의 행복한 결말 이외에 이 작품들은 또 어떠한 특징을 갖추고 있길래 대중의 공감대가 그리도 큰 것인가? 또한 순문학을 자처하는 문학성 높은 소설들의 판매부수를 훨씬 뛰어넘은 치옹야오의 소설은 어째서 그 같이 높은 인기를 누리고 있는 것인가? 주로 애정을 주제로 삼고 있는 치옹야오의 소설에는 도대체 어떠한 대중문학적 특징이 있어서 오늘날도 수많은 대중, 특히 동남아 젊은이들의 심금을 울리고 있는지? 본 논문은 이 같은 문제제기에 대한 해답을 모색할 목적으로 시도되었다.

2. 대중을 사로잡는 문학 특성

수많은 영화, 텔레비전 드라마, 비디오, 인터넷 영상물에 노출되어 있는 오늘날의 대중은 역사상 그 어느 시절보다 다양해진 문학의 향수자이다. 어떤 영화나 드라마도 시나리오 또는 희곡이라는 문학 장르를 벗어날 수 없기 때문에 거대한 소비자층을 형성하고 있는 대중이 무엇을 좋아하고 무엇을 싫어하는지에 대하여 작가를 비롯한 공급자 층은 신경을 쓰지 않을 수 없다. 근래의 작품들 가운데 베스트셀러 작품이나 흥행에 크게 성공한 영화 및 시청률이 높은 드라마들을 살펴보면 몇 가지 특성을 공유하고 있는데 이를 간추려보면 다음과 같다.

1) 주인공의 성공

예로부터 대중은 문학작품의 주인공이 성공하는 것을 바란다. 그 때문에 예를 들어 『흥부전』에서 가난한 흥부가 제비의 부러진 다리를 싸매주고 그 제비가 물어다 준 박씨를 통하여 부자가 된다든지, 『춘향전』에서 성춘향이 변사또에게 죽기를 각오하고 수청 들기를 거부한 끝에 이몽룡과의 사랑에 성공하는 순간 대중은 아낌없는 박수갈채를 보낸다. 또한 『홍길동전』에서 홍길동이 서자의 신분임에도 불구하고 못된 양반들에게 복수한 끝에 따뜻한 남쪽 땅에 율도국이라는 이상적인 나라를 건설하여 임금이 된다는 이야기에 대중이 그토록 매료되는 것이다. 할리우드 영화 가운데도 대중의 사랑을 받았던 『로키』에서는 무명의 권투선수 로키가 천신만고 끝에 사랑하는 사람의 격려에 힘입어 챔피언이 된다. 디즈니 만화 영화로 각색된 『뮬란』에서도 화뮬란(花木蘭)이라는 한 처녀가 다리가 불편한 아버지를 대신하여 몰래 남장하고 전쟁에 나

가서 흉노족을 무찌르고 나라를 승리로 이끌 뿐 아니라 좋아하는 남자의 사랑까지 획득한다.

대중의 사랑을 받는 작품들에 등장하는 주인공은 대체로 이처럼 일과 사랑에 다 성공하거나 적어도 한 가지는 성공하는 특징이 두드러진다. 예를 들어 『쉬리』 같은 영화에서 남한의 대북요원인 남주인공이 북한 공작원인 여주인공과의 사랑을 잃는 대신 임무를 완수한다. 그런가 하면 김용의 소설을 영상화한 『의천도룡기』에서 주인공은 의천검과 도룡도를 모두 얻고 승리의 병법을 손에 넣은 후 몽골을 물리치고 강호의 주인이 되기도 하지만, 결국 몽골 공주와의 사랑을 선택하고 권좌를 포기한다.

특히 사랑의 성공을 그림에 있어서, 어떤 대중문학은 심지어 이승에서는 얻지 못한 사랑을 저승에서 얻거나 다음 생, 또는 수 십 년, 아니 천년 뒤에라도 성사시킬 만큼 강한 집착을 보인다. 사실 이승의 삶을 전부로 보는 많은 독자의 입장에서는 남녀 주인공이 죽음으로써 사랑을 성취하는 작품이 과연 성공적인 사랑을 그린 것인지 고개를 갸우뚱할 사람이 적지 않을 것이다. 그럼에도 불구하고 사랑했던 남녀 주인공이 천년 이후에 운명처럼 다시 태어나 사랑하게 된다는 양귀자의 소설 『천년의 사랑』이라든지 남자 주인공과 여자 귀신과의 사랑을 그린 『천녀유혼』 같은 작품이 많은 대중의 사랑을 받고 있음을 볼 때, 주인공의 죽음을 불사하는 사랑 또한 생사와 시공을 초월하는 사랑의 성공이라고 볼 수 있다. 한국 텔레비전의 드라마 가운데도 이루어지지 못한 사랑을 안고 병들어 죽는 여자 주인공을 따라 남자 주인공이 죽고 마는 『가을동화』, 『천국의 계단』, 『완전한 사랑』이 높은 인기를 누린 것을 보면 사랑의 성공은 이미 생사를 초월한 듯하다.

2) 영웅 만들기

대중의 사랑을 받는 문학작품의 주인공은 대부분 미남미녀이다. 옛날의 소설에는 재자가인(才子佳人)이라 해서 재주 있는 남자와 아름다운 여자가 주인공일 경우가 많았다. 그 때문에 외모는 그리 뛰어나지 않아도 재주와 능력이 많은 남자와 재능은 그다지 빼어나지 않지만 외모가 어여쁘고 심성이 고운 여자가 주인공이 되는 경우가 많았다. 물론 현대에도 그런 남녀 주인공을 등장시키는 작품도 여전히 많다. 그러나 대부분의 문학 작품이 영화나 드라마로 제작되면서부터 특히 남녀 주인공 모두 외모가 강조되고 있음이 사실이다. 성형수술을 부추기는 외모지상주의가 또 어떻게 상업주의의 사주를 받고 있는지는 본 논문의 영역 밖의 문제이므로 더 이상 거론하지 않겠지만 분명한 것은 나날이 사람들 사이에서 외모 콤플렉스가 강화되고 있다는 사실이다. 그래서 거의 모든 작품에 나오는 남자주인공은 모두 미남이다.

아울러 여자 주인공에게도 외모만이 아니라 재주와 능력이 강조되고 있다. 아리다운 외모에 희생과 인내, 그리고 헌신으로 일관하는 요조숙녀가 아니라 예쁜 얼굴과 늘씬한 몸매에 안팎으로 혜안과 능력을 두루 갖춘 전천후 수퍼 우먼이 각광을 받고 있는 것이다. 『대장금』, 『불꽃』에서 같이 아름다우면서 동시에 능력도 있는 여주인공을 부각한 영화나 드라마가 큰 인기를 얻고 있음을 보면 이 같은 변화를 감지할 수 있다.

사실 일상생활에서도 대중은 영웅을 원한다. 정치적으로는 대통령 같은 한 나라의 지도자가 카리스마를 가지고 정의를 실현하는 영웅이기를 바라고, 재계를 비롯하여 법조계, 언론계, 학계에 대해서도 대중은 자신들을 이끌어갈 진정한 영웅을 갈구한다. 나아가 연예계에 대해서도 대중은 '얼짱', '몸짱'인 스타에 열광한다. 주로 청소년이 만들어내는 스타의 조건은 어디까지나 외모와 분위기에 국한되지만 대중이 대통령을 비롯한 각계 지도자들에게 바라는 영웅은 정의를 구현하는 카리스마를 가진 인물이다. 그래서 현실 상황이 그렇지 못하다고 판단될 때 대중은 각계의 지도자들을 비판하고 심지어 반감을 갖는다.

실제로 중국에서는 문화혁명을 일으킨 후 정치권력을 장악한 장칭(江靑), 야오원위엔(姚文元) 등이 이 같은 대중심리에 영합하여 작가들을 동원해서 이른바 혁명영웅 만들기에 전념했다. 그 결과 작가들이 집단으로 만들어내는 '본보기극'의 대본에서 형상화되는 중심 영웅인물은 언제나 완벽하고 완미해야 했다. 그렇게 완전한 혁명영웅을 형상화함으로써 작가들은 또 정치권력자로부터 영웅적 작가라는 칭호를 부여받았던 것이다. 다만 그 시절의 영웅은 권력을 잡은 정치집단에 의하여 인위적으로 만들어낸 형상이었기 때문에 일반 대중이 바라는 영웅과는 거리가 있었을 뿐이다. 요컨대 예나 지금이나 대중이 원하는 영웅은 민중에게 안정과 번영을 가져다주는 '백마타고 오는 기사'인 것이다.

3) 멋진 표현과 약간의 배울 점

영웅인 주인공의 성공을 통하여 대리만족을 느끼는 대중은 또 문학에서 평범한 일상의 대화가 아닌 뭔가 멋지고 기발한 표현을 기대한다. 그 때문에 아름다운 경치를 배경으로 주인공이 던지는 근사한 한 두 마디의 대사가 독자와 관중을 사로잡는 것이다. 예를 들어 치옹야오의 소설 『하늘 가득 채색 구름(彩霞滿天)』에서 여주인공이 사랑하는 남주인공에게 읊는 "사랑하는 두 사람은 신선이요, 달빛은 나의 면사포"와 같은 표현에 독자는 감동한다. 치옹야오의 또 다른 소설 『여자친구(女朋友)』에도 다음과 같은 표현이 있다 :

> 어쩌다 그녀가 눈을 들어서 그에게 살짝 한번 웃으면 그의 마음은 즉시 바람으로 팽팽히 부풀은 연처럼, 그 미소로 인하여 층층의 구름 속 깊은 곳으로 날아들어 갔다.

그녀가 자신의 큰 눈을 들어 그에게 미소 한번만 지으면 그는 바로 그 미소에 힘입어 마치 바람에 잔뜩 부푼 연이 깊은 구름층을 뚫고 빛나는 태양이 있는 깊은 곳으로 날아 들어가듯, 수많은 난관과 장애를 뚫고 빛나는 사랑을 성취하고야 말겠다는 의지를 담은 이 구절에서 독자는 묘한 감동을 느끼는 것이다.

텔레비전 드라마 『대장금』에서도 장금이가 수라간 시절 동무였던 금영에게 "너를 미워하고 싶지 않아. 너는 가문의 이익보다 네 자존심을 더 아끼지 않니?"하면서 진실을 밝히라고 애원하자, 금영이 "니가 내 자존심을 무너뜨렸잖아"라고 절규하는데 대해 "그건 변명이야. 자존심은 남이 무너뜨리는 게 아니라 자기 스스로 무너뜨리는 거야"라고 못을 박는 장금의 대사가 시청자를 사로잡는다.

이처럼 대중은 문학에서 뭔가 깨닫고 싶고 배우고 싶은 욕구를 해소하려고 한다. 그 때문에 『매트릭스』 같은 영화에 나오는 컴퓨터 가상공간과 그에 관한 장치와 기술 용어를 매우 흥미롭게 생각한다. 또 『실미도』를 통하여 전쟁과 남북한 관계에 관한 지식과 정보를 얻는 데 큰 만족감을 느낀다. 또한 영화 『로키』에서는 권투의 세계를 더 알기를 원하며, 『살인의 추억』을 통하여 범죄 심리와 경찰수사의 과정을 보고 싶어 하는 것이다. 드라마 『대장금』에서도 영웅시되는 주인공 장금이의 성공담과 함께 조선시대의 수라간 나인의 생활과 온갖 궁중요리의 재료와 조리과정, 그리고 의관과 의녀의 생활 및 적지 않은 한의학과 민간요법의 비방이 수많은 시청자들의 알고 싶은 욕구를 채워주었음이 사실이다. 『허준』의 시청률이 높았던 것도 한의학의 기초에 조선의 민간 의학을 발전시킨 『동의보감』의 구체적인 내용을 드라마 작가가 비중을 두어 다루었음에서 그 까닭을 찾을 수 있다.

4) 가벼우면서도 극적인 긴장감

대중의 배우고 싶은 욕구는 어디까지나 가벼운 터치 속에서 해소되어야 한다. 아무리 좋은 지식과 정보라 하더라도 최명희의 대하소설 『혼불』에서처럼 사천왕(四天王)에 관해 끝없이 이어지는 묘사와 해설을 일반 대중은 버거워하기 때문이다. 대중은 긴 묘사보다는 짤막짤막한 대사, 어렵고 심각한 분석보다는 이야기하듯 풀어내는 사건 중심의 서사를 원한다. 한마디로 지루하지 않은, 재미있는 작품을 선호하는 것이다.

그 때문에 대중문학에서 유머와 개그는 필수적이다. 『대장금』은 장금의 양아버지로 나오는 탤런트 임현식과 의관으로 분한 개그맨 지상렬의 해학적인 언행, 그리고 수라간 생각시들과 나인 및 상궁들의 쫑고까부는 연기로 인하여 대중의 인기를 더 많이 누렸다. 어딘가 어리숙하고 못난이들이 대중의 사랑을 받는 작품마다 한두 명씩 등장하는 데도 다 이 같은 이유가 있다. 모자라는 언행으로 관객을 웃겨주는 예로서는 영화 『살인의 추억』에서 피살자를 짝사랑하다가 급기야 그녀를 죽인 살인범으로 몰리는 조연 배우라든지 안방 드라마 『백 만 송이 장미』에 등장하는 남주인공의 철없는 이모나 여주인공의 집주인 같은 조연 연기자를 들 수 있다. 할리우드 영화의 경우에도 예를 들어《다이하드》의 주인공이 생사의 위기에서 터뜨리는 익살과 『라이온킹』에서 쉴 새 없이 터져 나오는 웃음과 해학은 확실히 대중문학의 매우 중요한 요소이다. 주연 또는 조연 인물들이 익살을 떠는 장면은 독자 또는 시청자가 긴장을 풀고 잠시 쉬어갈 수 있는 지점이기 때문이다. 특히 과다한 학업으로 스트레스가 많은 청소년들과 직장인들에게 유머와 개그는 분명 좋은 청량제가 된다.

이처럼 개그와 유머로 가볍게 웃으며 독자와 시청자를 쉬게 하는 것도 필요하지만 통쾌한 싸움과 거듭되는 반전(反轉) 같은 극적인 이야기 전개 또한 대중문학의 필수불가결한 요소이다. 그래서 대중문학에는 반드시 독자로 하여금 손에 땀을 쥐게 할 만큼 긴장감이 넘치는 자극적인 액션과 독자의 궁금증과 호기심을 최대한 유발하는 극적인 사건이 연속되어야 한다. 많은 무협소설과 판타지 소설 및 수많은 액션 영화들이 대중의 사랑을 받고 있는 것도 이 때문이다.

그 예로는 그간 여러 차례 영화화된 작품 『춘향전』을 비롯하여 수도 없이 많다. 먼저 『춘향전』을 일별하면 얼마나 많은 우여곡절과 액션이 있는지 잘 알 수 있다. 즉 퇴기 월매의 딸 성춘향이 원님의 아들 이몽룡과 만나 사랑을 하는 장면부터 예삿일이 아니건만 이후 서울로 떠나 소식이 없는 몽룡을 기다리던 춘향은 신임 사또의 수청을 거절하여 옥에 갇힌다. 우여곡절 끝에 거지가 되어 돌아온 몽룡이 칼을 쓰고 죽을 날만 기다리던 춘향을 또 한번 절망시키지만, 사또의 생일잔치에 암행어사로 출두한 몽룡이 사또와 손님들의 잔치 상을 뒤엎고 춘향과 극적인 상봉을 하는 것이다.

천민의 딸로서 중종 임금의 주치의가 되는 서장금의 인생역정을 다룬『대장금』또한 끊임없이 엎치락뒤치락 반전되는 줄거리와 액션으로 엄청난 시청률을 기록하였다. 즉 여주인공 장금은 천신만고 끝에 수라간 나인이 되지만 최상궁의 음모로 제주도 관비로 쫓겨났다가 다시 궁궐의 의녀가 되는 우여곡절 끝에 드디어는 정3품에 해당하는 대장금이라는 칭호를 받는다. 그 과정에서 장금의 정인(情人)으로 등장하는 민정호와 그 수하들 및 기타 무인들의 무술 액션이 사이사이에 펼쳐짐으로써 시종 시청자의 눈길을 모은다. 이처럼 관객의 스트레스를 한편으로 유머와 개그로 가볍게 풀어주고 다른 한편으로는 액션으로 시원하게 풀어주는 가볍고 편안하면서도 손에 땀을 쥐게 하는 작품 전개 방식이야말로 독자 또는 관객의 사랑을 듬뿍 받는 대중문학의 비법이라 할 수 있다.

3. 치옹야오 애정소설의 대중성

치옹야오는 본명이 천저(陳喆)로, 1938년에 출생했으니 올해로 68세이다. 원적은 호남성 형양(衡陽)이지만 태어나기는 사천성 성도(成都)에서 오누이쌍둥이로 태어났다. 그녀는 남아선호사상에 절은 부모로부터 적지 않은 설움을 받으면서 전쟁을 피하여 중경(重慶), 광서성, 상해(上海), 호남성, 광동성 등지를 전전하다가 중국이 공산화되던 해인 1949년에 대만의 대북(臺北)으로 이주했다. 치옹야오의 나이 11살 때의 일이었다. 이후 계속 대만에 살면서 고등학교 졸업 후 줄곧 습작하다가 25세 되던 1963년, 소설『창밖(窓外)』이 히트하면서 명망을 얻기 시작한다. 그녀의 소설이 대만에서 왜 그렇게 히트하였는지에 대하여는 아무래도 동서의 냉전시기, 즉 이데올로기의 첨예한 대립이 있었던 당시 중국의 상황을 들 수 있다. 그러니까 1960년대와 1970년대 중국 대륙은 문화혁명이 전개되는 시기로, 당시 중국은 한마디로 죽의 장막 안에 있었기 때문에 죽의 장막 밖에 있던 대만의 독자들에게 남녀간의 애정 같은 개인적 가치를 중시하는 치옹야오의 소설이 위안이 되었을 것이다. 더구나 대부분의 소설이 중국대륙을 배경으로 하고 있기 때문에 다시 가볼 수 없는 고향을 그리워하는 대륙출신 중국인들과 한번도 가보지 못한 대만 젊은이들의 동경을 얼마간 해소시켜주기도 했을 것이다.

아무튼 "사랑학 교사" 또는 "언어의 연금술사"라는 별명을 얻을 만큼 치웅야오는 거의 평생 남녀간의 애정이라는 주제와 이의 표현에 골몰하였기 때문에 그녀의 소설은 그냥 소설이 아닌 애정소설이라는 별호가 붙어 다닌다. 치웅야오가 왜 그렇게 애정에 집착하였는지에 대해서는 그녀의 작품과 생애를 보면 얼마간 힌트를 얻을 수 있다. 이에 대해서는 나중에 탐구하기로 하고 먼저 치웅야오 소설의 대중적 특성을 세 가지로 간추려 본다면 첫째 애정제일주의, 둘째 극적인 반전을 거듭하는 이야기, 셋째 시(詩), 사(詞)의 삽입과 신파조(新派調)이다. 이는 그녀의 소설이 일반적인 대중문학의 특성을 공유하면서도 특히 남녀간의 애정이 두드러진 결과이다.

1) 애정지상주의

많은 통속적 대중소설에 있어서 애정이라는 주제는 그 무엇보다 중시되는 테마이다. 비록 주인공이 권력과 재력과 명예까지 획득하고 자아실현을 이루었다 하더라도 사랑하는 남성 또는 사랑하는 여성이 없다면 그 모두가 무의미한 성공일 뿐이다. 그래서 성공적인 사업을 헌신짝처럼 벗어버리고 사랑하는 사람과 함께 홀연히 떠나는 문학작품의 마지막 장면은 수많은 독자를 감동시키고도 남음이 있다. 김용의 무협소설을 영화화한 『의천도룡기』에서 남주인공 장무기가 무림을 평정하고 몽골족과의 싸움에서도 승리를 거두지만 몽골의 공주와 사랑하게 되어 모든 영화를 버리고 무림을 떠나는 마지막 장면이 많은 사람들의 심금을 울린 것도 바로 이 때문이다.

치웅야오의 소설에서는 남녀간의 애정이라는 주제가 더 할 나위 없이 극대화되어 있다. 우선 도저히 이루어질 수 없는 조건의 남녀 사이의 운명적인 사랑이라는 점에서 그녀 소설의 주인공은 거의 다 애정신화를 만들어낸다. 심지어 죽음을 불사하며 애정에 집착하는 애정지상주의가 그녀 소설의 핵심 주제인 것이다.

예를 들어 1996년 한국에서 『눈물 꽃 겨울사랑』으로 번역되어 출판된 『쉬에커 : 雪珂』에서 청나라 말엽 왕족의 후예인 여주인공 쉬에커는 자신의 유모의 아들인 야멍(亞蒙)과 사랑하는 사이가 된다. 그러나 신분이 다른 이들의 결합을 인정하지 않는 부모는 이미 야멍의 아이까지 임신한 쉬에커를 해산때까지 연금하고, 해산 이후 계획대로 그녀를 신분이 맞는 집안으로 시집보낸다. 그러나 그녀는 아무것도 모르는 신랑에게 첫날밤 그 모든 사실을 고백하고 동침을 거절한 이후, 남편과 시어머니의 온갖 구박을 견디며 자신의 사랑을 지킨다. 마침내 전쟁에서 공을 세우고 금의환향한 야멍이 수소문 끝에 쉬에커를 찾아온다. 어렵사리 밀회를 거듭하던 그들은 우여곡절 끝에 그들의 딸을 보살펴 온 야멍의 어머니가 손녀를 쉬에커의 몸종으로 들여보내 가족은 극적으로 상봉하게 된다. 비록 이들은 쉬에커의 시댁에 의하여 발각되어 쉬에커의 자살로 비극적 결말을 맞지만 쉬에커의 야멍에 대한 사랑은 이처럼 죽음을 무릅쓰고 지속된다.

역시 1996년 한국에서 번역, 출판된 『죽음보다 더한 사랑』에서도 신부 몽한이 시댁의 하인인 우항과 사랑하는 사이가 되어 온갖 간난고초를 견딘다. 그러던 중 남편 정남이 살해되고 몽한은 과부가 되었지만, 그녀는 하인인 우항이 사실은 자신의 친손자임을 알게 된 시할머니가 대를 잇기 위해 손녀인 정선을 우항의 방에 처넣고 방에 못질을 하는 등의 어려운 상황이었음에도 불구하고 우항과의 사랑을 놓지 않는다. 결국 몽한은 정선이 오래 전부터 낮은 신분의 마을 총각 추양과 사랑하는 사이임을 알고 우항의 도움을 얻어 이들을 영국으로 떠나보낸 뒤, 마을 입구에 세워져 있는 선대 여인들의 정절비 앞에서 용서를 비는 절을 하고 결국 우항과의 사랑을 성사시키고 만다.

1992년에 『노을』이라는 제목으로 한국에서 번역, 출판된 『하늘 가득 채색구름』의 경우도 사랑의 승리를 그린 소설이다. 남주인공 챠오수페이(喬書培)와 여주인공 인차이친(殷菜芹)은 고향의 한 초등학교 동창생으로 서로 좋아했지만 양가 부모님의 반대로 뜻을 이루지 못한다. 그러다가 챠오수페이는 대북으로 유학을 가고 인차이친은 부모의 뜻대로 정략결혼을 하여 둘은 자연스럽게 헤어지게 되지만, 얼마 후 이혼한 인차이친을 다시 만나게 된 챠오수페이는 그녀와의 사랑을 재확인하며 둘은 동거에 들어간다. 그러나 챠오수페이에게 호감을 갖고 있는 같은 대학 교수의 딸 쑤옌칭(蘇燕靑)과 인차이친에게 몰두하는 피아니스트 관뤄페이(關若飛)로 인하여 벌어지는 두 개의 삼각관계 때문에 이들의 사랑은 위기를 맞는다. 결국 인차이친은 챠오수페이를 또 다시 떠나지만 마침내 챠오수페이의 아버지가 인차이친의 순정에 감복하여 둘의 사랑을 인정하게 되고 둘은 극적으로 결합하게 된다는 줄거리이다.

역시 1990년대에 『더 깊은 사랑』이라는 제목으로 번역, 출판된 『초승달 같은 공주(新月格格)』에서는 남녀간의 애정이 생을 거듭하며 지속된다. 즉 46세의 루윈하이(魯雲海)는 아들이 사랑하는 23세의 시에전링(謝貞鈴)과 운명적인 사랑에 빠진다. 그러나 아내와 아들로 인한 고통을 극복하지 못한 루윈하이는 스스로 전쟁터로 향하고, 남장 군인으로 그를 뒤쫓아간 시에전링은 결국 그와 함께 전사하고 만다. 전사한 두 남녀는 그 후 루윈하이의 현손(玄孫)인 루신호우와 시에전링의 증손(曾孫)인 시에윈니로 한날한시에 다시 태어나 또 한번 운명적인 사랑에 빠지게 된다. 그야말로 하늘이 정해준 인연이었던 것이다.

이처럼 도저히 이루어지기 어려운 남녀간의 무모하고 때로는 황당한 사랑에 집착하는 치웅야오의 신화적인 애정제일주의는 사실 그녀 자신이 반생 동안 몸소 추구한 애정이라고 할 수 있다. 그녀는 일찍이 고등학교 학생으로서 25세 연상인 44세의 국어선생님과 사랑에 빠졌으나 부모의 극력 반대에 부딪쳐 자살까지 기도하였다. 그럼에도 불구하고 끝내 뜻을 이루지 못한 치웅야오는 얼마 후 문학청년 칭쥔(慶筠)과 결혼하여 아들까지 두었으나 자신의 소설을 줄곧 출판해준 유부남인 출판사 사장과 또 한번 운명적인 사랑에 빠지게 되고, 결국 남편과 이혼한 그녀는 그로부터 십 수 년 후인 41세에 역시 부인과 이혼한 출판사 사장과의 재혼에 성공했다.

치옹야오의 소설에는 이처럼 그녀 자신의 애정생활이 잘 반영되어 있다. 그 때문에 비교적 이른 시기에 나온 소설에서는 남녀 주인공의 운명적 사랑이 실패하는 반면 비교적 늦은 시기에 쓴 소설에서는 성사되는 경우가 많다. 이는 젊은 시절의 그녀가 운명적 첫사랑을 이루지 못하였고, 얼마 후 결혼한 칭쥔과의 관계도 남편의 도박과 무책임으로 인하여 삐거덕거리다가 26세의 젊은 나이에 이혼으로 끝이 나는 상황과 깊은 관계가 있다. 반면에 훗날 41세의 나이로 십 수 년을 가꿔온 어려운 사랑을 성사시킨 그녀는 도저히 이루어질 것 같지 않은 사랑을 성취하는 쪽으로 방향을 바꾸게 된 것이다. 그 때문에 대부분 1980, 90년대에 출판된 소설에서는 위에 소개한 대로 두 남녀의 운명적인 사랑의 성공을 그리고 있지만 그 이전에 나온 작품의 경우는 실패로 그려진다.

1970년대에 출판된 『여자친구 : 女朋友』의 경우가 바로 그런 작품이다. 이 작품에서도 남녀 주인공은 운명적 사랑을 하기는 한다. 즉 "여자친구는 기껏해야 생활 속의 장식품"이라 콧방귀 뀌던 남주인공 까오링펑(高凌風)은 이미 결혼을 약속한 남자친구가 있는 싸샤오찬(夏小蟬)에게 첫눈에 반해 우여곡절 끝에 그녀의 사랑을 얻는데 성공한다. 그러나 가난한 홀아비의 아들인 까오링펑을 인정하지 못하는 싸샤오찬의 부모에 의하여 그녀는 미국으로 가게 되고 둘은 한동안 태평양을 사이에 두고 그리워한다. 그러다가 그녀로부터 결혼했다는 편지를 받은 후, 실의에 찬 까오링펑은 자신을 열렬히 사랑하는 패션모델 멍야핀(孟雅蘋)을 만나지만 싸샤오찬이 귀국하자 곧 다시 그녀에게 달려간다. 그러나 싸샤오찬이 남편과 함께 행복한 웃음을 웃고 있는 광경을 먼발치에서 바라보고서야 까오링펑은 그녀에 대한 사랑을 접고 멍야핀과 결혼한다는 줄거리이다.

『여자친구』는 그런 의미에서 운명적 사랑을 위하여 간난고초를 극복하고 죽음을 불사하는 애정신화를 만들어낸 작품은 아니다. 오히려 치옹야오의 그 어떤 애정소설보다 현실적인 사랑의 기쁨과 아픔, 그리고 체념이 담겨 있는 사실적인 사랑이야기다. 실제로 대부분의 경우에 있어서 사랑하는 두 남녀의 서로에 대한 사랑은 남녀가 똑 같은 강도로 그렇게 오래 갈 수는 없기 때문이다. 그럼에도 불구하고 치웅야오의 애정소설에 있어서 『여자친구』와 같은 현실적인 사랑 이야기는 극히 드물고 대부분은 남녀가 똑 같은 강도로 환상적인 사랑을 이어가는 애정지상주의 소설이 주류를 이룬다.

2) 극적인 반전이 거듭되는 이야기

앞 절에서도 언급했지만 치웅야오 소설의 줄거리는 굴곡이 매우 심하다. 엎치락뒤치락 우여곡절이 많다는 뜻이다. 예를 들어 『쉬에커』에서는 남녀 주인공을 비롯하여 모든 등장인물들이 감정을 곧이곧대로 드러내며 극적인 언행을 한다. 우선 남녀주인공의 전격적인 사랑과 이별이라든지 여주인공이 임신한 아이를 출산하고 갓 출산된 아이를 여주인공의 아버지가 죽이려하지만 어머니의 자비로 극적으로 살아난다든지, 또 여주인공이 부모의 강권을 못 이겨 시집을 가지만 신랑에게 첫날밤 자신의 숨겨둔 사랑을 고백한다든지, 잃었다고 믿었던 딸이 다시 자신의 몸종으로 들어오게 된다든지 등등. 결국 이 소설은 마지막으로 여주인공의 자살로 인하여 또 한번 극적으로 반전된다.

『죽음보다 더한 사랑』에서도 시집오는 당일에 여주인공인 신부가 신랑 아닌 다른 남자와 눈이 맞는다든가 시집 온지 며칠도 되지 않은 새색시가 시할머니의 말씀에 "안돼요"라고 나서는 당돌함으로 시작된다. 이어서 소설은 시아버지의 양아들 노릇을 하던 하인이 알고 보니 그의 친아들이라든가, 멀쩡하던 남편이 갑자기 정부(情婦)의 남편에게 살해당한다든가, 시할머니가 대를 잇기 위해 자신의 친손녀를 친손자의 방에 처넣고 방문에 못질을 한다든가 등의 놀라운 사실의 연속이라 해도 과언이 아니다. 『초승달 같은 공주』에서도 남주인공의 아들이 자신의 아버지를 사랑하는 여인을 사랑하다 못해 음독자살을 기도하고, 또 이를 자책한 남주인공이 스스로 사지로 떠난다든지, 그를 구하기 위해 여주인공이 남장을 하고 따라가 그와 상봉한 후 한날한시에 전사하는 등의 이야기가 숨 쉴 틈도 없이 전개된다. 더욱이 이 소설의 남녀주인공은 다음 생에 또 다시 한날한시에 태어나 전혀 불가능해 보이는 사랑을 성공적으로 일구어내기까지 한다.

『여자친구』의 곡절 많음 또한 다른 소설들과 대동소이하다. 즉 남주인공이 사랑하는 여인의 부모를 처음 만난 자리에서 흥분하며 자리를 박차고 뛰어나온다든가, 이제껏 부모에게 절대적으로 순종하던 여주인공이 자기 부모에게 무례하게 구는 남자친구를 따라 나가고, 다시 부모의 설득으로 다른 남자와 약혼을 하려는 여주인공을 남주인공이 또 다시 데리고 도망치는 극적 반전을 되풀이한다는 점에서 그렇다. 엎치락뒤치락 전개되는 이 소설의 이야기는 이것으로 그치지 않고 결국 남주인공이 새로운 여인과 만나 마침내 결혼하게 될 때까지 계속된다.

이처럼 극적인 반전이 거듭되는 치옹야오 소설의 우여곡절은 그녀 자신의 인생 역전과도 관계가 있다. 실제로 치옹야오의 인생 자체가 극적인 반전이 거듭되는 이야기이기 때문이다. 그녀는 중일전쟁 시기인 1938년에 태어나 아주 어린 나이부터 부모를 따라 이리저리 피난생활을 전전하였는데, 여러 번 죽을 고비를 넘기고 그때마다 기적 같이 다시 살아났다. 즉 첫 피난길에 치옹야오는 두 남동생을 놓치고 절망한 부모의 손에 이끌려 강물에 투신하였지만 극적으로 살아났다. 뿐만 아니라 잃었던 두 동생을 일주일 만에 다시 찾기도 하고, 학질에 걸려 죽을 뻔하다가 다시 살아나기도 했다. 10살 무렵에는 상해에서 두 동생을 돌보면서 초등학교를 다니다가 다시 아버지의 고향인 호남성 형양으로 갔고, 또 다시 국민당과 공산당의 내전을 피해 피난길을 떠났으며, 1949년에는 대륙을 석권한 공산당을 피해 대만으로 이주하였다.

대만의 대북에 정착한 치옹야오는 독서와 글쓰기 이외에는 별 취미가 없었기 때문에 중학교 2학년 때 성적불량으로 유급을 당했고, 급기야 대북의 고등학교에 진학하지 못하여 지방의 학교로 보내지기까지 하였다. 극도로 절망한 그녀는 16세에 학업부진과 애정결핍으로 첫 번째 자살을 기도한다. 그러다가 3년 후인 19세에는 25세 연상의 국어선생님과의 사랑이 부모의 결사반대로 이루어지지 못하고 대학에도 낙방하자 치옹야오는 두 번째 자살을 기도한다. 이 때에도 극적으로 다시 살아난 그녀는 두 번째 대학입시조차 낙방하고 집에 처박혀 있다가 문학청년 칭권을 만나 결혼하여 아들을 낳지만, 극빈의 그늘에서 설익은 둘의 관계는 삐거덕거렸고 결국 유부녀 치옹야오는 자신의 소설 『창밖』을 출판하여 대박을 터뜨린 황관출판사 사장이자 유부남인 핑신타오(平鑫濤)와 사랑에 빠진다. 이듬해인 1964년에 칭권과 이혼한 치옹야오는 유부남 핑신타오와의 사랑을 지속하였고, 이 사랑은 13년 만에 마침내 핑신타오의 이혼으로 이어졌으며, 그 3년 후인 1979년에 이들은 만난지 장장 16년 만에 결혼에 성공한다.

요컨대 치옹야오의 삶은 전쟁과 굶주림, 그리고 무관심과 애정결핍으로부터 도약하여 불가능해 보이던 애정의 성공과 대만 최고의 베스트셀러 작가로서 사업의 성공이라는 정상에 올랐다. 실제로 1980년대 이래 치옹야오는 자신의 소설을 영화화하는 영화사업에 앞장섬으로써 동아시아에 '치옹야오열'을 일으켰고 돈도 많이 벌었다. 그 덕분으로 그녀는 대북에 아방궁 같은 4층 양옥을 지어 집에서 화초와 비단잉어를 키우고 동생들을 외국으로 유학 보냈을 뿐만 아니라 자신도 그림과 가야금을 배우는 등 호사를 누리고 있다. 이 같은 호사 속에서 치옹야오는 자신이 행복하다고 느끼는 듯한데, 이 같은 행복감에 대해 『치옹야오전』에서 이렇게 고백하였다 :

> 행복이란 창작의 영감을 압살하는 것이다. 한 사람이 자신을 너무 행복하다고 생각할 때 더 이상 무언가를 추구하기가 그리 쉽지 않기 때문이다. 그렇지만 나는 절대로 창작으로 인하여 내가 이미 얻은 행복을 희생하지는 않을 것이다.

이 말을 통하여 우리는 그녀가 그간 얼마나 고단하고 불행한 삶을 살아왔는지 짐작할 수 있다. 또한 작가로서 "이제 이만하면 족하다"고 생각하는 성취감도 감지할 수 있다. 쓰고 싶은 글을 마음껏 써서 작가의 꿈을 이루었다고 여기는 포만감도 읽을 수 있다. 어쩌면 치옹야오는 그간 써온 50편이 넘는 소설 속에서 자신의 내면에 또아리를 틀고 있는 응어리와 한을 풀어내고 싶을 만큼 풀어냈기 때문에 더 이상 풀 게 없는 편안함을 느끼고 있을지도 모른다. 치웅야오의 소설은 어떤 주제에 깊이 천착한다거나 인물의 심리를 깊이 있게 분석하기보다 오히려 남녀 주인공이 언제 어디서 어떻게 만나서 운명적인 사랑을 하고 누구의 어떠한 방해 속에서 이런 저런 고통에 휩싸이다가 마침내 사랑을 성취하는 식으로 발 빠르게 진행되는 이야기이다. 그래서 나올만한 이야기는 거의 다 나왔기 때문에 더 이상 할 이야기가 없어졌다고도 할 수 있다. 손가락이 부러지는 한이 있어도 펜대를 놓은 법이 없어, 작품이 완성된 후 손가락에 붕대와 반창고가 덕지덕지 붙어 있을 만큼 숨쉴 틈도 없이 우여곡절을 만들어온 삶과 사랑에 대한 그녀의 방황, 그녀의 시행착오는 이제 끝이 난 것일까.

3) 시, 가사의 삽입과 신파조

애정이라는 절대절명의 주제를 가지고 누에가 실을 풀어내듯 일사천리로 풀어내는 치웅야오의 소설을 또 다른 면에서 살펴보면 단연 대부분의 작품 가운데 군데군데 삽입된 적지 않은 시와 가사, 그리고 신파적인 표현이 눈에 띈다. 그 시대의 많은 작가들이 그랬듯 그녀도 열 살 무렵부터 당시(唐詩)를 읽었고, 언제나 굶주린 듯 독서에 열중하였다. 그 때문에 치웅야오는 자신의 소설 속에 시를 비롯하여 사, 노래의 가사 및 속담 등의 삽입을 즐긴다. 그런가 하면 현대의 독자들에게는 어쩔 수 없이 다소 유치하고 천박하게 느껴지는 신파조의 사설도 즐기는 듯하다.

시와 사 등이 삽입된 예를 살펴보면 다음과 같다. 먼저 당시를 삽입한 경우는 『여자친구』에서 찾을 수 있는데, 이 소설에는 "푸른 하늘에 날아올라 하얀 구름을 끌어다 가슴에 품고 싶은" 남주인공을 위하여 "초탈한 감흥을 품고 불끈 날아서/ 푸른 하늘에 올라 해와 달을 끌어안고 싶네"라는 이백의 시를 끌어들이고 있다. 『죽음보다 더한 사랑』에서도 남녀주인공이 서로 다가가지 못하고 멀리서 서로를 연모할 때 "무릉인은 멀리 가고 안개만이 종루를 감싼다"는 시를 삽입하고 있다. 그러다가 둘의 사랑을 사이에 두고 너무나 많은 장애물이 겹겹이 쌓이자 이

번에는 "안개는 종루를 싸고도는데, 미움도 쌓이고 원도 쌓였어라, 돌아가면 산도 쌓이고 물도 쌓였어라"라는 시를 삽입하여 사랑의 어려움을 격조 높게 읊고 있다.

『하늘 가득 채색 구름』에는 어린 시절 여주인공이 불렀던, 1절과 2절이 모두 "하늘 가득 채색 구름"으로 시작되는 노래 가사가 삽입되어 있다. 즉 어렵사리 재회한 남녀 주인공이 술잔을 앞에 놓고 부르는 이 노래는 1, 2, 3, 4절이 모두 "잔을 들어 하늘에 물어볼까"로 시작되는데, 이 노래의 가사는 소설의 후반부에도 또 한번 인용될 만큼 중요한 주제곡이 되어 있다. 이 소설의 여주인공은 이밖에도 "아 하늘의 궁궐인가 오늘의 이 기쁨"이라든가 "그대 변치 않는다면 천리인들 두려우리" 같은 소동파(蘇東坡)의 사를 한 두 마디 인용하여 사랑의 기쁨을 마음껏 표현하고 있다.

이처럼 치옹야오는 이백의 시와 소식의 사를 부분적으로 인용함으로써 비교적 고상한 은유적 효과를 내기도 하지만, 그녀의 소설에는 현대적 문체 관념상으로 볼 때 다소 불필요해 보이는 군더더기 표현도 적지 않다. 예를 들어 『죽음보다 더한 사랑』을 보면 여주인공의 기구한 신세에 관해 한참 서술한 후에 "세상에 이렇게 기막힌 운명을 가진 여자가 있을까?"라는 군더더기 말이 붙어 있다. 이밖에도 신분이 낮은 남자를 사랑하는 시누이를 변호하는 올케가 "그녀에게는 죄가 없어요. 만약 죄가 있다면 그것은 운명과 하늘에 죄가 있는 거지요."라고 항변한다든지 주인공의 도리에 맞는 언행을 서술한 뒤, "주위 사람들이 모두 다 감동하였다"는 식의 쓸 데 없는 설명을 잊지 않는다.

『하늘 가득 채색구름』에 나오는 여주인공 부모의 언행을 묘사하는 대목에서도 현대의 독자들은 다소 쑥스러움을 느끼게 된다. 등장인물들이 마치 철없는 어린이들이 막무가내로 행동하듯 남의 말을 엿듣고, 한 걸음에 부르르 달려가서는 고자질하듯 원색적으로 말을 내뱉기 때문이다. 그런가 하면 치옹야오는 남녀 주인공의 사랑을 예찬하다 못하여 종종 감탄의 언사를 토해 놓기도 한다. 즉 『초승달 같은 공주』에서 여주인공은 청나라 황제로부터 '거거(공주)'라는 칭호를 하사받은 귀족 출신의 착하고 예쁜 금지옥엽이고 남주인공도 용감하고 헌신적이며 장중한 군 장교이니, 이들의 사랑이 어찌 아름답고 애달프지 않는가? 라는 식의 신파조 해설을 붙이고 있는 것이다. 무엇보다 연령이나 신분을 뛰어넘는 사랑이나 도저히 이루어질 수 없는 선남선녀의 운명적 사랑을 그리고 있다는 그 자체가 바로 치옹야오 소설이 신파조를 띠고 있음을 말해준다. 더욱이 불교의 윤회사상을 그 바탕 사상으로 삼고 있는 『초승달 같은 공주』에서 드러나는 윤회사상에 대한 치옹야오의 얄팍하고 평면적인 이해는 윤회나 업보에 대해 진지하게 생각하고 있는 독자를 아연하게 한다. 물론 그녀 소설을 읽는 독자의 대부분은 윤회사상에 대한 깊은 이해나 인간 심리의 복잡성과 언행의 다중성에 대한 탐구를 불필요하게 생각할지 모른다. 아니 실제로 많은 민중은 그렇게 심각한 천착을 싫어한다고 보는 편이 옳을 것이다. 그렇지 않다면 얄팍한 문학 사상 위에서 씌어진 치옹야오의 소설이 그렇게 많은 민중의 호응을 얻었을 리가 만무하기 때문이다.

원래 신파극(新派劇)에서 유래한 신파(新派)는 그 이전의 구파(舊派)에 비하면 매우 참신한 문예 표현이었다. 한국문학사상에서 20세기 초 이인직의 「혈의 누」로부터 시작되어 「치악산」, 「자유종」으로 이어졌다고 알려진 신소설처럼 신파극도 구한말까지 이어졌던 구파극의 구태의연함을 탈피한 새로운 개념이었던 것이다. 물론 21세기를 열고 있는 현대에, 신파극은 어떤 의미에서 이미 또 다른 구파극으로 전락되었다. 하지만 1930년대 말에 태어나 중국대륙에서 전쟁과 내전을 겪고 대만에서는 애정결핍과 입시경쟁을 헤쳐 나오며 청춘을 빼앗긴 채 나이를 먹은 치옹야오에 있어서 신파조는 여전히 참신한 문예기법으로 유효했을지 모른다. 실제로 그녀의 작품이 뜨기 시작한 것은 동아시아가 냉전적 사고에 휩싸이던 1960년대였기 때문에 독자의 대부분을 이루는 일반 대중의 정서 또한 그녀와 크게 다르지 않았을 것이다. 그런 의미에서 치옹야오 소설의 특징인 시와 사 및 가사의 삽입, 그리고 신파적인 부연설명은 전통과 비전통, 또는 구세대와 신세대를 잇는 교량으로서 불가피한 장치였다고도 할 수 있다.

4. 나오며

치옹야오의 애정소설은 중국현대문학사상에 있어서 원앙호접파(鴛鴦胡蝶派) 애정소설의 뒤를 잇는다고 할 수 있다. 중화민국 초인 1920년 무렵 저우서우쥐엔(周瘦鵑), 장헌수이(張恨水) 등 훗날 원앙호접파로 분류되는 작가들이 『소설월보(小說月報)』, 『소설시보(小說時報)』, 『토요일(禮拜六)』 등의 잡지에 기고한 소설의 특징을 그녀의 소설도 거의 다 갖추고 있기 때문이다. 흔히 원앙호접파의 소설 특징으로 첫째 묘사보다 서사가 강하다, 둘째 우연이 많고 파란만장하다, 셋째 남녀간의 애정을 최고로 친다, 넷째 시, 사, 고사성어 및 전고(典故)를 이용한다 등을 꼽는데 이는 치옹야오의 소설 특징과 대동소이하다. 그녀의 소설도 인물의 심리 묘사보다는 사건 중심의 서사가 강하고, 우연이 많으며 곡절이 파란만장하고, 남녀의 애정을 지상최대의 명제로 치며 시와 가사 등을 이용하고 있기 때문이다. 다만 원앙호접파 작가들이 즐겨 사용했던 고사성어나 전고 같은, 전근대적인 기법을 다소 탈피하여 현대적인 시나 노래와 함께 현대적 비유나 상징을 시도하고 있다는 점에서 약간의 차이를 드러내고 있을 뿐이다. 아무튼 원앙호접파 작가들과 치옹야오의 소설이 수 십 년의 세월을 뛰어넘어 한결 같이 많은 독자들의 사랑을 받은 것도 이들의 소설이 모두 대중적인 문학특성을 공유하고 있기 때문이다.

하지만 원앙호접파와 치옹야오의 소설이 공유하는 대중적인 문학특성이 지식인적인 또는 엘리트적인 문학특성과 얼마나 다른지는 사실 명확히 알 수 없다. 다시 말해서 순수문학과 통속문학의 경계가 모호하다는 말이다. 실제로 지식인과 대중도 분명히 구분하기 어려운데다 문학평론가들이 입을 모아 칭찬하는 문학성 높은 순수하고 고상한 소설과 일반 독자들이 많이 보고 즐기는 통속적이고 천박한 소설도 서로 간에 긴밀히 얽혀 있어서 어디서 어디까지가 순수인지 혹은 통속인지 알 수 없다. 왜냐하면 『홍루몽(紅樓夢)』이나 「메밀꽃 필 무렵」 같은 비교적 고상한 문학이 영화나 텔레비전 드라마로 각색되어 대중의 사랑을 받고 있는가 하면 매우 통속적인 대중의 이야기를 고상한 방식으로 표현한 독립영화는 오직 소수 영화동호인의 찬사를 받고 있기 때문이다.

그럼에도 불구하고 문학평론가들이 호평하고 문학상을 주는 이른바 작품성이 뛰어난 소설들이 공유하는 어떤 특징들은 있다. 그 첫째로는 설득력 있는 그럴듯한 현실감이다. 그것은 소설에 우연이 드물고 단조로우며 특별한 극적 변화가 없으면서도 잔잔한 파문이 있음을 뜻한다. 마치 많은 보통 사람들이 살아가듯 그렇게 다소 불만족스러운 현실을 투정하며 문제를 제기하면서도 특별히 다른 대안이 없어 그럭저럭 삶을 이어가는 것이다. 이처럼 엄청난 사건의 연속 없이 밋밋한 삶이 완만하게 전개되는 가운데, 소설가는 인물 성격의 다중성과 주위 상황에 대한 분석 등을 치밀하게 천착하는 묘사를 중시한다. 그래서 독자는 소설을 읽어가면서 겉으로는 별 문제 없이 어쩌면 지루하게 펼쳐지는 일상이지만, 속으로는 엄청난 생각과 감정의 회오리가 있음을 알게 된다. 이른바 문학상을 받는 문학성 높은 소설들이 대부분 다 이런 공통점을 가지고 있다.

이런 소설에는 대부분 어쩔 수 없는 비극성이 있다. 소설 속 인물들이 꿈꾸는 일과 사랑 모두가 불발로 끝나는 경우가 많기 때문이다. 그런 의미에서 이들의 인생은 진정한 의미에서 성공률이 낮다. 왜냐하면 이들이 지향하는 자아실현은 평범한 일상에 묻혀 녹이 슬어가고, 이들의 이상은 아무리 닿으려 해도 닿을 수 없는 피안일 뿐이기 때문이다. 예를 들어 장아이링(張愛玲)의 소설 『반생의 인연(半生緣)』에서 두 남녀 주인공은 서로를 지극히 사랑하면서도 가족의 방해와 서로 간의 오해 및 자존심 내세우기 등으로 어긋나게 된다. 결국 여주인공은 형부로부터 강간을 당하여 원하지 않는 임신과 출산을 경험하고, 남주인공은 다른 여자와 애정 없는 결혼을 하게 되는 것이다. 이 소설의 비극성은 셰익스피어의 4대 비극이 주는 비극성과도 흡사한데, 흔히 비극은 희극보다 더 강한 미감과 카타르시스(catharsis)를 준다고 한다. 카타르시스란 주지하다시피 사람들이 비극을 보고 그 비극적 정서에 마음을 부려놓음으로써 자신들의 울적한 마음을 정화하는 것으로, 이는 실컷 울고 나면 마음이 편안해지는 상태와 비슷한 느낌이다.

하지만 그것은 단지 일시적인 편안함일 뿐 조금 지나면 사람들은 또 다시 삶의 무게에 허덕이며 슬퍼하고 괴로워한다. 물론 그때마다 다시 비극이 주는 카타르시스에 의지하기도 하지만, 그것도 거듭되면 때로는 답답한 마음이 정화되기는커녕 더 울적해지기도 한다. 그 때문에 근래 들어 이 같이 비극적인 현실주의 소설에 환상이라는 기법을 끌어들여 환상적 현실주의(magic realism) 소설을 쓰는 작가들도 생겼다. 예를 들어 한국에서는 최인석, 신경숙 같이 비교적 젊은 작가들의 소설 속 주인공들은 엄혹하고 답답한 현실 속에서도 환상을 통하여 해방과 자유를 누린다. 다시 말하자면 엄혹한 현실을 그대로 두면서도 군데군데 현실을 단숨에 뛰어넘는 초월적 환상을 노래하는 것이다. 여기서의 환상은 남자와 여자, 아름다움과 추함, 부자와 가난뱅이, 물질세계와 정신세계, 심지어 삶과 죽음을 뛰어넘는 종교성을 띤다. 여기서의 환상은 더 이상 이룰 수 없는 불가능한 공상이 아니라 현실과 함께 실재하는 실상이 되기도 하는 것이다.

그러나 이 같이 비현실적인 세계와 보이지 않는 마음을 받아들이기 어려운 많은 사람들은 여전히 현실적이고 눈에 보이는 성취를 꿈꾼다. 대다수의 사람들이 여전히 집착하는 꿈은 어디까지나 현실적으로 이루어질 수 있을 것 같은, 그럴 듯한 꿈이다. 이들이 바라는 꿈은 바로 현실 속에서 복 받고 성공하고 행복할 수 있는 삶이다. 그 때문에 대부분의 사람들은 일과 사랑에 있어서, 즉 결혼과 사업에 있어서 실패가 아닌 성공에, 불행 아닌 행복에 집착하는 것이다. 그래서 대중적 인기를 끄는 문학작품에서는 앞서도 언급하였지만 주인공이 온갖 역경을 극복하고 영웅적인 활약을 통하여 반드시 성공해야 한다. 또한 그 과정 중에 독자 또는 시청자가 따라하고 싶은 인물들의 멋진 대사와 그럴듯한 행위가 있어야 한다. 아울러 손에 땀을 쥐게 하는 아슬아슬한 긴장감은 있지만 결코 무겁지 않은, 그래서 다가가기 그다지 어렵지 않은 상식적인 꿈도 있어야 한다.

그런 의미에서 올해로 환갑이 훨씬 지난 소설가 치옹야오의 성공적인 삶은 그 자체로서 대중문학에 등장하는 주인공의 성공적 삶과 그대로 닮아 있다. 그 때문에 사랑과 사업의 정상에 서기까지 이어졌던 자신의 파란만장한 인생을 소재로 하여 그럴듯한 표현과 가벼운 터치로 극적 반전을 거듭하는 치옹야오의 소설은 어느덧 대중문학의 전범(典範)이 되어 그간 수많은 동아시아의 독자를 매료시켜왔다고 할 수 있다.

제6장

삥신(冰心)과 그녀의 시에 관하여

1. 혜택 받은 "규수파"

삥신(1900－1999)은 복건성 복주(福州) 출신으로 원명은 시에완잉(謝婉瑩)이다. 중국현대문학사에서 삥신 하면 모르는 사람이 없을 만큼 저명한 소설가, 산문가, 시인, 번역문학가로 알려져 있는 작가가 바로 그녀다. 사실 그녀보다 10년 먼저 태어난 천형저(陳衡哲)가 그녀보다 약 2년 먼저 「하루 : 一日」라는 작품을 발표했지만 대부분의 문학사에서 천형저가 아닌 그녀가 거의 최초의 여성작가로 기술되어 있는데, 이는 물론 천형저의 문학 활동이 계속 이어지지 못했던 반면 삥신은 이후 지속적으로 작품 활동을 했기 때문인 듯하다. 아무튼 삥신은 자신보다 4년 늦게 태어난 띵링(丁玲)과 함께 중국현대문학사상 양대 여성작가의 위치를 지키고 있다. 가정적으로도 유복한 가정에 태어나 부모님의 지극한 사랑을 받았고 결혼해서도 남편과 56년을 해로하며 아들 딸 낳고 손자 손녀까지 두는 다복함을 누렸다. 게다가 한 세기에 해당하는 100살까지 사는 장수의 축복까지 받았으니 그녀는 분명 많은 여성들의 꿈인 일과 사랑을 다 성취한, 혜택 받은 여성작가로 불릴 만하다.

삥신은 20대 초에 일찍이 「문학가의 조예(文學家的造就)」라는 글을 써서 훌륭한 작가가 되기 위한 예닐곱 가지 조건을 열거하였는데 그것들을 소개하면 다음과 같다. 즉 훌륭한 문학가는 첫째 작가 부모의 문학적 소양과 둘째 수려한 대자연과의 잦은 접촉, 그리고 셋째 부자도 아니고 가난뱅이도 아닌 중산층에 속한 신분으로 형성된다. 이어서 넷째 조건으로 그녀는 광범위한 독서, 즉 다독을 들었고 다섯째로는 인간과 사회를 두루 이해할 수 있는 철학과 사회학의 탐구, 여섯째로는 번다하지 않은 교제, 그리고 일곱째로는 많은 여행 경험을 들었다.

이 같은 일곱 가지 조건에 그녀 자신의 삶에 대입해 보면 너무도 잘 들어맞는다. 먼저 그녀 부모의 문학적 소양으로 말할 것 같으면 상당한 수준이었다고 볼 수 있다. 우선 그녀의 어머니는 『부녀잡지(婦女雜誌)』, 『소설월보(小說月報)』 등의 잡지를 구독하고 있었고, 시와 문장을 쓸 줄 알았으며 그녀에게 글을 깨우쳐준 선생이기도 하였다. 또한 그녀가 처음 글을 쓰게 되었을 때 제일 먼저 읽어주기를 청한 사람도 어머니였다. 뿐만 아니라 그녀의 아버지도 딸의 글을 읽고 의견을 제시할 정도로 문학적 소양이 있었다. 게다가 그녀가 대학생이었을 때 사촌오빠가 『신보(晨報)』의 편집을 맡고 있었기 때문에 그녀는 부모만이 아니라 더 넓은 의미의 문학적 훈도와 지지를 받을 수 있는 가족 환경에 속해 있었다고 볼 수 있다. 실제로 그녀의 초기 소설과 산문은 사촌오빠의 도움으로 『신보』에 실리게 된다.

다음 자연과의 접촉으로 말할 것 같으면 그녀는 열세 살 무렵 북경으로 이사 오기 전까지 남부럽지 않은 자연환경 속에서 자랐다. 즉 4세부터 산동성 지부산(芝罘山)에 면해 있는 연대(烟台) 바다를 만끽하였기 때문에 『뭇별(繁星)』, 『봄물(春水)』 같은 시에는 바다와 산호초, 잔모래 등의 시어가 자주 눈에 띈다. 더구나 아버지가 해군 순양함 부함장이어서 주로 군영 안에서 생활했던 관계로 주위에 또래 친구들이 거의 없어 하루 종일 바다만 보고 있을 때가 많았다고 한다. 무료한 딸을 위해 그녀의 아버지는 퇴근 후 가끔 어린 딸을 데리고 바닷가를 산책하기도 하고 함께 말도 타고 활을 쏘기도 했다. 이 시절 그녀의 장난감은 인형이 아니라 삽, 모래 통, 또는 연이었고 때로는 작은 돌들을 주어다가 사기통에 넣고 귀뚜라미를 기르기도 하는 등 그야말로 자연과 더불어 살았다고 할 수 있다.

그녀는 또한 여유 있는 중산층 가정에서 자랐다. 때문에 비록 호의호식하며 떵떵거리지는 않았다 하더라도 그녀에게는 배가 고프다거나 헐벗은 기억이 없다. 이는 많은 중국 민중이 척박하고 빈궁한 삶을 살았을 그 시절, 그녀에게 가난을 모르는 여유를 가져다주었을 것이다. 또한 지나친 부로 인해 호화롭고 사치스런 삶의 늪 속에서 무력하게 허우적대며 세월을 낭비하지 않게 했다. 그 때문에 마오뚠(茅盾)은 「삥신론(冰心論)」에서 그 같은 가정환경이 그녀의 문학적 토양이 되었다고 단정한다. 그에 따르면 그녀의 가정은 그렇게 구식 가정도 신식 가정도 아니었고, 또 엄청난 벼슬을 한 세도 있는 가문은 아니었지만 그런 대로 윤택한 생활을 영위하는 관리 집안이었기 때문에 그녀의 작가적 소질이 잘 배양될 수 있었다는 것이다.

호화로운 의식주에 탐닉하는 대신 이미 4, 5세 때 어머니로부터 글자를 배운 삥신은 7세부터 할아버지의 서고를 들락거리며 독서의 즐거움에 눈을 떴다. 그녀는 맨 먼저 『삼국지(三國演義)』를 접했고 다음으로 『요재지이(聊齋志異)』에 나오는 사람과 귀신, 여우의 이야기에 홀려 몰래 목욕탕에서 훔쳐보다가 책을 물에 적시기도 했다. 또한 그녀는 『재생연(再生緣)』, 『천우화(天雨花)』 같은 이른바 청말 재자가인(才子佳人)의 우여곡절 많은 칠언체 전기소설(傳奇小說)을 읽기도 했을 뿐만 아니라 영국작가 찰스 디킨스(Charles Dickens)의 『데이빗 카퍼필드(David Copperfield)』를 읽고 눈물을 흘리기도 했다고 전한다. 이후 북경 협화여대(協和女大)의 문과 대학생이 된 그녀는 원대 희곡으로 학사학위를 받았고 또 미국으로 건너가 석사학위를 받았던 만큼 동서고금의 고전을 두루 탐독했음은 두 말할 필요도 없다.

다음으로 그녀가 중시한 작가의 조건인 사회학에 대한 이해는 사회학자인 남편 우원자오(吳文藻)를 통해 더욱 쉽게 얻어졌다. 삥신은 「문학가의 조예」라는 글을 발표한지 2년 후인 1923년, 미국유학을 위해 보스턴으로 떠나는 배에서 우원자오를 처음 만났고 이들은 6년만인 1929년에 결혼하여 각자 대학에서 중문학과 사회학을 가르쳤으니 서로간의 학문적 대화와 교류는 반평생에 걸쳐 이어졌을 터이다. 그녀 자신의 말에 따르면 문학가는 사회 각계각층 사람들의 생활을 핍진하게 그려내야 하기 때문에 사회 전반에 대하여 단순히 아는 정도가 아니라 진지한 연구를 통하여 어떤 대안을 갖고 있어야 한다. 그러기 위해서 작가는 문학 이외에 사회학과 철학을 탐구해야하는데 사회학의 경우 이처럼 남편이라는 창구를 통해 비교적 쉽게 접근한 셈이다.

여섯 번째로 빙신은 작가가 너무 많은 사람들과 번다한 교제를 하거나 일부 사람들과 너무 밀착된 관계를 갖는 것은 바람직하지 않다고 하였는데, 이는 자칫 작가가 사건의 당사자가 되어 공평무사한 시각이 흐려짐을 경계하는 뜻이다. 한마디로 그녀는 "당사자는 모른다(當局者渾)"를 금과옥조로 삼아 작가는 혼란의 와중과 어느 정도 거리를 두어야만 감정에 휩싸이지 않은 채 거울처럼 맑은 마음을 유지할 수 있다고 본 것이다. 그런데 따지고 보면 이 또한 그녀에게 연대에서 살았던 고립된 어린 시절로부터 북경에서의 번다한 사교를 즐기지 않은, 핵가족 중심의 청년 시절이 있었기에 가능한 혜택이었다. 만약 그녀의 부모가 이같은 단출한 가정이 아니라 보다 복잡한 가정환경을 조성하였다면 획득할 수 없는 조건이 되었을 것이기 때문이다.

마지막으로 빙신은 또 적지 않은 여행을 하였다. 상해, 중경, 남경, 운강(雲崗), 곤명, 광주, 귀주, 천진 등 국내 여행은 물론 20대 초반의 미국 유학을 시작으로 30대 후반에는 영국, 일본, 이태리, 프랑스, 독일, 소련 등지를 여행하였고 50대에는 인도, 일본, 스위스, 영국, 이태리, 소련 등지를 방문했으며 60대에도 일본, 이집트 등지를 방문한 풍부한 해외여행 경험을 갖고 있다. 그 시절 여성으로서 쉽지 않은 혜택을 받은 셈이다. 더욱이 이처럼 광범위한 지역을 두루 섭렵한다는 것은 오늘날에도 그리 쉬운 일은 아니고, 또 대부분의 여행경비를 자비가 아닌 국비나 공공단체가 부담한 점을 감안할 때 그녀만큼 축복받은 작가는 매우 드물다고 하겠다.

빙신이 입은 이 모든 축복 또는 혜택은 그녀가 남성중심의 권위에 순응하고 안주하는 "규수파"였기 때문에 가능했다고 보는 견해가 있다. 그녀에게 붙은 "규수파"라는 호칭은 「규수파작가－빙신여사(閨秀派作家

-冰心女士)」를 쓴 이전(毅眞)에 의하여 붙여진 것으로 규수는 문자 그대로 조신한 규방의 처녀를 말한다. 인쇄된 그녀의 사진을 보면 그 자태나 표정이 정숙하고 음전한 여성임을 느끼게 된다. 실제로 빙신은 태어나서 일곱 살 때까지 양친으로부터 남다른 사랑을 받았다. 그녀의 부모는 위로 이미 두 아이를 출산하였으나 다 잃고 세 번째로 그녀를 얻었는데 그녀 밑으로도 또 한 차례 자식을 잃는 참척의 고통을 겪었다. 이 때문에 6년 터울로 첫 번째 남동생이 생길 때까지 빙신은 그야말로 금지옥엽의 무남독녀였다. 비록 첫 남동생 이후 둘째, 셋째 남동생이 무사히 태어났지만 끝내 외동딸이 된 맏딸에 대한 부모의 사랑은 지극했다.

이 같이 부모로부터 지극한 사랑을 받으며 어린 시절을 보냈기 때문에 그녀의 부모에 대한 사랑과 믿음 또한 클 수밖에 없었다. 실제로 북경에 이사 온 이후 그녀는 어머니를 도와 가사 일을 분담하고 몸이 약한 어머니의 수발을 들고 바느질을 배우는 등 마치 결혼 준비를 하는 규수 같은 삶을 살았다. 또한 병약한 어머니를 위해 스스로 의과대학을 지원하는 효심도 있었다. 그녀의 효심은 학교 선생님들에 대한 순종으로 이어져 협화여대 입학 후에도 다른 학생들의 모범이 되기 위해서 한 목사님으로부터 세례를 받기도 한다.

이처럼 부모님과 선생님의 권위에 순응한 빙신은 오·사운동이 발발하던 당일에도 병원에서 동생의 병간호를 하고 있었다. 그녀는 일촉즉발의 심상치 않은 분위기 속에서 진보적인 학생들이 비밀리에 계획한 오사운동 당일인 5월 4일이 되기 며칠 전부터 학교에 결석계를 낸 뒤 귀 수술을 받고 입원중인 둘째 동생의 수발을 하고 있었기 때문에 북경대학생들의 데모 소식도 병문안 온 친척으로부터 전해 들었다. 그런 그녀가 5월 4일 이후 더욱 확산된 오사문화운동에 가담하게 된 것도 학교의 여학생회에서 그녀를 호출하여 서기 직을 맡기고 또 그녀를 여학생연합회의 선전조로 선발하였기 때문이었다. 그녀는 여학생연합회의 요구에 따라 오사운동을 확산하는 선전 문구를 썼고, 그녀가 쓴 글은 당시 외사촌오빠가 편집을 하고 있는 『신보』의 『신보부간(晨報副刊)』에 실리게 된다. 이 같은 그녀의 선전활동은 결과적으로는 의대지망생이었던 그녀를 이과에서 문과로 돌려놓고 훗날 작가의 길로 들어서게 하는 계기가 되기는 하지만, 아무튼 당시 그녀는 적극적으로 오사운동에 참여했다기보다 정치와 별 관계가 없는 보수적인 기독교계 대학의 학생으로서도 외면할 수 없었던 역사의 현장에 동참했을 뿐이었다.

그녀의 착실하고 조직에 순응하는 성품은 연경대학(협화여대의 후신)이 최우수 졸업생에게 수여하는 황금열쇠상을 가져다주었고 자매대학인 미국 웨슬리여대로의 유학길을 열어주었다. 미국유학 시절에도 그녀는 그곳 교수들의 요구에 순응하여 한시를 영어로 번역하는 일에 열중하였고, 자연히 석사학위 논문도 송대 여류작가인 이청조(李清照)의 사(詞)에 관한 것이었다. 3년 만에 돌아온 삥신은 얼마 지나지 않아 모교인 연경대와 청화대 중문과에서 강의를 하면서 좌익과 우익 단체 사이에서 왔다 갔다 하게 된다. 한 예를 들면 1931년『문예신문(文藝新聞)』의 기자와의 대담 중에 그녀가 좌익문예를 공격했다는 뉴스가 이 신문에 보도되자 그녀는 곧 정정 성명을 내어 사실무근임을 밝히고 얼마 후 좌익작가연맹의 기관지인『북두(北斗)』에 자신의 시를 발표한다. 사실 그녀가 좌익문예의 선동성에 대하여 그리 탐탁하게 여기지 않았기 때문에『문예신문』에 그런 기사가 났던 것이지만 그렇다고 좌익문예를 적대시하지는 않았기 때문에 서둘러 정정성명을 냈을 것이다.

1940년에도 삥신은 쟝지에스(蔣介石)의 부인 쏭메이링(宋美齡)이 웨슬리대학 동창생의 자격으로 그녀에게 중경으로 와서 부녀공작지도위원회 일을 해달라고 부탁하자 중경에 갔지만 이 단체가 지나치게 국민당 편향임을 알고 곧 임명장과 사례금을 돌려준 뒤 좌익과 우익의 문인들이 동참하는 중화전국문예계항적협회(中華全國文藝界抗敵協會)에 참가한다. 또한 1946년에는 당시 우파 교육계 인사였던 쓰투레이덩(司徒雷登)의 전기를 써달라는 제의를 수락하여 쓰던 중, 이듬해에 그가 국민당의 대사가 되자 전기집필을 주저하다가 결국 다른 사람에게 넘겨주기도 했다. 그녀와 쓰투레이덩의 이 같은 관계는 훗날 문화혁명 때 그녀에게 "국민당파 반동 작가", "쓰투레이덩의 수양딸"이라는 오명을 갖다 주지만 이 또한 공산당과 국민당 어느 편도 들 수 없었던 그녀로서 어쩔 수 없는 노릇이었을 것이다.

국민당과 공산당 간의 내전 막바지에 중국을 떠나 일본에 있던 빙신은 결국 1952년 공산화된 중국으로 돌아와 죽을 때까지 줄곧 시대의 흐름에 순응하는 삶을 산다. 그녀는 1953년 중국문학예술공작자대표대회(中國文學藝術工作者代表大會)에 참가하여 마오쩌뚱의 「문예강화(文藝講話)」와 사회주의현실주의 문학을 받아들인다. 또한 그녀는 마오쩌뚱의 공산당과 사회주의 조국을 찬양하고 린빠오(林彪)와 사인방을 비난하고 현대화를 지지하면서 반우파운동, 문화혁명, 개혁개방운동 시기를 비교적 원만하게 통과했다. 물론 죽느냐 사느냐의 기로에 놓인 격동의 중국현대사를 살았던 문인이라면 대부분 어쩔 수 없이 시대의 흐름에 따를 수밖에 없는 노릇이었지만 그녀와 함께 문련(文聯)과 작협(作協)의 간부로 활동하다가 한동안 외양간 같은 감옥에 갇혔던 띵링에 비해서 그녀가 상대적으로 덜 박해받았던 것도 그녀의 온순한 적응 능력 덕분이었다고 하겠다.

사실 그녀가 공산화된 중국에 돌아온 이래 꽤 여러 차례에 걸쳐 사회주의 조국에 대한 사랑을 표출했음에도 불구하고 문화혁명 시절 "국민당파 반동 작가"라는 오명을 떨칠 수 없었던 것은 그녀가 젊었을 때부터 견지한 사랑에 대한 굳은 믿음 때문인 듯하다. 이를 갈파한 마오뚠은 일찍이 「빙신론」에서 그녀의 '사랑의 철학'이 기독교의 사랑을 기반으로 하고 타고르의 범신론이 가미된 신비주의적이고 비과학적이며 유심론적 색채를 띠고 있다며 다음과 같이 비평하였다 :

> 기왕에 '사랑'이 우주를 창조했고 삼라만상을 조정하고 있고 인생을 인도하고 있다면, 그렇다면 볼 수 없는 '미래'라는 여신의 얼굴에 대해서 두려워해도 소용없는 일이다. 빙신 여사에게 있어서 이것(사랑)은 마치 한 알의 '청심환' 같은 것으로, 이 '청심환'은 그녀의 개인생활에서 나온 요구이기도 하고 그녀의 개인생활에서 나온 결실이기도 하다.

1930년대 초 상당수의 진보적인 지식인들이 택했던 현실주의적이고 과학적이며 유물론적 입장에 서 있던 마오뚠의 눈에 사랑의 하느님이 태초에 우주와 삼라만상을 창조하고 인간의 삶을 이끌어가고 있다든지 사랑의 여신이 과거 현재 미래를 주관하고 있다든지 하는 발상이 믿어질 리가 없었을 것이다. 그 때문에 마오뚠은 그녀가 말하는 사랑을 나약한 개인주의자의 '청심환'정도로 폄하했다. 마오뚠의 이 같은 비평 이후 사회주의를 표방하는 중국에서 삥신은 여러 차례에 걸쳐 자신의 '사랑의 철학'에 대해 자아비판 했지만 문혁이 완전히 종결될 때까지 끝내 자산계급 유심주의자라는 꼬리표를 떼지는 못했다.

2. 아무도 미워하지 않은 심지 깊은 문인

삥신은 분명 혜택 받은 규수 작가라는 면모를 지니고 있다. 그러나 그것은 그녀의 일면일 뿐 전부는 아니다. 또한 혜택 받은 사람이라고 누구나 다 그녀처럼 성취하는 것도 아니다. 혜택을 받기로는 그녀의 남동생들도 마찬가지였을 텐데 그들 중 누구도 누나만큼 이름을 떨친 사람은 없기 때문이다. 물론 사람의 가치를 명예라는 잣대로 단정할 수는 없는 일이지만 여유로운 환경에서 사람들은 오히려 더 쉽게 안주할 수 있음에도 불구하고 그녀는 결코 안주하지 않았다. 그런 의미에서 그녀가 일부 평론가에 의하여 자신에게 붙여진 규수파 작가라는 호칭을 받아들일 수 없다고 항변하는 것도 무리가 아니다.

실제로 어린 시절 그녀는 예쁜 옷을 입고 인형을 가지고 노는 대신 남자아이들처럼 군복을 입고 산과 들을 쏘다니는 선머슴아이였다. 병약했던 어머니보다 아버지를 따라 포대, 화약고, 용왕묘 등을 다니며 해병과 노동자들의 말동무가 되기도 했다. 그녀의 부모도 그녀를 아들 호칭인 "아거(阿哥)"로 불렀고 동생들도 그녀를 "형"으로 불렀다. 친척들이 그녀에게 귀를 뚫어 귀걸이를 하라거나 전족을 해야 한다고 했을 때도 하지 않았다. 이는 물론 아버지의 뜻이기도 했지만 그녀 자신의 뜻이기도 했다.

이처럼 집 밖의 드넓은 자연 속에서 아버지를 닮으려고 노력했던 그녀가 북경으로 이사한 뒤부터 점차 집 안 어머니의 딸로 변모한 것은 사실이다. 하지만 학교에 입학하기 전 약 일년간 어머니를 도와 집안일을 돌보고 바느질을 하고 동생들 숙제를 봐주던 그 시절을 그녀는 마치 해안을 따라 신나게 달리던 생명의 열차가 갑자기 시커먼 터널로 들어선 느낌이었다고 술회한다. 굴속처럼 칙칙하고 답답한 도시의 좁은 공간에서 그녀는 물론 여성으로서의 자기 자신을 인식하기 시작했고 이는 그녀에게 오히려 잊고 있던 여성의식을 일깨우는 계기가 되었을 것이다. 그러나 뼁신은 결코 신부수업을 하는 규수와 자기를 동일시할 수 없었다. 그 때문에 또래의 많은 여성작가들이 일찍 결혼하여 가사에 얽매이거나 결혼생활에 좌절하여 실의에 빠지는 모습을 보고 자신은 늦게 결혼하기로 결심했고 이 결심대로 그녀는 만 29세에야 비로소 결혼했다. 결혼 후 그녀는 비록 입으로는 여성주의를 말하지 않았지만 '남사(男士)'라는 필명으로 쓴 「여인에 관하여(關於女人)」에서 독신주의를 주장함으로써 남자의 이기심과 그에 따른 여자의 고충을 우회적으로 토로하기도 한다. 하지만 그녀 자신은 결혼 후에도 출산과 가사에 안주하지 않고 새벽부터 일어나 더욱 열심히 작품 활동을 지속했음은 물론이다. 요컨대 뼁신의 문학적 성공은 문인을 향한 뜻을 꺾지 않고 성실하게 그 뜻을 추구한 결과이지 결코 어느 날 우연히 받은 은총이거나 권위에 무조건 순응한 결과는 아니다.

자족할 줄 아는 마음과 낙천적인 성품, 그리고 가족을 비롯하여 타인에 대하여 갖는 긍정적이고 감사하는 마음 또한 성공의 윤활유가 되었다. 이 같은 성품은 「어린 시절의 자질구레한 기억(童年雜憶)」의 다음 대목에 잘 드러나 있다 :

> 나는 나의 어린 시절 생활이 즐거웠고 밝았고 무엇보다 건강했다고 생각한다. 마땅히 얻어야 할 사랑을 나는 다 얻었고 마땅히 사랑해야 할 사람을 나는 다 사랑했다. 나의 어머니, 아버지, 할아버지, 외삼촌, 선생님, 그리고 내 주위의 모든 사람들이 다 나의 사상과 감정이 정상적이고 건강한 가운데 성장하도록 도와주었다. 스무 살 이후 내가 풍상을 겪지 않았다고 말할 수는 없지만 나는 비교적 감정적으로 손상을 받은 적이 없는

> 사람이라 외부의 모든 것을 충분히 받아들일 수 있었다. 또한 인류의 앞날은 밝을 것이라고 믿는 건강한 감정이 있었기 때문에 비록 나선형으로 올라가는 길이 아무리 구불구불해도 나는 나 스스로의 사고력과 판단력을 가지고 밖으로부터 오는 침습을 극복할 수 있었다.

빙신은 이처럼 스스로의 처지와 상황에 만족할 줄 알고 행복을 느끼는 천진함을 지니고 있었다. 또한 어려움에 처할 때마다 이를 극복할 수 있다는 믿음을 결코 잃지 않았다. 이 같은 낙관적이고 긍정적인 사고방식은 그녀가 내적 외적으로 균형을 잃지 않는 깊은 심지를 지닌 문인임을 보여준다. 이는 일찍이 자신을 깊이 성찰하는 겸허한 시인의 마음을 노래한 초기 시 「시의 여신(詩的女神)」, 「만약 내가 작가라면(假如我是個作家)」에도 잘 드러나 있다. 아울러 그녀에게는 『뭇별(繁星)』에서 청년들에게 강조한 대로 끊임없이 노력하고 분투하는 도전정신이 있었다. 실제로 빙신은 팔십 세라는 고령에도 불구하고 가족들까지 말리는 뼈 수술을 받고 병원에 누워서 어린 독자들을 향하여 「생명은 팔십부터 시작된다(生命從八十歲開始)」를 쓴 뒤 "너희들의 열정적인 친구 빙신"이라고 끝을 맺는 등 노익장을 과시하였다.

일찍이 마오뚠이 그녀에게 붙여준 이래 사회주의 중국에서 문혁때까지 종종 그녀를 괴롭힌 개인주의자, 신비주의자, 유심주의자라는 딱지도 따지고 보면 부적절한 면이 있다. 먼저 그녀가 개인주의자라는 평가는 물론 그녀의 번다한 사교를 좋아하지 않는 조용한 성품과 초기 작품이 보여주듯 개인의 내적 성찰을 위주로 하는 주제를 볼 때 수긍이 간다. 그러나 빙신은 비록 적극적이고 열렬한 사회 활동가는 아니었지만 오사운동 당시에는 학생회 서기도 맡고 선전대원으로도 활약했으며 곧이어 문학연구회(文學研究會)라는 문인조직에도 참여하였다. 만약 그녀가 진정한 개인주의자였다면 중국을 떠난 린위탕(林語堂), 장아이링(張愛玲) 같은 많은 작가들과 달리 중국이 공산화될 당시 일본에 있었던 그녀가 굳이 사회주의 조국으로 돌아오지도 않았을 것이다. 설사 뿌리칠 수 없는 이유 때문에 억지로 돌아왔다고 해도 이후 문련이나 작협 등의 조직 활동을 적극적으로 하지는 않았을 것이다.

다음으로 그녀가 기독교적 사랑에 경도된 신비주의자라는 견해에 대해서 말하자면 앞에서도 언급했지만 그녀가 기독교 계통의 학교를 다녔고 또 세례도 받았던 만큼 그녀 스스로도 기독교로부터 영향 받았음은 인정한다. 하지만 그녀는 어떤 종교 의식도 중요시하지 않았고 또 미국 선교사가 선교를 위해 중국에 파견될 때 마치 무슨 야만인의 나라에나 가는 것처럼 대단한 각오를 하는 광경을 희화한 그녀의 단편소설 「사진(像片)」을 통해 볼 때 그녀의 기독교의식은 민족의식만은 못했던 것 같다. 또 과문한 소치인지는 몰라도 그녀가 교회라는 조직에 속했다는 기록은 발견하지 못했다. 이로서 볼 때 그녀가 기독교로부터 받아들인 사랑은 원수조차 사랑하라는 예수가 가졌던 인간에 대한 무조건적인 사랑이었고 이 사랑은 타고르의 범신론으로 더욱 확장되어 인간과 자연에 대한 사랑, 나아가 생명 일반에 대한 사랑으로 발전된다.

다시 말해서 그녀가 추구한 사랑은 편협하고 조건이 전제되는 그런 상대적 사랑이 아니라 종교의 벽조차도 뛰어넘는 절대적인 사랑이었다. 한마디로 아무도 미워하지 않는 사랑이었다. 그녀의 「잊지 않으리(不忘)」의 다음 구절에서 그 일단을 확인할 수 있다 :

> 나는 그저 이런 성품이다.
> 나는 평화주의를 가장할 수 없고
> 나는 철학자에도 어울리지 않는다.
> 내가 아는 거라곤
> 남이 나를 사랑하면—나 또한 그를 사랑하고
> 남이 나를 증오하면—나 또한….

타인이 자기를 사랑하면 당연히 자기도 타인을 사랑하지만 만약 타인이 자기를 미워한다 하더라도 자기는 그 타인을 차마 미워할 수 없는 그녀의 마음이 말없음표 뒤에 그대로 드러나 있다.

이러한 그녀였지만 한번도 본 기억이 없는 자신의 고모를 사랑할 수 없다고 술회한 적이 있다. 「어린 시절의 자질구레한 기억」에 따르면 그녀의 고모는 아버지의 손 위 누님으로서 어렵사리 얻은 조카인 그녀가 어린 시절 잔병치레를 많이 하자 그녀를 도교(道敎)의 사원에 데리고 가 도사(道士)의 수양딸을 삼게 하고 주잉(珠瑛)이라는 이름을 갖게 했을 뿐만 아니라 소를 한 마리 사서 도교 사원에 바치기도 했다. 심지어 고모는 그녀의 생일날마다 도사를 집안에 모시고 독경하게 하여 이른바 액막이를 했다. 그런데 재미있는 점은 이 같은 이야기를 술회하는 내용 중에 실제로 그녀가 고모를 미워했다는 구체적인 언행이 하나도 없다는 사실이다. 이 글을 읽으면 그녀의 고모는 오히려 다소 맹목적이지만 조카를 지극히 사랑한, 정 많은 아낙네라는 인상을 받게 된다. 그녀 또한 실제로 고모를 미워했다기보다 미신을 배척했던 당대 지식인의 풍조에 따라 고모가 믿은 미신을 배척했을 뿐이다. 이는 그녀가 처음 단편소설을 낼 때 고모와 연관된 "주잉"이라는 이름을 필명으로 쓸까말까 망설이다가 미신과 연관된 데다가 너무 여성스러운 이름이라서 쓰지 않았다고 고백한 대목에서 확인할 수 있다.

물론 반우파운동과 문화혁명을 겪고 마침내 개혁개방을 맞은 그녀가 쓴 글에도 일본군과 국민당, 그리고 린빠오와 사인방을 원색적으로 비난하는 구절들이 자주 눈에 띈다. 그러나 이 같은 표현은 격동과 혼란의 시대를 도저히 비껴 갈 수 없었던 현대 중국의 지식인이 내지를 수밖에 없었던 구호였을 뿐 이들에 대한 그녀 개인의 사무친 원한이 담긴 절규는 아니었다. 이로서 볼 때 그녀가 평생을 통해 일관되게 추구한 사랑은 마오뚠이 비판한 대로 현실의 두려움을 잊기 위한 '청심환'도 아니고 그렇다고 단순한 도피처도 아닌, 생명 일반에 대한 진실한 사랑이었다고 할 수 있다.

사랑은 마음에서 나온다. 그런 의미에서 삥신은 마오뚠이 지적한 대로 유심주의자일 수 있다. 사실 얼음처럼 투명한 마음으로 해석되는 삥신(冰心)이라는 이름 안에 들어 있는 마음 심 자를 볼 때마다 그녀의 현재의식과 잠재의식을 채우고 있는 한마음을 느끼게 된다. 또 『삥신전집자서(冰心全集自序)』에서 그녀가 필명을 지을 때 필획이 단순하고 또 자신의 원래 이름인 완잉(婉瑩)의 끝 글자인 투명한 옥돌 영(瑩)의 의미를 담을 수 있는 글자를 택했다고 하는데 그녀의 이름 끝 자인 '영'에 사실

마음 '심'의 의미는 없다. 이렇게 볼 때 객관적이고 과학적인 유물론자들의 눈에 '삥신(冰心)'은 분명 주관적이고 비과학적인 유심론자의 이름이다. 하지만 진정한 사랑의 마음에서 볼 때 주관과 객관, 과학과 비과학, 심지어 유물과 유심의 이분법은 존재하지 않는다. 많은 마르크스 레닌주의자와 모택동주의자가 객관과 과학과 유물의 극단에 서서 저지른 수많은 학살과 음모를 상기하면 이원론의 흑백논리에 의거하여 자행된 계급투쟁이 얼마나 반인륜적이고 비인도적인지 알 수 있다. 그녀가 유심적 관점을 가졌다고 한다면 그것은 유물적 관점의 반대편을 의미하는 것이 아니라 유물과 유심을 아우르는 통합적인 힘으로서의 사랑의 마음을 의미한다. 그렇지 않았다면 삥신은 이원론의 양극에 서서 서로 탓하고 미워하고 심지어 서로 죽이고 죽는 아수라장을 묵묵히 견디고 다시 소생할 수 없었을 것이다.

3. 삥신 문학의 꽃－시

삥신은 20세부터 거의 90세 무렵까지 각각 수 십 편의 소설과 시, 그리고 수 백 편의 산문 및 약간의 번역 작품을 남겼다. 이는 그녀의 연표에서 대략 헤아려본 편수로서 실제로는 훨씬 더 많은 작품을 썼을 것이다. 그럼 먼저 「두 가정(兩個家庭)」으로부터 「빈 둥지(空巢)」에 이르기까지 수 십 편에 달하는 소설을 살펴보자. 그녀의 초기 소설은 당시 이른바 문제소설로서 많은 평론가들의 주목을 받았고 특히 81세에 쓴 「빈 둥지」는 전국우수단편소설상까지 받았지만 다른 소설가들의 작품과 비교할 때 썩 빼어난 소설이라 보기 어렵다. 심하게 말하자면 그녀의 소설은 진지한 메시지에 비하여 긴장감 없이 밋밋한 구성에다가 문체도 독특한 맛이 없이 너무 단순하고 평이한데, 이에 대해서는 물론 앞으로 더 연구가 이루어져야 할 것이다. 다음으로 그녀의 번역 작품을 보면 1931년 칼릴 지브란의 「예언자(先知)」를 비롯하여 타고르의 시와 단편소설, 인도 동화와 네팔 시, 한국 시, 그리고 1988년 89세의 고령에 번역한 「타고르회상록(泰戈爾的回憶錄)」 등이 있다. 그러나 양도 적고 또 작품을 구하기도 쉽지 않아 번역문학가로서의 그녀에 대한 평가는 잠시 유보하기로 한다.

「신보… 학생… 노동자(晨報… 學生… 勞動者)」(1919)로부터 「기쁘게 읽은 『염제와 황제의 자손』(喜讀 『炎黃子孫』)」(1988)까지 수 백 편에 달하는 그녀의 산문은 양으로 보면 단연 첫 손가락이 꼽히는 장르이다. 「산문에 관하여(關於散文)」에서 그녀 자신도 산문을 가장 좋아하는 문학 장르로 여겼던 만큼 그녀의 산문을 읽은 독자 또한 편안함과 친근함을 느끼게 된다. 특히 마치 옛날이야기를 하듯 조근 조근 자상하게 들려주는 문체에서 우리는 그녀의 소박하고 다정한 마음을 읽을 수 있다.

주로 신변의 자잘한 이야기를 솔직담백하게 표현한 그녀의 산문을 보면 내용적으로 또 문체적으로 전기와 후기로 나눌 수 있다. 물론 중화인민공화국의 수립, 문화혁명, 또는 개혁개방을 분기로 하여 더 세밀하게 분류할 수도 있겠지만 여기서는 대략 반우파운동이 표면화되는 1953년 무렵을 경계로 하여 그 이전과 그 이후로 나누기로 한다. 먼저 전기 산문을 보면 일찍이 1921년에 쓴 「문예총담(文藝叢談)」에서 삥신은 문학의 개성을 강조하였다. 즉 개성을 발휘하고 자기 자신을 표현할 수 있는 문학만이 진짜 문학이지 성인군자의 말이나 고사성어를 마구 끌어다 쓰는 글은 문학이라고 인정할 수 없다는 입장이었다. 정치적 입장이나 관점도 1949년 이전까지는 앞 절에서 언급한 대로 공산당편도 국민당편도 아닌 중간자의 태도를 가지고 있어서 어찌 보면 그녀 자신이 나약한 지식인의 표본이기도 했다. 문체 또한 다소 현학적이고 어려운 단어나 복잡한 표현이 자주 눈에 띈다. 물론 시대적으로 더 옛날이라 사용된 언어와 문자가 더 난해할 수는 있다. 하지만 이 시기 그녀의 산문이 시대적 한계 말고도 지식인이라는 신분적 한계를 지니고 있음을 부인하기는 어렵다.

이에 반해 후기 산문의 문체는 사전 없이도 읽을 수 있을 만큼 쉬워진다. 사용하는 언어도 단순 명료하고 표현도 군더더기가 없이 깔끔하다. 특히 오랜 절필 후 1979년부터 다시 쓰기 시작한 산문은 마치 물이 흐르는 듯한 자연스러움이 있고 여유와 미소가 있다. 그러나 내용면으로 볼 때 그녀의 후기 산문은 1960년에 발표한 「반제국주의투쟁을 철저히 진행하자(把反帝國主義鬪爭進行到底)」처럼 정치색이 짙어진다. 사회주의 현실주의 문학을 접수한 이래 그녀는 자신이 지고 있는 자산계급의 무거운 보따리를 하루 빨리 내려놓기 위해 처절한 자아비판과 사상개조를 다짐했다. 이는 그녀뿐만 아니라 다른 모든 문인들이 공산당의 선전대원이 될 수밖에 없었던 당시의 시대적 상황이 그대로 반영된 결과다. 그 때문에 삥신은 1979년에 쓴 「아동문학 종사자의 임무와 아동문학의 특징(兒童文學工作者的任務與兒童文學的特點)」에서조차 "사랑에도 계급이 있다", "아동문학작품을 창작하는 사람은 혁명현실주의와 혁명낭만주의를 견지해야 한다"는 등 공산당 문예정책담당자들이 주입시킨 구호성 발언을 한다. 이 같은 변화는 타의에 의해 세뇌당한 결과라기보다 그녀 스스로의 뜻에 의해 적응하고 수긍한 결과일지도 모른다. 아무튼 자의반 타의반으로 변화된 그녀는 자신의 어린 시절을 회상할 때도 조부의 문학적 소양이나 집안에 붙어 있던 대련(對聯)의 문구를 들먹이던 이전과 달리 자신의 증조부가 사실은 빈농 출신이었다거나 원래 자기 집안은 일자무식이었다거나 심지어 자신의 증조모가 자살을 기도했다는 등의 계급성 발언을 하기까지 이른다.

산문만큼 많은 양은 아니지만 시는 그녀 문학의 꽃이라 할 만하다. 삥신 문학의 주제인 동심, 모성애, 자연, 심령이 가장 잘 부각된 장르가 바로 시이기 때문이다. 뿐만 아니라 위에훙즈(岳洪治)가 엮은 『現代十八家詩』에 현대시인 18명의 시를 선정할 때 여성으로서 유일하게 그녀의 시가 뽑혔음을 볼 때, 중국현대시사에서 그녀의 시가 차지하는 비중이 큼을 알 수 있다. 삥신은 비록 전 생애에 걸쳐 시를 쓰긴 했지만 1953년 이후의 시는 접하기도 쉽지 않을뿐더러 산문이 그랬듯 중국에서 그때 이후부터 목적이 없는 순수한 시가 창작되기는 어려운 상황이 전개되었기 때문에 여기서는 정치적 입김을 받지 않은 그녀의 초기 시만을 대상으로 하여 살펴보기로 한다.

그녀의 초기 시들 가운데 특히 『뭇별(繁星)』, 『봄물(春水)』 등 두 시집에 실린 소시(小詩)는 촌철살인(寸鐵殺人)의 압권이다. 어떤 사람은 그녀가 쓴 두, 세 행에 불과한 짧은 소시가 일본 하이꾸(俳句)의 영향이라고 하지만 그녀가 발표한 「『뭇별』과 『봄물』을 쓰게 된 경위」에 따르면 오히려 타고르의 시집 『비조집(飛鳥集)』을 본 후 시를 쓴다는 생각도 없이 떠오르는 자잘한 단상을 펜으로 옮긴 결과가 이 단시(短詩)들이었다고 한다. 아무튼 아무런 채색도 가하지 않고 어떤 인위적인 과장이나 수식도 없이 오직 맑고 담백한 필묵으로 인생과 자연을 있는 그대로 드러내고 있는 그녀의 소시는 당시 시단에 '삥신체(冰心体)'를 유행시켰을 만큼 독자의 심금을 울리기에 충분하다.

이 소시들을 비롯하여 「시의 여신(詩的女神)」, 「만약 내가 작가라면(假如我是個作家)」, 「잊지 않으리(不忘)」, 「향수(鄕愁)」, 「이 꽃송이를 밟지 마라(別踩了這朶花)」, 「비온 후(雨後)」, [『지난 일』 서시(『往事』 序詩)] 등 초기 시들의 주제를 좀 더 압축해 보면 첫째는 작고 여린 것을 품는 어미의 사랑이고 둘째는 마음의 창으로 보는 계시이다.

이를 간략히 살펴보면 먼저 "신대륙을 창조한 것은/ 저 도도한 파도가 아니라/ 그 아래의 잔모래다"(『뭇별』), "약하고 작은 풀아/ 뽐 좀 내보려마/ 너만이 이 세계를 두루 장식하였다고."(『뭇별』), "평범한 웅덩이에/ 석양이 비치면/ 금 바다로 변한다"(『봄물』)에 묘사된, 작은 풀, 평범한 웅덩이의 위대성이다. 또한 발밑의 꽃송이(「이 꽃송이를 밟지 마라」)와 천진한 어린이(「비온 후」) 같이 작고 여린 것에 대한 사랑이 그 첫 번째 주제다. 이를 위하여 그녀는 자신을 어린이와 동일시하거나(「향수」) 앞 못 보는 맹인과 동일시하여(「『지난 일』 서시」) 자식 위에 군림하는 아버지로서가 아니라 자식과 동무가 되는 어미로서의 사랑을 보여준다. 그 때문에 삥신은 자신의 시가 지식인에게는 무시되더라도 어린이와 농부, 또는 다소 모자라는 아낙네가 듣고 나서 생각할 수 있고 동감할 수 있기를(「만약 내가 작가라면」) 바라는 것이다.

두 번째 주제인 마음의 창으로 보는 계시는 마치 잠언과도 같다. 이는 『뭇별』의 구절들인"총명한 사람아!/ 경계해야 할 것은/ 우울할 때의 문자이고/ 유쾌할 때의 언어이다"라든가 "면류관?/ 그것은 잠시의 광휘이고/ 영원한 속박이다", 또는 "하찮은 시구는/ 학문의 바다 가운데의 한 점 물보라일 뿐이다/ 그러나 그것들은 번득이는 빛을 띤/ 뭇별처럼 심령의 하늘에 상감된다" 등에서 찾을 수 있다. 이 밖에 "동정에도 허위가 따르고 애정에 모함이 따르는 이 세상"(「『지난 일』 서시」)이라든가 "시의 여신이 깊이 생각하는 사람의 창밖을 지나가기를 희구하는" 마음(「시의 여신」)을 통하여 빙신은 금언이나 격언을 방불케 하는 지혜의 빛을 밝히기도 한다. 이는 그녀가 훗날 미국, 영국, 일본 같은 강대국의 문학보다도 아메리칸 인디언의 민간고사나 레바논, 시리아, 네팔, 심지어 한국 같이 당시 상대적으로 약소국가이지만 영혼의 향기가 짙은 나라의 시를 즐겨 번역한 경력과도 무관하지 않다.

주어루(卓如)가 발표한 「빙신의 창작에 관한 이야기(漫談冰心的創作)」에서 그녀가 자신의 시에 대해 자평한 바에 따르면 자기는 『뭇별』, 『봄물』의 소시보다는 오히려 「『지난 일』 서시」와 「한 마디(一句話)」를 좋아한다고 한다. 그 이유는 시의 시다움은 단순히 길이의 길고 짧음이 아니라 시적 운율과 격조를 구비했느냐 아니냐에 의하여 판별되기 때문이라는 것이다. 그런 의미에서 볼 때 특히 「한 마디」는 내용면이나 형식면에서 그러한 시적 외모와 향기를 갖춘 시다. 이 시는 그녀가 미국 유학 시절 그녀의 여자친구로부터 마음에는 없지만 부모님이 좋아하는 번듯한 집안의 한 남자와 결혼을 해야 할지 한 마디 해달라는 편지를 받고 "해도 좋잖아(可以嘛)"고 답장한지 십 수 년 후에 결혼한 지 얼마 되지 않은 그 친구의 부음을 듣고 쓴 것으로, 그 전문을 소개하면 다음과 같다:

그날 호수는 아득히 옅은 그늘
축축한 안개가 발랄한 물고기를 뒤덮었었지.
동풍이 차분히 내 어깨를 어루만지며
"잠깐만, 너는 우선 그 한마디를 하지 마라!"

그날 밤 하늘은 촘촘히 어지러운 별
나무 끝에는 예쁜 새 한 쌍이 깃들어 있었지.

남풍이 희롱하듯 내 뺨에 기대며
"끝났어, 너는 결국 그 한마디를 해버렸잖아!"

그날 밤 호수는 비통하게 밝은 달
수면엔 반짝이는 가을반딧불이 비껴 날고 있었지.
서풍이 부드럽게 내 입술을 누르며
"어째서 너는 아직 그 한마디를 생각하니?"

오늘 하늘은 휙휙 부는 모래바람
바람 속에 짝 잃은 까마귀가 슬피 우짖고 있네.
북풍이 엄하게 내 눈을 문지르며
"늦었어, 너는 그 한마디를 거둬들일 참이니?"

모두 16행으로 구성된 이 시는 완벽한 대구와 반복, 그러면서도 점층적으로 고조되었다가 사그라지며 여운을 남기는 감정의 표현이 빼어난 시이다. 먼저 대구의 예를 보면 각 연, 각 행의 글자 수는 물론이고 품사와 동의어(대의어)도 척척 들어맞는다. '호수, 하늘', '낮, 밤', '동풍, 남풍, 서풍, 북풍', '물고기, 새, 반딧불이, 까마귀', '어깨, 뺨, 입술, 눈' 등 명사의 대구가 있고 '뒤덮었었지, 깃들어 있었지, 비껴 날고 있었지, 슬피 우짖고 있네'와 '어루만지며, 기대며, 누르며, 문지르며' 같은 동사 대구가 있다. 또한 이 시의 제목이기도 하고 각 연마다 한번씩 모두 네 번 반복되어 나오는 '한마디'는 앞서 시인이 스스로 밝힌 대로 "해도 좋잖아"이지만 보는 사람에 따라 그 의미가 달리 해석될 수 있는 여지를 남기고 있어 시적인 완성도를 한층 더 높여주고 있다.

그녀가 30대 후반(1936년)에 쓴 이 시는 20대 초반에 쓴 시들과 달리 주제의 함의가 풍부하다. 즉 『뭇별』, 『봄물』을 비롯한 초기 시에서 볼 수 있는 작고 여린 생명을 품는 어미의 사랑이라든지 마음의 창으로 보는 어떤 계시 같은 확실한 메시지가 잡히지 않는다. 대신 운율이 있어 음악적이고, 회화가 있어 미술적이고, 구조가 있어 건축적인데다가 손에 잡힐 듯 잡히지 않는 아슬아슬한 미감을 갖춰 여백의 맛과 멋을 느낄 수 있는 세련된 기법이 돋보인다. 그런 의미에서 「한 마디」는 그녀가 좋아할 법한 시로, 그녀의 시 가운데 가장 시적 향기가 높은 시라고 할 수 있겠다. 요컨대 삥신의 시는 비록 산문에 비해서 그 양은 적지만 그 내용과 형식면에 있어서 다른 어떤 장르보다도 그녀의 문학적 향기가 짙은 꽃이라고 할 수 있다.

4. "삥신 외할머니"

따이허우잉(戴厚英)이나 티에닝(鐵凝) 같은 후배 여성 작가들은 삥신을 만나면 "외할머니(姥姥)"라는 호칭을 써서 부를 만큼 그녀에게서 자상하고 다정한 분위기를 느낀다고 말한다. 일찍이 미국에 유학하고 귀국하여 북경대학, 청화대학 등에서 학생들을 가르치고 수많은 문학작품을 발표했고, 세계 여러 나라를 두루 여행했고 타고르(Rabindranath Tagore) 버지니아 울프(Virginia Woolf) 등과 교제했을 뿐만 아니라 문련(文聯) 부주석, 작협(作協) 이사까지 역임한 그녀에게서 그들은 뜻밖에 소박하고 검소한 인상을 받았던 것이다. 그녀보다 조금 나이가 많지만 그녀와 마찬가지로 젊은 나이에 미국에 유학하고 거의 최초의 현대소설을 쓴 천헝저(陳衡哲)는 여성 문필가 내지는 학자로 기억되고, 또 그녀보다 조금 어리지만 공산당에 입당하여 열렬한 투쟁정신과 작가정신을 드날린 띵링(丁玲)은 여성 혁명전사로 기억되는데 왜 유독 그녀만은 인자한 외할머니의 이미지를 갖고 있을까?

그 이유는 아마도 그녀가 거의 평생 동안 어리고 슬프고 외로운 사람들에 대한 사랑을 견지한 데서 찾을 수 있을 것 같다. 이는 그녀가 『삥신전집(冰心全集)』 자서에서 밝힌 대로 평범하고 소소한 사물과 역시 평범하고 소소한 사람들에 대한 굳은 믿음과 끝없는 동정을 끝내 잃지 않았기 때문이다. 「어린 독자에게 부침(寄小讀者)」을 비롯하여 거의 평생 동안 어린이를 상대로 또는 천진한 동심을 주제로 글쓰기를 좋아했던 삥신은 언제나 스스로 눈높이를 연약한 생명에 맞추었다. 그래서 「향수」에서처럼 때로는 어린이가 되고 「『지난 일』 서시」에서처럼 때로는 맹인이 되어 어린이와 노약자 곁에서 이야기를 건네고 있다. 실제로 삥신은 지식인으로서는 드물게 이론과 실천이, 언어와 행위가 맞아 떨어지는 언행일치의 삶을 살았다.

그녀의 인자한 외할머니 이미지의 다른 한편에는 프로 문인으로서의 이미지가 있다. 만약 그녀에게 문인으로서의 프로의식이 없었다면 거의 70년에 걸쳐 작품 활동을 하지는 못했을 것이다. 또한 그녀에게 작가로서의 긍지가 없었다면 팔순이라는 고령에 쓴 단편소설 「둥지」로 전국우수단편소설상을 받지도 못했을 것이다. 물론 이 상은 후배작가들의 대선배작가에 대한 예우 차원에서 수여되었을 수는 있다. 하지만 70년을 살기도 어려운데 70년간 작품을 썼다는 것은 분명 쉽지 않은 일이다. 비록 그녀가 말년에 쓴 글들은 서문이나 후기가 대부분이지만 「생명은 팔십부터 시작된다(生命從八十歲開始)」를 쓰며 그 후로도 한참동안 노익장을 과시한 그녀의 작가정신은 본받을 만하다.

그럼에도 불구하고 순전히 문학적 관점에서 볼 때 그녀의 작가의식에는 치열함이 다소 결여되어 있음을 부인하기 어렵다. 어떤 의미에서 문학을 향한 결사적인 전력투구라고 할 수 있는 이 치열함을 우리는 그녀와 동시대를 살았고 같은 복건성 출신 루인(廬隱)에게서 발견할 수 있는데 반하여 그녀에게서는 그런 악전고투의 흔적을 발견하기 어렵다. 물론 어떤 작가가 주어진 상황에 정면도전하며 악전고투하다가 요절(夭折)해야만 반드시 치열한 문학 혼을 불태운 작가라고 단정할 수는 없을 것이다. 하지만 한국문학의 금자탑이라고 할만한 『혼불』의 작가 최명희가 마치 자신의 살과 피로 한 글자 한 글자를 써나가듯이 작품을 쓰다가 40대 후반에 생을 마감했음을 볼 때, 작가가 작품을 쓰는데 있어서의 어떤 치열함에는 분명 작가의 삶을 소진시키는 무엇이 있다고 말할 수 있다. 마치 작가 자신의 몸을 제물로 바쳐 위대한 작품을 얻듯이 말이다.

과문한 소치인지는 모르지만 삥신은 70년의 문학 활동 기간 중 단 한 편의 장편소설도 쓰지 않았고 그녀가 남긴 작품들도 유일한 중편소설인 『타오치의 여름 일기(陶奇的暑期日記)』를 빼면 모두 짤막한 단편과 산문들이다. 산문도 자전이나 자서 또는 후기가 대부분이다. 물론 문학상이 반드시 작가의 문학성을 보장하지는 않지만 빙신은 「빈 둥지」로 일구팔십년전국우수단편소설상을 받은 것 말고는 어떤 문학상도 받은 적이 없다. 그녀가 받은 이 상조차도 앞에서 언급했듯 작품 자체의 문학성 때문이라기보다는 '중국현대문학의 대모'에 대한 예우 차원에서 수여되었을 가능성이 높다. 그러나 어쩌면 이처럼 치열한 작가의식이 다소 결여된 반면 엄청난 적응력과 긍정적이고 낙관적인 인생관을 견지했기 때문에 그녀는 오히려 백 살 동안 장수면서 70년이라는 긴 문학적 수명을 누리지 않았을까?

제7장

샤오홍(蕭紅)의 삶과 문학

1. 들어가며

샤오홍(蕭紅)의 본명은 장나이잉(張乃瑩)으로 1911년 흑룡강성(黑龍江省) 호란현(呼蘭縣)에서 태어나 1942년 홍콩에서 서른한 살이라는 젊은 나이에 병사했다. 그녀는 필자가 이제껏 다뤄온 어느 작가보다도 가장 일찍 죽었고 가장 비극적 삶을 살았던 여성이다.

물론 삶의 비극성에 객관적인 기준은 없다. 그래서 이 사람의 삶이 저 사람의 삶보다 더 비극적이다라는 평가는 애시 당초 불가능할지 모른다. 그만큼 행복이나 불행은 주관적이고 절대적인 느낌이라는 뜻이다. 그럼에도 불구하고 샤오홍의 삶을 가장 비극적으로 꼽는 데는 몇 가지 이유가 있다. 먼저 비교적 부유한 집안이었지만 그녀의 학력은 중졸에 불과했고, 가출하여 두 남자와 차례로 동거한 끝에 사창가에 팔릴 뻔했던 것, 한 남자의 아이를 임신하여 출산한 후 갓 낳은 아이를 남에게 넘겨주었을 뿐만 아니라 또 다른 남자의 아이를 출산하자마자 잃었다는 것, 그나마 그녀를 사랑했던 몇 안 되는 사람들과도 결국 일찍 사별하거나 이별했다는 것, 마지막으로 젊은 나이인 31세로 요절했다는 것 등이 그 객관적인 이유이다. 무엇보다 샤오홍 스스로 생전에 자신의 울울하고 절망적인 심정을 자주 토로했다는 점이 그 결정적인 이유이다.

샤오홍은 35세에 병사한 루인(廬隱)보다도 일찍 죽었고 대학시험에 두 차례 낙방한 끝에 결국 대학 입학을 포기한 치옹야오(瓊瑤)보다도 학력이 낮다. 또한 일찍 아버지를 잃고 외삼촌의 미움을 받아 가출한 띵링(丁玲)이 어머니 및 다른 남자들의 사랑과 지원을 받은 것과 달리 샤오홍은 첫 번째 가출로 인하여 집안에 감금당하고 두 번째 가출 후에는 급기야 호적에서 제명될 만큼 가문으로부터 철저히 배척당했다. 물론 중국이 공산화되기 훨씬 이전인 1942년에 생을 마감했기 때문에 삥신, 띵링, 천롱, 장지에, 수팅, 티에닝 등 중국대륙의 중견작가들이 문화혁명 시기에 공통적으로 겪은 시대적 고통을 겪지는 않았지만 어린 나이에 추위와 굶주림 및 가까운 사람들의 멸시 같은 고통을 그녀만큼 받은 작가는 아마도 드물 것이다.

그럼에도 불구하고 샤오홍은 수 십 년 간 중국현대문학사에 1930년대 후반에 활약한 빼어난 동북방 출신 항일작가로 기록되어 왔다. 하지만 개혁개방 이후부터는 중국문학연구가들 사이에서 그녀를 항일작가가 아닌 향토작가로 새롭게 인식하는 연구논문들이 나와 주목을 끌고 있다. 예를 들어 왕패이위엔(王培元)은 그녀의 중편소설 『생사의 현장(生死場)』이 항일소설이라기보다 동북방 인민들의 죽음 같은 삶과 먹고 먹히는 짐승 같은 생활을 그린 향토소설이라고 보고 있다. 황푸샤오타오(皇甫曉濤)도 이 소설이 항일을 삼분의 일 정도 다뤘다면 나머지 삼분의 이는 향토 인민의 병리현상을 적나라하게 파헤치고 있는, 상징이 풍부한 현대주의 작품이라고 본다. 이는 그녀가 단순히 항일주제를 다룬 현실주의 작가가 아니라 죽음과 삶을 동일시하고 인간과 동물을 동일시하는 고도의 상징을 구사하는 현대주의 작가임을 보여준 것이다. 루쉰 이래 의심의 여지없이 그녀의 대표작이라고 손꼽은 『생사의 현장』 대신 새롭게 『후란허전(呼蘭河傳)』이 연구가들의 주목을 받은 것도 이 같은 맥락에서 이해할 수 있다.

또한 장구어전(張國禎)은 『후란허전』이 봉건지주가정의 잔혹성을 감각적 문체로 그려낸 우국우민의 향토적 교향서정시라 평함으로써 샤오홍의 이미지를 항일작가에서 향토작가로 확실히 변화시켰다. 황푸샤오다오도 이 소설이 과거의 회상이 아닌 새로운 탐색이며, 많은 항일작가들이 갖는 인간에 대한 외적 시각이 아닌 내적 시각으로 인간의 심층적인 정감을 깊이 있게 천착했다고 평가함으로써 그녀에게 새로이 심리주의 작가라는 칭호를 안겨주었다. 또한 장즈쥔(姜志軍)은 이 소설이 기본적으로 북대황(北大荒)이라 불리는 중국 동북지방의 향토적 풍격을 지닌, 질박하고 우울하면서도 선명한 "샤오홍식" 필체가 돋보이는 작품으로 평가함으로써 그녀를 또 개성이 돋보이는 현대주의 작가로 변모시켰다.

그렇다면 샤오홍은 도대체 무엇 때문에 가출과 방랑을 거듭했고 급기야 가문에서 내쫓김 당했으며, 왜 30년 7개월에 불과한 짧은 삶을 서둘러 마감했을까? 그럼에도 불구하고 어떻게 수 십 년간 중국현대문학사상에서 항일작가로 기록될 수 있었을까? 또한 수 십 년 간 문학사에 항일작가로 기록된 샤오홍이 어째서 개혁개방 이후부터는 현대적 상징과 심리묘사에 뛰어난 향토작가로 새롭게 부각되고 있을까? 이른바 샤오홍식의 우울하고 질박하며 선명한 문체는 어디서 유래되었을까? 이 같은 의문에 대한 해답은 일차적으로 그녀의 작품 속에서 찾을 수 있다. 그녀의 산문뿐만 아니라 소설도 상당부분 자전적 작품이기 때문이다. 또한 그녀의 삶과 작품을 연구한 전기와 평론에서 이차적인 도움을 받을 수 있다. 이제 이러한 직접, 간접 자료를 바탕으로 위 의문에 대한 해답을 찾아보기로 한다.

2. 길들여지지 않은 어린이 샤오홍

흔히 어린이 하면 천진함, 순수함, 해맑음을 떠올린다. 또한 막힘없고 거침없으며 매이지 않고 계산하지 않는 마음도 떠오른다. 어린이는 부모라는 든든한 언덕을 믿고 아무런 걱정 없이 기를 펴고 자라나는 새싹이다. 예수가 "천국은 어린이의 것이다"라고 한 것도 하느님이라는 든든한 배경을 믿고 아무 걱정 없이 사는 어린이 같은 사람이 천국에 갈 수 있다는 뜻이었을 것이다. 그러나 다른 한편에서 볼 때 어린이는 호기심이 많고 하고 싶은 대로 하기 때문에 일을 저지르기가 쉽다. 또 자기가 먹고 싶고 갖고 싶은 것을 위해 심지어 훔치고 뺏고 거짓말까지 한다. 그런가 하면 자신이 한 말이나 행동을 잘 잊어버려 주위가 산만하고 언제나 신나고 재미있는 놀 거리를 찾는다. 뿐만 아니라 다른 사람을 배려하기보다 자기의 뜻을 막무가내로 고집하기도 한다.

사실 위와 같은 어린이의 긍정적, 부정적 특징은 동전의 앞뒷면과도 같아 서로 뗄 수 없는 관계에 있다. 천진하고 솔직하며 거침없기 때문에 막무가내로 때로는 고집을 피우고 거짓말도 하고 변덕을 부린다. 또한 호기심이 많고 자기중심적이기 때문에 때로는 훔치기도 하고 뺏기도 하는 것이다.

어린이의 마음, 즉 동심은 연령과도 무관한 경우가 있다. 그러니까 애어른 또는 악동이라 불리는 어린이들은 어린이지만 어른보다 더 영악하고 심지어 어른 꼭대기에 앉아 어른들을 당황시킨다. 그런가 하면 나이가 꽤 들었음에도 불구하고 치기어린 동심을 지니고 있는 어른들도 있어 어른애라는 호칭으로 불리기도 한다.

따지고 보면 어린이의 마음과 어른의 마음이 확연히 구별되어 완전히 따로 있는 것은 아니다. 그래서 어린이에게 어른의 마음이 있고 어른에게 어린이의 마음이 있다. 누구에게나 어른과 어린이의 마음이 복잡하게 얽혀 있다는 뜻이다. 한 사람 속에 서로 다른 마음이 혼재되어 있어 때로는 이렇게 또 때로는 저렇게 반응하기도 하는 것이다. 그런 의미에서 볼 때 정도 차이일 뿐 우리는 누구나 어린이면서 어른이고 어른이면서 어린이기도 하다. 다만 일반적으로 말해서 나이가 어린 아동이 대부분 동심을 더욱 많이 가지고 있고 나이 든 어른은 철이 들면서 각종 제도에 길들여져 대부분 동심을 잃어버린다.

그러나 샤오홍은 그렇지 않았다. 어린 시절은 물론이고 청소년을 거쳐 어른이 된 이후에도 그녀 마음의 중심에는 언제나 동심이 자리 잡고 있다. 어린 시절부터 유난히 기가 센 그녀는 주로 할아버지를 동무삼아 집의 뒤뜰에서 놀았는데 한마디로 천방지축이다. 『후란허전』을 보면 샤오홍은 할아버지를 따라 김맨다며 풀은 남기고 기장은 뽑아버리고, 오이 따먹으러 갔다가 금방 잠자리를 쫓아가고 할아버지 물뿌리개를 빼앗아 하늘에 뿌리며 "비 온다"며 날뛴다. 또 할머니 방에 갓 바른 창호지창에 구멍 뚫기를 좋아하여 아무리 말려도 기어이 뚫다가 버릇을 고치기 위해 할머니가 몰래 꽂아둔 큰 바늘에 찔리고서야 그만 두는 대목도 있다. 뿐만 아니라 대추나 계란 훔쳐 먹기, 나무에 오르기는 기본이고 한밤중에 일어나서 온 식구가 잠을 깰 만큼 큰 소리로 시를 읽는 등 그야말로 기분 내키는 대로 하는 아이였다.

한번은 우물에 빠져 죽은 돼지와 오리를 할아버지가 진흙구이해서 맛있게 먹은 일이 있었는데, 그 맛을 잊지 못한 샤오홍은 멀쩡한 오리를 우물로 몰아가 빠뜨리려 했다. 이를 본 할아버지가 그냥 한 마리 잡아서 구워주겠다고 말리자 기어이 빠뜨리겠다고 떼를 쓰기도 한다. 그녀의 동심은 순전히 먹기 위해 오리목을 비틀어 죽이는 일은 있을 수 없고 오리가 스스로 우물에 빠졌듯 어찌해서라도 오리가 우물에 빠져줘야 자연스레 맛있는 오리 진흙구이를 먹을 수 있다고 믿은 것이다. 또 인력거를 탈 때 의자에 앉지 않고 바닥에 꿇어앉으면 차비가 싸다고 믿은 한 시골사람에 대해 어른들이 재미있게 이야기하는 소리를 듣고 우연히 얻어 탄 인력거에서 직접 그렇게 해보기도 한다.

물론 어린 시절의 개구쟁이 노릇은 어느 정도 당연시되기 때문에 어린 샤오홍의 악동 행각도 큰 주목거리는 아니다. 문제는 그녀가 나이가 들어서도 여전히 동심으로 밀고 나간 데 있다. 소학교를 졸업한 샤오홍은 중학에 가려 하였지만 아버지의 강력한 반대에 부딪치자 소학교 4학년 때 부모가 정하고 본인도 반대하지 않았던 왕언쟈(王恩甲)와의 결혼도 하지 않겠다며 몸 져 드러누웠다. 그래도 아버지가 끄떡하지 않자 천주교회에 달려가 수녀가 되겠다고 했다. 만약 수녀원에서 받아주지 않으면 절에 가서 중이 되겠다고 을러댔다. 중학에 보내주지 않으면 출가하여 수녀가 되든지 중이 되겠다는 태도는 천륜과 인륜을 근본으로 하는 장씨 가문에 청천벽력과도 같은 일이었을 것이다. 결국 할아버지가 적극적으로 나서고 당시 소학교 교장이었던 아버지 또한 딸의 출가가 자신의 명예를 실추시키는 일인데다가 샤오홍과 정혼한 왕씨 집안도 도저히 있을 수 없는 일이라며 펄펄 뛰자 그녀의 중학 행은 성공적으로 이루어진다.

중학교에 들어가서도 샤오훙의 언행은 거침이 없다. 한번은 훈육주임이 결혼한 여자의 부덕에 대하여 가르치자 샤오훙은 "방귀 뀌네"라고 욕을 했다. 훈육주임이 감히 선생님을 능멸하는 욕을 했다며 그녀에게 나가라고 소리쳤건만 샤오훙은 나가기는커녕 그 자리에 버티고 앉아서 경멸의 미소를 띠고 "나는 선생님에게 욕을 한 게 아니라 노예에게 욕을 한 거예요!"라고 응수하여 퇴학당할 뻔 한 적도 있었다.

또 한번은 흑룡강성의 군벌 계통의 실력가인 우쥔성(吳俊升)이란 자가 운동장에 집합된 예쁜 여학생들을 보고 흥분한 나머지 공부 열심히 해서 이 다음에 모두 잘 나가는 첩이 되라는 내용의 되지도 않는 연설을 하자 샤오훙은 참지 못하고 제법 큰 소리로 "웬 멍청한 돼지가 온 입으로 무슨 똥을 뿜어대는 거야?"했다. 친구들이 깜짝 놀라 그녀의 입을 막으며 대상이 훈육주임이 아니라 언제라도 사람을 죽일 수 있는 군인임을 상기시키자 샤오훙은 주눅이 들기는커녕 멍청한 돼지가 온 입으로 똥을 뿜어대고 있을 때 단상에 뛰어올라 그 돼지를 죽이지 못한 것이 한스럽다며 분을 삭이지 못했다.

중학 졸업 이후 샤오훙은 대학생인 루전순(陸振舜)을 알게 되어 사랑에 빠지게 되었다. 하지만 이미 왕언쟈와 약혼한 몸으로 루전순과의 애정은 집안의 반대에 부딪칠 수밖에 없었고, 이런 상황에서도 샤오훙은 아버지의 강력한 반대를 무릅쓰고 루전순과 북경으로 사랑의 도피를 결행한다. 이로 인하여 샤오훙의 아버지는 당시 담당하던 후란현 교육국장 직을 사퇴할 수밖에 없었고 샤오훙의 남동생도 하얼빈의 큰 중학교에서 파언(巴彦)의 작은 중학교로 전학할 수밖에 없었다.

풍파 끝에 얻은 루전순과의 달콤한 사랑행각도 잠시 뿐, 루전순의 집안에서 오던 경제적 도움이 끊기자 루전순의 샤오훙에 대한 감정도 변하여 어느 날 루전순은 그녀 혼자 남겨두고 나가버렸다. 샤오훙은 한겨울에 여름 홑옷을 입고 북경에 남아 버티다가 결국 추위와 굶주림에 못 이겨 고향으로 돌아갔다. 힘들게 고향으로 돌아온 그녀에게 돌아온 것은 당연하게도 귀에 담을 수 없는 욕설뿐이었다. 심지어 중학 동창생들조차도 그녀를 피할 정도였으니 그녀의 처지는 말이 아니었다.

결국 백부 집에 보내져 감금된 샤오훙은 그런 상태에서도 천연스럽게도 큰아버지에게 소작농으로부터 지나친 수탈을 하지 말라고 훈수했다가 격분한 백부에게 한 차례 얻어맞는다. 이에 모멸감을 느낀 샤오훙은 감시가 소홀한 틈을 타서 탈출하여 하얼빈에서 유랑생활을 한다. 그런 그녀에게 전약혼자인 왕언쟈가 접근하여 함께 북경에 가서 공부하자고 유혹을 하자 샤오훙은 그 말을 믿고 또 다시 그를 따라 나선다. 루전순과의 일을 다 잊어버린 아이처럼 말이다. 결국 두 남녀는 하얼빈 부근의 동흥(東興)여관에서 동거한다. 그러나 얼마 지나지 않아 왕언쟈는 임신한 그녀에게 밀린 여관비 600위엔(元)까지 덤테기 씌운 후 떠나버린다. 처음부터 자신을 배반하고 루전순과 도피했던 샤오훙에게 복수의 칼을 갈던 왕언쟈는 여관 주인에게 만약 샤오훙이 여관비를 갚지 않으면 기생집에 팔아도 좋다고 각서까지 써둔 터였던 것이다.

꼼짝없이 기생이 되어야할 판에 샤오훙은 천재 소녀처럼 기지를 발휘하여 하얼빈의 『국제협보(國際協報)』에 편지를 써서 자신의 급박한 상황을 알린다. 이 편지에 감동한 『국제협보』 편집주간 패이싱위엔(裴馨園)은 수하의 싼랑(三朗), 즉 샤오쥔(蕭軍)을 급파하여 상황을 알아보게 하는데, 샤오훙을 보고 도저히 모른 체 할 수 없었던 샤오쥔은 홍수로 인해 어수선한 틈을 타 그녀와 함께 여관에서 탈출한다. 결국 샤오훙은 패이신위엔의 집에서 왕언쟈의 딸을 낳아 다른 사람에게 넘기고 자신은 샤오쥔과 구라파여관에서 동거를 시작한다. 샤오훙은 자신의 친딸을 남에게 맡긴 자신의 행위에 대하여 이후 어떤 작품에서도 언급이 없다. 마치 그런 일이 없었다는 듯 까맣게 잊고 있는 듯한 그녀의 언행에는 어떤 자책도 찾을 수 없다. 어린 아이가 어린 아이를 어쩌다가 낳을 수는 있지만 기를 수는 없는 일이다. 하물며 어린 아이가 어떻게 어린 아이를 책임질 수 있겠는가?

이후 샤오훙은 원고를 쓰거나 무술을 가르쳐 근근이 생활비를 벌어오는 샤오쥔에게 의지하여 살다가 다시 샤오쥔을 따라 청도(青島)를 거쳐 상해(上海)에 간다. 하지만 상해에서 루쉰(魯迅)과 후펑(胡風)의 지원과 후원을 받아 작가로서 독자적 이름을 내기 시작한 샤오훙은 점차 샤오쥔과의 애정생활에 금이 가 가출하는 어린이처럼 홀로 일본 동경으로 건너가 오래 있다가 돌아오기도 한다. 귀국 후에도 여전히 샤오쥔과의 관계가 풀리지 않자 이번에는 아무 말 없이 북경에 가서 옛 남자친구인 유부남 리지에우(李潔吾)의 집에 가서 눌러 앉는다. 도대체 철이 없는 샤오훙을 보다 못한 리지에우의 아내가 집을 나가버리자 하는 수 없이 샤오쥔에게 다시 돌아온 샤오훙은 그러나 끝내 샤오쥔과 결별하고 새 애인 두안무훙량(端木蕻良)과 함께 무한으로 가서 동거를 시작한다. 샤오쥔의 아이를 임신한 채로.

두안무훙량을 따라 무한으로 온 샤오훙은 자신의 임신을 병으로 여기고 흡사 병독을 없애는 기분으로 낙태할 생각까지 한다. 어린아이가 어찌 어린아이를 낳아 기를 것인가? 왕언자의 아이를 임신했을 때와 전혀 다르지 않은 상황이 벌어진 셈이다. 그러니 문인 바일랑(白朗)과 루어펑(羅烽) 부부의 집에서 태어나자마자 죽은 샤오훙의 아들에게는 차라리 잘 된 일인지도 모른다. 태아를 병독으로 생각하고 심지어 자신의 출산을 돌봐준 친구 바일랑에게조차 화를 내는 샤오훙에게 모성을 기대하기는 어려운 일이기 때문이다.

두안무훙량과의 동거에 장애물이었던 아이가 제거되자 샤오훙은 다시 그와 동거하기 시작하여 함께 홍콩까지 간다. 하지만 바람처럼 드나드는 두안무훙량을 기다리며 구룽(九龍)의 거처에서 폐병에 걸린 그녀가 자기 스스로를 돌볼 능력이 있을 리 만무했다. 이를 보다 못한 지우들이 그녀를 마리아의원에 입원시켰지만 아무도 어린아이 같은 그녀를 지속적으로 병간해줄 수는 없었다.

다행히 샤오훙에게 돌아온 두안무훙량은 루어빈지(駱賓基) 등 문인의 도움을 받아 그녀를 홍콩의 한 호텔에 묵게 한 후 자신은 또 종적을 감췄다. 샤오훙은 그녀를 딱하게 여겨 남아 있던 루어빈지에게 두안무훙량이 자기를 버렸다며 앞으로는 루어빈지가 자기를 돌봐줄 것을 요구한다. 당시 급하게 타지에 가서 원고를 찾아와야 할 형편에 처해 있던 루어빈지가 자신의 원고를 찾으러 가야겠다고 하자 샤오홍은 “너는 친구의 생명이 중요하냐 아니면 네 원고가 중요하냐?”며 그를 못 가게 한다. 그로부터 불과 7년 전인 1934년에 생명이 경각에 달려 있던 여성 작가 루인이 자신의 집 아래층에 있던 남편에게 제대로 앓는 소리 한번 못하고 죽어간 사실에 비하면 샤오홍이 당시 얼마나 철없는 아이와 같이 루어빈지에게 매달렸는지 알 수 있다.

샤오홍의 천진성은 그녀가 상해의 루쉰 집에 자주 놀러 다닐 때 루쉰의 어린 아들 하이잉(海嬰)이 그녀만 보면 “누나, 누나” 하면서 그녀의 땋은 머리나 옷을 잡아끌며 한사코 함께 놀자고 한 것을 보아도 알 수 있다. 아이는 아이를 알아본다고 하지 않는가. 이미 샤오쥔과 동거하고 있던 아줌마 샤오홍을 어린 하이잉은 언제나 누나라고 부르며 어울렸지 결코 아줌마라는 호칭을 쓰지 않았던 것이다. 루쉰의 부인 쉬광핑(許廣平)과 샤오쥔 또한 그녀가 이성보다 감정이 앞서는, 순박하지만 고집이 셌다고 회상한 바 있다.

이처럼 어린 시절은 물론 31살 나이로 죽을 때까지 샤오홍은 풍습과 제도에 길들여지지 않은 동심으로 살았다. 천진함, 순수함과 솔직함이 동심의 밝은 면이고 제멋대로와 막무가내, 그리고 자기중심이 동심의 어두운 면이라고 할 때 어린이의 빛과 그림자를 동시에 지닌 샤오홍은 그야말로 죽을 때까지 길들여지지 않은 어린이였다고 하겠다.

3. 샤오홍의 의지처

1) 절대적 의지처

어린이는 본능적으로 자신을 보호해줄 의지처를 찾는다. 대부분의 경우 그 의지처는 어머니일 것이나 샤오홍의 경우는 그렇지 않았다. 기다리던 첫 아이였음에도 불구하고 남아선호사상 때문인지 그녀 자신 병약해서인지는 몰라도 그녀의 어머니는 샤오홍을 그리 살갑게 대하지는 않았다. 어쩌면 손이 귀한 집안의 며느리였기 때문에 조부모의 지극한 사랑을 받는 샤오홍을 가까이 할 여유와 시간이 아예 없었을 것이다. 아무튼 샤오홍의 소설에 등장하는 어머니는 부잡스럽고 고집스런 샤오홍을 훈육하느라 욕도 하고 때리기도 하는 엄격한 어머니로 묘사되어 있다. 그나마 샤오홍이 아홉 살 때 세상을 떴고 이후 새로 맞은 계모는 더더욱 그녀가 기댈 수 있는 언덕은 아니었다.

샤오홍의 아버지는 더욱 부정적으로 그려져 있다. 그녀에 따르면 아버지는 탐욕으로 인하여 인간성을 잃은 사람으로, 하인을 대하는 태도나 자식들을 대하는 태도, 심지어 할아버지를 대하는 태도가 공히 인색하고 소원하고 심지어 무정한 사람이었다. 특히 첫 아내를 잃은 후 샤오홍에게 욕하고 때리는 일도 잦았다. 더욱이 루전순과 도피 끝에 빈손으로 돌아온 샤오홍을 아버지는 범죄자를 다루듯 혹독하게 다뤘다. 샤오홍의 큰아버지나 기타 다른 친척들도 그녀에 대한 태도가 살갑지 않았음은 물론이다.

이런 상황에서 처음부터 끝까지 샤오홍에게 절대적인 의지처가 되어준 가족은 유일하게 할아버지였다. 샤오홍에게 있어서 할아버지는 든든한 배경이었다. 샤오홍의 표현 그대로 세상에 할아버지만 있다면 그것으로 족했고 두려울 게 없었다. 샤오홍은 태어나면서부터 할아버지에게 안기고 업혔고 걸음마를 시작하면서부터는 할아버지의 손을 잡고 다녔고 뛰기 시작하면서부터도 주로 할아버지와 놀았다.

눈에 가득 웃음을 담고 어린애처럼 웃는 샤오홍의 할아버지는 아이들과 장난치기를 좋아했다. 할머니가 살아 있을 때는 할머니의 지시에 따라 때로는 욕을 먹으며 할머니의 주석 그릇을 닦는 일 외에는 특별한 할 일이 없었고 할머니 사후에도 집안의 중대사는 모두 아들인 샤오홍의 아버지가 처리하고 자신은 한가하게 지냈다. 그 때문에 샤오홍은 어린 시절 할아버지와 거의 붙어 지냈다. 기쁜 일이 있으면 할아버지와 함께 기뻐하고 슬픈 일이 있으면 할아버지에게 달려가 울었다. 먹고 싶은 것이 있으면 할아버지에게 달라고 했고 안 되는 일이 있으면 할아버지에게 떼를 썼다. 아버지한테 얻어맞는 날이면 샤오홍은 할아버지 방에 가서 밤이 이슥하도록 창밖의 흰눈을 보며 난로 위의 끓는 주전자 뚜껑 소리를 들었다. 그 때마다 할아버지는 주름 가득한 두 손을 어린 샤오홍의 어깨에 얹고 이렇게 말했다 : 어서어서 자라거라! 크면 좋아질 거다.

할아버지는 샤오홍의 정서적 기반이었을 뿐만 아니라 글을 깨우쳐주고 시를 가르쳐준 최초의 스승이기도 했다. 할머니가 돌아가신 후부터 샤오홍은 아예 할아버지와 함께 기거하며 할아버지를 따라 시를 소리 내어 읽었다. 모르는 게 있거나 궁금한 게 있으면 샤오홍은 당연히 할아버지에게 물었다. 언제나 그녀 편이 되어준 할아버지는 아버지의 반대에 부딪쳐 중학진학이 어렵게 되자 가장 적극적으로 그녀의 진학을 도운 장본인이기도 했다. 그런 할아버지가 그녀 나이 열아홉에 세상을 뜨자 샤오홍은 이듬해에 가출하여 다시는 집에 돌아가지 않았다. 하지만 할아버지에 대한 그녀의 사랑은 홍콩에서 병사하기 직전에 완성한 『후란허전』의 맨 마지막 장에서 다시 한번 확인된다. 샤오홍은 이 소설의 말미에서 고향 후란허를 할아버지가 사셨던 곳이고 지금은 할아버지가 묻혀 있는 곳이라고 하여 할아버지와 고향을 동일시하고 있고 뒤뜰의 큰 주인이었던 할아버지에 대한 작은 주인이었던 자신의 그리움을 농도 짙게 드러내고 있다.

개인적인 삶에 있어서 샤오홍의 절대적 의지처가 할아버지였다면 그녀의 사회적 삶의 절대적 기반은 루쉰이었다. 루쉰이 아니었더라면 그녀의 작품이 널리 알려지지도 않았을 것이고 중국현대문학사에 항일작가로 기록되지도 않았을 것이다. 실제로 루쉰은 일본군의 감시를 피해 상해로 자기를 찾아온 샤오홍의 든든한 의지처가 되어 주었다. 특히 샤오홍의 중편소설 『생사의 현장』의 서문에 이 소설이 북방 인민의 삶에 대한 강한 의지와 죽음에 대한 처절한 몸부림을 종이를 뚫는 힘으로 형상화하였다고 극찬함으로써 그녀의 문학적 삶에 날개를 달아 주었다. 바로 그 때문에 중공 수립 이후 샤오홍은 공산당에 의해 민족혁명의 영웅으로 떠받들어진 루쉰과 더불어서 항일작가의 선두주자로 기록되었고 동북 출신의 항일작가라는 명칭은 그 후로도 수 십 년간 그녀에게 줄곧 붙어 다니게 된 것이다.

루쉰은 이처럼 그녀의 문학적 재능을 간파하고 그녀에게 후펑 등 영향력 있는 문인들을 소개시켜 문단에서 그녀의 지위를 확고하게 자리잡아 주었을 뿐만 아니라 그녀를 자주 집에 초대해 식사를 함께 하는 등 인간적으로도 지극한 관심을 기울였다. 그 때문에 샤오훙은 어떤 때는 아침에 방문했다가 다시 저녁에 찾아가기도 했다. 샤오훙이 동거하고 있던 샤오쥔과의 사이가 좋지 않을 무렵에도 루쉰은 그녀에게 홀로 일본에 가 있으면서 작품 활동에 전념하라고 권고하고 그녀의 일본행을 주선해주었다.

루쉰의 그녀에 대한 관심과 배려가 이렇듯 각별했으므로 샤오훙은 1936년 일본 체류 중에 루쉰의 사망 소식을 들었을 때 식당에서 먹던 밥을 남긴 채 망연자실한다. 또한 루쉰의 사망 소식을 접한 한 일본 학생이 노신에 대해 "별로 대단한 사람이 아니야. 쓰는 글도 온통 욕뿐이고 인격적으로도 좋지 않다(아마도 조강지처를 버려두고 수 십 년 연하의 제자와 살았다는 점 때문인 것 같다)"고 말하는 광경을 목도하자 격분한 나머지 달려가 그 일본학생의 비뚤어진 코를 또 한번 비틀어주고 싶다고 생각할 정도다. 귀국한 샤오훙은 루쉰의 묘소를 참배함은 물론 「루쉰선생기 1(魯迅先生記一)」「루쉰선생기 2(魯迅先生記二)」「루쉰선생을 회상하며(回憶魯迅先生)」 등 루쉰에 관한 산문을 속속 발표함으로써 루신에 대한 절대적 신뢰와 애틋한 정을 거듭 표현했다.

2) 상대적 의지처

할아버지와 루쉰이 샤오훙의 무조건적이고 절대적인 의지처였다면 샤오쥔을 비롯하여 그녀가 만난 남자들은 조건적이고 상대적인 의지처였다. 할아버지와 루쉰이 그녀의 든든한 배경이었다면 샤오쥔을 비롯하여 루전순, 왕언자, 두안무훙량 등은 언제든 쉽게 무너질 수 있는 모래언덕이었던 셈이다.

먼저 그녀와 같은 성 샤오(蕭)의 필명을 지녀 자칫 오누이로 오해받기도 하는 샤오쥔은 1978년 한 인터뷰에서 샤오훙과의 만남에 대해 "만난 것은 우연이었지만 헤어진 것은 필연이었다"고 고백했다. 그 이유는 뒤에 밝히겠지만 아무튼 1932년 여름 한 여관에 인질로 잡혀 있던 그녀와 처음 만나 1938년 헤어질 때까지 샤오쥔은 분명 샤오훙의 든든한 의지처였다. 샤오쥔은 처음 만났을 때부터 다른 남자의 아이를 임신하고 있던 샤오훙의 해산을 도왔고 함께 동거하면서부터는 몸이 약한 그녀를 위해 무술지도, 원고투고 등을 통하여 두 사람의 생활비를 벌었다. 그랬음에도 불구하고 샤오훙은 춥고 배고픔을 완전히 면할 수는 없었지만 할아버지도 돌아가시고 호적에서조차 제명된 샤오훙에게 샤오쥔마저 없었더라면 어찌 되었을지는 불을 보듯 뻔하다.

미술 지망생이었던 샤오훙은 샤오쥔에 의지하여 살면서 샤오쥔의 독려 하에 비로소 챠오인(悄吟)이라는 필명으로 소설을 써서 투고하기 시작했다. 그런 의미에서 샤오쥔은 소설가 샤오훙으로 성공할 수 있는 기반이 되어준 은인이었다. 실제로 이들은 만난 이듬해인 1933년 아는 친구들의 도움으로 『섭렵(跋涉)』이라는 작품집을 공동으로 출판한다. 이들 부부는 상해에서 루쉰의 후원을 받으며 각자 소설을 집필할 때까지만 해도 사이가 좋았다. 적어도 샤오훙이 샤오쥔에게 전적으로 기대고 의지하고 있을 동안 만큼은 그랬다. 그때까지만 해도 샤오쥔은 그녀의 문학적 지기(知己)였던 셈이다.

하지만 1935년 샤오훙과 샤오쥔은 각각 루쉰의 서문이 달린 소설 『생사의 현장』과 『팔월의 향촌(八月的鄉村)』을 출판한 이후부터 서서히 틈이 벌어진다. 이듬해인 1936년 샤오쥔에게 여자친구가 생기면서부터 이들의 관계는 더욱 소원해진다. 이 같은 결과는 어쩌면 샤오쥔의 말처럼 필연적인 것일지도 모른다. 비록 처음에는 샤오훙이 물심양면으로 온전히 샤오쥔에게 의지했지만 이제 루쉰, 후펑 등으로부터 높은 평가를 받게 되자 더 이상 그만을 의지하지 않았기 때문이다.

이를 뒷받침이라도 하듯 이들을 가까이서 지켜보고 도와준 문인 후펑이 이렇게 회고하고 있다 :

> 나는 자주 샤오쥔의 면전에서 샤오홍을 칭찬했다 ; 창작 재능에 있어서는 샤오홍이 자네보다 낫네. 샤오홍이 묘사하는 내용은 모두 생활이고 인물도 생활 속에서 나왔기 때문에 살아 있어. 그래서 기쁨이든 슬픔이든 독자의 공감을 얻을 수가 있는 거야. 마치 우리가 다 익히 잘 알고 있는 내용을 접한 것처럼 말이야. 그런데 자네는 어쩌면 샤오홍 보다 깊이는 있을지 몰라도 샤오홍만큼 사람 감동시키지 못해. 자네는 열심히 노력해서 일정한 예술 수준에 이르고 있지만 샤오홍은 천재적인 감각으로 창작을 하고 있단 말이지… 그러면 샤오쥔은 부끄럽게 웃으며 이렇게 말했다 : 저도 샤오홍의 재능을 중시합니다. 다만 그녀에겐 제 도움이 없으면 안 된다는 겁니다. 그러자 샤오홍은 억울한 듯 입을 삐쭉거렸다.

샤오쥔은 이미 문학적으로 자신보다 높은 평가를 받기 시작한 샤오홍에게 사실상 경제적으로나 문학적으로 더 이상 의지처가 되어줄 수 없었다. 그런 의미에서 샤오쥔은 샤오홍과 필연적으로 헤어지게 되어 있었던 것이다. "어린 홍군(小小紅軍)"에서 사이좋게 필명을 나눠 가진 샤오홍과 샤오쥔은 사실상 샤오홍이 홀로 일본으로 떠난 1936년부터 이미 헤어질 준비를 했다고 볼 수 있다. 비록 둘의 스승인 루쉰이 생존해 있을 동안과 중국과 일본에 서로 떨어져 있으면서 피차에 대한 추억과 그리움이 남아 있을 동안 이들의 관계는 면면이 이어졌지만 말이다.

하지만 샤오홍이 절대적인 의지처였던 루쉰이 죽은 뒤에 샤오쥔을 떠날 수 있었던 것은 두안무홍량이라는 새로운 의지처가 생겼기 때문이다. 두안무홍량은 그 무렵 샤오홍이 샤오쥔과 함께 어울렸던 문인이었는데, 샤오홍은 점차 샤오쥔보다 두안무홍량에게 끌렸고 마침내 그를 따라 무한으로 간다. 하지만 앞에서도 언급했듯 샤오쥔의 아이를 임신한 채 자기만을 의지하고 무한에 온 그녀를 남겨두고 두안무홍량은 얼마 후 홀연히 자취를 감춘다.

사실 그녀와 두안무홍량의 동거는 후펑을 비롯한 많은 문인들의 지지를 얻지 못했다. 실제로 샤오홍이 두안무홍량과 함께 후펑을 처음 방문했을 때부터 후펑은 두안무홍량에 대해 반감을 드러냈고 그 후로도 샤오홍이 혼자 찾아갔을 때는 이야기를 잘 하다가 두안무홍량과 같이 방문했을 때는 데면데면하게 굴었다. 샤오홍과 샤오쥔을 잘 알았던 후

평이 두안무홍량에게 그렇듯 냉담했음을 볼 때 두안무홍량은 후평을 비롯한 많은 문인들 사이에서 그리 호감을 얻지 못한, 좀 별난 성격의 소유자였던 것 같다. 그럼에도 불구하고 샤오홍은 바람처럼 나타났다 사라지는 두안무홍량을 따라 상해를 거쳐 홍콩까지 간다. 하지만 두안무홍량의 적절한 보살핌을 받지 못해 병이 더욱 깊어진 샤오홍은 결국 자신이 의지처로 선택한 두안무홍량의 부재 하에 1942년 1월 홍콩에서 세상을 뜬다.

샤오홍의 마지막 의지처가 된 두안무홍량이 그녀의 적절한 보호자가 되지 못했듯 그녀의 첫사랑이었던 루전순과 약혼자 왕언자 또한 그녀에게 든든한 배경이 되어주지 못했다. 이에 대해서는 앞 절에서 언급하였으므로 다시 반복하지는 않겠다. 다만 루전순과 왕언자 역시 가족의 반대와 경제적 압박을 무릅쓰면서까지 샤오홍의 든든한 의지처가 될 수 없었던 미숙한 청년들이었음이 안타까울 따름이다.

재미있는 점은 샤오홍이 할아버지를 비롯하여 루전순, 왕언자, 샤오쥔, 루쉰, 그리고 두안무홍량에 이르기까지 모두 여자가 아닌 남자를 자신이 비빌 언덕으로 삼았다는 사실이다. 이는 비록 외할아버지에 의해 자신의 이름이 강제로 바뀌고 아버지에 의해 호적에서 제명되었지만 그래도 가부장제의 남성 중심적 사회에서 권위 있고 강력한 남자들의 비호를 받지 않고는 개인적으로 또 사회적으로 성장할 수 없다는 사실을 그녀가 본능적으로 알았기 때문이었을 것이다. 그러나 애석하게도 할아버지와 루쉰의 절대적인 사랑과 지지는 그들의 죽음으로 지속될 수 없었고 샤오쥔을 비롯한 세 남자들의 사랑은 어차피 퇴색할 수밖에 없는 상대적인 사랑이었다.

4. 상처받은 동심이 피워낸 별꽃

1) 샤오홍 문학의 힘 – 슬픔

샤오홍의 소설에는 비극적 정서가 흐르고 있다. 앞에서도 언급했지만 그녀의 삶 자체가 비극이다. 하지만 슬픔도 힘이 된다는 말이 있다. 샤오홍의 경우도 상처받은 동심의 슬픔이 문학 작품을 쓰는 힘이 되었다.

샤오홍의 첫 번째 슬픔은 단연 할아버지의 죽음이다. 아버지도 어머니도 할머니도 그 밖의 어느 누구도 길들일 수 없었던 버릇없는 샤오홍을 절대적으로 옹호하던 할아버지의 죽음은 그녀에게 치유될 수 없는 근원적 슬픔을 가져다주었다. 또한 가출하여 루전순에게 버림받고 돌아온 그녀를 가족은 물론 친척과 동창생 모두 위로는커녕 냉대와 욕설로 대했을 때도 말할 수 없는 비참함을 느꼈을 것이다. 또한 동거남 왕언자에 의해 여관에 인질로 잡혀 있게 되었을 때 공포와 절망의 극에 달했을 것이다. 앞에서도 언급했지만 바로 그 때 샤오홍은 자신이 처한 위기일발의 상황을 글로 써서 『국제협보』에 투고했고 그녀의 글은 패이싱위엔 주간을 움직였다. 샤오홍의 갇혀져 있던 문학적 재능은 절망의 나락에서 비로소 빛을 보게 된 것이다.

하지만 비록 패이싱위엔에 의해 파견된 샤오쥔에 의지하며 샤오홍은 정신적으로 안정을 얻지만 추위와 배고픔은 그녀를 여전히 고통스럽게 했다. 바로 이 같은 고통을 밑거름으로 해서 훗날 항일문학의 대표작으로 손꼽히는 『생사의 현장』이 나온 것이다.

샤오홍의 슬픔은 『생사의 현장』 출판 이후 샤오쥔의 배신과 함께 다시 시작된다. 추위와 배고픔이 어느 정도 해결되자 정신적 결핍이 시작된 것이다. 바로 이러한 상황에서 샤오홍은 홀로 일본으로 건너가 더위와 모기와 싸우는 쓸쓸하고 외로운 생활을 담은 「고독한 생활(孤獨的生活)」을 쓴다. 하지만 뜻밖에 일본에서 전해들은 루쉰의 사망 소식은 그녀를 또 다시 슬픔의 진창에 빠뜨린다. 그 충격은 아마도 할아버지가 돌아가셨을 때보다 결코 덜하지 않았을 것이다.

충격에서 간신히 빠져나온 샤오홍은 끝내 샤오쥔과도 마음의 봉합을 이루지 못한 채 결별하고 이번에는 두안무홍량에게 의지하여 무한까지 갔건만 또 한번 버려진다. 간신히 슬픔의 진창에서 헤어 나온 샤오홍이 또 다시 슬픔의 늪 속에 깊이 빠져든 것이다. 마음뿐만 아니라 몸까지 병든 샤오홍은 바로 이 같은 슬픔의 늪에서 마치 연꽃을 피우듯 장편소설 『후란허전』을 쓰고 『마볼러(馬伯樂)』를 썼다. 일찍이 배고픔과 추위에 허덕이며 자신의 운명이 일찍 죽은 어린 물고기와 같다고 예견했듯 샤오홍은 지독한 슬픔의 힘으로 자신의 고향 후란현을 흐르는 후란강 이야기를 감동적으로 완성했고 비록 미완이지만 한 어리석은 남자 마볼러를 형상화하는 데도 성공했다.

또한 평생 따뜻함과 사랑을 동경하고 추구했던 샤오홍은 현실에서 그것을 얻지 못하자 1941년 병상에서나마 가족간의 따뜻함과 사랑이 넘치는 소설 『삼월의 소읍(小城三月)』을 쓴다. 고상한 아버지와 온화한 어머니, 그리고 다정한 사촌오빠 등 일찍부터 꿈꿨지만 가질 수 없었던 사랑과 품위가 넘치는 가족이 어울려 끊임없이 대화하고 음악회를 여는 꿈을 소설을 통해 실현했던 것이다.

하지만 할아버지가 없는 고향의 옛집은 황량하기만 하고 루전순과 왕언쟈, 그리고 샤오쥔과 두안무홍량에게조차 버려진 샤오홍은 마치 미아처럼 두렵기만 하다. 이는 폐결핵으로 입원과 퇴원을 반복하면서 두안무홍량을 자기 옆에 계속 붙들어 놓는 데 실패한 샤오홍이 병문안 온 애꿎은 문인 친구 루어빈지에게 자신은 죽는 것은 두렵지 않지만 사람에게 버려지는 것이 두렵다고 말하며 매달린 것을 보면 알 수 있다. 1942년 1월 죽음을 이틀 앞두고도 파아란 하늘과 물이 닿는 영원한 곳에서 작품을 쓰고 싶다고 토로한 샤오홍은 결국 자신의 천진한 꿈이 다 실현되기도 전에 평생 그녀를 따라 다니던 백안시와 냉대를 마땅찮아 하며 짧은 삶을 마감한다.

만약 샤오홍에게 길들여진 어른의 마음이 있어서 자신을 절대적으로 보호해주고 지지했던 할아버지와 루쉰의 죽음도 어차피 피할 수 없는 일이고 샤오쥔을 비롯하여 자신을 버린 남자들도 자신에게 성적 매력이나 연민의 정이 떨어졌을 때는 어차피 떠날 수밖에 없는 존재임을 이해했다면 그렇게까지 슬프지는 않았을 것이다. 또 아버지를 비롯하여 자신을 냉대하고 백안시했던 다른 모든 사람들도 그녀를 미워해서가 아니라 실은 자기들처럼 이 사회의 관습과 제도에 순응하지 못하는 그녀를 도저히 용납할 수 없었음을 이해했다면 죽으면서 그렇게 달갑지 않아하지도 않았을 것이다. 하지만 샤오훙에게 그런 길들여진 어른의 이해심이 있었다면 물론 그렇게까지 슬프거나 억울하지도 않았을 것이지만, 만약 그녀에게 그런 슬픔과 억울함이 없었다면 어찌 별꽃처럼 맑게 빛나는 샤오훙 문학이 나올 수 있었겠는가?

2) 상처받은 동심이 피워낸 별꽃

샤오훙은 스물을 갓 넘겨 시와 소설, 그리고 산문을 쓰기 시작했는데, 초기 작품인 「왕아써우의 죽음(王阿嫂的死)」, 「연을 보며(看風箏)」, 「밤바람(夜風)」 등에는 남의 이야기를 듣고 전해주는 것 같은 어색함이 있다. 그때까지만 해도 샤오훙은 민중의 생활에 그다지 공감하지도 못한 채 샤오쥔의 영향으로 좌익 문단의 진보적 프롤레타리아문학에 이끌려간 듯하다. 그래서 샤오훙의 초기 작품들에는 어쩐지 쓰다 만 듯한 어설픔이 있고 신발 위로 발을 긁는 것 같은 아쉬움이 있다. 인물도 생생하지 않고 완성도도 떨어진다. 훗날 후펑이 지적하였지만 어법에 맞지 않는 문장들도 눈에 거슬린다. 그러나 샤오쥔과 살면서 추위와 배고픔에 떨던 생활을 적나라하게 묘사한 「마지막 땔감 한 덩이」, 「눈 오는 날(雪天)」, 「날리는 눈(飛雪)」이라든가 어릴 적에 집과 고향에서 직접 보고 겪은 「가족 이외의 사람들(家族以外的人)」, 「인력거를 꿇어 타다(蹲在洋車上)」 같은 작품은 묘사가 마치 그린 듯이 생생하게 살아 있다. 자신의 체험이 그 안에 녹아 있기 때문이다.

역대 평론가들은 샤오훙의 소설이 매우 생생할 뿐만 아니라 세밀하고 대담한 필치로 이루어진 산문 같기도 하고, 시 같기도 하고 그림 같기도 하다고 한다. 즉 루쉰은 『생사의 현장』 서문에서 샤오훙의 자세하고 치밀한 관찰과 정상궤도를 뛰어 넘는 필치에 경이로움을 나타냈고 후펑도 『생사의 현장』 후기에서 이 작품이 마치 철제 창을 가지고 파아란 하늘을 향해 힘껏 휘두르는 것 같은 맑은 떨림과 스펙트럼이 있다고 극찬하였다. 누구보다 마오뚠(茅盾)은 『후란허전』 서문에서 다음과 같이 그녀의 작품을 세밀히 평하고 있다 :

> 어떤 사람은 『후란허전』이 소설이 아니라고 생각할지 모른다. 그들은 어쩌면 이 작품이 전 편을 꿰뚫는 플롯이 없고 줄거리나 인물 모두 자질구레하고 조각나 있어 완정한 유기체가 아니라고 말할 것이다. 또 어떤 사람은 『후란허전』이 자서전 같지만 또 완전한 자서전 같지도 않다고 생각할지 모른다. 하지만 나는 오히려 바로 그 완전한 자서전 같지 않은 점 때문에 이 작품이 더욱 좋고 더욱 의미가 있다고 생각한다. 아울러 우리는 또 이렇게 말할 수 있다 : 중요한 점은 『후란허전』이 엄격한 의미의 소설 같지 않다는 데 있지 않고 다른 어떤 것, 그러니까 진짜 소설 같은 소설보다 더욱 사람을 끌어들이는 어떤 것에 있다고. 그 어떤 것은 바로 이 작품이 한 편의 서사시이고 한 폭의 다채로운 풍속화이고 또 한 곡의 구슬픈 가요라는 것이다.

마오뚠 이래 샤오훙의 소설이 산문 같고 시 같고 그림 같고 심지어 노래 같으며 후펑 이래 그녀의 문체가 살아 움직이는 생생함이 있다고 하는 평은 아직도 유효하다. 또한 그녀의 소설에 세밀한 관찰이 있고 상궤를 뛰어넘는 필치가 있다는 루쉰의 평가도 꾸준히 변주되고 있다. 뿐만 아니라 빠진(巴金)이 그녀의 소설을 "분위기소설(雰圍小說)"로 명명한 이래 샤오훙 문체의 독특한 분위기를 강조하는 평가도 나오고 있다. 실제로 『후란허전』을 비롯한 그녀의 소설들을 읽다보면 플롯과 인물을 제대로 갖춘 픽션이라는 생각보다는 어디까지나 작가 자신이 직접 겪은 사실을 생생하게 묘사한 산문 같다. 또한 왕왕 문법을 무시하고 비약하는 그녀의 문장은 함축과 여운이 있는 시 같기도 하다. 그런가 하면 전편이 마치 두꺼운 화첩처럼 매 폭마다 다채로운 풍경이 끝없이 펼쳐지는 그림책이기도 하다. 뿐만 아니라 이야기하듯 운율이 느껴지는 그녀의 문장을 따라 읽으면 구성진 민요 같기도 하다. 요컨대 샤오홍의 문체에는 분명 "샤오홍식"의 독특한 분위기가 있는데 이는 루쉰이 평했던 대로 "상궤를 뛰어넘는 필치"에 기인한다고 할 수 있다. 그렇다면 이처럼 정상궤도를 초월하는 그녀의 필치는 또 어디서부터 유래된 것일까?

그것은 애초에 궤도가 없는 샤오홍의 동심에서 나왔다. 동심에는 궤도뿐만 아니라 정지선도 없기 때문이다. 동심에는 문명이 부여하는 각종 구속 대신 원시적인 자유가 넘치기 때문이다. 이는 『후란허전』의 다음 문장에서 잘 드러난다 :

> 꽃이 피었다. 흡사 잠을 깨는 것처럼. 새가 날았다. 흡사 하늘 끝까지 날아오르는 것처럼. 벌레가 울었다. 흡사 벌레가 말하는 것처럼. 모두 다 살아있다. 모두가 무한한 능력이 있다. 하고 싶은 대로 하고, 있고 싶은 대로 있다. 모두가 자유롭다. 납작 오이가 시렁을 타고 기어오르고 싶으면 기어오르고 집 위로 기어오르고 싶으면 기어오른다. 오이가 숫 꽃을 피우고 싶으면 숫 꽃을 피우고 열매를 맺고 싶으면 열매를 맺는다. 만약 오이가 아무것도 원하지 않으면 열매를 맺지 않고 꽃 한 송이 피우지 않아도 아무도 따져 묻지 않는다. 옥수수도 자라고 싶은 만큼 자란다. 만약 옥수수가 하늘까지 자라고 싶다고 해도 아무도 개의치 않는다. 나비도 마음대로 난다. 금방 담장 위로 한 쌍의 노랑나비가 날아왔는데 또 금방 담장 위로 흰 나비 한 마리가 날아간다. 나비들은 어느 집에서 왔으며 또 어느 집으로 날아갈까? 태양도 그건 모른다.

꽃이 피고 새가 날고 벌레가 울듯이, 오이가 열매를 맺고 옥수수가 자라고 나비가 날아가듯이 그렇게 자유롭게 샤오홍은 작품을 썼다. 아무런 제어도 구속도 받지 않는 동심으로 소설 같지 않은 소설을 쓴 것이다. 그래서 그녀의 소설은 배경이 따로 있고 주인공이 따로 있는 것이 아니라 진흙 웅덩이, 거리와 간판, 심지어 소와 말 같은 배경이 주인공이 된다. 즉 『후란허전』은 먼저 후란현의 추운 날씨가 어떻게 만두장사를 뒤뚱거리게 만들고 거리에 세워져 있는 이빨 간판에 어떻게 사람들이 반응하는지에 대해 세밀하고 재미있게 묘사한다. 또한 두부장수, 꽈배기장수가 어떻게 골목을 누비며 물건을 팔고 또 어떤 사람들이 그 꽈배기를 사고, 그들은 또 어떤 과정을 거쳐 사는지를 낱낱이 그리고 있다. 마치 한 아이가 산에서 내려와 후란현의 거리를 다니면서 본 대로 들은 대로 이야기하는 것처럼 그렇게 해맑게 묘사하는 것이다. 그 때문에 이 소설은 여느 소설과 달리 샛길의 진흙 웅덩이와 그 웅덩이를 건너가는 사람들과 말들을 묘사하는 데 소설의 상당부분을 할애하고 있다. 뿐만 아니라 푸닥거리, 강물에 등 띄우기, 야외 연극 같은 신기한 마을 행사를 상세하고 재미나게 소개하고 있다.

그 때문에 샤오훙은 고향집을 소개할 때도 대문이나 안채, 사랑채를 말하기에 앞서 자신의 마음의 고향인 할아버지를 먼저 이야기한 다음 바로 자신의 놀이터인 뒤뜰을 이렇게 이야기하고 있다 :

> 나는 할아버지의 손을 끌고 뒤뜰로 갔다. 일단 뒤뜰에 가면 즉각 또 다른 세계가 있다. 결코 집안의 협착한 세계가 아니라 광활한 세계가. 그곳에는 사람이 하늘과 땅과 함께 있다. 하늘과 땅은 얼마나 크고 얼마나 먼지 손으로 이루 다 만질 수 없다. 땅 위에서 자라는 것들은 또 얼마나 번화한지 눈으로 보아도 다 볼 수가 없다. 그저 눈앞이 온통 선연한 녹색이라고 생각했다. 일단 뒤뜰에 이르면 나는 대상도 없이 달려 나갔다. 마치 무엇인가를 겨누고 내달리는 것처럼. 마치 무엇인가가 저 만큼에서 나를 기다리고 있는 것처럼. 사실 내겐 어떤 목적도 없었다. 그저 뜰 안에 있는 것은 무엇이든지 다 살아 있다고 생각했다. 그래서 내 다리도 절로 뛰지 않으면 안 되는 것 같았다.

이처럼 뒤뜰은 동심의 눈에 그대로 살아서 숨쉬고 움직이고 있다. 어른들이 꾸며놓은 집이라는 공간은 동심이 숨쉬고 움직이기에는 너무 좁은 공간이다. 온갖 만물이 살아있는 넓은 뒤뜰에서 샤오훙은 비로소 하늘과 땅과 인간이 하나 되는 원시적 자유를 마음껏 누릴 수 있었던 것이다. 그곳에서는 심지어 자신의 다리조차 스스로 살아서 뛰었으니 말이다.

또한 『후란허전』에 그려지는 할아버지와 할머니, 그리고 어머니와 아버지에 관한 이야기를 보면 어른들의 이야기라기보다 아이들의 이야기 같다. 가령 동네 애들을 상대로 뻔한 장난을 즐기는 할아버지는 할머니의 그릇을 깨끗이 닦지 못한다고 할머니에게 욕을 먹는다. 할아버지는 또 집세를 못낸 소작인으로부터 아버지가 빼어온 마차에서 말 두 필을 원 주인에게 돌려줬다고 밤새 아버지로부터 싫은 소리를 듣는다. 그런가 하면 지방의 유지인 아버지는 엄숙하고 반듯한 소학교 교장선생님이 아니라 소작인의 마차를 강탈해오고 할아버지에게 대들고 심지어 자신을 때리는 아버지다. 어머니도 품위라고는 찾아볼 수 없는 아낙네로 그려진다. 자기 딸을 때리러 부지깽이를 들고 쫓아와 딸에게 "요괴"나 "도깨비" 같은 심한 욕을 하는가 하면 심지어 딸에게 돌을 던지기도 하는 그런 어머니인 것이다.

물론 『후란허전』은 샤오홍이 죽기 바로 전에 완성한 소설이지만 내용은 어디까지나 자신의 어린 시절을 회상하며 쓴 것이므로 이 작품에 표현된 샤오홍의 동심은 어린 시절에만 국한된 것이라고 생각할 수도 있다. 하지만 이처럼 복잡한 어른들조차 아주 단순한 아이들처럼 처리하는 "샤오홍식" 문체는 『후란허전』 뿐만 아니라 샤오홍의 다른 작품에도 여전히 나타난다. 가령 "루쉰 선생님을 회상하며"에 묘사된 루쉰은 웃을 때는 크게 웃고 튀김 먹는 것을 좋아하며 길을 걸을 때는 빨리 걷는 사람이다. 또 겨울에 외출할 때 장갑을 끼지 않고 목도리도 안하고 고무신을 신고 늘 원고보따리와 우산을 들고 다닌다. 또한 취미로는 서점에 가서 무엇이든 닥치는 대로 볼 뿐, 음악도 듣지 않고 공원 산책도 하지 않는다. 게다가 원고를 쓸 때는 앉은 자리를 절대로 바꾸지 않는 습관이 있어서 설사 햇볕이 아무리 뜨거워도 땀을 흘리면서도 그 자리에서 그대로 작업을 하는 고집쟁이다. 이 글을 보면 햇빛을 정면으로 받으면서 비지땀을 흘리며 원고를 쓰는 고집스런 아이 같은 루쉰의 모습이 그대로 떠오른다. 아울러 이 글에는 줄담배를 피웠던 루쉰이 누가 자신의 원고종이로 튀김 닭을 싸서 먹었다거나 심지어 화장실용으로 사용했다 하더라도 개의치 않는다는 내용도 있다. 위대한 문학가로 추앙받는 루쉰을 묘사한 글들이 많이 있지만 샤오홍의 이 글만큼 루쉰을 어린이처럼 해맑고 생생하게 묘사한 글은 아마 없을 것이다.

또 단편소설 「피난(逃難)」에 등장하는 중학교 선생님 허난성(何南生)은 교실에서 학생들에게 자기는 일본군을 피해서 피난가지 않는다고 말하고는 집에 돌아오자마자 바리바리 싸들고 피난열차를 탄다. 그러나 너무 많은 사람들이 기차에 몰려 결국 그 많은 보따리를 다 잃고 달랑 보온병 하나만 들고 기착지인 서안에 내리는 광경이 너무도 자세하게 묘사되어 있다. 또 「손(手)」에 등장하는 중학교 교장선생님은 물감 때문에 손이 파래진, 약간 모자란 듯한 왕야밍(王亞明) 학생을 앞장서서 왕따 시키고 심지어 그 학생의 아버지가 학교에 찾아와 우물쭈물하며 끼고 온 구멍 뚫린 장갑을 떨어뜨리고 가자, 그 장갑을 발로 짓밟는 악동으로 묘사한다.

지주나 유지 또는 지식인들만 그렇게 위선적이고 악동 같이 그려져 있는 것이 아니다. 샤오홍의 작품에 등장하는 민중의 모습도 그렇게 아름답고 순수하지만은 않다. 예를 들자면 「산 아래(山下)」에서 가난하지만 부지런하고 고운 린꾸냥(林姑娘)은 무식하고 귀가 얇은 어머니가 동네 사람들의 말만 듣고 욕심을 부리는 바람에 안정된 일자리도 뺏기고 삶의 활력도 잃는다. 또한 「손」에서는 한겨울 신 새벽에 학교에 온 왕야밍 학생에게 문을 열어주지 않고 그녀를 밖에서 떨게 하는 수위의 매몰찬 마음이 형상화되고 「소매치기, 수레꾼, 그리고 늙은 인부(小偸, 車夫和老頭)」에서는 하층계급 민중의 분수를 모르는 과다한 욕심이 그대로 드러나기도 한다. 또한 「가족 이외의 사람들」에 등장하는 늙은 하인 여우얼보(有二伯)의 천연스런 도둑질과 『마볼러』의 주인공 마볼러의 무식한 고집, 이밖에 『생사의 현장』에 등장하는 기층 인민들의 가난과 무지, 그리고 절망과 악의는 모두 한 치 앞을 내다볼 줄 모르는 어린아이들의 좌충우돌과 하나도 다를 바 없는 모습이다.

요컨대 샤오홍은 「사랑방손님과 어머니」의 유치원생 옥희 같이 천진한 시선만도 아니고 그렇다고 은희경의 『새의 선물』에 나오는 초등학생 진희가 지닌 애어른 같은 영악한 시선만도 아닌 단순하고 거침없는 동심의 거울로 어른들의 모습을 그대로 비추고 있다. 할아버지와 루쉰이라는 든든한 의지처를 잃고 샤오쥔을 비롯한 남자들로부터 배신당하고 호적에서 제명되고 고향에서 쫓겨난 상처받은 동심이었기에 그녀의 전 작품은 흡사 눈물로 빚어진 별꽃처럼 영롱한 슬픔으로 빛나고 있다. 그래서 그녀 작품의 주인공은 그처럼 연령과 신분, 그리고 성별에 관계없이 모두 다 슬프고 안타까울 따름이다.

5. 나가며

명나라의 이지(李贄 : 1527－1602)는 "동심설(童心說)"이라는 문학원론의 창시자로 알려져 있는데 그는 일찍이 왕양명(王陽明)의 심학(心學)에 이끌려 글을 쓰는 데 있어서 주자학(朱子學)적 전통과 틀을 무시하였다. 그는 늘 자아정신을 강조하고 공자 이래의 교조적인 유가사상의 속박을 싫어하여, 옛것을 숭상하고 모방하는 문인들의 문풍과는 사뭇 다른 글쓰기를 했다. 그는 일찍이 이렇게 말했다 : "무릇 하늘이 사람을 태어나게 할 때는 그 한 사람만의 쓸모가 있기 때문이지 공자(孔子)에게 배워서 사람 노릇 하는 것이 아니다. 만약 반드시 공자에게 배워야 사람 노릇한다고 하면 그 옛날 공자가 없었을 때는 사람이 될 수 없었단 말인가?" 이처럼 이지는 사상의 자유를 구가하며 어디에도 걸리지 않는 마음을 그대로 글로 옮겼기 때문에 그의 책은 불태워졌고 그 자신도 감옥에서 옥사했다.

그의 뒤를 이어 원종도(袁宗道), 원굉도(袁宏道), 원중도(袁中道) 등 이른바 삼원(三袁)도 틀에 박힌 형식에 반대하며 옛것을 추종하지 않는 개성 있는 문풍을 주장했고 이들의 주장은 청나라의 원매(袁枚)로 이어졌다. 이 같은 개성 해방의 문학은 다시 중화민국 초기의 문학단체인 창조사(創造社)와 신월사(新月社)의 낭만파 작가 궈모루어(郭沫若), 쉬즈모(徐志摩) 등으로 계승되었다.

샤오훙은 중화민국 원년인 1911년에 태어나 대략 1932년부터 작품 활동을 시작했으니 바야흐로 민주와 자유의 분위기가 조성되기 시작하는 시점에 중학교를 다닌 셈이다. 하지만 그녀가 살았던 가정과 고향은 아직도 완강한 유교적 인습의 틀에 의해 움직였기 때문에 그녀가 북경이나 상해의 자유주의자들의 영향을 직접 받기는 어려웠다. 그런 의미에서 그녀의 두 번에 걸친 가출은 외적 영향이라기보다는 차라리 내적 욕구에 가깝다고 할 수 있다. 또한 그녀가 왕성하게 집필하던 1930년대 후반은 항일이라는 대명제를 두고 중국 공산당과 국민당이 직접 간접으로 투쟁을 벌이던 시기였지만 샤오훙의 문체가 전적으로 샤오쥔을 비롯한 다른 좌익 문인들의 영향이라고 보기도 어렵다. 물론 『생사의 현장』을 비롯한 샤오훙의 초기소설들이 열렬한 마르크스주의자인 샤오쥔과 기타 좌익 문인들의 영향을 받아 일본군에 대항하여 투쟁하고자 하는 중국 인민들을 다수 등장시키고는 있다. 그 때문에 그녀의 소설은 루쉰의 절대적 후원을 얻었고, 또 바로 그 때문에 훗날 공산당이 승리한 이후 공산당에 의해 혁명의 영웅으로 추앙받는 루쉰과 함께 오랫동안 중화인민공화국의 문학사에 항일작가로 기록되는 영예를 누린 것도 사실이다.

하지만 개혁개방 이후에는 덩샤오핑의 현대화 정책에 발맞춰 1930년대 중반 루쉰과 후펑이 주목했지만 무시되었던 샤오훙의 상궤를 뛰어넘는 생동하는 필치가 각광받기 시작했고, 그녀의 소설 또한 1940년 초 마오뚠이 평가했던 대로 산문 같고 시 같고 그림 같고 심지어 노래 같기도 한 독특한 소설로 새로이 조명되고 있다. 뿐만 아니라 오랫동안 사회주의현실주의만을 유일한 문예사조로 인정한 중화인민공화국이 문예계에 쳐놓은 빗장을 풀자 젊은 평론가들은 서서히 샤오훙을 사회주의현실주의에 충실한 항일작가가 아닌 현대주의적 상징이 풍부한 향토작가로 새롭게 평가하기 시작했다. 이와 함께 그녀의 소설이 "분위기소설"로 불리기도 하고 그녀의 문체가 아무도 흉내낼 수 없는 독특한 "샤오훙식" 문체로 명명되기도 하는 등 한때 그녀의 삶과 문학에 대한 관심이 고조에 달해 문단 일각에서는 이를 '샤오훙열(蕭紅熱)'이라 말하기도 했다.

이렇듯 시대에 따라서 또 문예정책의 향방에 따라서 샤오훙과 그녀의 작품에 대한 평가는 변화해왔고 그 평가들은 나름대로 다 일리가 있다. 분명 샤오홍은 중국 동북 출신의 항일작가이기도 하고 상징이 풍부한 향토작가이기도 하고 독특한 분위기의 "샤오홍식" 문체를 구축한 현대주의 작가이기도 하다. 하지만 이 같이 드러난 그녀의 삶과 문학을 실제로 추동한 드러나지 않은 동력, 즉 그녀의 삶과 문학을 배태한 힘은 무엇이었나? 그것은 다름 아닌 동심이었다. 샤오홍의 삶을 일관되게 추동한 힘은 바로 어디에도 길들여지지 않고 고집스럽게 자유를 추구하는 동심이고 그녀의 문학은 그 동심이 상처받아 떨군 눈물로 결정된 별꽃인 것이다. 그런 의미에서 볼 때 샤오홍의 문학적 위상은 위로는 명나라 이지의 동심설에 기반을 두고 아래로는 같은 흑룡강성 출신 여성작가 츠즈지엔(遲子建 : 1964－) 문학에 결정적 영향을 끼친 교량적 위치로 자리매김 된다.

제3부

비교를 통해 만나는 중국현대문학

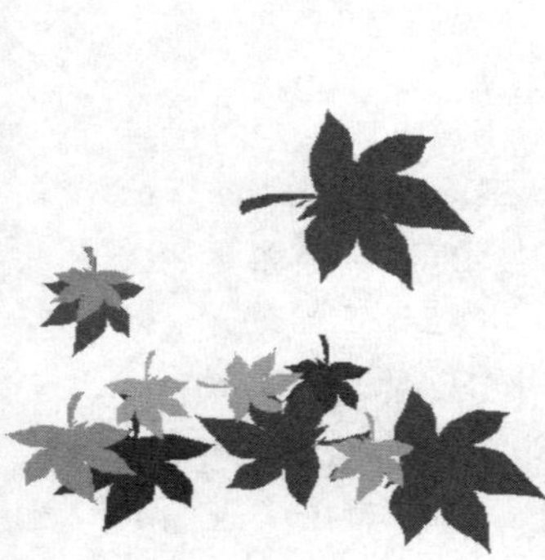

제1장

루핑(陸萍)과 뚜완샹(杜晚香)의 사회참여

1. 서(緖)

루핑과 뚜완샹은 띵링(丁玲 : 1904－1986) 소설의 여주인공들이다. 루핑은 1942년 발표된 「병원에서(在醫院中)」의 주인공이고 뚜완샹은 1978년에 발표된 「뚜완샹(杜晚香)」의 주인공이다. 약 40년의 차이를 두고 띵링에 의해 형상화된 이 두 여성은 여러 가지 면에서 흥미 있는 대비를 이룬다. 본 논문은 특히 두 주인공이 각각 중국사회의 현실을 어떻게 인식했으며 그 같은 인식 하에 또 어떻게 사회에 참여했는지를 살펴보려 한다. 아울러 이 두 인물을 형상화한 작가 띵링 자신이 어떻게 이 인물들에 투사되고 있는지 살펴보는 것이 본 논문의 목적이다. 그럼 먼저 루핑과 뚜완샹이 주인공으로 등장하는 두 작품의 줄거리를 간단히 소개한다.

「병원에서」는 의사 루핑이 공산당 통치지역의 한 병원에 부임되어 오는 것으로 시작된다. 문학소녀였던 루핑은 아버지의 뜻에 따라 산부인과 의사가 되어 1년간 상이군인들을 치료한 후 연안(延安)의 한 군사정치대학의 학생이 된다. 의사보다는 정치를 비롯한 각종 서적에 더 흥미를 느꼈기 때문이다. 하지만 공산당은 그녀에게 연안에서 40리 쯤 떨어져 있는 한 병원에 가서 의사로서 일할 것을 명하였다. 이에 대해 루핑은 여러 차례 거부의사를 표명했지만 결국 당의 지시를 따른다.

비록 마음에 들어 온 것은 아니었지만 루핑은 매우 진지하고 성실하게 산모들을 돌보는 한편 병원 내의 비위생적이고 열악한 설비와 환경 등에 대해 상부에 문제를 제기하고 앞장서서 문제 해결을 위해 분투한다. 그 와중에 루핑은 외과의사 정평(鄭鵬)과 우의를 나누며 산부인과뿐만 아니라 외과수술에도 관심을 보이며 동분서주한다. 그러던 어느 날 루핑은 정평이 집도하는 외과수술실에서 자원 봉사하다가 과로로 쓰러져서 자리에 눕게 된다. 이를 놓고 병원 내에서는 루핑과 정평이 연인 사이인데, 당이 이들의 결혼을 허락하지 않자 그녀가 쓰러진 것이라는 소문이 퍼진다. 이에 분노한 루핑이 몸을 추스린 후 자기를 모함한 사람들을 고발할 준비를 하고 있을 때 한 사람을 만나게 된다.

그는 오래 전 열악한 의료 환경으로 인하여 두 다리를 잃은 사람으로, 루핑은 그 사람으로부터 병원의 사정이 그 전보다 많이 좋아졌다는 것과 원장을 비롯한 책임자들의 비전문성과 관료주의, 그리고 시설의 부족 등에 대해서는 인내심을 가지고 개선점을 모색해야 한다는 충고를 듣는다. 이를 받아들인 루핑이 결국 고발을 포기하고, 당은 병원을 떠나 다시 공부하고 싶다는 그녀의 요구를 받아들임으로써 소설은 끝이 난다.

다음 「뚜완샹」의 주인공 뚜완샹은 서북지방의 한 궁벽한 농촌에서 태어나 다섯 살에 어머니를 여의고 계모의 학대를 받으며 살다가 열세 살에 건너 마을의 이씨 집안으로 시집을 간다. 어릴 때부터 노동으로 단련된 뚜완샹은 대가족인 시댁에서도 집안일 농사일 가리지 않고 열심히 일하던 중 1949년 중화인민공화국의 수립을 맞는다.

1951년 뚜완샹의 남편은 한국전쟁 지원군으로 떠나고 뚜완샹의 집에는 당이 파견한 토지개혁조사단 단원인 한 중년부인이 와서 살게 된다. 낮에는 마을의 부녀자들과 함께 일하고 밤에는 부녀자들에게 글을 가르치던 이 부인의 강력한 권고에 따라 뚜완샹은 현(縣)의 교육소에 가서 3개월의 교육을 받은 후 그 마을의 부녀반장이 된다. 그러던 중 1954년 한국전쟁에 참전했던 남편이 돌아왔고, 돌아온 지 며칠이 안 되어 남편은 또 사천(四川)의 군사학교로 떠난다. 남편을 떠나보내고 혼자 고향에 남아 있던 뚜완샹도 4년 후인 1958년 사천의 군사학교에서 다시 흑룡강성 북대황(北大荒)에서 개간 일을 시작한 남편에게로 간다.

북대황에서 뚜완샹은 집안일은 물론이고 자진하여 공동화장실, 도로 등을 청소하고 이웃사람들의 어려운 일을 거드는 등 맹활약을 한다. 그 결과 뚜완샹은 공산당으로부터 이른바 빠오빙(標兵), 즉 모범병사라는 칭호를 받게 된다. 모범병사 뚜완샹은 이후로도 멸사봉공의 봉사생활의 고삐를 늦추지 않아 당시 도시에서 북대황에 내려와 들일을 시작한 여학생들을 비롯하여 많은 사람들을 감동시킨다는 것으로 이 소설은 끝을 맺는다.

이제 두 소설의 시간적 공간적 배경을 비교해보자. 「병원에서」의 루핑이 활동했던 시기는 1940년대 초 공산당지구, 즉 연안 주변 사회이고 「뚜완샹」의 뚜완샹이 활동했던 시기는 1950년대 초기부터 말기까지의 서북 고원지대와 50년대 말부터 60년대의 동북 북대황 지구이다.

1940년대 초 연안을 중심으로 활동하던 중국 공산당은 국민당과의 제2차 합작(合作)의 실패로 인하여 인력과 물자 모두 매우 어려운 상황에 놓여 있었다. 루핑이 처해 있던 시간과 공간은 바로 이러한 위기의 공산당 치하 사회였기 때문에, 띵링의 소설 「병원에서」는 당의 문예정책 담당자로부터 비판을 받았고 띵링은 소설 속 루핑처럼 병원을 떠나 반강제적으로 재교육을 받아야 했다.

한편 뚜완샹이 3개월의 교육을 받고 마을의 부녀반장으로 활동하기 시작하는 1950년대 초 중화인민공화국은 대대적인 토지개혁과 함께 이른바 신중국(新中國) 건설의 초기 단계에 있었다. 제1차 5개년 계획을 비롯하여 우리나라의 새마을운동과 북한의 천리마운동을 연상하게 하는 대약진운동에 이르기까지 농촌의 자력갱생을 모토로 중국의 농민들은 낮에는 논밭에서 일하고 밤에는 공장에서 구슬땀을 흘렸다. 더욱이 중국의 농민들은 합작사(合作社)를 거쳐 인민공사(人民公社)라고 하는 대단위 공동농장에서 크게는 수 천 명씩 공동으로 숙식하고 공동으로 작업을 했다.

1958년 무렵 북대황은 '우파(右派)'로 지목되어 비판을 받은 지식인,

문인 및 학생들이 투입되어 '노동개조'를 받던 곳이다. 뚜완샹의 남편 리뀌(李桂)가 어떤 이유로 한국전쟁 참전 이후 사천의 군사학교로 갔다가 다시 북대황의 개간사업에 참여하게 되었는지에 대해 소설에는 어떤 설명도 없다. 어쩌면 리뀌 또한 군사학교 내에서 우파로 몰려 그리로 좌천되었을지 모른다. 다만 뚜완샹의 경우는 순전히 남편의 뜻에 따라 다른 가족의 만류를 뿌리치고 자원해서 북대황에 갔을 뿐이다.

1960년은 세계적으로도 경제공황과 기근을 겪은 해로, 북대황도 의식주 등이 모두 어려운 형편에 놓여 있었다. 게다가 문화혁명이 시작되는 1960년대 중반부터는 앞서도 언급했듯 지식인 문인 등 우파분자와 함께 도시에서 중 고등학교를 다니던 학생들까지 대거 농촌으로 "하방(下放)"되어 노동교육을 받았기 때문에 상황은 더욱 악화되어 있었다.

요컨대 루핑이 활동했던 1940년대 초의 공산당통치지구인 연안이나 뚜완샹이 살았던 1950년대 중국 서북고원과 60년대 북대황은 공산당 건국 이전과 이후라는 점만 달랐지 그 사정과 형편은 거의 똑 같이 매우 어려웠다. 또 한 가지 공통점을 찾자면 루핑과 뚜완샹 모두 노동자와 농민 및 병사뿐 아니라 소수민족과 여성을 우대하는 공산당 치하에 있었기 때문에 국민당 치하보다 상대적으로 넓은 정치사회적 역할을 할 수 있었다는 것이다.

2. 루핑과 뚜완샹의 사회인식

사람은 본래 사회적 존재로서 어떤 사람도 사회를 떠나 혼자 살 수는 없다. 따지고 보면 가정도 학교도 직장도 다 하나의 사회이고 교회, 복지단체, 반상회, 심지어 등산이나 꽃꽂이 등 취미단체도 다 각각 작은 사회라 할 수 있다. 그런 의미에서 동서고금, 남녀노소를 막론하고 사람은 거의 모두 사회생활을 하는 존재이다.

하지만 엄밀히 말해서 사회에 참여한다고 하면 가정이나 학교, 또는 직장에서 그저 남들이 하니까 나도 따라 한다는 식의 안주를 의미하지는 않는다. 누군가가 사회에 참여한다고 말한다면 그는 자신이 속한 사회에 대해 나름대로의 인식을 가지고 그에 따라 소신껏 행동을 하는 사람이다. 그러니까 이른바 사회에 참여하는 사람에게 요구되는 것은 시대와 사회에 대한 분명한 인식이고 더욱 중요한 것은 그들이 인식한 대로 사회에 참여하여 실천하는 일이다.

루핑과 뚜완샹은 둘 다 공산당 통치하에서 사회에 대해 나름대로의 인식을 지니고 있었다. 먼저 루핑은 어릴 때부터 문학에 관심을 가지고 정규대학을 졸업한 지식여성으로서, 그녀의 사회인식은 공산주의혁명을 통한 이상적 중국사회를 이룩하려는 기대와 희망에 기초하고 있다. 그 때문에 루핑은 연안의 군사대학을 다니다가 공산당에 입당하였고 당의 권유에 따라 자신의 생각을 접고 병원에 왔던 것이다.

하지만 부임 첫 날부터 병원장 이하 여러 사람들이 보여준 행정편의주의, 무관심, 이기주의, 게으름 등이 그녀를 실망시킨다. 예를 들어 다 망가진 루핑의 침대를 고치다 말고 온 데 간 데 없이 사라진 후 다시 나타나지 않는 무책임한 관리과장, 상대방이 건네는 인사도 제대로 받아주지 않고 맛있는 음식을 나눠 먹을 줄 모르는 룸메이트가 그랬다. 병원의 업무에는 문외한인데다가 여성을 완전히 무시하는 태도를 감추지 않는 병원장, 최소한의 위생관념과 의학상식이 없는 간호사들과 환자들도 그랬다. 특히 산부인과 병실의 산모들과 간호사들의 상식 이하의 행위를 루핑은 다음과 같이 묘사하고 있다 :

> 그들은 병이 날까봐 매우 두려워하는 것 같았지만 깨끗한 것을 좋아하지 않았고 늘 소독하지 않은 종이를 사용했으며 간호사에게 자신들의 세탁물을 세탁하지 못하게 했고 아이를 낳은 지 사흘도 되기 전에 살짝 일어나 변소에 갔다… 근무를 한다는 간호사들은 교육을 받은 바가 없는지 물건이란 물건은 죄다 방 구석구석에 처박아 두었다.

이러한 상황에 대해 루핑이 지도원(指導員)에게 불만을 털어놓자 그는 물자가 부족하고 인력동원이 힘들고 특히 의사가 부족한 점 등 당시 병원의 어려운 현실을 토로한다. 하지만 이상적 사회에 대한 꿈에 부풀어 공산당 "해방구"로 온 루핑에게는 지도원의 말이 구차한 변명 또는 무책임한 회피로 밖에 들리지 않는다. 의사들에 대한 루핑의 인식도 부정적이기는 마찬가지다. 나태하기 짝이 없이 그럭저럭 일하는 동창생 의사 장팡즈(張芳子)가 그렇고 "고고하기가 마치 선녀가 하강한 듯한" 산부인과 주임의사 왕쒸화(王梭華)가 그렇다. 특히 화학실험실 직원 린사(林莎)의 자기 미모에 도취되어 남을 무시하는 태도는 병원사회에 대한 루핑의 인식을 부정적인 쪽으로 기울게 하였다.

「병원에서」에 드러나는 루핑의 사회인식은 이렇듯 사회구성원에 대한 부정적인 태도로 일관되어 있다. 연안 사회를 통치하는 공산당의 정책에 대해서도 그녀는 그리 곱지 않은 시선을 던진다. 사실 처음부터 루핑은 자신에게 병원으로의 파견근무를 명한 당에 다소 저항했고 결국 1년이라는 조건을 붙여 병원에 왔던 것이다. 그 결정을 할 당시의 상황을 소설은 이렇게 기술하고 있다 :

> 그렇지만 '당'과 '당의 필요'라는 철 테를 머리에 두르게 되었을 때 그녀가 당의 명령을 거스를 수 있을까? 이 철 테를 무시할 수 있을까? 이 철 테는 그녀가 자원해서 둘러썼는가? 그래도 가야 한다면, 1년 동안 만이다라고 생각했다.

아무튼 루핑은 당의 명을 저버리지 않고 병원에 와서 근무했고 자신이 수집한 병원 내의 여러 가지 문제점들을 정식으로 고발하지도 않았으며 병원을 떠날 때에도 마음대로 하지 않고 당의 허락을 받아 떠난다. 이로서 볼 때 루핑은 당시 공산당 치하 연안의 병원사회에 대해 비판적으로 인식하고 있었지만 결정적인 순간에 당의 지시에 순순히 따르는 등 공산사회에 대한 희망을 잃지 않고 있음을 알 수 있다.

한편 순박한 시골여성 뚜완샹의 공산사회에 대한 인식은 그녀가 열일곱 되던 1951년 공산당의 토지개혁조사단의 일원으로 온 한 중년부인에 의하여 시작된다 :

> 어떤 부녀자도 뚜완샹보다 더 열심인 사람은 없었기에 부인은 이 열일곱의 어린 색시가 마음에 들어 매일 밤 이슥하도록 그녀와 이야기했다. 뚜완샹도 부인의 이야기를 듣고 진심으로 기뻤고 마음의 문을 열어 멀리 볼 수 있었고 높이 생각할 수 있었다. 그 결과 뚜완샹은 한 가족을 위해 일하는 것보다 더 많은 사람들을 위하여 일하는 것이 더욱 기쁘다고 생각하게 되었다.

한 가족을 위해 일하는 것보다 더 많은 사람들을 위해 일하는 것이 더욱 기쁘다고 생각하는 뚜완샹의 단순하고 명쾌한 사회인식은 마을의 부녀반장으로 활동하면서 틀이 잡히기 시작한다. 어린 나이에 어머니를 잃은 이후 사람들로부터 진심어린 관심과 애정을 거의 받아보지 못한 그녀에게도 사람들이 관심을 보이고 희망을 건다는 사실을 알게 된 뚜완샹은 마치 어머니의 품에 다시 안긴 것 같은 감격을 느낀 것이다.

뚜완샹에게 있어서 사회는 곧 당이고 인민대중이다. 그 때문에 그녀의 사회인식은 인민대중에 대한 인식이고 그들과 그녀의 뗄 수 없는 관계에 대한 인식이다. 이러한 그녀의 인식은 인민대중에 대한 한없는 존경과 사랑으로 나타난다. 그 때문에 그녀가 남편이 있는 북대황으로 가는 도중에 만난 트랙터 기사와 북대황의 모든 사람들은 남김없이 다 그녀의 존경 대상이다. 심지어 그녀를 촌티 나는 시골여자라고 경멸하는 도시여학생들까지도 다 그녀의 애정대상이 되는 것이다 :

> 뚜완샹은 마치 그녀들이 자신을 경멸하고 있음을 모르는 듯 그저 두루두루 믿음을 백배나 더하고 시종여일 흔쾌히 그녀들을 돌보고 또 그녀들을 이끌었다. 뚜완샹은 마음 속 깊이 그 처녀들을 사랑했다. 그녀들은 마오쩌뚱 주석의 지시에 따라 따뜻한 가정을 떠나 도시의 여유 있는 생활을 포기하고 고생스런 변방에 와서 노동을 학습하는 웅대한 뜻을 지닌 어린 싹들이다. 그러니 자신은 마땅히 마오쩌뚱 주석을 사랑하고 당을 사랑하는 한마음의 열정을 가지고 그녀들을 보살펴야 한다고 생각했다.

뿐만 아니라 뚜완샹은 처음 만나는 사람들에 대해서도 마치 친척을 만나는 것과 같은 친근감을 느끼고 사람들과 공동작업을 할 때도 저절로 어렸을 적 부르던 노래가 흘러나오는 등 편안한 행복을 느낀다. 이처럼 뚜완샹의 사회인식은 루핑처럼 당의 조직 문제나 구성원들의 문제에 대한 천착 대신 당과 사회 구성원에 대한 무조건적인 신뢰와 감사, 그리고 존경과 애정으로 표현된다.

요컨대 루핑과 뚜완샹은 둘 다 공산사회에 대한 공동체의식, 즉 사회의식을 견지한 여성들이지만 이 둘의 사회인식은 다소 차이가 있다. 즉 루핑이 대학을 졸업한 지식여성으로서의 자부심과 자기중심적인 판단 아래 공산사회를 향해 문제제기를 하고 있다면 뚜완샹은 농촌의 순박한 근로여성으로서 자신이 처한 공산사회를 절대적 신뢰처로 인식하고 있다.

3. 루핑과 뚜완샹의 사회참여

비록 공산사회를 보는 시각은 다소 다르지만 루핑과 뚜완샹은 둘 다 매우 열정적인 여성들로, 언제나 맡은 일 이상의 일을 자청해서 도맡는 열정적인 사람들이다. 예를 들어 루핑은 아침밥을 먹고 나서 특별한 일이 없으면 바로 출근하여 산부인과 주임의사가 올 때까지 기다리지 않고 다섯 개의 병실을 돌며 산모들을 돌보았고 심지어 간호사와 다른 과 의사들의 할 일까지도 가리지 않고 대신했다. 밤낮을 가리지 않고 병원 안팎을 가리지도 않고 최선을 다하는 그녀의 모습이 「병원에서」의 다음 대목에서 확인된다 :

> 매서운 바람을 맞으며 한 벌의 짧은 솜옷을 입고 이 산에서 저 산으로 뛰어다니느라 얼굴이 다 얼어서 붓고 발꿈치가 갈라져도 루핑은 아무도 원망하지 않았다. 밤에도 잠을 제대로 잘 수 없는 경우가 태반으로, 어떤 때는 새벽에 병원에 온 산모가 밤에야 해산하기도 하고 또 어떤 때는 한밤 중에 해산하는 산모를 위해 자다가 일어나기도 했다. 해산을 돕는 간호사들이 칠흑 같은 어둠이 무서워서 나가려하지 않으면 그녀가 손수 동사할 만큼 추운 밤중에 나가서 산모를 위해 물을 길어왔다… 난산만 아니라면 주임의사 없이 그녀 혼자 아이를 받았다. 왜냐하면 주임의사가 사는 곳이 병원에서 너무 멀어 루핑은 그렇게 추운 밤에 그녀를 깨워 오게 하지 않으려 했기 때문이다.

북풍이 몰아치는 추운 밤에 이산 저산 뛰어다니면서 얼굴이 붓고 발꿈치가 터져도 아무도 원망하지 않았다는 위 표현과 달리 루핑은 병원의 행정 담당자들에 대해 원망을 하기는 했다. 이에 관해서는 나중에 상술하기로 하고, 여기서 분명한 것은 그녀가 밤잠도 제대로 자지 못하고 주임의사와 간호사들의 불편을 덜어주기 위해 스스로 더 열심히 일했다는 사실이다. 그녀의 적극적이고 자발적인 희생봉사는 자청하여 병원 뜰에 널려있는 헌 솜과 붕대 따위의 의료 폐기물을 치우는 데까지 이를 정도다.

뚜완샹도 둘째가라면 서러워할 헌신적인 일꾼이다. 남을 위해 일하는 것이 즐거워 쉴 새 없이 일하는 그녀의 모습은 다음 대목에 잘 드러나 있다 :

> 뚜완샹은 기쁨이 충만하여 노동을 할 때 피로의 감각이 없었고 배고픔의 감각도 없었다. 모든 사람이 휴식해도 쉬지 않고 일했고, 모두가 밥을 먹으러 가도 일하는 손발을 멈추지 않았다. 타작마당에서 노동을 하는 근로자와 그 가족들의 임금은 시간당 계산하는 방식과 건수로 계산하는 방식이 있는데, 그녀의 임금은 시간당으로도 계산하지 않고 건수로도 계산하지 않았다.

얼핏 보면 일중독자라고 할 만큼 뚜완샹은 이처럼 대가를 바라지 않고 일하는 데 피로를 못 느낄 정도의 타고난 일꾼이다. 춤꾼이 신명나게 춤을 추듯 뚜완샹은 일할 때 신명을 내는 것이다. 누가 시키지 않아도 지저분한 공중변소를 매일 깨끗이 치우고 집집마다 문 앞에 쌓아놓은 쓰레기더미를 손수 치운다. 뿐만 아니라 이웃집 아이들을 봐주고 옷가지도 수선해주고 심지어 양식표까지 꾸어준다.

게다가 산에 올라 벌목하는 일, 들에 나가 풀을 베는 일, 도랑을 뚫는 일 등 젊은 남자들의 일까지도 스스럼없이 해낸다. 도시의 여학생들을 데리고 맬감을 하러 갈 때는 살얼음이 언 냇물을 잘 건너지 못하는 여학생들을 하나하나 업어서 건너 주기까지 한다. 아주 어렸을 때부터 노동이 생활화되었고 어린 나이에 시집을 가서도 집안일 농사일을 모두 차질 없이 해냈던 그녀였기에 가정의 울타리를 벗어나 더 많은 이웃을 위해 그렇게 많은 일을 할 수 있었던 것이다.

루핑과 뚜완샹의 공통점은 또한 매우 솔직하고 순수하며 다소 고집스럽고 고지식한 성품에서 찾을 수 있다. 그래서 이들은 매사에 진지하고 심각하며 어느 한 부분도 어물쩡 넘어가지 않는다. 먼저 루핑은 열심히 일하는 한편 몇몇 회의에 참석하여 자기의 의견을 개진하기도 하고 병원 내의 불합리한 일들, 예를 들어 의료시설의 미비와 위생관념의 부재 따위를 수시로 지적하기도 한다 :

> 루핑은 누구라도 산부인과 병실에 들어오기만 하면 일일이 지적하며 말했다 : 보세요. 집기들이 이렇게 다 망가졌잖아요. 이 하나밖에 없는 주사바늘은 이미 휘어져버렸지만 원장님과 의사들은 모두 다 휘어진 바늘을 사용하는 법을 배워야 한다고 하네요. 고무장갑이 찢어져도 말하지 않아요. 꿰매기가 쉽지 않으니까요. 하지만 숯 두 세 근 정도 더 쓰는 가격이면 살 수 없는 것도 아니잖아요?

이러한 루핑의 비판이 다른 사람들의 눈에는 처세를 잘 못하는 성급한 태도로 보여지기는 한다. 그 때문에 그녀와 비교적 친하게 지내는 리야(黎涯)와 정펑(鄭鵬)조차도 그녀가 너무 열정적이라고 하면서 이성으로 여과하지 않은 열정은 가치가 없다고 충고한다.

온유한 품성으로 그간 한번도 싸워본 일이 없었던 뚜완샹도 북대황의 개간지에 간 이후부터는 번번이 사적인 일보다 공적인 일을 앞세워 가족들과 대립하기도 하고 문제 있는 사람에게 훈시하기도 한다 :

> 뚜완샹은 어느 날 공공의 물건을 훔치고 있는 사람을 만났다. 그녀가 그 사람에게 다가가 좋은 말로 그만두도록 권유했지만 뜻밖에 그 사람이 도리어 당당하게 그녀에게 쓸 데 없는 참견을 한다고 욕을 했다. 화가 난 뚜완샹은 온 몸을 부들부들 떨고 얼굴이 빨개진 채 물건을 훔치고 있는 그 사람의 손을 나꿔채며 힘 있고 매섭게 꾸짖었다 : "어찌 이럴 수 있어요? 이건 공동의 물건이니 그 누구도 가져갈 수 없어요. 빨리 제 자리에 갖다 놓으라고요." 그녀의 기세에 압도당한 그 사람은 슬그머니 꽁무니를 뺐다.

이처럼 뚜완샹도 원칙에 있어서는 결코 물러서지 않는 철저함을 가지고 있다. 또한 모범병사로서 연설할 때에도 남이 써준 그럴듯한 원고를 떠듬떠듬 읽기보다 자기 자신의 생각과 느낌을 솔직하고 순박하게 표현하는 개성도 있다.

멸사봉공의 태도로 최선을 다한다는 점에서 또 고지식하고 융통성이 없다는 점에서 공통점을 갖고 있는 루핑과 뚜완샹에 대한 사람들의 평가는 그러나 서로 다르다. 결론부터 말하자면 한 사람은 칭송을 받는 반면 다른 사람은 적지 않은 비난을 받는데, 칭송을 받는 쪽은 뚜완샹이요 비난을 받는 쪽은 루핑이다. 즉 모범병사 뚜완샹의 묵묵한 선행은 하나하나 쌓여져 많은 사람들로부터 다음과 같은 칭송을 자아낸다 :

> 연말평가를 할 때에 이르자 마치 샘물이 솟듯이 여기저기서 그녀에 대해 헤아릴 수 없을 만큼 많은 칭찬이 쏟아져 나왔다. 말로 하자면 별로 대단한 일은 아니지만 생각해 보면 누구라도 뚜완샹의 행위는 보통사람이 쉽게 할 수 없는 일이라고 여겼기 때문이다.

뚜완샹이 이렇듯 많은 사람들로부터 호평을 받은 까닭은 공공의 물건을 훔친 사람을 제외하고 그녀가 비판한 사람이 하나도 없는 반면 도와준 사람은 부지기수이기 때문이다. 이와는 달리 자의식이 강한 지식인 루핑은 헌신적으로 일을 하는 한편 병원장을 비롯하여 동네 아낙네들에 이르기까지 사람들에 대한 비판이 많다. 절친한 친구 리야와 정평을 제외한 병원의 거의 모든 사람들에 대해 비판의 화살을 날리는 것이다. 심지어 루핑은 당과 혁명에 대해서도 다음과 같은 의문을 제기한다 :

> 루핑은 자신의 일상생활을 돌아보았다. 도대체 혁명이 무슨 소용이 있는 걸까? 인류를 위해서 혁명해야 한다면서 어찌하여 가장 친근해야 할 동지조차도 이렇게 애정이 부족한 것일까?

주의주장이 강하고 남들에게 요구도 많은 루핑에 대한 사람들의 태도는 대부분 냉담했다. 그녀가 과도한 일로 고군분투, 동분서주하다가 과로로 수술실 밖에 쓰러져 있을 때 많은 사람들이 그녀의 곁을 지나갔지만 아무도 그녀에게 다가가 일으키거나 부축하지 않았다. 그녀가 몸져누워 며칠간 일하러 나오지 않자 걱정 대신 오히려 해괴한 소문이 나돌았다. 즉 그녀와 정펑은 사랑하는 사이인데, 당이 이들의 결혼을 허락하지 않자 그날 밤 발광을 한 끝에 쓰러졌다는 등의 유언비어가 돌았다.

물론 루핑은 리야와 정펑을 비롯하여 환자들에게 인정을 받기는 한다. 다만 그녀의 성급하고 다그치는 태도는 리야와 정펑에게까지 지적당한다. 그녀가 병실에서 만난 상이군인도 바로 그녀의 올곧은 비판정신을 들어 다음과 같이 권고한다 :

> 당신이 좋은 사람이고 좋은 기질을 가졌음은 당신이 처음 이 병실에 왔을 때 첫눈에 알아챘소. 그런데 당신은 책략이 없고 너무 젊어. 서둘지 말고 천천히 하시오… 당신은 더 많은 사람들과 이야기를 나눠야 하오. 단지 몇 사람에게만 눈길을 계속 주지 말고. 그렇지 않으면 당신은 소진되고 말거요.

4. 두 여성에 대한 띵링(丁玲)의 동일시

루핑과 뚜완샹을 형상화한 띵링은 『當代文學』 기자와 인터뷰할 때, 대체로 어떤 삶을 소설화하느냐는 기자의 질문에 다음과 같이 답변했다 :

> 세 가지 관점이 있다고들 하지요. 그 하나는 작가 자신이 잘 아는 사람들의 생활을 쓰는 것이고 또 하나는 수많은 근로대중인 노동자, 농민, 그리고 병사의 생활을 쓰는 것이고 마지막 하나는 자아, 즉 작가 자신의 삶을 쓰는 것이지요. 이 세 가지는 언뜻 보기에는 상호 대립되고 서로 용납되지 않는 듯하지만 사실 이 세 가지는 작가가 창작하는 데 있어서 마땅히 일치되어야 합니다.

띵링이 위와 같이 답변한 시기는 1981년경이고 「뚜완샹」이 다듬어진 해가 1978년이므로 「뚜완샹」이야말로 이 세 가지 관점이 비교적 일치

되어 있는 작품이다. 왜냐하면 띵링은 1958년 반우파운동(反右派運動) 시기에 공산당의 당적을 박탈당하고 8년 동안 북대황에서 이른바 노동개조(勞動改造)를 받았기 때문에 북대황의 농장생활은 그녀가 잘 아는 생활이다. 또 띵링 자신이 북대황에서 일개 농민으로 양계를 하고 분뇨를 치우는 등의 생활을 했기 때문에 「뚜완샹」은 띵링 자신의 생활이다. 물론 이 작품은 수많은 농민들의 삶이기도 하다.

사실 작가 자신이 잘 아는 사람들의 생활, 근로 대중의 생활 및 작가 자신의 생활이라는 이 세 가지 생활을 일치시키려는 띵링의 노력은 일찍이 1930년대부터 시작되었다. 즉 1930년대 상해(上海)에 있을 당시 띵링은 자신이 속한 좌익작가연맹(左翼作家聯盟)에서 작가들에게 직접 근로 대중 속으로 들어가도록 호소할 때 이에 부응하여 한 공장에 들어갔다. 하지만 다른 작가들과 마찬가지로 그녀도 공장의 노동자들과 만나 이야기를 나누고 그들을 취재 대상으로 삼아 작품의 자료를 수집했을 뿐 그들의 생활과는 일정한 거리를 두고 있었다.

근로 대중과의 거리두기는 연안에 들어가 생활하면서 「병원에서」를 집필할 때도 마찬가지였다. 그 때문에 루핑은 농민이나 화부(火夫)와 친구가 되지 않고 오직 의사, 소련유학생 출신 소설가 등의 지식인들과 친분을 나눈다. 이 같은 태도는 1950년대 초 그녀가 쓴 산문 「청년의 연애문제」에서 지식 청년과 노동자 농민의 연애는 공동의 생활과 사상의 공통점이 없는 경우 불가하다는 입장 표명으로 이어진다.

물론 띵링은 의사는 아니었지만 당시 몸이 아파 연안의 한 병원에서 요양을 했던지라 병원생활은 그녀 자신이 잘 아는 현장이고 의사는 그녀가 쉽게 동일시할 수 있는 지식인이었다. 사실 띵링은 「병원에서」를 발표할 즈음 「부녀절유감(三八節有感)」이라는 산문을 통해 노골적으로 공산당 주석 마오쩌뚱의 처 쟝칭(江靑)의 사교춤 모임을 비판할 만큼 패기에 찬 지식인이었다. 루핑이 병원장을 비롯하여 병원의 간부들에게 거침없이 비판의 화살을 쏜 것처럼 띵링도 공산당 통치지구 내부의 불평등과 당 간부들의 봉건성을 신랄하게 비판했던 것이다. 그런 의미에서 루핑의 이야기는 띵링 자신의 이야기이기도 하다.

이렇듯 루핑과 동일시된 띵링의 엘리트의식은 1958년부터 시작된 북대황에서의 생활과 함께 서서히 사라져간다. 이후 많은 세월을 인민과 함께 보내면서 띵링은 서서히 그들과 동화되었고 결국 1982년에 발표한 「어떻게 창작의 자유를 획득할 수 있는가?」(『나의 생애와 창작』)에서 다음과 같은 고백을 하기에 이른다 :

> 나는 작가가 생활 속으로 들어가야 한다고 생각한다. 또 어느 삶터로 가든지 단지 창작의 재료를 얻어오기 위한 것이 아니라 하나의 보통사람으로 가서 인민을 위해 봉사해야 된다고 생각한다. 상부에서 내려온 사람이 아닌, 외부에서 들어온 사람이 아닌, 인민의 한 사람으로서 일해야 한다고 생각한다.

하지만 1964년 여름 훗날 「뚜완샹」의 주인공이 될 덩완롱(鄧晩容)을 소개받았을 때까지만 해도 띵링은 그녀가 바라는 만큼 인민의 생활에 동화되지는 못했다. 당시 띵링은 문화궁(文化宮)에서 근로자가족의 학습을 담당하는 선생으로서 덩완롱을 하나의 창작 재료로 삼았을 뿐이었다. 이는 그녀의 산문 「뚜완샹에 관하여」(『생활 창작 수양』)에서 농민의 이상적 전형인물인 모범병 덩완롱을 자신의 자산계급적 사상 감정을 개조하고 인민의 생활에 깊이 들어가기 위한 하나의 학습모델로 삼았다고 말한 데서 확인된다.

띵링의 생활이 뚜완샹과 비슷해진 때는 두 말 할 것도 없이 문화혁명기간이었다. 그 기간 동안 띵링은 외양간에서 옥살이를 할 때를 제외하고 하루 14시간의 노동생활을 경험한다. 어린 홍위병들의 뒤치다꺼리를 하던 당시의 힘든 생활을 띵링은 이렇게 회상하고 있다 :

> 그네들은 내게 늘 하는 새벽청소 말고도 자기들이 사용한 요강을 비우도록 명령하였다. 나는 마음속으로 불쾌했고 그네들에게 반감을 가졌다… 내가 이 같은 사상적 모순에 빠져 있을 때 나는 뚜완샹을 떠올렸다. 뚜완샹은 자발적으로 또 기꺼이 지식청년들을 위하여 청소하고 구들을 놓고 이불을 개고 요강을 비우지 않았던가?

이처럼 띵링은 문화혁명 당시 뚜완샹을 학습모델 삼아 동일시하고 동화하려고 열심히 노력했다. 하지만 비판적 지식인 출신 띵링은 고운 성품의 타고난 일꾼인 뚜완샹과 결코 같아질 수는 없었다. 그런 의미에서 뚜완샹은 띵링 자신이라기보다 그녀가 문화혁명을 겪으면서 가장 닮고 싶은 아름다운 근로인물 형상이라 할 수 있다.

이에 비해 「병원에서」의 루핑은 띵링 자신이 잘 알고 있는, 자기 자신과 쉽게 동일시되는 지식인이기는 하지만 말년의 그녀가 벗어나고 싶고, 사실상 얼마간 뛰어넘은 젊은 시절의 띵링이었다고 하겠다.

요컨대 띵링과 뚜완샹은 각각 청년기와 노년기의 띵링이 자신과 동일시한 두 인물로, 바로 그런 이유 때문에 두 인물형상은 공통점을 갖고 있다. 하지만 두 인물이 가지고 있는 천성적 성품과 계급적 한계로 볼 때 루핑이 청년 띵링의 현실적 모습이라고 한다면 뚜완샹은 노년 띵링의 이상적 모델이었다고 보아야 할 것이다.

제2장

중국현대남녀소설의 같은 점과 다른 점

-장지에(張潔)와 리샤오(李曉) 소설을 중심으로-

1. 들어가는 글

중국현대소설에 있어서 여성작가와 남성작가의 작품은 서로 얼마나 다른가? 중국현대문학작가들의 작품을 읽으면서 필자가 이따금 스스로 던져본 질문이다. 강단에서 중국현대소설을 가르치면서 가끔 학생들과 나누는 대화 속에서도 남녀소설가들에 대한 상식적인 차이가 거론되는데 이를 정리하면 다음과 같다. 즉 남성작가가 대체로 사회나 국가를 향한 주의, 주장 같은 굵직한 주제를 일반화하여 과감하게 다루는 반면 여성작가는 개인과 가정을 향한 사랑, 결혼 같은 자잘한 주제를 개별적으로 조심스럽게 다룬다고 한다. 이러한 성별적 특징은 남녀 소설가들에게 국한되지 않고 남녀독자들에게도 나타나 대개 남성독자가 남성소설가의 작품을 즐겨 보고 여성독자는 여성소설가의 소설을 본다는 것이다.

하지만 여성독자라고 해서 모두 다 여성작가의 소설만 읽고 남성독자는 다 남성작가의 소설만 읽지 않듯이 여성소설가라고 해서 온통 사랑과 결혼에 국한된 이야기만 쓰지는 않는다. 남성소설가라고 해서 모두 거창한 주의, 주장만 하지 않음은 물론이다. 이렇게 볼 때 어쩌면 '여류소설가', '여성소설', '여성주의'같은 용어는 도태되어야 할 용어들일지 모른다. 또한 어쩌면 바로 그 같은 용어들 때문에 창작과 비평에 있어서 성차별이 두드러지고 심지어 강화되는지도 모른다. 필자가 이른바 페미니즘(feminism)비평으로부터 한때 짐짓 고개를 돌렸던 것도 이와 같은 인식에 따른 것이었다.

하지만 문학사 기술과 연구에 있어서 현재까지도 지속되고 있는 여성소외를 목도한 필자는 어쩔 수 없이 여성작가의 작품 쪽에 더욱 관심을 갖게 되었고 그간 수 십 명의 여성작가의 작품들을 읽어오면서 이들의 작품에 공통점이 있음을 주목했다. 즉 대부분의 여성작가의 작품은 시점이 일인칭이든 삼인칭이든 간에 '나' 중심이 아니라 '우리'라는 관계가 중심이 되고 이야기 전개에 있어서도 정면으로 직접 서술하기보다는 우회적으로 빙 둘러 묘사할 뿐 아니라 부정적인 사람이나 사물도 직접적으로 비판하거나 비웃지 않고 간접적으로 부드럽게 표현한다.

또 한 가지 공통점은 이들이 비록 남녀의 사랑, 결혼, 가정 등 자질구레한 신변잡기 같은 이야기를 전개하지만 그 안에 사회나 국가의 문제를 자연스레 드러내고 있다는 것이다. 즉 이들은 자신과 가족들이 겪은 구체적인 경험을 통해 일반적이고 보편적인 사회문제를 제기하기를 즐긴다.

그러다 보니 여성주의비평가들이 거론하고 있는 이른바 여성적 글쓰기에도 점차 관심을 가지게 되었다. 송지현의『다시 쓰는 여성과 문화』에 따르면 미국의 초도로우(Nancy Chodorow)가 말하는 여성적 글이란 어머니와 동일시하는 여성들의 구체적이고 관계지향적인 언어이다. 또한 프랑스의 크리스테바(Julia Kristeva)는 논리적이고 다변적인 부계언어에 대항하는 침묵과 망설임, 독백과 파열, 그리고 광기의 언어인 모계언어가 표현 된 것이 바로 여성적 글이라고 한다. 이처럼 여성적 글에는 교체와 혼합을 통한 하나 됨과 나눔이 있는가 하면 넋두리와 수다, 비틈과 끼어듦도 있다. 한마디로 조화와 화합의 언어인 동시에 풍자와 아이러니의 언어인 것이다.

그간 중국의 여성작가들과 한국의 여성작가들의 문체 속에서 매우 구체적이고 관계지향적인 하나 됨과 나눔의 언어를 접해온 필자에게 초도로우의 주장은 사실 그리 새로운 것은 아니다. 하지만 넋두리와 수다, 독백과 광기, 그리고 비틈과 끼어듬을 말하는 크리스테바의 설명은 여성적 글쓰기에 대해 어렴풋한 윤곽만 갖고 있던 필자에게 분명한 선과 색조를 선사해주었다. 즉 여성적 글쓰기에 있어서는 무엇을 말하느냐보다 어떻게 말하느냐의 태도와 왜 그렇게 말하게 되었는지의 배경이 더 중요하다. 예를 들어 여성작가의 문체에서 드러나는 침묵과 망설임, 그리고 독백의 언어는 아마도 불확실함과 두려움 때문일 것이고, 미친 듯 울부짖는 광기, 그리고 비꼬고 초를 치는 언어는 어쩌면 참을 수 없는 분노 때문일지 모른다. 이에 대해 이제껏 제1의 성이 아닌 제2의 성, 즉 중심이 아닌 언저리의 성으로 살아온 여성 작가들에게 그 두려움과 분노는 도대체 누구에 대한 두려움이고 무엇을 향한 분노냐고 묻는다면 참으로 우문이 될 것이다.

이처럼 남녀작가의 서로 다른 글쓰기 방식에 관심을 두던 중 중국의 현대 남성작가인 리샤오의 「구름다리」를 읽을 기회가 있었는데, 뜻밖에도 이 소설은 남녀의 글쓰기에 대해 필자가 갖기 시작한 이분법을 무색하게 하였다. 결론부터 말하자면 남성작가인 리샤오의 이 소설에서 그간 '여성적 문체'라고 분류한 점들을 발견한 것이다. 뿐만 아니라 비슷한 시기에 접한 여성작가 장지에의 「사랑은 잊을 수 없는 것」에서는 또 그간 '비 여성적인 문체'로 분류한 점들이 발견되었다. 이제 어쩔 수 없이 이른바 여성주의비평과 여성적 글쓰기를 재점검하지 않을 수 없게 된 것이다.

본 논문은 이 같은 문제에 적절한 답을 찾는 작은 시도로 시작되었다. 연구방법은 먼저 장지에의 「사랑은 잊을 수 없는 것」과 리샤오의 「구름다리」를 주 자료로 하여 양자의 소재와 주제 및 문체, 즉 스타일을 비교 분석한 후, 남성작가 장시엔량(張賢亮)과 왕쑤어(王朔), 그리고 여성작가 천룽(諶容)과 티에닝(鐵凝)의 소설들을 부 자료로 삼아 종합하는 식으로 진행될 것이다.

2. 장지에의 「사랑은 잊을 수 없는 것」과 리샤오의 「구름다리」비교

장지에의 「사랑은 잊을 수 없는 것」은 노처녀 산산(珊珊)이 잘 생기고 체격도 좋은 청년 챠오린(喬林)과 2년 넘게 사귀었지만 정작 그가 청혼하자 그와의 결혼을 망설이는 것으로 시작된다. 주위사람들이 보기에는 특별히 내세울 것도 없는 노처녀 산산이지만 단지 나이가 꽉 찼다고 해서 또는 상대의 조건이 좋다고 해서 결혼할 수 없다고 보고 그와 자기가 결혼할 만큼 진실로 사랑하는지 알고 싶어 한다. 그래서 산산은 챠오린에게 "왜 나를 사랑하느냐?"고 묻고 "당신이 좋은 사람이니까."라고 하는 챠오린의 대답에 실망하는 한편 자기 역시 챠오린을 왜 사랑하는지 확신하지 못한다. 그 때 산산은 친구 같던 어머니가 죽기 직전에 자신을 바라보며 간곡하게 당부했던 말을 떠올린다 : "산산아! 자기가 궁극적으로 원하는 것이 무엇인지 확신이 서지 않거든 얼렁뚱땅 결혼하기보다 독신으로 사는 편이 훨씬 낫단다."

소설은 자연스럽게 산산의 어머니에 관한 회상으로 이어지는데, 어머니는 산산이 아기였을 때 도련님처럼 잘 생겼지만 천박하고 무료한 아버지와 헤어진 이래 죽을 때까지 재혼하지 않았다. 그 이유는 사랑하는 사람이 없어서가 아니라 그녀가 사랑하는 사람과 결혼할 수 없는 상황에 놓여져 있었기 때문이었다. 비록 결혼에 성공하지는 못했지만 어머니의 영원한 사랑이야기는 산산의 회상과 어머니가 남긴 유고 "사랑은 잊을 수 없는 것"을 통하여 다음과 같이 재구성된다.

산산의 어머니 종위(鐘雨)는 1953년 북경의 한 직장에 전근되어 와, 운명적 대상인 그를 만난다. 종위는 이후 죽을 때까지 20여 년간 그를 사랑하지만 그가 죽은 1969년까지 16년간 그들은 손목조차도 한 번 잡지 않는 순수한 관계를 유지했다. 종위는 그가 선물한 1950－1953년판 체호프전집 한 질을 사랑의 신표로 삼아 끔찍이 아끼고 그와 함께 딱

한번 산책했던 작은 길을 사랑의 장소로 소중하게 간직한다. 가끔 그를 태운 차를 먼발치에서 지켜보며 그를 향한 사랑을 촘촘히 기록할 뿐. 그 또한 그녀의 작품이 실린 신문이나 잡지를 찾아보거나 자전거로 출퇴근하는 그녀를 역시 먼발치에서 바라보거나 그녀의 집 앞을 서성이다가 묵묵히 돌아갈 뿐이었다.

그렇다면 말씨에 여성적인 교태가 없고 딸을 친구처럼 대하며 담박한 생활을 즐기는 작가 종위가 사랑하는 그는 누구인가? 그는 이미 아내가 있는 혁명 간부이다. 1930년대 상해에서 노동운동을 하던 중, 한 늙은 노동자가 그를 위하여 자신의 아내와 딸을 남긴 채 국민당에게 희생당하자 그는 강한 책임감으로 희생당한 노동자의 딸을 아내로 맞았던 것이다. 이렇듯 책임감과 사명감이 강한 그는 소설과 목관악기 오보를 좋아하는 등 감수성도 풍부하여 글을 쓰는 종위와 정서적으로 깊은 소통을 한다. 하지만 중공 수립 이후까지 줄곧 조국 건설에 전력투구했던 그는 문화혁명이 최고조에 이른 1969년 부패분자, 낭비분자, 관료분자 등 이른바 삼반분자(三反分子)로 몰려 목숨을 잃고 만다. 그가 장렬하게 세상을 떠나자 종위는 애끓는 심정을 다음과 같이 적고 있다 :

> 나는 유물주의를 신봉하는 사람이다. 그러나 지금 나는 천국을 바라고 있다. 만약 정말로 천국이 있다면 나는 안다. 당신이 틀림없이 거기서 날 기다리고 있음을. 나는 곧 거기로 가서 당신과 만날 것이고 우리는 영원히 함께 있으면서 다시는 헤어지지 않을 것이며 또한 다시는 또 다른 한 사람 (당신의 아내)의 생활에 피해를 끼칠까 두려워 우리의 사랑을 버리지 않을 것임을. 사랑하는 이여! 기다려주세요. 내가 곧 갈 터이니-.

지금 보기에는 다소 신파조 같지만 남녀간의 사랑이 철저히 금기시되었던 문화혁명을 배경으로 놓고 보면 이해가 가는 대목이다. 그 때문에 어머니의 생사를 초월한 사랑이 적혀 있는 "사랑은 잊을 수 없는 것"은 산산에게도 다음과 같은 확신을 준다 :

> 나는 안다. 그들이 무엇으로 변했든 여전히 서로 사랑하고 있음을. 비록 인간의 법률과 도의가 그들을 하나로 묶지 않았다 해도 비록 그들이 단

> 한번도 손을 잡지 않았다 해도 그들은 완벽하게 상대를 차지하고 있다. 그 누구도, 그 무엇도 그들을 떼어 놓을 수 없다. 설사 천만년이 지난다 해 도 한 조각의 흰 구름이 또 한 조각의 흰 구름을 따르고 있고, 한 그루의 푸른 풀이 또 한 그루의 푸른 풀 곁에 기대어 있고, 한 층의 물보라가 다른 한 층의 물보라를 때리고 있고, 한 차례의 산들바람이 또 한 차례의 산들바람을 바짝 좇고 있기만 하다면 믿어도 좋다. 그건 틀림없이 그 두 사람임을.

어머니와 딸의 사랑과 결혼에 관한 이야기를 자전체와 일기체로 교차하고 있는 이 소설은 등장인물이 별로 없다. 어머니와 딸 말고 등장하는 인물이라고는 대화가 거의 없는 그와 챠오린, 그리고 대화가 아예 없는 아버지와 친구들 정도다. 그럼에도 불구하고 이 소설은 남녀간의 사랑에 대하여 매우 심각한 문제제기를 하고 있다.

또한 이 작품은 어머니와 딸의 강한 연대의식과 함께 여성들의 분명한 주체성을 강조한다. 즉 결혼을 앞둔 여성이 전통적 방식대로 부창부수(夫唱婦隨)하거나 자본주의의 거래방식대로 조건에 맞춰 매매하지 않고 어디까지나 여성 자신의 자유로운 선택을 강조하고 있는 것이다.

이 소설의 문체에는 여성적 글쓰기의 특징도 담고 있다. 예를 들어 딸과 어머니가 하나 되는 언어, 교체와 혼합 및 나눔의 언어도 있고 독백의 언어, 망설임의 언어도 보인다. 또한 소설 첫 부분인 산산과 챠오린의 대화 중에는 다음과 같은 비틈과 아이러니의 언어도 확인된다 ;

> 내가 "챠오린, 당신은 왜 나를 사랑하나요?" 하고 묻자 그는 꽤 오랫동안 생각한 다음 아이 같이 천진하고 해맑은 두 눈동자를 들고 내게 이렇게 말했다 : "왜냐하면 당신은 좋은 사람이니까."
> 나의 마음은 일종의 심각한 적막으로 가득 찼다. "고마워요. 챠오린."

위 대화의 마지막 부분에서 산산은 분명 챠오린의 대답에 매우 실망하여 마음이 쓸쓸해졌음에도 불구하고 오히려 비틈의 언어인 "고마워요. 챠오린."이라고 대꾸하는 것이다. 그 다음엔 둘 사이에 침묵의 언어가 놓인다. 사람과 사람 사이에 깊은 연대감이 있을 경우, 이를테면 산산과 종위 같은 모녀지간이랄지 종위와 '그'같은 연인 간에는 교체와 혼합 및 나눔의 언어가 가능하지만 산산과 챠오린, 또는 종위와 전 남편의 사이 같이 연대가 느슨하거나 단절된 관계에 있어서는 비틈과 침묵 및 망설임의 언어가 쓰인다고 하겠다.

장지에보다 13년 연하의 리샤오는 지명도로 보아도 장지에보다 덜 알려진 소설가이다. 하지만 그의 중편소설 「구름다리」는 1987－1988년 전국우수중편상(全國優秀中篇賞)을 받은 수작(秀作)으로 이 소설은 한 노동자의 곡절 많은 인생유전(人生流轉)을 담담히 기술하고 있다.

줄거리는 왕바오(王保)가 와우관(臥牛關)이라는 기차역에 도착하여 플랫폼 위를 잇는 구름다리를 올려다보는 것으로 시작되어 횡사한 어머니의 유골을 수습하여 다시 상해로 돌아가는 기차 속에서 끝이 난다. 왕바오의 어머니가 왜 와우관 역 근처에 묻혀 있었고 그가 왜 그렇게 늦게 어머니의 유골을 수습하러 왔는지에 대해서는 왕바오의 회고와 연상에 의해서 하나 둘 밝혀지는데, 이에 따라 30년에 걸친 왕바오의 개인사와 가족사가 낱낱이 펼쳐진다. 주인공 왕바오의 생각의 흐름에 따라 수시로 바뀌는 시점(時點)을 시대 순으로 정리하면 대략 다음과 같은 이야기로 압축된다.

강소성 북부의 농촌 출신 왕바오는 1957년 당시 상해의 한 공장에서 선반공으로 일했다. 아버지는 삼륜 수레를 몰고 어머니는 온갖 잡일을 하는 등 온 식구가 열심히 일했으며, 왕바오 자신은 야학에서 러시아어를 공부하는 근면한 청년이었다. 그 무렵 그가 다니던 공장에 반우파운동의 바람이 몰아쳐 작업반장이 그에게 공장장을 비난하는 발언을 할 것과 그 내용을 대자보에 쓰도록 권유한다. 사태를 제대로 파악하지 못한 그가 고지식하게도 장장 일곱 장의 대자보를 쓰고 두 시간에 달하는 장황한 발언을 한다. 그 결과 그는 '반사회주의분자(反社會主義分子)'로 몰려 이듬해인 1958년 안휘성 방부(蚌埠) 근처의 백마호(白馬湖)로 보내져 드넓은 호수 백마호를 메꿔 논으로 만드는 노동을 시작한다. 2년 후인 1960년, 왕바오는 어머니가 자신을 면회하려고 방부 행 기차를 탔다가 강도를 만나 목숨을 잃었다는 비보를 전해 듣지만 극심한 가뭄으로 아사(餓死) 직전의 상황에서 간신히 살아남느라 어찌 해보지 못한다.

그 후로도 20년을 백마호에 더 있다가 상해의 원 직장으로 복귀한 왕바오는 우연한 기회에 상관의 서랍 속에서 한 공문을 발견하는데, 1959년 2월자로 발송된 이 공문에는 뜻밖에도 자기처럼 '반사회주의분자'로 노동개조를 위해 보내졌던 노동자들을 모두 원대복귀시키라는 내용이 씌어 있었다. 하지만 공문은 20년간 서랍 속에 방치되어 있었고 왕바오는 그 기간 내내 백마호에 있어야 했던 것이다.

오십 세가 되어 돌아온 왕바오는 병든 아버지의 소원에 따라 샤오동(小東)이라는 아들이 있는 과부 리시우란(李秀蘭)과 결혼한다. 또 몇 년이 지난 어느 날 의붓아들 샤오동에게 농촌 구경을 시켜 주려 고향을 찾은 왕바오는 그곳에서 뜻밖에도 27년 전 비극적 죽음을 당한 어머니의 목소리를 듣는다. 어머니의 영혼이 숙모에게 빙의(憑依)되어 나온 말에 따르면 어머니는 억울하게 죽임을 당했고 오랫동안 들판을 헤매왔으니 부디 자기를 찾아서 한을 풀어 달라는 것이었다. 왕바오는 드디어 어머니의 사망통지서를 들고 사흘의 휴가를 얻어 어머니의 무덤을 찾아 나선다. 우여곡절 끝에 어머니의 시신을 매장했다는 순찰원과 함께 무덤을 찾아낸 왕바오는 결국 어머니가 평생 동안 끼고 바느질했던 백동 골무와 함께 어머니의 유골을 수습하여 돌아가는 것으로 이 소설은 끝을 맺는다.

어찌 보면 문화혁명을 배경으로 한 그렇고 그런 인생유전을 그린 이 소설은 끊임없는 시점의 변화와 등장인물들의 해학적인 언행 묘사를 통해 독자에게 시종 기대감과 재미를 준다. 즉 이 소설에는 왕바오의 아버지, 어머니, 삼촌, 숙모, 아내와 의붓아들 등 가족 말고도 백마호 시절을 함께 보낸 '대학생', '땅꼬마', '긴 손톱' 등과 어머니의 무덤을 찾는 과정에서 만나는 상해시 공안국의 까오(高) 동지, 남경철로직공요양소장 '손수염', 그리고 방부의 묘지지배인 류얼푸(劉二富) 등의 이야기도 갈피갈피 매우 생생하고 재미있게 그려져 있다. 그런데 재미있는 점은 '손수염'에게는 수염이 없고 '땅꼬마'는 거구의 사내이고 '대학생'은 문신을 없애러 성형외과에 가는 깡패 출신이다.

소설은 또 매우 비극적인 운명에 처한 왕바오의 이야기를 담담하고 심지어 달관한 듯한 태도로 기술하고 있다. 즉 평범한 선반공이었던 그가 어느 날 갑자기 낯선 곳에 보내졌고, 2년 후 그의 어머니가 자신을 만나러 오다가 비명횡사했고, 그 소식을 듣고도 그곳을 떠나지 못하고 20년이나 더 거기에 억류된 채 무의미한 삽질을 계속 한 자신의 운명을 왕바오는 다음과 같이 비교적 순순히 받아들이는 것이다 :

> 어떤 일들의 앞을 바라본다면 온통 칠흑 같은 어두움만 영원히 끝 간 데 없이 이어져 있어 그야 말로 차라리 죽고 싶다. 그렇지만 뒤를 돌아다보면 틀림없이 자신이 아직 살아 있음을 기뻐하게 된다. 비록 도대체 자기가 어떻게 살아왔는지 신기하긴 하지만 어쨌든 그런 삶을, 제기랄, 이미 살아 낸 것이다.

왕바오는 자신의 불행까지도 이처럼 한발자국 물러서서 볼 줄 알 뿐 아니라 다른 사람들의 좋고 나쁨, 인생의 어두운 면과 밝은 면을 다 받아들이는 현실 수용적 태도를 보이고 있다. 예를 들어 왕바오는 명령계통의 마비로 말미암아 1년 정도만 해도 되었을 백마호 생활을 22년이나 했음을 알고도 그 22년의 세월이 마치 직장에서 축구하던 도중에 걸려온 전화를 받고 돌아온 것 같은 짧은 순간처럼 말한다. 또한 논을 만들기 위해 자신을 비롯한 수많은 사람들이 그토록 오랜 세월 흙을 퍼 와서 메운 백마호가 끝내 쓸모없는 땅이 되고 말았다는 소식에도 그저 담담할 뿐이다.

자전적 소설로 알려진 「구름다리」의 문체는 전편에 걸쳐 독백체의 특징을 가지고 있다. 또한 어떤 상황에서도 직접 반응하지 않고 간접적으로 우회할 줄 알며 무엇보다 침묵할 줄 안다. 일예를 들면 그렇게도 학수고대하던 어머니가 도중에 죽었다는 소식을 듣고 왕바오는 지도원동지에게 어머니가 왜, 어떻게 죽었느냐고 따지거나 울부짖지 않고 조용히 숙소에 돌아온다. 잠시 후 집 떠나기 전 날 어머니가 사준 운동화를 꺼내 신고 마을에 들어간 왕바오는 그 운동화를 볶은 콩과 바꿔 먹는다. 맨발로 돌아온 그를 보고 의아해 하는 '대학생'에게조차 한 마디

말도 없이 완전한 침묵을 지키는 것이다.

소설에는 또 회피의 언어도 보인다 :

> 방부에서 남경으로 거는 전화가 잘 걸리지 않자 젊은이는 연이어 번호를 돌리는 한편 입으로 "니미" 하며 욕을 해댔다. 한참 후에 접속이 되었는데, 이번에는 찾는 사람이 없다며 전화기를 잠시 놓고 사람을 찾으러 갔다. 그 사이에 젊은이가 내게 이렇게 물었다 : "왕형. 어머니가 다른 사람에게 살해되었음을 알았을 때 속으로 무슨 생각을 했어요?"
> 나는 그에게 이렇게 대답했다 : "세월이 너무 지나서 이미 기억이 안 나요."

"이미 기억이 안 나요."는 물론 사실이 아니다. 왜냐하면 바로 그 다음 대목에 왕바오는 한 텔레비전 사고뉴스 장면을 소개하고 있기 때문이다. 사고 소식을 듣고 취재하러 온 기자가 부상자에게 "사고 당시 무슨 생각을 했느냐?"고 묻자 부상자가 격앙된 목소리로 "제기랄. 죽느냐 사느냐 하는 순간에 무슨 생각을 할 수 있단 말이요?"라고 대답했는데, 다음 뉴스보도에서는 부상자의 이 답변이 편집되어 잘렸다는 것이다. 어머니의 사고 소식을 들었을 당시 왕보도 어쩌면 그 부상자와 비슷한 심정이었을지 모른다. 다만 자신이 솔직한 심정을 털어놓았을 때 상대의 마음에 들지 않을까봐 살짝 피해 간 것이다.

이 소설에는 또 역지사지(易地思之)의 교체와 나눔의 언어도 보인다. 즉 왕바오에게 어머니의 존재는 큰 의미이지만 한 시신의 신분을 확인하기 위해 상해에 사는 수 백 명의 쉬에꾸이잉(薛桂英)을 확인하러 다녀야 하는 까오 동지에게 어머니는 쉬에꾸이잉이라는 이름에 불과할 뿐임을 인정한다. 심지어 어머니의 양곡 표를 빼앗고 어머니를 달리는 열차 밖으로 밀쳐서 죽인 가해자에 대해서도 왕바오는 그 열차가 마침 와우관의 높은 철교를 통과하는 중이 아니었더라면 그가 어머니를 죽음에 이르게 하지 않았을 거라고 생각하는 등 가해자의 무고의성에 동의하며 그에 대한 일말의 동정심까지 보이는 것이다.

요컨대 장지에의 「사랑은 잊을 수 없는 것」과 리샤오의 「구름다리」는 둘 다 반우파운동과 문화혁명을 배경으로 한 거의 동시대 소설로, 두 작품 다 일인칭시점의 회상 소설이라는 점도 같고 이야기전개에 있어서 독자들의 궁금증과 호기심을 지속시키는 매력이 있다는 점도 비슷하다.

문체에 있어서도 두 소설은 자전체라는 공통점을 지니고 있다. 그 때문에 비록 주제를 심화시키는 방식은 조금 다르지만 둘 다 '나' 또는 '나의 어머니'의 이야기를 고백하는 고백체라는 점에서 같다. 또한 위에서도 각각 언급했지만 흔히 여성적 글쓰기 방식으로 알려진 교체, 혼합, 나눔의 언어와 아이러니, 침묵, 비틈의 언어의 사용에 있어서도 두 남녀 소설가의 소설은 크게 다르지 않다.

반면에 두 소설은 다음과 같은 점에서 다르다. 즉 「사랑은 잊을 수 없는 것」이 나와 어머니 등 극히 제한된 등장인물의 언행을 깊이 천착하고 있다면 「구름다리」는 나를 비롯한 많은 인물들을 등장시켜 인물들의 언행을 넓게 묘사하고 있다. 서술하는 방식도 장지에가 매우 주관적으로 문제를 제기하고 감정을 드러낸다면 리샤오는 오히려 얼마간 거리를 두고 객관적으로 담담하게 풀어간다.

또한 남녀간의 영원한 사랑이라는 이상적이고 낭만적인 주제를 담고 있는 「사랑은 잊을 수 없는 것」이 남녀 간의 사랑에 대해 적극적이고 혁신적인 자세를 보여주는 반면 곡절 많은 인생이라는 매우 현실적인 주제를 담은 「구름다리」는 인생에 대해 다소 소극적이고 보수적인 자세를 보여준다. 그 때문에 문화혁명에 대한 두 소설 주인공의 태도는 사뭇 다르다.

즉 「사랑은 잊을 수 없는 것」의 종위는 사랑하는 '그'를 희생시킨 문혁을 견디는 자신의 심정을 다음과 같이 적고 있다 :

> 나는 꿋꿋이 살아남아 당신처럼 그렇게 우리 사회를 위하여－우리 사회는 언제나 지금처럼 이렇지는 않을 것이다. 이미 징벌의 날카로운 칼이 그 개 같은 남녀 패거리(사인방)의 머리 위에 걸려 있다－ 미력이지만 열심히 일하리라 다짐했다.

‘징벌의 날카로운 칼이 이미 그 개 같은 남녀 패거리의 머리 위에 걸려 있다’ 같이 노골적인 표현을 통해 문혁의 주체 세력을 이처럼 유감없이 비판한 「사랑은-」에 비해 「구름다리」에는 문혁에 대한 직접적 비난과 분노의 표현은 한 군데도 없다. 즉 명령계통의 마비로 인해 자신이 20년도 넘게 직장에 복귀할 수 없었다는 사실을 알고 나서도 왕바오는 다만 자신이 일찍 상해에 돌아갔다면 어머니가 자신을 만나러 방부행 기차를 타고 죽지는 않았을지 모른다고 가정해볼 뿐이다. 또한 수십 년에 걸친 백마호 메꾸기 작업이 결국 수포로 돌아갔다고 담담히 기술함으로써 문혁의 실패를 우회적으로 표현할 뿐이다.

하지만 두 작품의 결정적인 차이는 여성인물 형상에서 두드러진다. 즉 「사랑은-」의 종위는 대단히 자립적인 여성의 전형으로 사랑하지 않는 남자와 감연히 이혼한 후 자신의 길을 꿋꿋이 가고, 그녀의 딸 산산도 사랑한다는 확신 없이 결혼하기보다는 차라리 혼자 살 생각을 할 만큼 독자적 여성이다.

이에 반해 「구름다리」의 여성상은 사뭇 다르다. 소설에는 왕바오의 어머니와 그의 아내 및 그의 숙모가 등장하는데, 우선 왕바오의 어머니는 헌신적인 어머니의 전형으로 온갖 고생을 하며 아들을 위해 이런저런 물건을 마련한다. 그녀에게 독자적인 자기는 없어 보인다. 그녀에 비해 왕바오의 처 슈란은 결혼 전 왕바오에게 매우 당당한 태도를 보인다. 즉 자신은 이미 애가 있으니 결혼 후 아이를 더 낳지 않겠다는 조건을 내건 것이다. 여기까지 보면 슈란이 매우 독자적인 여성이 아닌가 생각하게 되는데 그녀의 두 번째 조건을 듣고 보면 그렇지 않음을 알게 된다. 즉 슈란은 아들 샤오동이 자신의 생명 줄이니 자기와 결혼하려면 아이의 허락을 얻어야 할 것이라고 말한다. 그러니까 자신의 재혼에 있어서 자기보다 어린 아들의 의견이 결정적이라는 뜻이다. 이처럼 결혼 전에는 적어도 왕바오에 대해서만큼은 자신만만하던 슈란도 결혼 후 다음과 같이 푸념한다 :

> “왕바오. 내가 당신과 결혼한 건 정말 잘못한 것 같네요. 나는 원래 한 남자를 찾아서 아들을 잘 보살피도록 하려고 했는데 뜻밖에도 늙은 아이를 만났으니 말이죠.”

마지막으로 왕바오의 숙모에 관해서는 이렇다할 다른 묘사는 없고 오직 왕바오 어머니의 영혼이 그녀에게 빙의되어 그녀가 눈을 부릅뜨고 온몸을 부들부들 떨며 어머니의 목소리 그대로 왕바오에게 절규하는 대목이 전부이다. 이로서 볼 때 숙모의 형상은 전통적으로 노년기의 여성에게 부여되는 영매(靈媒)상임을 알 수 있다. 그것도 무당처럼 그것을 독자적인 업으로 삼는 여성이 아니라 일시적으로 동서의 넋이 자신의 몸에 머무는 정도이다.

요컨대 「사랑은-」의 여성상이 남성과 동등한 독자적 존재임에 반하여 「구름다리」의 여성상은 모두 남성과의 관계 내지는 타인과의 동일시 속에서 존재하는 비독자적인 존재라는 점이 두 소설의 확연한 차이라고 할 수 있다.

3. 기타 남녀 소설의 경우

그렇다면 장지에와 리샤오의 이 소설들 말고 그 밖의 다른 남녀 소설의 여성형상은 어떠한가? 또한 다른 남녀 소설의 글쓰기 방식에는 어떤 이동점(異同點)이 있을까? 이에 대한 답을 구하기 위해 남성작가 장시엔량(張賢亮)과 왕수어(王朔), 그리고 여성작가 천롱(諶容)과 티에닝(鐵凝)의 소설들을 비교한다.

1) 장시엔량(張賢亮)과 왕수어(王朔)의 소설들

먼저 1980년대에 발표된 장시엔량(1936-)의 『황하의 자손들(黃河的子孫)』과 『안녕 친구여(早安, 朋友)』를 살펴보자.

장편소설 『황하의 자손들』은 황하 유역의 위가교(魏家橋) 마을을 배경으로 중공 수립 이후 1970년대 말까지 중국농민들이 어떻게 생활해 왔는지를 생생하게 묘사하고 있다. 이 소설의 주인공은 마을의 서기인 웨이티엔꾸이(魏天貴)로, 그는 '반귀신'이라는 별명이 붙을 정도로 능수능

란하게 마을의 일을 처리한다. 그 밖에 소설은 그와 한위메이(韓玉梅)와의 이루어질 수 없는 사랑, 그리고 우경(右傾) 기회주의자로 낙인 찍혀 노동개조를 받으러 온 현 부서기 여우샤오저우(尤小舟)와 웨이티엔꾸이의 우정을 그리고 있다.

이 소설은 스케일이 크고 등장인물도 매우 많은데 제목이 보여주듯, 웨이티엔꾸이를 비롯한 남성 인물들이 주류를 이루고 있다. 즉 남주인공들이 사회적으로 자아를 실현해 가는 주체적 인물로 그려져 있다면 한위메이나 류웨이칭(劉衛青) 등 여성인물들은 어디까지나 사랑하는 남자 또는 남편과의 관계 속에서 살아가는 의존적 인물들에 불과하다.

한 고등학교 여학생의 일기를 저본으로 썼다는 『안녕 친구여』는 고3 학생들의 심리상태, 즉 대학입시에 대한 압박감과 앞날에 대한 불안, 그리고 사춘기 청소년의 성적 호기심이 잘 드러나 있는 장편소설이다. 반복되는 자위행위를 자책하다 못해 끝내 자살하는 쉬인화(徐銀花)와 성적 충동을 자제하지 못하고 같은 반 여학생에게 실수를 범하는 왕원밍(王文明), 그리고 삼각관계에 빠진 뤼바오전(呂寶辰), 바이쓰홍(白思弘), 뤄샤오리(羅曉莉) 등이 이 소설의 주요 등장인물로, 이들을 통하여 독자는 개방되고 있는 중국 청소년의 성 심리를 볼 수 있다.

이 소설은 그간 금기시되었던 중국 청소년의 성적 욕구를 다뤘다는 점과 특히 여학생의 성욕도 남학생과 다를 바 없음을 보여주었다는 점에서 일정한 성과를 거두었다. 하지만 여학생의 일기를 저본으로 삼았다는 이 소설에 등장하는 여학생들의 관심사는 오직 사랑과 성뿐이다. 심지어 반장을 맡은 루웨이핑(魯衛平)도 이렇다 할 리더십이 없이 목소리만 큰 여학생이다. 남녀 학생의 사랑을 옹호하는 글을 발표하는 남학생 훠수광(霍曙光)에 비하면 여학생들은 그저 예민하고 자상한 누이에 불과할 뿐이다. 그런 의미에서 이 소설도 『황하의 자손들』과 마찬가지로 여성 인물의 역할은 제한적이고 미미하다고 하겠다.

한편 중학교 시절에 이미 감옥생활을 경험한 왕수어(1958－)는 한때 '왕수어현상(王朔現象)'을 일으킬 만큼 선풍적인 인기를 누린 만주족 작가로, 막노동, 브로커, 건달 등 스스로 해온 경험을 토대로 이른바 건달

소설을 썼다.

먼저 『절반은 불꽃, 절반은 바닷물(一半是火焰, 一半是海水)』은 관광객을 윤락행위로 빠져들게 한 뒤 자신은 경찰을 가장하여 관광객의 돈을 갈취하는 주인공 장밍(張明)이 노동개조를 받다가 풀려나오는 줄거리로 되어 있다. 이 소설에는 우디(吳迪)와 후이(胡眣)라는 두 여성인물이 등장하는데, 우디는 장밍에게 매료되어 그의 구원의 여인을 자처하다가 고민 끝에 자살하고, 후이는 자유분방하게 행동하다가 결국 남자들에게 윤간을 당하는 비운의 주인공이 된다. 두 여성 다 사랑에 목숨을 거는 비극적 여성들인 셈이다.

왕수어가 무용가인 아내를 만나 결혼하게 되는 실화를 소설화한 자전체 소설 「해면에 떠오르다(浮出海面)」에 등장하는 무용가 위징(于晶)의 주관심사도 다름 아닌 스빠(石芭)와의 사랑이다. 역시 인생의 방향을 잡지 못하고 표류하는 젊은이들의 밑도 끝도 없는 유희소설인 『노는 것이야말로 가슴 설레는 일(玩的就是心跳)』에도 류옌(劉炎), 바이산(百珊) 등 여성인물이 등장하는데, 이들도 모두 남성의 경제력에 기대어 살아가면서 남성들에게 피해를 당하거나 피해를 끼치는 의타적 여성들이다.

왕수어의 위 소설들은 이처럼 개인의 자유분방한 삶과 사랑을 걸쭉한 입담으로 펼쳐낸다. 재미있는 점은 풍자와 조소가 가득한 그의 문체에서 여성적 글쓰기의 특징으로 알려진 광기와 파열, 아이러니와 비틈의 언어를 쉽게 만날 수 있다는 사실이다. 그 때문에 그의 문체에 있어서도 여성적 문체와 마찬가지로 무엇을 말하느냐보다 어떻게 말하느냐가 더 중요하다. 그 이유 중 하나는 그가 한족이 아닌 만주족 출신의 건달이라는 소외계층에 속했기 때문이 아닐까 생각된다.

2) 천룽(諶容)과 티에닝(鐵凝)의 소설들

연령으로 보나 지명도로 보아 장지에와 쌍벽을 이루는 작가 천룽(1936－)은 결혼제도와 관료제도가 어떻게 개인의 삶을 왜곡시키는지에 대해 천착한 작가이다. 먼저 그녀의 대표작으로 알려진 「중년에 이르러

(人到中年)」를 보면 루원팅(陸文婷)이라는 여의사가 집 안팎의 과중한 업무와 박봉에 시달리다가 결국 중년에 이르러 심근경색이라는 치명적 병으로 쓰러진다는 줄거리로 되어 있다. 이 소설에는 루원팅 말고도 적지 않은 남녀 인물들이 등장하는데, 여성인물의 경우 의사 장야펀(姜亞芬)처럼 직장생활과 가정생활을 병행하는 독립적 여성과 당 간부의 부인 친보(秦波) 같이 남편의 권력에 의존적인 전업주부도 있다.

「새끼돼지의 월동에 관한 문제(關於仔猪過冬問題)」는 관료제도의 문제점을 실감나게 파헤친 천룽의 수작이다. 이 소설은 공산당 시위원회 서기인 장띵판(張丁凡)이 푹신한 의자에 앉아 시 농림관에게 전화를 걸어 새끼돼지의 월동대책을 강구하라는 지시를 내림으로 시작된다. 하지만 농림관에 의해 강구된 새끼돼지의 월동대책이 문서로 꾸며져 현위원회, 인민공사 서기, 생산대대, 지부 서기 등을 거쳐 새끼돼지를 담당하는 농민 궈따마(郭大媽)에게 전달되었을 때, 궈따마는 이미 그 전날 저녁부터 돼지우리에서 기거하면서 새끼돼지들을 정성껏 돌보고 있더라는 것으로 끝난다.

그런데 여성 작가 천룽의 소설에는 여성적 글쓰기의 특징으로 알려진 침묵과 회피, 또는 광기와 파열 같은 언어가 거의 보이지 않는다. 오히려 조리 있고 침착한 서술과 생생하고 자상한 묘사가 잔잔히 펼쳐진다. 물론 곳곳에 나눔과 하나 됨의 언어도 발견된다. 또한 천룽 소설에 형상화된 여성상은 친보처럼 의존적인 여성도 있지만 독립적인 여성상이 보다 더 두드러진다.

다음으로 천룽보다 약 20년 연하인 티에닝(1957－)의 단편소설 「사계절의 노래(四季歌)」와 「수수께끼의 편지(信之謎)」를 보자.

먼저 젊은 남녀의 사랑을 사계절의 변화에 맞춰 쓴 「사계절의 노래」는 어느 봄날 공원의 벤치에서 한 쌍의 처녀 총각이 사랑을 시작하여 여름에 그 사랑이 익어간다. 하지만 가을이 되어 공원벤치에 나란히 앉은 총각이 자신의 전 애인을 나쁘게 이야기하자 처녀는 표정이 굳어지며 그로부터 좀 떨어져 앉는다. 드디어 겨울날 그로부터 멀리 떨어져 앉은 처녀는 그에게 자신의 오빠부부의 이야기를 들려준 후 혼자 공원

문을 나선다. 즉 그녀의 올케는 문화혁명 때 오빠를 고발하고 심지어 오빠의 손가락까지 잘랐지만 오빠는 아무에게도 아내를 나쁘게 말하지 않았다. 사람들이 오빠에게 왜냐고 묻자 "그녀에게도 그럴만한 이유가 있지 않았겠느냐?"고 도리어 반문했다는 것이다. 이 소설에 그려지는 처녀의 형상은 이처럼 인도적이다. 총각이 오직 자기에게 잘 보이기 위하여 헤어진 애인을 나쁘게 이야기하는 것을 참을 수 없을 만큼 말이다.

또 하나의 단편 「수수께끼의 편지」는 어느 날 작가 쉬야(徐亞)에게 한 통의 편지가 오는 것으로 시작된다. 이 편지는 사오위엔(邵園)이라는 여성이 보낸 것으로 내용은 쉬야에게 자신의 조카인 사오따종(邵大鐘)과 결혼하지 말아달라는 것이었다. 사오따종이 누구인지도 모르는 쉬야는 당연히 해명의 답신을 보냈는데, 얼마 후 사오따종으로부터 다음과 같은 내용의 편지를 받는다. 즉 자기는 문혁 때 아버지를 잃고 어머니는 자살했고 누이는 돈에 팔려 갔고 자신은 싸움질하다가 노동개조소에 갔다 왔다는 것, 그 후 고모 집에서 얹혀살며 고모부의 학대를 당하면서 문학을 하기로 결심했으나 여의치 않았다는 것, 그래서 꾀를 내어 유명작가인 당신(쉬야)과 편지를 주고받다가 마침내 사랑하는 사이가 된 것처럼 꾸며왔다는 것, 그리고 마지막으로 쉬야가 보낸 해명편지는 자기가 가로챘음과 제발 자신이 스스로 진실을 밝힐 때까지 고모에게 해명편지를 보내지 말아달라는 것이다. 이 장문의 편지를 받은 작가 쉬야는 즉시 또 해명의 편지를 보내야 한다는 주위의 권유를 듣고도 차일피일 해명을 미루는 것으로 이 소설은 끝이 난다.

티에닝의 이 소설도 앞에 언급한 천롱의 소설들과 마찬가지로 문화혁명 그 자체를 파헤치기보다 문혁이 어떻게 개인의 생활을 비극으로 몰고 갔는지에 대해 구체적이고 생생하게 보여준다. 문체 또한 천롱의 문체와 마찬가지로 사실적이고 담담한 묘사가 주를 이룰 뿐, 어떤 회피와 광기, 또는 침묵과 파열의 언어도 없다. 다만 여성적 글쓰기의 또 하나의 특징인, 비극적 인물에 대한 하나 됨과 나눔의 마음이 담긴 언어가 도처에서 쉽게 발견된다. 아울러 작품에 형상화된 여성상도 의존적이 아닌, 독자적 판단에 따라 움직이는 매우 독립적인 개체로 그려지고 있다.

4. 나오는 글

이상 장지에, 리샤오를 중심으로 장시엔량, 왕수어, 천룽, 티에닝 등 모두 여섯 명의 중국현대 남녀 작가의 소설들을 비교했다. 물론 위 6인의 남녀 소설가의 소설만으로 중국 현대 남녀 소설가의 소설을 일반화하기는 어렵다. 하지만 비록 소수의 제한된 작가의 제한된 작품의 틀 안에서라도 어떤 단서는 얻을 수 있다고 볼 때 필자는 이를 통해 다음 두 가지의 잠정적 결론을 얻었다.

첫째, 소설의 주제나 소재, 문체 면에서 남녀소설가를 확연히 구분하기 어렵다는 점이다. 즉 남성작가라고 해서 사랑이나 결혼을 다루지 않고 여성작가라고 해서 사회나 국가를 다루지 않는 것이 아니다. 또한 남성 소설가라고 해서 '모계언어'인 침묵과 망설임의 언어, 독백과 파열 및 광기의 언어 내지는 하나 됨과 나눔의 언어를 사용하지 않고, 여성 소설가라고 해서 '부계언어'인 논리적이고 자아중심적인 언어를 사용하지 않는 것은 아니다. 바꿔 말해서 '부계언어'를 쓰지 않는 남성작가가 있듯이 '모계언어'를 쓰지 않는 여성작가도 있다.

예를 들어 장지에의 「사랑은 잊을 수 없는 것」을 살펴보면 비록 사랑과 결혼이라는 소재를 다루고 있고 문체도 섬세한 여성적 특징을 갖추고 있지만 여성적 글쓰기의 또 다른 특징인 은근한 침묵과 파열 및 광기의 언어는 찾아볼 수 없다. 문화혁명에 대해서도 결코 우회하거나 간접적으로 둘러 가지 않고 정면으로 직접 비판하는 태도를 보인다. 천룽 또한 「이혼하기 귀찮다(懶得離婚)」 등 소설에서 결혼과 이혼이라는 소재를 세밀한 필치로 다루기는 했지만 결혼제도와 관료제도의 폐해라는 굵직한 주제를 객관적으로 담담히 묘술하고 있다. 「사계절의 노래」의 티에닝도 역사적 사건이나 제도에 초점을 두기보다 그 같은 환경 속에서 고통을 받는 개인에 더 큰 관심을 두지만 문체는 장지에나 천룽과 거의 대동소이하다.

남성작가들 가운데 리샤오는 소재나 주제 및 문체 면에 있어서 가장 여성적 특징을 많이 가지고 있는 소설가다. 즉 「구름다리」의 왕바오는 문혁으로 인해 엄청난 피해를 입었음에도 불구하고 문혁을 직접 비판하거나 분노를 표출하지 않은 채 주인공 신변의 자잘한 사건을 침묵하고 망설이고 회피하는 언어로 담담하게 다루고 있다. 그런가 하면 한 마을이 겪는 문혁과 개혁개방을 다룬 『황하의 자손들』 같이 스케일이 큰 소설을 쓴 장시엔량도 『안녕 친구여』에서는 남녀 청소년의 성 심리를 다루고 있고 『습관적 사망(習慣死亡)』이라는 자전적인 소설도 썼다. 왕수어 역시 자전체 소설 「해면에 떠오르다」를 비롯하여 『절반은 불꽃 절반은 바닷물』과 『노는 것이야말로 가슴 설레는 일』 등에서 여성적 문체로 알려진 광기와 파열 및 아이러니와 비틈의 언어를 마음껏 구사하고 있다.

두 번째 결론은 여성 소설가가 그리는 여성 형상은 남성 형상과 대등한 주체적 존재임에 반하여 남성 소설가의 여성상은 그렇지 않다는 점이다. 이제까지 검토한 위 소설들의 확연한 차이 하나는 여성작가의 작품 속 여주인공이 독립적이고 주체적인 여성인 반면 남성작가의 작품 속에 형상화되는 여성상은 주로 남성과의 관계 속에서 의존적으로 그려지고 있다는 것이다.

즉 리샤오의 「구름다리」에 등장하는 왕바오의 어머니와 아내를 보면 어머니는 아들을 위해 살다시피 하고 아내 역시 아들을 자신의 명줄로 여길 만큼 모성애가 강하다. 숙모 또한 동서의 영매(靈媒)가 될 만큼 타인과의 밀접한 관계 속에서 살아가는 여성으로, 이들 세 여성에게는 독립적 자기가 없어 보인다.

이에 비해 장시엔량이 『안녕 친구여』에서 보여주는 여성상은 조금 다르다. 고3 여학생의 일기를 저본으로 쓴 소설이라서 그런지 여학생 쉬인화의 성적 욕구와 습관적 자위행위 등에 대해 언급하고 여학생 루웨이핑을 반장으로 설정한 점에서 그렇다. 하지만 쉬인화는 끝내 성적 환상에서 헤어나지 못해 자살하고, 반장 루웨이핑은 급우들의 뒷조사 결과를 담임선생님에게 일러바치는 염탐꾼으로 그려질 뿐이다. 『황하의 자손들』에서 웨이티엔귀를 사랑하는 여성 한위메이도 남성에게 목숨을 거는 구원의 여인상이지 결코 독자적 여성상은 아니다.

왕수어의 경우는 어떤가? 「해면에 떠오르다」의 여주인공 위징과 『절반은 불꽃, 절반은 바닷물』의 여주인공 우디는 모두 남주인공을 위한 구원의 여인상이다. 다만 우디가 사랑을 이루지 못해 자살하는 반면 위징은 상대의 아내가 된다는 점만 다를 뿐이다. 『노는 것이야말로 가슴 설레는 일』의 류옌과 바이산 등도 다 남성에게 의존해서 살아가는 여성들이며 『절반은 불꽃, 절반은 바닷물』의 또 한 여주인공 후이는 자유분방한 행위로 인해 윤간이라는 대가를 치른다. 이로 보아 왕수어는 어쩌면 자유와 독립을 구가하는 여성이 설 자리가 없음을 은연중 말하고 있지 않나 여겨진다.

반면에 여성 소설가의 소설 속 여주인공은 모두 독립적이고 주체적이다. 장지에의 「사랑은 잊을 수 없는 것」의 종위와 산산은 먼저 스스로 선 다음 반려자를 찾아야 하고 만약 끝내 진정 사랑하는 사람을 찾을 수 없다면 차라리 혼자 사는 편이 좋다고 본다. 진정한 사랑을 통한 결혼이 아니라면 대충 결혼하여 사는 것보다 독신이 낫다는 생각이다.

천롱 또한 「중년에 이르러」의 여성 주인공 루원팅을 통해 여성의 철저한 직업의식을 강조한다. 즉 루원팅은 가정생활과 직장생활의 병행을 위해 애쓰지만 양자택일을 할 수 밖에 없는 급박한 경우에는 자신의 가족보다는 타인에 대한 책임이 뒤따르는 사회적 역할을 더욱 중시한다.

티에닝도 비슷하다. 즉 「사계절의 노래」에서 처녀는 비록 총각을 사랑하지만 전 여자친구에 대한 이해심과 동정심이 결여된 총각과 헤어지기로 마음을 먹는다. 총각에 대한 사랑에 눈이 먼 나머지 자신과의 사랑도 쉽게 폐기처분할지 모르는 총각에게 목을 맬 생각이 없는 것이다. 또한 「수수께끼의 편지」의 쉬야는 샤오따종이 비록 자신의 명예를 훼손시켰지만 그의 가련한 삶을 깊이 동정하고 그에 대해 아량을 갖고 기다려주는 인간미를 발휘하고 있다. 이는 자유롭고 여유 있는 사람이 아니라면 할 수 없는 일이다.

요컨대 위 6인의 남녀 작가의 작품들은 소재, 주제, 문체 면에 있어서 많은 점을 공유하고 있지만 유독 작품 속 여성형상에 있어서 남녀 소설가는 확연한 차이점을 드러내고 있다. 이 점에 대해서는 앞으로 더 많은 남녀 작가의 작품을 계속 살펴봐야 하겠지만 위 작품들을 분석한 바에 따르면 여성 작가는 남성에 의존적인 여성과 함께 독자적 여성상을 주로 보여주고 있는 반면 남성 작가의 경우는 한결같이 독자적 여성에 대한 인식이 결여되어 있음을 확인할 수 있다.

제3장

수팅(舒婷)·꾸청(顧城) 시의 너와 나 그리고 우리

1. 들어가는 글

수팅(1952－)과 꾸청(1956－1993)은 1970년대 말 80년대 초 중국현대시사에서 빼놓을 수 없는 두 남녀 시인으로, 많은 공통점을 가지고 있다. 우선 이 둘은 모두 사춘기인 10대 초반에 문화혁명을 겪으면서 수팅은 미장이, 납땜공 생활을, 꾸청은 목공, 운반원 생활을 경험했다. 또한 이들은 둘 다 책벌레로 불릴 만큼 독서광이었고 1970년대 말 『오늘(今天)』이라는 시 잡지를 중심으로 활동하면서 80년대 초 이른바 몽롱시파의 대표주자로 손꼽힌다. 그 때문에 이들은 각자 서로에게 바치는 시로 시작되는 『수팅·꾸청 서정시선』을 함께 펴냈고 이들의 시는 여러 외국어로 번역되어 해외에 소개되었다.

둘 사이에는 차이점도 있다. 여성과 남성이라는 성별의 차이 말고도 출신 지역의 차이와 무엇보다 인생관의 차이가 확연하다. 즉 복건성 하문(夏門) 출신의 수팅이 지금까지도 고향에서 남편과 함께 살고 있는 반면 북경 출신의 꾸청은 해외에서 방황하다가 1993년 뉴질랜드에서 37세로 자살했다.

삶뿐만 아니라 시에 있어서도 수팅과 꾸청은 자못 다른 양상을 보인다. 비록 이 둘은 모두 이성보다는 감정을, 서사보다는 서정을 중시하고 연상, 상징, 은유 등의 기법을 즐겨 쓰는 현대주의 시인들로 함께 분류되지만 시풍은 서로 완연히 다르다. 즉 수팅의 시가 꼼꼼하고 세심하여 마치 조심스럽게 행보하는 듯한 느낌을 준다면 꾸청의 시는 광활하고 호방하여 마치 거침없이 활보하는 것 같다. 이는 수팅이 성실한 현실주의 시인인 차이치쟈오(蔡其矯)로부터 큰 영향을 받았다고 고백하는 반면 꾸청은 최고의 낭만주의 시인으로 손꼽히는 굴원(屈原)으로부터 가장 큰 영향을 받았다고 고백하는 데서도 확인된다.

본 논문에서는 같은 몽롱시파 시인으로 분류되면서도 이처럼 서로 다른 시풍을 보이고 있는 수팅과 꾸청의 시들을 살펴보되, 내용과 형식 비교와 같은 일반적인 비교의 틀에서 잠시 벗어나 이들 시에 등장하는 너와 나, 그리고 우리의 형상을 분석, 비교하고자 한다. 이 같은 방식이라면 서정성이 강한 이 두 남녀 시인의 시들 속에 형상화된 주체와 객체 및 그 관계가 어떻게 다른지 보다 명확히 드러날 것이기 때문이다. 이를 위하여 1975년부터 1985년까지 약 10년에 걸쳐 발표된 수팅과 꾸청의 시 가운데 서정성이 두드러지는 시 약 40수를 연구 대상으로 삼았음을 미리 밝혀둔다.

2. 수팅·꾸청 시에 형상화된 너

수팅의 시에 형상화된 너는 대부분 남성이라는 인상을 준다. 물론 「담장(墻)」에서의 너는 담장이고 「조국아, 내 친애하는 조국아(祖國呵, 我親愛的祖國)」에서는 조국이, 「아 어머니(啊, 母親)」에서는 어머니가 너지만 이처럼 대상이 제목으로 분명히 표시되지 않은 많은 시들에 등장하는 너는 역시 남성으로 보인다.

간혹 '그'로도 등장하는 수팅 시의 '너'는 크게 세 가지 유형으로 나뉜다. 첫 번째 유형은 전사 내지는 활동 형 남성이고 두 번째는 절망하고 낙담하는 의기소침 형이고 세 번째는 충실하고 상대를 배려하는 든든한 남성이다. 물론 이런 식으로 유형을 딱 갈라 말하기는 어렵다. 어떤 경우에는 두 유형이 혼합되기도 하고 심지어 세 유형이 섞여서 나타나기도 하기 때문이다. 그럼에도 불구하고 수팅의 시 속에 형상화된 너의 성격은 분명 이 세 가지 유형으로 분석이 가능하다.

먼저 전사 내지는 활동 형 너를 찾아보면 「동생, 나 여기 있어(兄弟, 我在這兒)」의 둘째 연에서 그 예를 볼 수 있다 :

> 너는 원래 태양에 속했다.
> 초원, 제방, 흑 보석의 눈동자에 속했다.
> 너는 눈보라에 속했다.
> 도로, 횃불, 부축해주는 손에 속했다.
> 너는 전사다.
> 너의 생명은 견강한 소리를 내며
> 마치 종처럼 사람들 마음의 어두운 그림자를 털어낸다.
> 바람이 낯선 발걸음으로 피해가자
> 그들은 믿으려 하지 않는다.
> 네게도 우수가 있음을.

비록 너에게도 우수가 있지만 너는 어디까지나 바람까지도 너를 피해가는 씩씩한 전사다. 너의 생명은 사람들의 마음에 드리워진 어두운 그림자까지도 탈탈 털어내는 종소리 같은 힘이 있다. 왜냐하면 너는 생명의 원천인 태양이고 드넓은 초원이고 또 흑 보석 같은 눈동자이기 때문이다.

「참나무에게 바침(致橡樹)」에서의 너도 칼, 검, 창과 같은 줄기와 가지를 가진 참나무처럼 믿음직한 투사다. 그 너는 당연히 매사에 적극적이고 활동적이다. 그래서 너는 뭔가 큰일을 하려고 길을 떠나고[「무제(無題)」] 나로 하여금 쥐고 있는 책과 손전등을 내버리고 너를 따라 유랑하게 만든다. [「어촌의 동화(小漁村的童話)」] 한편 「자화상(自畫像)」에서는 그로 등장하는 너는 비록 나의 뜻을 얻지는 못하지만 능동적으로 나를 부르고, 나에게 묻고 침묵을 요구하는 등 명령을 내린다.

두 번째 유형은 첫 번째와 정 반대로 절망하고 낙담하는 너다. 동료 시인이 쓴 「모든 것(一切)」에 화답하는 형식으로 쓴 「이 또한 모든 것(這也是一切)」의 한 대목을 보자 :

모든 큰 나무가
다 폭풍우에 절단되지는 않고
모든 씨앗이
다 뿌리내릴 토양을 찾지 못하는 건 아니야.
모든 진정이
다 마음의 사막에서 유실되지는 않고
모든 꿈이
다 날개 부러지길 바라지는 않아.

아니, 네가 말하는 그대로는 아니야.

이 시에서 너는 하늘과 땅, 그리고 사람의 마음과 꿈에 대해서 철저히 낙망하고 있는 너다. 이는 또 의기소침하여 차갑게 굳은, 슬픔에 지친 너 [「암초와 등대(礁石與燈標)」]다. 뿐만 아니라 자기 자신을 벼락 맞은 늙은 소나무로 비유하며 평생 치유될 수 없는 화상을 안고 고통스레 살아가는 너 [「가을 밤 친구를 송별하며(秋夜送友)」]이기도 하다.

마지막 세 번째 유형은 나에게 관심을 보이며 충실한 너다. 앞에서도 예로 들었던 「무제」에서처럼 너는 멀리 떠나려다 말고 나와 함께 강가를 산보하고 나의 기분을 살피며 나의 일에도 관심을 보인다. 하지만 이 세 번째 너는 매우 드물고 그나마 한시적이다. 어쩌면 이 너는 「"?.!"」에서처럼 어디까지나 나의 희망사항이라고 할 수 있다:

그렇다면 그것은 참이다.
네가 줄곧 나를 기다려준다면
내가 바구니의 씨앗을 다 뿌릴 때까지
내가 길 잃은 숫 벌을 집에 돌려보낼 때까지
배의 돛과 마을의 집과 공장의 천막 위에
작은 기름 등과 횃불을 지펴놓을 때까지
내가 가가호호 밝고 어두운 창문을 다 살피고
그 밝고 어두운 영혼들과 이야기를 다 마칠 때까지
큰 길에 노래 소리 넘칠 때까지
사랑이 햇빛 아래로 다닐 때까지
아득한 은하가 돌진하여 우리를 갈라놓아도

네가 여전히 참을성 있게 나를 기다리며
충실한 작은 뗏목을 엮는다면

그렇다면 그것은 참이다.

'만약 그렇다면'의 가정법으로 일관되어 있는 이 시는 그만큼 나에 대한 너의 인내와 배려와 사랑이 현실적으로 어렵다는 반증이다. 그런 의미에서 세 번째 유형의 너는 실재한다기보다 꿈에 그리는 이상적 너라고 할 수 있다.

다음으로 꾸청 시에 형상화된 너는 대부분 여성이다. 꾸청 시의 너도 수팅 시의 경우처럼 때로는 그녀로 등장하기도 하는데, 역시 세 가지 유형으로 분류된다. 첫 번째는 몽상 속의 꽃, 즉 꿈속의 너이고 두 번째는 나를 향해 있는 너이고 세 번째로는 아름답지만 변하기 쉽고 잡기 어려운 너다. 꾸청 시에 형상화된 너 또한 한 시에 둘 또는 세 유형의 너가 혼합되어 있는 경우가 많다.

첫 번째 몽상 속의 꽃으로서의 너는 꾸청 시에 매우 많이 등장하는 이미지다. 「생명환상곡(生命幻想曲)」의 뒷부분을 보자 :

차바퀴가 굴러 간다.
천리향과 들국화의 풀밭을
귀뚜라미가 나를 환영하느라
현을 떨고 있다.
나는 희망을 꽃향기에 녹여 넣는다.

천리향과 들국화 꽃밭을 굴러가는 차 안에 있을 꾸청은 이처럼 희망을 꽃향기에 두고 있다. 내가 그리는 몽상 속의 꽃은 「약력(簡歷)」에서 급기야 무더기로 내게 다가와 나를 둘러싸고 애무한다 :

그 때 모든 풀과 작은 꽃이
다 나를 에워싸고
불빛 어두운 한 순간
내 슬픔에 가벼이 입 맞추네

몽상 속의 꽃이 이처럼 적극적으로 나를 위안하는 너라면 두 번째 유형인, 나를 향해 있는 너는 저만치서 나를 바라보고 있는 다소 소극적인 너다. 너 대신 그녀로 표현된 「나는 제 멋대로 하는 아이(我是任性的孩子)」를 보자 :

나의 아내는
그녀는 어두운 구름을 본 적이 없고
그녀의 눈동자는 맑은 하늘빛
그녀는 영원히 나를 바라보며
영원히 바라볼 뿐
절대로 갑자기 고개 돌려 가버리지 않는다.

현실적으로 볼 때 언제까지나 그 자리에서 영원히 나를 바라보고 있을 너는 없다. 그런 의미에서 두 번째 유형의 너도 첫 번째 유형과 마찬가지로 상상 속 너일 뿐이다. 「겨울날의 온정(冬日的溫情)」의 겨울나무나 「바람의 꿈(風的夢)」의 버드나무도 그 자리에 그대로 서서 나의 보금자리가 되어주고 나의 위안이 된다는 점에서 꿈 속 너이기는 마찬가지다.

이 두 유형에 비해 세 번째 너는 현실적인 너다. 그런데 현실로 드러나는 너의 실체는 아름답지만 영원히 잡기 어려운 너일 수밖에 없다. 그 때문에 「물거품(泡影)」에서 그녀는 내가 쳐다보며 미소 지어도 "낯빛도 변하지 않고/ 크고도 둥근/ 노란 눈은 냉정하기만 하다." 또 내가 아무리 화를 내도 나를 무시한 채 "잠을 잔다/ 가늘고 곱슬한/ 금빛 속눈썹을 반짝이면서."이처럼 허망한 너는 「눈 깜짝할 새(眨眼)」와 「멂과 가까움(遠和近)」 등 꾸청의 시에서 어렵지 않게 만날 수 있다.

3. 이들 시에 형상화된 나

먼저 수팅이 형상화하고 있는 나는 어떠한가? 그 첫 번째 유형은 싸우러가는 전사인 너를 적극 지지하며 돕는 나이고 두 번째는 절망 속에 빠져있는 너를 위로하고 나아가 희망으로 인도하는 나이며 세 번째는 나를 배려하고 기다려주는 너에 힘입어 많은 사람들에게 정감을 듬뿍 담은 마음을 노래하는 사랑의 메신저로서의 나다.

너의 유형들이 피차 어우러져 있는 경우가 많았듯 나의 유형 또한 마찬가지다. 특히 「가을밤 친구를 송별하며」, 「암초와 등대」, 「드림(贈)」, 「이것도 모든 것」 등 많은 시에서 첫 번째와 두 번째 유형의 나는 결합되어 있다. 이 가운데 「드림」의 앞부분을 보자 :

> 나는 너를 위해 손목을 부여잡고 애석해 한다.
> 그 달빛 흘러넘치는 선창가에서
> 그 가랑비 자욱한 길 위에서
> 너는 어깨를 웅크리고 손을 소매 속에 집어넣고
> 마치 추위가 두렵다는 듯
> 너의 사상을 깊이 감추고 있다.
> 너는 눈치 채지 못했다
> 내가 네 곁에서 걸음을
> 얼마나 더디 내디뎠는지
> 만약 네가 불이라면
> 나는 석탄이고 싶다
> 이렇게 너를 위안하고 싶지만
> 나는 감히 할 수가 없다.

나는 이처럼 너의 보조에 맞춰 함께 걸으며 불과 석탄처럼 너와 함께 동고동락뿐 아니라 생사를 같이 하려는 결연한 의지를 지니고 있다. 그 때문에 이 시의 마지막 부분에서 "만약 네가 나무라면/ 나는 곧 토양이다"라고 선언하는 것이다.

수팅의 시에는 이처럼 너를 지지하고 후원하는 나와 함께 너를 지혜롭게 이끄는 나도 있다. 「암초와 등대」가 그 단적인 예이다 :

내 어깨 위에 서서 사랑하는 이여
너는 좀 용감해야 해.

내 어깨 위에 서서 사랑하는 이여
너는 좀 온유해야 해.

내 어깨 위에 서서 사랑하는 이여
너는 좀 즐거워야 해.

이처럼 너 하나에게 집중되는 나 말고 더 많은 경우 수팅 시의 나는 너를 포함한 주위의 많은 사람들에게 열려 있는 나이다. 그 때문에 『중국작가백인전(中國作家百人傳)』에 수록된 자신의 약전(略傳)에서 수팅은 이렇게 고백하고 있다 : 사람들은 존중과 신임, 그리고 따뜻한 사랑을 간절히 구하고 있다. 나는 가능한 한 최선을 다해 시를 통하여 사람들에 대한 관심을 표명하고 싶다. 「"?. !"」에서의 나처럼 씨앗과 숫 벌과 동네의 많은 사람들의 영혼까지 울리는 노래를 부르고 싶은 것이다. 이를 위해서라면 사랑하는 너조차도 내가 이 일들을 다 수행할 때까지 참을성 있게 기다려줘야 한다.

수팅이 궁극적으로 사람들 속의 나를 추구했다면 꾸청이 추구한 나는 어디까지나 자기 자신 속의 나이다. 수팅이 자신의 시를 동식물을 포함한 사람들을 잇는 다리로 본다면 꾸청은 자기의 시를 시간과 공간을 뛰어넘는 영원하고 전지전능한 자아를 구현하는 수단으로 보는 것이다. 그 때문에 꾸청 시에 형상화된 나는 태양, 별, 불꽃에서부터 코알라, 매미, 뱀, 물고기, 새, 나비, 까마귀 등 다양하다. 수팅이 상징한 나는 목면이나 붓꽃 같은 식물인데 비해 꾸청은 대체로 동물, 그것도 나르는 종류가 많다.

꾸청의 나 또한 세 가지 유형으로 나뉘는데, 첫째 나는 꿈속의 나비이고 둘째는 너를 향해 다가가는 나이고 마지막 셋째는 끝내 움켜쥘 수 없는 너를 향해 헛손질하는 나이다. 이 나는 꿈속 꽃으로서의 너, 나를 향해 있는 너, 그리고 아름답지만 영원히 붙잡기 어려운 너에 대응하는 나이기도 하다. 꽃과 나비, 꽃을 향한 나비, 꽃을 영원히 소유할 수 없는 나비처럼 꾸청 시에 형상화된 나의 이미지는 이렇게 너의 이미지와 정확히 맞물려 있다.

첫 번째 꿈속의 나비인 나는 행복하다. 「이별(別)」에서처럼 호랑나비가 꽃가루 분분히 날리는 꽃술 속에 있는 한 그렇다. 수팅이 「동화시인」에서 표현했듯 꾸청이 자기 동화 속 주인공이 되어 꿈을 조가비에 넣고 낮에는 바다를 항해하고 밤에는 은하수에 닻을 내리는 모습은 황홀하기까지 하다. 「나는 제멋대로 하는 아이」에서 코알라로 변신한 나도 행복하기 그지없다 :

> 내가 나 자신을 그리고 싶을 때
> 코알라 한 마리를 그린다.
> 호주의 깊은 나무숲에 앉아있는.
> 고요한 나뭇가지에 앉아 있는.
> 멍하니.
> 그에겐 집이 없다.
> 먼 곳에 남겨둔 한 점 마음도 없다.
> 그에겐 오직 많고 많은
> 과일 같은 꿈과
> 크디 큰 눈동자밖에 없다.

오직 수많은 꿈과 큰 눈동자 밖에 없는 나는 이제 물고기가 되어, 또 새가 되어 너를 향하여 다가간다. 두 번째 유형의 나다. 그런 나를 「꿈의 흔적」의 한 대목을 통해 보자 :

> 나는 물고기, 또한 새
> 순은의 비늘과 깃털이 가득 나 있는.
> 황혼이 다가올 때
> 강기슭에 거문고 현을 선사하고
> 꽃의 연인에게 꿀을 선사하는.

물고기의 은색 비늘이 어느 틈에 거문고 현이 되어 강기슭을 어루만지고 깃털이 가득 난 새는 어느 새 꿀벌이 되어 꽃의 연인에게 꿀을 선사한다. 그 뿐만이 아니다. 「겨울의 온정」에서 나는 올챙이가 되어 산호를 정탐한다. 또한 「생명환상곡」에서는 황금 짚 수레를 탄 내 영혼이 들꽃 가득한 풀밭으로 달려간다.

꾸청 시의 세 번째 나는 절망하는 나이다. 꿈속에서의 나비는 행복한 나였고, 나를 향해 있는 아름다운 너를 바라보거나 달려가는 나도 어떤 기대가 있어서 행복하다. 하지만 막상 내가 다가가 너를 붙잡는 순간 너는 마치 물거품처럼 사라져버린다. 꿈을 꾸거나 기대감으로 가득 차 있을 동안 마음껏 부풀어 있던 환희의 풍선이 내 촉수가 닿자마자 그만 펑 터져버린 것이다. 꾸청 시에 형상화된 나의 마지막 유형은 이처럼 너를 향한 헛손질 끝에 쓸쓸해 하는 나로서, 그 나는 「물거품」 등 많은 시에서 만날 수 있다.

4. 너와 나의 관계 및 남녀로서의 우리

이와 같이 수팅의 너와 나가 현실 생활 속에서의 너와 나라면 꾸청의 경우는 몽상 속의 나와 너다. 그 때문에 수팅 시에 형상화된 우리도 꾸청의 우리와 상당히 다르다. 수팅이 남녀를 기본으로 하여 구체적 생활 속에서 너와 나의 상부상조 내지는 동반 관계를 갖는 우리를 그리는 반면 꾸청은 남녀의 천국을 꿈꾸다가 결국 허망하게 스러져가는 우리를 그리고 있다.

먼저 수팅의 우리는 생활 속에서 서로서로 도와주는 아름다운 우리다. 「어촌의 동화」의 앞부분을 보자 :

> 나의 동화는 한 장의 백지.
> 너는 조심스럽게 종이를 뒤집어 놓고
> 내게 말한다
> 내가 너에게 시 한 수를 돌려줄께.

그때부터 나는 늘 맞춰본다
너의 부드러운 자상함 속에서
내가 소홀히 넘겨버린 암시는 무엇인지

그리하여 나는 끊임없이 네가 가리키는 무엇을 눈으로 찾고 너의 모자를 쓰고 너를 따라 유랑한다. 그러다가 시의 뒷부분에서는 내가 너의 옷자락을 끌고 오래오래 물가를 달리다가 바위 위에 말없이 앉아 있기도 함으로써 결국 "우리는 함께 한 수의 시를 공동으로 완성"하는 것이다.

물론 수팅 시에 형상화된 우리는 이 같은 상부상조보다는 오히려「이것도 모든 것」,「암초와 등대」,「동생, 나 여기 있어」에서처럼 내가 너를 위안하고 격려하며 나아가 인도하는 모자관계나 오누이관계가 많다. 「동생, 나 여기 있어」의 한 대목을 보자 :

밤에 바람이 불기만 한다면
바람이 생각의 방향을 바꿔 버릴 텐데.
너의 호른이 문득 침묵하며
화음을 요구하기만 한다면
나는 곧 돌아와
너의 납작한 어깨에 기대어 평온히 말할 텐데
동생, 나 여기 있어

하지만 수팅의 우리는 언제나 너를 따르고 위안하고 이끄는 나의 모습만은 아니다. 그보다는 오히려「어촌의 동화」의 후반부에서처럼 함께 나아가는 동반자적 우리다. 그런 의미에서 상부상조라는 미명하에 부창부수를 강요하는 너의 요구를 나는 단호히 거부한다.「자화상(自畵像)」의 앞머리를 보자 :

그녀는 그의 작은 음모가

응답하라고 빌어도 그녀는 한마디도 하지 않고
침묵이 필요할 때 그녀는 도리어 웃고 떠들며
사람을 어찔하게 한다.

그녀는 평형을 깨고
그녀는 개념을 경시하고
그녀는 작은 요정처럼 제멋대로
괴상한 춤사위로 그의 주위를 뱅뱅 돈다.

이 시의 그녀는 그의 일방적 요구에 무조건 반대하는 극단적인 청개구리를 자청한다. 이로서 수팅이 추구하는 궁극적 우리는 독립적인 너와 나의 동반자적 관계임을 알 수 있다. 「"?. !"」에서 그랬듯 내가 너를 위해 인내하고 희생하는 만큼 너도 나를 위해 기다리고 헌신할 수 있어야만 우리의 사랑이 진실이라고 노래하는 것이다. 하지만 이러한 우리의 사랑이 현실적으로 실현되기가 매우 어려움을 수팅은 잘 알고 있다. 그러기에 어디까지나 "만약… 그렇다면"이라는 가정법을 쓰고 있는 것이다.

그래서 수팅의 대표작으로 꼽히는 「참나무에 바침」도 "내가 만일 너를 사랑한다면"이라는 가정법으로 시작된다. 남녀가 각각 독립적으로 존재하면서 동반하는 관계를 일궈내는 일이 얼마나 힘든지 잘 알고 있는 수팅은 이 시에서 다음과 같이 그 희망을 간절히 노래하고 있다 :

내가 만일 너를 사랑한다면
절대로 기어오르는 능소화처럼
너의 큰 가지를 빌어 나를 뽐내지 않으리
내가 만일 너를 사랑한다면
절대로 치정어린 새를 본 따
우거진 나무 그늘을 위해 단순한 노래를 반복하지 않으리
또한 샘물처럼
해마다 청량한 위안만을 주지도 않고
험준한 산봉우리처럼
너의 고도를 더해주어 너의 위의를 돋보이게 하지만은 않으리
햇빛.
봄비.
아니, 그것들로도 여전히 부족해.
나는 꼭 네 옆의 한 그루 목면나무가 되어
나무의 형상으로 너와 함께 서리라.

이 시의 나는 능소화나 새처럼 너에게 예쁘고 사랑스런 존재가 되고 싶지도 않고 샘물이나 산봉우리, 심지어 햇빛과 봄비처럼 스스로 위대한 존재가 되기도 원하지 않는다. 왜냐하면 내가 사랑하는 네가 나무이기 때문이다. 바로 그 때문에 나는 너와 똑 같은 나무가 되어 동반하기를 원하지 너에게 아부하거나 빌붙거나 너에게 은혜를 베푸는 존재가 되고 싶지 않은 것이다.

이에 반해 꾸청의 우리는 꿈속의 꽃과 나비처럼 매우 환상적인 한 쌍이다. 이처럼 환상적 남녀관계로서의 우리는 「감각(感覺)」이라는 시에도 잘 드러나 있다 :

> 하늘은 잿빛이다
> 길은 잿빛이다
> 건물은 잿빛이다
> 비는 잿빛이다
> 온통 죽음의 재 한 가운데로
> 두 아이가 걸어갔다
> 한 아이는 진홍이고
> 한 아이는 연록이다.

하늘과 땅, 건물, 그리고 비조차도 회색인 죽음의 한 가운데를 가로질러 간 두 아이의 색깔은 진홍색과 연록색이다. 한 폭의 그림 같은 이 시는 온 세상이 어렴풋한 배경이 되고 유독 홍색과 녹색의 남녀만이 선명한 빛깔을 지니고 있다. 한마디로 꾸청이 꿈꾸는 남녀천국은 바로 이런 곳이다.

진중의(陳仲義)의 「중국몽롱시인론(中國朦朧詩人論)」에 따르면 실제로 꾸청은 자신의 부인 이외에도 잉얼(英兒)이라는 여인을 사랑하면서 자기와 아내, 그리고 정부, 이 세 사람이 모두 한 집에서 사이좋게 살 수 있다고 믿었다고 한다. 어떤 사람들은 이 같이 터무니없는 백일몽을 꿈꾸는 꾸청을 분수를 모르는 남성주의자로 몰아세우는데, 그것이 순수한 꿈이든 아니면 터무니없는 망상이든 꾸청이 환상적인 남녀천국을 꿈꾼 것은 사실이다. 이는 "아직 잠이 깨지 않은 상사화(相思花)를/ 한 쌍의

문고리마다 꽂아/ 모든 사랑 이야기의 시작이/ 꽃향기와 경이로움으로 충만하게 하자"의 「초여름(初夏)」과 "설마 수많은 올챙이들이 /헤엄치며 녹색의 산호를 정탐하지 않았단 말인가?"의 「겨울의 온정」에 이르면 가히 절정에 이른다.

꾸청이 꿈꾼 환상적 남녀천국은 그러나 순간적인 것일 뿐 영원히 지속될 수 없다. 그러기에 꾸청은 영원히 잡아둘 수 없는 남녀천국이라는 우리의 꿈이 허망하게 스러지는 현실을 누구보다 안타까워한다. 다시 「물거품」의 한 대목을 보자 :

> 두 개의 자유로운 수포가
> 꿈의 바다 깊은 곳에서 올라온다.
>
> 애매모호한 은빛 안개가
> 미풍 가운데 사라져간다.
>
> 나는 어린애처럼
> 점점 흐릿해지는 너를 꽉 끌어당긴다.
>
> 헛되이도 물거품을
> 현실의 육지로 가져오려 한다.

장님이 장님을 인도한다고 이 시에서는 물거품인 내가 또 하나의 물거품인 너를 붙잡아 끌고 가려 한다. 꾸청 자신도 이 일이 헛된 꿈이라는 것을 잘 알면서도 말이다. 이 같은 안타까움은 「멂과 가까움」의 다음 대목에서도 잘 드러나 있다 :

> 너는
> 금방 나를 보다가
> 금방 구름을 본다.
> 나는 느낀다.
> 나를 바라볼 때의 너는 멀고
> 구름을 바라볼 때의 너는 가깝다고.

네가 나를 바라볼 때 나는 너를 멀게 느끼고 네가 구름을 바라볼 때 나는 도리어 너를 가깝게 느낀다는 마지막 구절에서 독자는 영원히 합치될 수 없는 꾸청의 우리를 다시 한번 느끼게 된다. 이 같은 남녀의 엇갈림은 「달과 나(月亮和我)」에서도 달과 나 사이의 거리만큼이나 아득하다. 마지막으로 「눈 깜짝할 새」의 뒷부분을 인용한다 :

> 붉은 꽃이
> 은막을 뚫고나와
> 흥분하며 봄바람을 맞이하지만
> 내가 눈 깜짝할 새
> 온통 피비린내로 화했다.

어찌 보면 매우 적나라한 남녀의 첫 교접이 연상되는 이 대목은 꾸청 자신의 비극적 종말을 연상하게도 한다. 뉴질랜드에 가서 사랑하는 여인들과 환상적인 생활을 시도했던 꾸청은 지독한 강박관념에 시달리다가 여인들을 죽이고 스스로 목숨을 끊었기 때문이다. 그는 자기가 사랑한 여인들이 모두 자신을 죽이려한다는 피해망상증을 이기지 못한 채 이처럼 극단적 방식으로 생을 마감했다고 전한다.

5. 나오는 글

지금까지 1980년대 중국 시단을 대표하는 수팅과 꾸청의 시에 형상화된 너와 나, 그리고 우리의 모습을 살펴보았다. 이를 다시 한번 정리하면 먼저 수팅의 너는 세 가지로, 전사로서의 너, 낙담하고 절망한 너, 그리고 나에 대해 관심과 인내심을 갖고 있는 너다. 수팅의 나 또한 세 가지로, 투사를 지지하고 보조하는 나, 낙담 속에 빠져있는 너를 위안하고 희망으로 이끄는 나 및 모든 사람들을 향해 열려 있는 나다. 마지막으로 수팅의 우리는 두 가지 유형으로, 그 하나는 부창부수하고 상부상조하는 우리고, 다른 하나는 같은 목표를 향하여 대등하게 손잡고 나아가는 동반자로서의 우리다.

다음으로 꾸청 시에 형상화된 너는 몽상 속의 꽃으로서의 너이고, 나를 향해 있는 너이고, 실체를 잡기 어려운 너다. 꾸청의 나는 몽상 속의 나비로서의 나이고, 너를 향해 다가가는 나이고 너의 실체를 잡으려 하지만 끝내 잡지 못하는 나다. 꾸청의 우리 또한 수팅의 우리처럼 두 가지 유형으로 분석되는데, 그 하나는 꿈속의 꽃과 나비처럼 희희낙락하는 남녀로서의 우리이고 다른 하나는 아무리 몸부림쳐도 지속될 수 없는 물거품 같이 허망한 우리다.

이처럼 서로 다른 이 두 시인에게 논문의 서두에 밝힌 공통점 말고 또 하나의 공통점이 있음이 발견된다. 그것은 바로 이 두 시인이 다 인생의 난관에 봉착해서 고민하고 있다는 점이다. 다시 말해서 수팅과 꾸청은 각자 개인적으로 또 사회적으로 안주하지 못하고 끊임없이 더 나은 상태로 나가기를 원하고 있다. 다만 두 시인 앞에 놓여있는 난관의 성격과 타개방식이 다를 뿐이다.

수팅의 경우 난관은 독립적인 나와 너로 동반하는 우리 관계를 가로막는 그 무엇이고, 꾸청의 경우 난관은 남녀로서의 너와 내가 하나 되어 영원히 지속하는 우리 관계를 가로막는 그 무엇이다. 각각의 난관을 타개하는 방식에서 있어서도 두 시인은 극과 극의 다른 길을 선택했다. 즉 수팅은 어찌 해서라도 삶 속에서 난관을 극복하려 애썼다면 꾸청은 "전부냐 아니냐"의 극단적 선택을 스스로에게 요구한 끝에 행복한 죽음의 길을 간 것이다.

제4장

한·중 두 여성의 삶과 문학

-나혜석의 「경희」와 천헝저의 「루어치스의 문제」 비교-

1. 들어가는 글

사람의 삶은 연령과 신분과 계층에 관계없이 모두 소중하다. 어리거나 늙었다고 해서 또는 힘이 없고 돈이 없다고 해서 무시되어도 좋을 생명은 없다. 마찬가지로 여성이기 때문에 부당한 대우를 받아야 할 이유도 없다. 하지만 학대받거나 버려지는 아이들과 노인들, 실직 노숙자들, 그리고 가정과 사회의 언저리로 밀리는 여성들을 통해 천부의 인권이 침해당하는 현상을 우리는 쉽게 볼 수 있다.

물론 개개인의 삶은 나름대로 상황이 다르고, 그 상황에 대한 인식 또한 각자 다르기 때문에 획일적으로 함부로 판단할 일은 아니다. 예를 들어 체벌을 달게 받는 아이들이나 자식들에게 폐 끼치기 싫어 일부러 집을 나온 노인들, 스스로 방랑의 삶을 선택한 실업자들, 또는 기꺼이 헌신과 봉사의 삶을 사는 주부들까지 불행하다고 볼 필요는 없다. 또한 기꺼이는 아니지만 현실적으로 득실을 따져 불평등을 참고 사는 편이 낫다고 보는 약자의 삶을 향해 손가락질할 필요도 없다. 심지어 자신의 끔찍하고 열악한 삶을 도저히 거부할 수 없는 운명이라고 굳게 믿고 순응하는 사람들의 선택까지도 존중되어야 한다고 본다. 적어도 당사자가 문제점을 느끼고 뛰쳐나올 준비가 될 때까지는 말이다.

마찬가지로 태어나면서부터 주어진 삶에 만족하지 않고 어떻게 해서든 자신의 연령과 계급과 성별의 벽을 뛰어 넘으려고 하는 사람들의 삶도 마땅히 존중되어야 한다. 실제로 그런 사람들은 동서고금을 막론하고 있어 왔고, 역사는 늘 이처럼 도전하고 돌파하는 사람들에 의하여 항상 새롭게 쓰여 왔기 때문이다. 본 논문에서 다루려고 하는 두 여성도 바로 그런 사람들이다.

19세기 말에 태어난 조선의 나혜석과 청(淸)나라의 천헝저(陳衡哲)는 당시 여성에게 주어진 성 역할에 만족하지 않고 성별의 장벽을 뛰어넘어 자신들의 꿈을 어느 정도 실현한 여성들이다. 어느 정도라고 한 이유는 두 여성이 다 서로 다른 이유로 40대 후반부터 작품 활동을 비롯한 사회활동을 그만 두었기 때문이다. 어쨌든 이 두 여성에게는 청장년 시기에 활발한 작품 활동과 사회활동을 했다는 점을 비롯한 몇 가지 공통점과 결혼관을 비롯한 몇 가지 차이점이 발견된다.

본 논문은 나혜석의 「경희」와 천헝저의 「루어치스의 문제(洛綺思的問題)」를 중심으로 두 여성작가의 삶과 문학을 조명한다. 아울러 이 두 삶의 공통점과 차이점을 통하여 20세기 초 성별의 장벽을 뛰어넘으려 분투했던 두 지식여성이 어떻게 성공하고 또 어떻게 좌절하였는지 살펴본다.

2. 나혜석과 천헝저(陳衡哲)

19세기 말 식민지 내지는 반식민지 상황에 처해 있던 조선과 청나라에서 태어난 나혜석과 천헝저는 둘 다 관리였던 아버지 밑에서 자라면서 신학문의 꿈을 성취했다. 나혜석은 일본으로 유학을 갔고 천헝저는 미국 유학을 한 것이다. 비록 나혜석의 전공은 미술이고 천헝저의 전공은 역사였지만 이 두 사람은 다 서양의 미술과 서양의 역사를 공부했다는 점에서 서구화에 앞장섰다는 특징도 공유하고 있다. 무엇보다 이 두 여성은 둘 다 자신들의 전공과 별도로 시, 소설, 수필 등 문학 활동을 했다는 공통점이 있다. 이밖에 또 한 가지 공통점은 이 두 여성이 다 부모님이 정해준 남자와 혼인을 거부하고 자신의 의사대로 결혼을 했다는 점을 들 수 있다.

이 같이 많은 공통점을 지니고 있는 이 두 여성의 삶은 그러나 몇 가지 점에서 차이점을 보인다. 먼저 천형저의 삶을 더듬어보자. 천형저는 1891년 강소성 무진(武進)에서 청나라 관리인 아버지와 화가 어머니의 8남매 가운데 둘째로 태어났다. 그녀에게 깊은 영향을 끼친 사람은 외삼촌으로 그는 일찍부터 외 조카인 그녀에게 서양의 병원과 학교, 그리고 여러 가지 근대 문화에 대해 이야기했을 뿐 아니라 "너는 의지가 있는 여자애니 마땅히 서양의 독립적 여성을 배워야 한다"며 그녀를 촉발시켰다. 그 때문에 천형저는 13세의 나이에도 불구하고 서남쪽 지방으로 부임되어 떠나게 된 아버지와 가족을 따라가는 대신 역시 관리로서 광동성에 있던 외삼촌에게 가서 신학문에 입문한다.

처음 천형저는 의학교에 가려고 했지만 뜻을 이루지 못하고 집에서 외삼촌에게 가르침을 받다가 다시 상해에 있는 애국여학교에 입학하려 했으나 역시 뜻을 이루지 못했다. 대신 갓 개교한 한 서양 학교(교명은 알려지지 않음)에 들어가 3년간 공부를 했다. 천형저는 그 학교에서 거의 배운 게 없다고 술회했는데, 그 학교의 영어 선생님만은 매우 훌륭했던 듯 몇 년 후 청화대학에서 실시한 미국유학생 선발 시험에 합격한다.

드디어 1914년 천형저는 24세의 나이로 단신 도미하여 Vassar College에서 서양사와 문학을 공부하며 후스(胡適)로부터 "나의 가장 오래된 동지"라는 호칭을 얻는다. 하지만 유학생들이 종종 벌인 토론회에 참가하기보다 홀로 창작에 열중했던 천형저는 1916년부터 「달(月)」, 「바람(風)」 등 5수의 신시를 썼고, 이듬해인 1917년에는 사페이(莎菲)라는 필명으로 단편소설 「하루(一日)」를 발표했다. 미국 여대생의 하루를 묘사한 이 소설은 중국현대문학사에 최초의 현대소설로 기록된 루쉰의 「광인일기」보다 1년 앞선 작품이건만 문학사 집필가들에 의해 배제되었다. 그녀의 작품이 비록 일찍 발표되었지만 소설의 형식을 갖추지 않았고 묘사 대상이 중국인이 아닌 미국인이라 것이 배제 이유였다. 이에 대해서는 반론의 여지가 있지만 여기서는 이쯤 해두자.

아무튼 6년 만에 귀국한 천헝저는 30세에 북경대학 교수를 시작으로 곤명, 홍콩, 중경 등지의 대학에서 가르치며 『서양사』, 『문예부흥소사(文藝復興小史)』 등을 저술했고 우화, 소설, 산문 등을 모은 『작은 빗방울(小雨点)』, 『헝저산문집(衡哲散文集)』 등을 출판했다. 하지만 1937년 47세에 완성된 산문 「나의 어린 시절 배움을 구하던 과정(我幼時求學的經過)」을 끝으로 천헝저는 더 이상의 작품이나 저서를 내지 않는다. 또 정확히 언제인지는 모르나 교수직도 그만두었다.

루어강(羅崗)의 「신문학 최초의 동지(新文學最早的同志)」에 따르면 천헝저가 중국이 공산화된 1949년 이후 병으로 교수직을 그만두고 상해에서 휴양하면서 상해시정협위원(上海市政協委員)을 역임했다고 하는데, 그녀가 정말 병으로 모든 사회활동을 그만 두고 휴양했는지, 상해시정협위원 활동을 정말 했는지 확인할 길은 없다. 다만 1976년까지 장수했던 그녀가 병으로 인하여 모든 사회활동을 한꺼번에 접었다고 보기에는 무리가 있다. 오히려 유학 시절부터 논쟁을 좋아하지 않았던 그녀의 성품으로 미루어 보아 정치적 입장을 분명히 하지 않으면 안 되는 당시의 정치 상황이 그녀를 사퇴로 몰고 갔을 가능성이 있다. 그런 의미에서 상해시정협위원도 공산당이 일방적으로 부여한 타이틀에 불과했을 것이다.

또 한 가지 가능한 추측은 그 무렵 런수용(任叔永)과 결혼하여 세 자녀의 어머니가 된 그녀가 가정생활과 사회생활을 병행하기 어렵다고 보고 사회생활을 포기하지 않았을까 하는 것이다. 이 같은 추측은 그녀의 소설 「루어치스의 문제」 맨 마지막의 다음 대목에서 그 단서를 찾을 수 있다 :

> 어느 날 그녀가 또 복도에 앉아서 멍하니 생각에 잠겨 있는데, 문득 보니 맞은편의 푸른 산맥에 석양이 반사되어 금빛, 자줏빛으로 변화무쌍한 것이 말할 수 없이 기묘하고 아름다웠다. 그 산을 오래 주시하던 그녀에게 문득 어떤 깨달음이 왔다. 그 산조차도 그녀와 마찬가지로 아직 무엇인가 부족하다고 느낀 것이다. 바로 그 때 언젠가 리산(離山)에서 수 십리 떨어

> 진 곳에서 보았던 아름다운 작은 호수가 떠올랐다. 그녀는 이 산과 그 호수가 함께 있지 않음이 유감스러웠다. 산에 안주하면 물의 화락과 편안함을 얻을 수 없고 물에 안주하면 산의 높고 빼어남을 잃을 수밖에 없음이 심히 유감스러웠던 것이다. 여기까지 생각이 미치자 마음속으로부터 처연한 유감을 느끼는 와중에도 이는 하느님이 일부러 그녀에게 주는 암시라는 생각이 들었다.

아무리 높고 빼어난 기상을 지닌, 금빛 찬란한 산이라 하더라도 그녀의 삶처럼 무엇인가 부족하다는 루어치스의 말은 그녀가 독신으로 당당히 자기실현에 성공했음에도 불구하고 무엇인가 허전하다는 뜻이다. 그 때문에 작지만 아름답고 아기자기한 호수가 산에 필요하듯 그녀에게도 사랑과 위안을 주는 가정이 필요해진 것이다. 하지만 하느님이 산과 호수를 함께 두지 않듯 그녀에게 일과 사랑을 다 주지 않는다는 깨달음은 루어치스의 깨달음이기도 하고 천형저의 깨달음이기도 하다.

이 같은 깨달음은 그녀의 선택을 점차 사회로부터 가정으로 돌리는 결과를 낳은 듯하다. 이는 가족을 떠나 홀로 여기저기 돌아다니다가 다시 가정으로 돌아가는 우화소설 「작은 빗방울」과 갖은 어려움 속에서도 가족의 화목을 그린 「물결(波兒)」을 통해 확인된다. 여기에 점점 가중되는 정치적 부담이 그녀로 하여금 한창 활동할 나이인 40대 후반부터 대학 강단과 사회생활을 포기하게 했을 것이다.

이렇듯 스스로 양손에 떡을 들기 어렵다고 보고 한 가지만을 선택한 천형저와 달리 나혜석은 죽을 때까지 가정생활과 사회생활을 포기하지 않았다. 일과 사랑 가운데 어느 것도 포기할 수 없었던 것이다. 나혜석은 1896년 경기도 수원에서 군수인 아버지와 어머니의 5남매 가운데 넷째로 태어났다. 일찍이 일본유학을 한 오빠들의 도움으로 어렵지 않게 신학문에 입문한 나혜석은 진명여학교를 1등으로 졸업하고 그해에 동경여자미술전문학교 서양화과에 들어간다. 1914년 천형저가 장학금을 얻어 단신으로 도미한 것과 달리 나혜석은 1913년 부모의 돈으로 오빠와 함께 도일한 것이다.

아무튼 조선여성으로서는 최초로 유화를 전공한 나혜석은 이듬해부터 유학생동인지인 『배움의 빛(學之光)』에 「이상적 부인」을 발표함으로써 한국 페미니즘의 선구자가 된다. 이에 그치지 않고 나혜석은 조선여자친목회를 조직하고, 1917년부터는 동인지 『여자계(女子界)』를 발간하는데 앞장서서 이 잡지에 「잡감(雜感)」을 발표함으로써 본격적인 여권주의자로서의 면모를 갖춘다. 그 무렵 어떠한 정치적 입장도 취하지 않고 묵묵히 학업과 창작에 몰두했던 천형저와 달리 나혜석은 이처럼 적극적인 활동가였다.

나혜석은 1918년 5년 만에 학교를 마치고 귀국하여 정신여학교에서 미술교사를 한다. 교사생활을 하면서 나혜석은 소설 「경희」를 발표하고 이듬해인 1919년에는 삼일 독립운동에 참가한 끝에 옥고를 치르기도 한다. 이처럼 활발한 사회활동을 하는 와중에도 나혜석은 변호사 김우영과 결혼했는데, 그녀가 결혼 경험이 있는 김우영의 청혼을 수락할 때 다음과 같은 세 가지 조건을 걸어 세인의 주목을 끌었다. 이구열의 『에미는 선각자였느니라』에 따르면 나혜석은 김우영에게 첫째, 일생을 두고 사랑해줄 것, 둘째 그림 그리는 것을 방해하지 말 것, 셋째 시어머니와 전처의 딸과는 별거할 것 등의 조건에 합의했다. 그밖에도 나혜석은 신혼여행 일정에 자신의 옛 애인이었던 최승구의 무덤을 찾아 비석을 세워줄 것까지 신랑에게 요구하여 끝내 이를 관철했다고 전한다.

김우영은 실제로 이 약속을 잘 지켰던 듯 나혜석은 결혼 후 개인전시회를 열고 「김우영과의 사랑의 일기」, 「부인의복개량문제」 등을 『동아일보』에 기고하는 등 승승장구한다. 많은 여성들의 부러움을 산 그녀의 가정생활과 사회생활은 1927년 남편과 함께 세계일주를 위하여 시베리아 횡단 기차를 탔을 때 정점에 이른다. 아니 서양미술의 메카인 파리에서 1년간 머무르면서 정점에 이르렀을 것이다. 남편을 먼저 떠나보내고 혼자 남아 파리에 체재하던 나혜석은 그러나 바로 그 행복의 정상에서 곤두박질하게 된다. 거침없는 성품의 자유분방한 그녀가 당시 파리에 머물고 있던 독립운동가 출신 최린과 스캔들을 일으킨 것이다. 그 결과 36세에 남편으로부터 이혼을 당하고, 이때부터 약 14년 후 가족과 사회로부터 철저히 버림받아 무연고 행려병자로 삶을 마감할 때까지 그녀의 인생은 한마디로 급경사의 내리막길이었다.

처음 이혼했을 때만 해도 나혜석은 확실한 여성주의 입장을 표명하는 글을 발표할 만큼 자신감이 있었다. 그녀가 공개한 「이혼고백서」의 일부를 보자 :

> 여성을 보통 약자라 하나 결국 강자이며 여성을 작다 하나 위대한 것은 여성이외다. 행복은 모든 것을 지배할 수 있는 그 능력에 있는 것이외다. 가정을 지배하고 남편을 지배하고 자식을 지배한 나머지에 사회까지 지배하소서. 최후 승리는 여성에게 있는 것 아닌가.

이렇듯 강력한 태도는 사남매를 뺏기고 원하지 않는 이혼을 당해야 했던 나혜석으로서는 다소 억지를 부리는 감이 있다. 어쩌면 이혼 전까지 한번도 우회하는 법이 없이 정면으로 맞서서 실패하지 않았던 그녀였기 때문에 남편을 향해, 세상을 향해 무리하게 또 한번의 정공법을 구사하고 있었는지 모른다.

그 때문에 「월간중앙」기자와의 인터뷰에서 나혜석은 자유로운 남녀교제가 창작의 원동력이고, 유부녀도 연애할 수 있다고 호언한다. 급기야 자신과 스캔들을 일으킨 최린을 상대로 위자료 소송까지 일으켜 수천원의 위자료를 받아내기까지 한다. 이 같은 그녀의 언행은 1934년 당시는 물론 오늘날에도 사회적 물의를 일으킬 만큼 파격적이다. 그런 사실을 그녀 자신도 모를 리가 없었다. 그럼에도 불구하고 그녀가 그렇게 밀고 나간 것은 그녀의 삶과 예술이 남성의 사랑과 사회의 인정을 필요로 했기 때문이었고, 그 사랑과 인정을 얻을 수 있는 방법으로 그녀는 정공법을 선택할 수밖에 없었던 것이다.

그렇지만 이혼 이후 그녀의 언행은 그녀 자신의 가족은 물론 사회의 따가운 눈총을 받았다. 이 같은 상황은 그녀를 안면신경마비 환자로 몰고 갔고, 1935년 재기의 몸부림 끝에 어렵사리 연 자신의 개인전마저 미술계와 언론계의 냉대를 받게 되자 파리로 떠날 계획을 하면서 자식들에게 다음과 같은 유언 아닌 유언을 한다 :

에미는 과도기의 선각자로서 그 운명의 줄에 희생된 자였느니 뒷날 파리에 오거든 에미의 무덤을 찾아 꽃 한 송이 꽂아 달라.

하지만 파리로 떠나려던 그녀의 계획은 어떤 이유 때문인지 몰라도 무산된다. 아마도 파리로 이주하기에는 그녀의 심신이 너무나 피폐해졌고 경제적으로도 어려움이 있었기 때문이 아닐까 생각된다. 아무튼 그로부터 약 2년 후 해인사에서 기거하며 쓴 「해인사 풍광」을 『삼천리』에 기고한 이후부터 나혜석은 어떠한 글도 어떠한 그림도 더 이상 발표하지 않는다.

나혜석은 이후로도 계속 마곡사 등 사찰에 기거하다가 다시 딸과 오빠 집을 전전한다. 일엽(一葉) 스님의 회고록 『진리를 모릅니다』에 따르면 일엽을 찾아 수덕사 견성암에 온 나혜석은 알아보기 어려울 만큼 변모해 있었다. 서글서글하고 밝게 빛나던 두 눈은 풀려 있고 꼿꼿한 몸은 떨리어 지탱하기조차 힘들었다고 한다. 당시 수덕사의 만공 스님이 그녀에게 고근(古根)이라는 법명을 주며 불교에 귀의하라고 권유했지만 끝내 뿌리치고 정처 없이 떠났다는 것이다. 결국 양로원을 거쳐 1946년 서울 자혜병원 무료병동(시립 남부병원 무연고자병동)에서 그녀가 최후를 맞았다는 기록이 있지만 확인할 길은 없다.

이 무렵 천형저가 사회생활을 접고 가정생활에 몰입하기 시작했다면 나혜석은 10여 년간 누렸던 가정생활과 사회생활에서 한꺼번에 떠밀려 나온 셈이다. 하나를 버리고 다른 하나를 얻은 천형저에 비하여 한꺼번에 둘 다 얻었다가 한꺼번에 둘 다 놓친 나혜석의 박탈감이 어떠했을지 짐작이 간다. 그래서였을까? 천형저는 86세까지 장수한 반면 나혜석은 50세에 생을 마감했다.

3. 「경희」와 「루어치스의 문제」에 그려진 여성

「경희」는 나혜석이 22세에 『여자계』에 발표한 반자전적인 소설로, 줄거리는 다음과 같다. 즉 방학을 맞아 집에 온 일본 유학생 경희는 전천후 여성을 지향하는 생기발랄한 처녀다. 경희는 방학 중에도 게으름을 피우지 않고 올케언니와 하녀 시월이와 함께 바느질도 하고 불도 때고 김치도 담그고 다락방도 치우는 등 집안일에 열성을 보인다. 배운 여성이라면 집 안팎의 일을 모두 다 잘해야 한다고 생각하는 경희는 떡 장사와 이웃 아줌마가 신여성에 대해 가지고 있는 생각, 즉 집안일은 못하면서 멋이나 내고 잘난척한다는 관념을 교정하려 애쓴다. 또한 여자는 시집만 잘 가면 그만이라고 생각하며 딸의 결혼을 서두르는 어머니에게도 "여자가 공부를 많이 할수록 존대도 받고 월급도 많이 받는다"고 설득한다.

경희는 엄청남 야심을 가지고 있다. 「경희」의 다음 대목은 살림을 전혀 모르는 신여성 며느리 때문에 불행한 한 가정의 이야기를 듣고 그녀가 보인 언행이다 :

> 힘 있게 칼자루로 도마를 탁 치는 경희는 무슨 큰 결심이나 하는 것 같다. 경희는 굳게 맹세하였다. "내가 가질 가정은 결코 그런 가정이 아니다. 나뿐 아니라 내 자손, 내 친구, 내 문인(門人)들이 만들 가정도 결코 이렇게 불행하게 하지 않는다. 오냐, 내가 꼭 한다" 하였다.

자기 자신의 가정은 물론이고 자기의 가족, 친구 및 자기 집에 드나드는 모든 사람들의 가정까지도 혁신하겠다는 그녀의 결심은 소설 속의 많은 사람들을 대상으로 실천된다. 뿐만 아니라 경희는 집안일을 열심히 하는 동시에 예술가로서의 의욕을 다음과 같이 치열하게 불태우는 슈퍼우먼이다 :

> 경희는 불을 때고 시월이는 풀을 젓는다. 위에서는 '푸푸', '부글부글' 하는 소리, 아래에서는 밀짚이 탁탁 튀는 소리, 마치 경희가 동경음악학교 연주회석에서 듣던 관현악 연주소리 같기도 하다. 또 아궁이 저 속에서 밀짚 끝에 불이 댕겨지며 점점 불빛이 강하게 번지는 동시에 차차 아궁이까지 가까워지자 또 점점 불꽃이 약해져가는 것은 마치 피아노 저 끝에서 이 끝까지 칠 때 붕붕 하던 것이 점점 띵띵하도록 되는 음률과 같아 보인다. 열심히 젓고 앉은 시월이는 이러한 재미스러운 것을 모르겠구나 하고 제 생각을 하다가 저는 조금이라도 이 묘한 미감을 느낄 줄 아는 것이 얼마큼 행복하다고도 생각하였다. 그러나 저보다 몇 십 백 배 묘한 미감을 느끼는 자가 있으려니 생각할 때에 제 눈을 빼어버리고도 싶고 제 머리를 두드려 바치고도 싶다. 빨건 불빛이 별안간 파란 빛으로 변한다.

밀짚으로 손수 불을 때면서 절묘한 예술적 미감을 느끼는 경희를 통해 스물을 갓 넘긴 나혜석이 얼마나 강한 의지를 지닌 여성이었는지 느낄 수 있다. 특히 위 글의 마지막 부분에 씌어된 "저보다 몇 십 백 배 묘한 미감을 느끼는 자가 있으려니 생각할 때에 제 눈을 빼버리고도 싶고 제 머리를 두드려 바치고도 싶다"는 그녀의 강한 승부욕을 처절하게 드러낸다. 얼마나 최고가 되고 싶었으면 자기보다 더 나은 사람들을 생각만 해도 빨건 불꽃이 파란 빛으로 변할 만큼 시샘을 느낀단 말인가. 비록 묘사에 있어서 생경하고 조야한 부분이 여기저기 드러나기는 하지만 나혜석은 이 소설에서 완벽을 추구하는 여성 경희를 성공적으로 형상화하고 있다.

지칠 줄 모르는 경희는 어머니를 비롯하여 대부분의 여성들, 심지어 사돈에게까지도 자신의 삶의 방식을 어느 정도 이해시키지만 아버지만은 설득하지 못 한다. 결국 아버지가 정해준 상대에게 시집을 가야하는 위기에 처하게 된 경희는 벽에 머리를 찧으며 고민하다가 다음과 같이 분연히 일어난다 :

> 경희도 사람이다. 그 다음에는 여자다. 그러면 여자라는 것보다 먼저 사람이다. 또 조선사회의 여자보다 먼저 우주 안 전 인류의 여성이다. 이철원 김부인의 딸보다 먼저 하느님의 딸이다. 여하튼 두 말할 것 없이 사람의 형상이다. 그 형상은 잠깐 들씌운 가죽뿐 아니라 내장의 구조도 확실

> 히 금수가 아니라 사람이다. 오냐. 사람이다. 사람으로 보이지 않는 험한 길을 찾지 않으면 누구더러 찾으라 하리! 산정에 올라가서 내려다보는 것도 사람이 할 것이다. 오냐. 이 팔은 무엇 하자는 팔이고 이 다리는 어디 쓰자는 다리냐? 경희는 두 팔을 번쩍 들었다 두 다리로 껑충 뛰었다.

자신이 자유롭게 생각하고 살 수 있는 사람이라는 깨달음 끝에 경희는 마침내 아버지와 정면으로 대결하기로 작정한다. 당시뿐 아니라 오늘날에도 여성이 선택하기 쉽지 않은 결단을 한 것이다. 경희는 이처럼 자신이 스스로 일과 사랑을 선택하여 모두 실현시키려할 뿐 아니라 주위의 다른 사람들에게도 영향을 끼치려고 하는 지배적이고 진보적인 성격의 소유자이다.

경희에 비하여 「루어치스의 문제」의 루어치스는 다소 보수적이고 현실적인 여성이다. 나혜석의 「경희」와 마찬가지로 천형저의 반자전적 소설인 「루어치스의 문제」에서 루어치스는 학업을 통해 자신을 실현하려는 의지를 가지고 분투한다. 그녀에게 있어서 결혼은 학업을 통한 자아실현에 방해가 되는 장애물이다. 그 때문에 일과 사랑이라는 두 덩이의 떡을 양 손에 다 쥘 수 없다고 생각한 루어치스는 자신이 존경하고 사랑한 나머지 약혼까지 한 와더(瓦德)에게 결별을 선언하는 것이다.

대학 졸업 무렵부터 40여 세까지 약 20년에 달하는 루어치스의 삶을 다룬 이 소설은 철학과를 졸업한 루어치스가 대학원에 진학하여 와더에게 가르침을 받는 것으로 시작된다. 비록 10여년의 나이 차이가 나는 스승과 제자 사이건만 둘은 어느덧 장래를 약속하는 사이로 발전한다. 하지만 학회 참석 차 보름 남짓 떠나 있다 돌아온 와더에게 루어치스는 뜻밖에 결별을 선언한다. 와더가 떠나 있던 그 기간 동안 심사숙고한 결과 결혼이 자신의 꿈을 파멸시키는 중대한 장애임을 알게 되었다는 게 그 이유이다. 와더는 어떻게 해서든 이를 회피해보려고 애를 쓰지만 루어치스는 결코 물러서지 않고 다음과 같이 말한다 :

> 당신은 아셔야 해요. 결혼이라는 일대 사건이 여자에게는 큰 문제라는 사실을 말이에요. 당신네 남자들은 결혼해도 기껏해야 약간의 경제적 부담

> 을 더하는 데 지나지 않고 당신네 학문과 사업에 어떤 방해도 받지 않지요. 하지만 여자가 결혼을 하고 나면 상황은 곧 달라져요. 가사를 주도해야 하고 아이를 양육하고 가르치는 일 등 어느 것 하나 다른 사람이 대신해 줄 수 없으니까요.

루어치스가 이처럼 조목조목 따지면서 말을 마치자 와더는 그녀가 차라리 평범한 여자였으면 좋았을 것이라고 푸념한다. 이에 대해 그녀가 이의를 제기하자 그는 다시 그녀가 마더 부인처럼 직업이 없는 평범한 보통여자였으면 그녀를 사랑하지도 않았을 것이라며 그녀를 추켜세운다. 이에 대해 루어치스는 그에게 자식들을 훌륭하게 키우고 있는 현명한 마더 부인을 함부로 말하지 말라고 일침을 가한다. 그러자 와더는 기다렸다는 듯이 또 그녀에게 그럼 왜 당신은 자신이 그토록 칭찬하는 마더 부인처럼 되려고 하지 않느냐고 반문한다. 이에 대해 루어치스가 다음과 같이 못을 박는다 :

> 잠깐만요. 제 말이 아직 끝나지 않았어요. 제 생각으로는 어떤 여자의 정서와 인생관이 마더 부인과 같을 수 있다면, 그렇다면 결혼이라는 일대 사건이 그 여자를 방해하지 않을 거예요. 결혼을 통해 자신의 야심과 희망을 완성시킬 수 있으니 그 여자는 참으로 세상에서 가장 행복한 여자라고 말할 수 있어요. 하지만 불행히도 여자들의 생각은 각각 다르답니다. 저로 말할 것 같으면 제가 아무리 마더 부인을 존경하고 찬미한다 하더라도 그녀와 같은 삶이 저를 기쁘게 하고 만족시킬 수 있다고 생각이나 할 수 있겠어요?

이 같은 루어치스의 말에 더 이상 할 말을 잃은 와더는 결국 그녀의 파혼 제의를 받아들인다. 뿐만 아니라 비록 파혼을 제의했지만 그와의 우정을 지속시키고 싶은 루어치스와 달리 와더는 그녀와 연락을 끊고 얼마 지나지 않아 다른 여성과 결혼을 한다. 다소 허전한 마음을 지닌 채 계속 학문의 길을 간 끝에 루어치스는 드디어 40여 세에 이르러 어느 정도 자아실현을 성취한다.

실제로 천형저는 비록 젊은 시절 스스로 포기한 사랑과 가정이었지만 원래 가족애에 대해서 부정적이라거나 거부감이 없었기에 일찍부터 따뜻한 가정을 주제로 하는 작품을 많이 썼다. 하지만 중년에 이르러 더욱 쓸쓸함을 느꼈든지 아니면 앞에서 언급한 대로 정치적 흑백논리가 강요되는 사회생활에 적응하기 힘들었든지 이 시절 가족애를 주제로 한 그녀의 작품은 매우 절실한 데가 있다. 이는 어린 시절 그녀에게 깊은 영향과 사랑을 준 외삼촌과 고모를 그린 「어린 시절 배움을 구하던 과정(我幼時求學的經過)」과 「고모를 기념하며(紀念一位老姑母)」에 잘 드러나 있다.

이제 다시 「루어치스의 문제」로 돌아와 이야기를 마무리하자면 어느 정도 학문을 성취한 루어치스는 꿈에 와더와 결혼하여 두 아이를 둔 자신의 행복한 모습을 본다. 꿈에서 깨어나 생각에 잠긴 루어치스는 문득 결혼을 했어야 하지 않았을까 자문하지만 만약 결혼을 했다면 학문의 꿈을 이루지 못했을 것이라고 자답한다. 그렇다면 이제 학문도 얼마간 이루었으니 지금이라도 결혼을 하는 게 어떨까 하는 마음이 불쑥 든 루어치스는 결국 인동초의 꽃향기도 오래 되면 사라져 가는 법이라며 청춘기를 지나버린 자신을 쓸쓸히 돌아본다. 그래도 푸른 산처럼 나름대로 꿈을 이룬 자신에게 자족하면서.

요컨대 「경희」에서 경희가 일과 사랑이라는 두 마리 토끼를 잡으려고 할 뿐 아니라 다른 여성들도 다 자기처럼 그렇게 해야 한다는 당위를 내세우며 공세를 취한다면 「루어치스의 문제」의 루어치스는 결혼과 직업 가운데 어느 한쪽만을 선택할 수밖에 없다는 수세적 입장을 지닌다. 그 때문에 경희의 성격을 지닌 나혜석이 두 마리 토끼를 잡았듯 루어치스로 대변되는 천형저는 평생 한 마리 토끼만을 잡았던 것이다.

4. 나오는 글

조선 말의 나혜석과 청 말의 천형저는 둘 다 비슷한 시기에 태어나 외국유학을 하고 비록 분야는 다르나 학자 또는 화가로서 활동하는 동시에 창작활동을 했다. 이 두 여성은 각각 반자전적인 소설 「경희」와 「루어치스의 문제」를 통하여 일과 사랑, 취업과 결혼, 직장과 가정이라는 과제를 앞에 놓은 여성들에게 서로 다른 두 갈래 길을 보여준다.

이 두 길 가운데 천형저가 선택한 길은 현실적이고 보수적 삶으로, 일 아니면 사랑이라는 양자택일의 길이다. 천형저는 일찍이 결혼을 거부하고 단신으로 미국유학 길에 올랐고 귀국 후에는 교수로서 학자로서, 또 작가로서 상당한 지위에 올랐다. 이는 애정과 결혼을 묶어두고 오직 학문과 창작이라는 한 우물을 판 결과였다. 하지만 중년에 이르러 쓸쓸함을 느낀 천형저는 또 다른 양자택일을 하는데, 이번에는 사회생활이 아닌 가정생활이었다. 무협(武峽)이라는 벽지에서 아들과 함께 살아가는 어머니를 그린 그녀의 소설 「무협의 한 여인(武峽里的一個女子)」처럼 그녀도 늦게나마 결혼해서 세 아이의 엄마가 된 것이다. 「루어치스의 문제」에서 40여 세의 독신 철학자 루어치스가 새롭게 꿈꿨지만 결국 선택하지 못한 길을 천형저는 실제로 선택한 셈이다.

인생의 전반기는 자아실현에 힘을 쏟고 후반기는 모성애와 가사에 힘을 쏟을 수 있었던 천형저는 평생을 독신으로 사는 직장여성이나 평생을 가정에서 사는 전업주부에 비하면 훨씬 행복한 여성일지 모른다. 시간차는 있지만 최소한 두 가지 욕망을 다 한 생애에 실현했다는 점에서 보면 그렇다.

그렇지만 만약 평생동안 사회생활과 가정생활을 병행할 수만 있다면 그 이상 더 좋은 선택은 없을 것이다. 나혜석은 일찍부터 이러한 꿈을 추구한 선각자적 여성이었다. 그 때문에 그녀가 「경희」에서 형상화한, 직업과 결혼을 동시에 추구하는 다부진 경희는 다름 아닌 나혜석 자신이다. 일본의 대학에서 열심히 공부하다가 방학을 맞아 귀국하여 집에서도 누구보다 열심히 가사에 몰입하는 경희처럼 실제로 나혜석은 열렬한 연애와 당당한 결혼생활과 동시에 개인전시회와 창작활동도 성공적으로 병행했다. 여성으로서는 최초의 서양화가였던 나혜석은 당시 최고의 미술대회인 선전(鮮展)에 다섯 번 입선했고, 그녀의 소설과 신문잡지에 기고한 칼럼들은 언론계의 중시를 받았으니까 말이다.

세 자녀를 낳아 기르며 부부간에도 금슬이 좋았던 나혜석은 그러나 남편과 떨어져 홀로 파리에 남을 때부터 비극의 씨앗을 심었다. 남녀간의 사랑은 예술 창작을 위해 필수불가결이라고 믿었던 그녀가 천도교 지도자이자 독립운동가인 최린과 스캔들을 일으킨 것이다. 이 사실이 알려져 결국 남편에게 이혼을 당하게 될 때까지도 나혜석은 선뜻 이를 받아들이지 않고 대항했다. 이는 1935년 『월간중앙』 신년호에 게재된 다음과 같은 인터뷰에서 확인할 수 있다 :

> 요컨대 인생의 창작성은 남녀교제에서 납니다. 그러니까 창작생활을 하는 데는 일남일녀(一男一 女)가 꽉 붙잡고 있는 것보다(아마도 일부일처의 결혼제도를 말하는 듯하다) 자유로운 교제를 하는 것이 기분순환도 되고 창작성을 지어주는 것이 아닐까 생각합니다. 구라파 사람들이 진취적인 것은 그것이 모두 남녀교제의 순환성을 인정해 주어 창작성을 북돋음으로부터 입니다.

이 같이 스스로를 변호하며 이혼에 대해 2, 3년간 받아들이지 못하고 거부하던 나혜석은 드디어 공개적으로 「이혼고백서」를 발표하여 보수적인 가부장제 남성중심 사회를 정면으로 공격한다. 뿐만 아니라 스캔들 상대인 최린을 대상으로 위자료청구소송을 벌여 또 한번 사회를 떠들썩하게 하였다. 이처럼 우회할 줄 모르는 그녀의 정면대응으로 인하여 전남편은 물론이고 친정식구들조차 그녀에게 등을 돌렸다. 심지어 그녀에게 비교적 호의적이었던 미술계와 언론계까지 그녀를 외면하기 시작하자 그녀는 그야말로 발붙일 곳이 없었다. 그때까지 기대어 왔던 가족의 사랑과 사회의 지지를 잃게 되자 그녀의 삶은 한꺼번에 곤두박

질친 것이다. 그토록 대담하고 자유분방한 나혜석에게 이 같이 나약하고 타인 의존적인 구석이 있었다.

태강즉절(太剛則折)이라고 그녀의 강한 언행은 너무나 일찍 꺾였다. 그것은 마치 모래성처럼 주변 사람들의 사랑과 이해, 그리고 지원이 사라지자 그만 무너져 내린 것이다. 만약 그녀가 남들의 사랑과 인정에 전적으로 의지하지 않고 사회로부터도 얼마간 거리를 두었더라면, 한마디로 조금만 더 독립적이었더라면 말년의 불행은 막을 수 있었을지 모른다. 또한 그녀가 정녕 일과 사랑이라는 두 마리 토끼를 다 잡으려 했다면 좀 더 남들의 눈치를 살피고 자신의 속내를 감출 줄 알았어야 했다. 예나 지금이나 가정생활과 사회생활을 병행하는 여성들은 대부분 박빙을 걷는 아슬아슬한 지혜가 필요한 법이니까. 하지만 나혜석은 그 같은 줄타기를 할 만큼 약삭빠르지 못했다.

그 점에서는 천헝저도 마찬가지였다. 그녀 또한 나혜석과는 좀 다른 의미의 완벽주의자여서 일과 사랑을 병행할 수 없다고 판단하고 과감하게 결혼을 포기했던 것이다. 또 40세 후반 어느 정도 사회적 성취를 이룬 후 결혼을 선택할 때에도 대충 직장에 출근하여 현상유지를 하느니 아예 사회생활을 정리하고 가정생활에 전념하는 쪽을 택했다.

물론 천헝저는 젊은 시절 남성을 향한 애정을 우정으로 절제할 줄 아는 여유와, 현실을 직시하는 냉철한 이성이 두드러지는 반면 나혜석은 결혼 후에도 외간 남자에 대한 애정을 당연시하는 등 이상적 사랑에 집착하는 치열한 감정이 돋보이는 차이가 있다. 하지만 이는 천헝저가 이성적이고 현실적인 학문을 추구한 학자였던 데 반하여 나혜석은 상대적으로 감정적이고 이상적인 예술의 길을 선택한 화가였기 때문에 생길 수밖에 없는 차이일지도 모른다. 그래서 「경희」의 경희는 치열한 주관적 감정에 몰두하고 「루어치스의 문제」의 루어치스는 냉혹하리만큼 객관적인 이성을 따르고 있는 것이다.

어떤 인생에 대해서도 한마디로 옳다 또는 그르다라고 평가하기는 어려운 일이다. 그런 의미에서 남성중심의 가족과 사회에 정면으로 도전하다가 마침내 무연고 행려병자로 생을 마감한 나혜석이 86세라는 천수를 누리고 세상을 뜬 천형저보다 경솔하고 어리석었다고 말할 수는 없다. 마찬가지로 미국 유학시절부터 전면에 나서 토론하기를 꺼리고 가부장제 현실과도 쉽게 타협하며 안분수기(安分修己)했던 천형저를 여성의 인권을 쟁취하기 위하여 그야말로 온몸과 마음으로 투쟁한 나혜석보다 답답하고 패배적이라고 말할 수도 없다. 이 두 여성은 다만 각자 자신에게 가장 맞는 방식으로 그 시대의 가부장제 사회를 살아갔을 뿐이다.

그로부터 백 여 년이 지난 오늘날의 여성들은 도처에서 기승을 부리는 상업주의 덕분에 모성신화와 애정신화의 주인공으로 그럴듯하게 포장되어 한껏 띄워지고는 있지만 아직도 여전히 가부장제 사회를 살아가고 있다. 그런 의미에서 백 여 년 전 나혜석과 천형저가 각각 선택한 삶의 방식은 오늘날의 여성들에게도 따라가야 할 또는 벗어나거나 뛰어넘어야 할 좋은 본보기임에 틀림없다.

제5장

한국문학작품에 그려진 여성의 성(性)의식변화

-1920, 30년대와 1980, 90년대의 여성작가와 작품을 중심으로-

1. 들어가는 말

문학작품, 주로 소설 속에 등장하는 인물 중 특히 여성들은 독자의 흥미대상이다. 그 이유는 여러 가지가 있겠지만 필자는 특히 문학작품에 그려진 여성상에 주목한다. 왜냐하면 작품 속 여성상은 대체로 여성의 성 심리 또는 성 의식이 반영된 결과물이기 때문이다. 그렇다면 문학작품에 그려진 여성의 성 의식은 어떻게 가늠될 수 있는가?

이에 대해서는 논란의 여지가 많을 것이다. 그러나 필자는 감히 다음 세 가지의 기준을 성의식의 가늠자로 삼을까 한다. 첫째 성의 독립성이고 둘째 성애를 포함한 애정표현이고 셋째는 성의 독립성과 애정표현을 어떤 방식으로 드러내느냐이다. 이를 좀더 설명해보면 첫째 성의 독립성 여부는 여성이 남성 없이도 스스로 독립할 수 있는지 없는지를 말한다. 이는 기혼, 미혼과 직접 관계가 없다. 다시 말하자면 기혼여성이라 하더라도 남성에 대하여 독립적일 수 있고 미혼여성이라 하더라도 남성에게 의존적일 수 있다는 뜻이다. 둘째 성애를 포함한 애정표현은 전통적으로 남성에 대하여 능동적 애정표현이 금기시되었던 한국여성의 대남성적 자립성을 측정하는 기준이 될 수 있다. 특히 여성이 자발적으로 자신의 몸을 표현하는 성애의 표출 여부는 의식의 독립성 여부와 함께 매우 중요한 기준이다. 셋째 성의 독립성과 애정을 표현하는 방식은 여성이 남성에게 독자적 몸과 마음을 표출하는 방식으로 이는 크게 두 가지로 나뉜다. 그 하나는 작중 여성인물이 단도직입적으로 말하고 행동하는 직접 방식이고, 다른 하나는 직접 말하지 않고 작중 남성인물의 언행을 빌거나 우화, 환상 등으로 빙 둘러 우회하는 간접 방식을 말한다.

대략 이 같은 분석기준을 가지고 필자는 남녀작가를 불문하고 꽤 여러 작품들에 묘사된 여성상을 주의 깊게 살펴본 끝에 남성작가의 작품 속에 그려진 여성들은 다루지 않기로 했다. 「선택」의 작가 이문열은 말할 필요도 없고 감동적 대하소설 「태백산맥」의 조정래를 비롯하여 「천지간」의 윤대녕에 이르기까지 한결 같이 여성을 독자적 인간으로서가 아니라 남성의 상대로서의 가치만을 갖는 부차적 존재로 그리고 있기 때문이다. 그러니까 이들 남성작가의 작품 속 여성은 남편과 아들을 위해 희생하는 어머니가 아니면 남성에게 꿈과 희망을 주는 연인이나 아내로서만 그 존재가치가 인정된다. 그 때문에 남성에게 있어서 여성은 모성신화와 애정신화의 주인공인 '헌신적 어머니'와 '구원의 천사' 아니면 남성의 앞길을 망치는 '악한 마녀'로 이분되는 존재일 뿐이다. 남성작가들은 여성들이 이러한 남성들의 비인간적 기대치 속에서 얼마나 주눅이 들고 왜곡되고 있는지를 모른다. 심지어 여성을 이해하려는 노력이 돋보이는 김곰치의 「엄마와 함께 칼국수를」에서도 '나'는 "칼국수집 아줌마가 왜 호호 웃지 않고 피식 웃는지" "왜 어린 시절 누나가 큰 소리로 작문을 읽지 않고 '쥐새끼처럼' 들리지 않게 읽는지를 모른다." 또한 아들인 '나'는 병든 엄마가 사실은 밀가루음식을 싫어한다고 말하는데도 억지로 칼국수 집으로 가고, 돼지기름을 싫어한다는 엄마를 이끌고 자장면 집으로 간다. 물론 비록 얼마간의 한계를 드러내고는 있지만 예외도 있는데, 「아름다운 나의 귀신」의 작가 최인석의 경우가 그렇다. 최인석은 남성작가임에도 불구하고 '무당', '정이', '직녀', '염소 할매' 등 매우 주체적인 인간으로서의 여성인물을 형상화하고 있어 많은 여성독자로부터 환영을 받고 있다.

아무튼 본 논문은 여성작가의 작품에 그려진 여성의 성의식을 살피되 주로 1920, 30년대와 1980, 90년대의 작품을 대상으로 삼으려한다. 1920, 30년대와 1980, 90년대의 작품을 선택한 이유는 중국과 마찬가지로 한국도 1920년대 무렵부터 서양문학의 영향 아래『백조』,『폐허』등의 동인지를 중심으로 신문학이 시작되었기 때문이다. 이어 30년대에 들어서는 좌우의 정치경향에 따라 문인들의 활발한 작품 활동이 있었으나 이후 수십 년의 내전과 냉전시대에는 잠잠히 숨죽이고 있다가 80년대 후반부터 90년대에 이르러 비교적 자유로운 문단분위기가 형성되었기 때문이다. 1920, 30년대와 1980, 90년대의 작품을 선택한 또 한 가지 이유는 2, 30년대와 마찬가지로 8, 90년대는 여성작가의 활동이 무척 활발하여 많은 작품이 나왔다는 점을 들겠다.

2. 전통 여성시에 그려진 여성의 성 의식

사람이라면 누구나 뿌리에 대한 궁금증을 갖는데 역사에 대한 관심은 바로 이러한 궁금증에서부터 나온다. 그 때문에 문학작품에 그려진 여성의 성의식 변화를 살피고자 하는 현대의 여성으로서 필자는 선대 여성문학작품에 묘사된 여성상을 짚고 넘어갈 필요를 느낀다. 이제 자료의 빈곤을 무릅쓰고 한국문학사에 수록되어 있는 몇몇 시 속에 형상화되어 있는 여성의 성 의식을 간단히 분석하기로 한다. 필자가 추린 시는 모두 여섯 작가의 작품으로 고조선의「공무도하가(公無渡河歌)」, 백제의「정읍사」, 고려의「가시리」, 그리고 조선의 신사임당, 황진이 및 허난설헌의 시(조)이다.

먼저「공무도하가」는 백수광부(白首狂夫), 즉 흰머리의 미치광이가 아내의 만류에도 불구하고 강을 건너다 물에 빠져 죽자 그 아내가 읊은 시다. 이 시는 백수광부의 처가 읊고 나서 남편의 뒤를 이어 강물에 투신하는 광경을 보고 온 곽리자고가 아내 여옥에게 이 이야기를 전하자 그녀가 감동하여 가락을 붙여 공후에 맞춰 불렀다고 하여「공후인(箜篌

引)」으로도 전해진다. 그 내용을 소개하면 "공이시여 강을 건너지 마세요/ 공께서 끝내 강을 건너다가/ 강에 빠져 죽으시니/ 공이시여 장차 어찌하오리까"인데 이 시는 압운이 있는 사언시(四言詩)로서 남성에게 의존적인 여성의 결사적 애정이 표현되어 있다.

다음은 잘 알려진 「정읍사」로 「공무도하가」가 죽은 남편을 노래한 망부가라면 이 작품은 남편을 애타게 기다리고 감시하는 망부가다. "달하 노피곰 도다샤 어긔야 머리곰 비취오시라/ 어긔야 어강됴리 아으 다롱디리/ 全져재 녀러신고요 어긔야 즌데랄 드데올세라/ 어긔야 어강됴리/ 어느이다 노코시라 어긔야 내가논데 졈그랄세라/ 어긔야 어강됴리 아으 다롱디리"에서 후렴구를 빼고 뜻을 요약하면 대략 두 가지 의미로 갈린다. 그 하나는 전주 시장에 간 남편이 밤늦게 돌아오지 않자 아내가 남편의 신변에 위험이 있을까 두려워 걱정하는 마음을 나타냈다고 하고 다른 하나는 남편이 외도하는 장면을 노골적으로 표현하며 이를 감시하는 마음을 드러냈다고 한다. 두 가지 해석에 다 일리가 있지만 필자는 해석상 후자가 더 그럴듯하다고 본다. 아무튼 이 시의 저자는 남편에게 매우 의존적이지만 성애의 표현은 매우 노골적이고 직접적이라고 하겠다.

세 번째는 원부가(怨夫歌)라고도 할 수 있는 「가시리」다. "가시리 가시리잇고 바리고 가시리잇고/ 위증즐가 태평성대/ 날러는 엇디 살라하고 바리고 가시리잇고/ 위증즐가 태평성대/ 잡사와 두어리마나난 선하면 아니올세라/ 위증즐가 태평성대/ 셜온님 보내압노니 가시난닷 도셔오쇼셔/ 위증즐가 태평성대"로 되어 있는 이 시는 내용도 매우 쉽다. 즉 떠나는 남자에 대하여 원망의 마음을 나타내면서도 억지로 잡아두려고 하면 도리어 성이 나서 돌아오지 않을까 염려하여 눈물을 머금고 보내는 여인의 한이 배어 있다. 후렴에 '태평성대'가 들어 있는 것이 본문과 다소 모순 되는 느낌이지만 이 시에서 우리는 남성의 사랑에 의존하는 여성의 애정이 직접적으로 표현되어 있음을 본다.

이상 세 시는 시임과 동시에 가요이기도 한데 「공무도하가」의 경우 원저자는 백수광부의 처이지만 여옥이 곡을 붙여 전했기 때문에 여옥이 시의 내용을 우회적으로 손질했다고 볼 수 있다. 그런데 여옥은 지식인이었던 것 같다. 이름이 있는 것도 그렇고 노랫말에 곡을 붙일 줄 알고 시에 압운을 맞추고 내용도 완곡하게 표현되고 있음을 보아도 그렇다. 이에 비하여 「정읍사」와 「가시리」는 저자 미상의 구전 가요로 내용이 매우 노골적이고 직접적인 것으로 보아 서민계급의 작품인 듯하다. 그러나 세 편 다 공통적으로 남성에게 의존적이다. 물론 단 세 편만을 가지고 고조선이나 백제, 고려의 모든 작품 속 여성들이 독립적 성의식을 가지지 못했다고 단정할 수는 없다. 이는 이후 조선시대 여성들이 모두 다 봉건적 가부장제에 예속되어 살았다고 단정하는 것만큼 위험한 일이다. 조선시대의 세 여성, 즉 신사임당(申師任堂)과 황진이(黃眞伊), 그리고 허난설헌(許蘭雪軒)과 그들의 시(조)에서 예외현상을 발견되기 때문이다.

먼저 신사임당(1504－1551)은 우리에게 잘 알려진 현모양처의 표상으로 강릉출신이다. 이율곡의 어머니이기도 한 사임당 신씨는 남긴 시로 보나 그림으로 보나 매우 안존한 여성이었음에 틀림없다. "사랑하는 백발 어머니 고향에 두고/ 홀로 서울로 떠나가는 이 마음/ 고개 돌려 북쪽 마을 바라보니/ 흰 구름 아래 저문 산이 푸르네." [「부모님을 그리며(思親)」]를 비롯하여 신사임당의 한시들은 도처에 효심이 묻어나는 한편 나비, 꽃, 새 등을 그린 그림은 아담하고 어여쁘다. 그러나 그녀의 이 같이 자유로운 작품 활동은 결혼 후 친정에서 살았던 15년이 있었기에 가능했을 것이다. 실제로 그녀는 향년 47세의 삶 가운데 대부분의 세월을 친정 부모님과 함께 보냈고 바로 이 때문에 친 부모님에 대한 애정이 지극한 반면 남편에 대한 애정은 상대적으로 약하고 남편에 대해서도 다소 독립적인 의식을 가졌던 것 같다.

다음으로는 개성출신의 명기 황진이로, 양반 집 규수였던 신사임당과 달리 그녀에 관해서는 중종 때 태어나 선조 때 죽었다는 설이 있을 뿐 생몰연대가 확실하지 않다. 또한 양반의 서녀(庶女)라고도 하는데 가계도 불분명하다. 그녀에 관한 이 같은 불확실성은 광대와 함께 기생을 천시했던 당시 및 지금까지의 가부장제 사회의식이 반영된 결과임은 두말할 필요도 없다. 그녀의 시조 “청산리 벽계수야 수이 감을 자랑마라/ 일도창해하면 다시 오기 어려우니/ 명월이 만공산하니 쉬어간들 엇더리”는 벽계수(한량)를 유혹하는 명월(황진이)의 멋들어진 작품이다. 벽계수는 한자로 푸른 시냇물이고 명월은 밝은 달이니 자연물에 절묘하게 빗대어 남성에게 구애하고 있는 황진이의 이 시조를 대하면 마치 한 폭의 그림 또는 한 편의 영화를 보는 듯하다. 모두 다섯 번의 사랑을 하였다는 황진이는 독립적 성의식을 가지고 남성에 대하여 능동적인 애정표현을 하였으며 이를 한시와 국문 시조를 통하여 간접적으로 드러낸 당당한 여성이었다.

마지막으로 허난설헌(1563－1589)은 지금까지 줄곧 원진(元稹)의 시 등 당시(唐詩)를 표절했다는 시비에 휩싸이고 있는데, 그녀는 신사임당과 마찬가지로 강릉출신이며 「홍길동전」의 작가 허균의 누나이기도 하다. 이 또한 신사임당과 비슷한 점인데, 신사임당이 이율곡의 어머니이기 때문이었던 것처럼 허난설헌도 허균의 누이라는 점 때문에 문학사상 더 주목을 받았을 것이다. 실제로 허균은 누이 허난설헌의 한시집을 명(明)나라와 일본에서 간행하는데 결정적 역할을 한 것으로 알려져 있다. 그러나 허난설헌은 김성립과의 결혼생활이 시어머니와의 불화로 매우 불행하였고 자식들마저 잃은 뒤, 죽을 때까지 별당아씨로 거의 유폐생활을 한 불우한 여성이었다. 그래서 남자들에게는 신사임당이 ‘착한 여자’이고 황진이가 ‘멋진 여자’라면 그녀는 ‘나쁜 여자’라고 할 수 있다. 감히 가부장제에 도전하였기 때문이다. 그렇지만 허난설헌이 오, 칠언절구와 오, 칠언률시, 그리고 칠언배율 등 어려운 한시를 통해 자신의 생각과 느낌을 표현할 수 있었던 것은 남편과 거의 생이별한 채 별당에서 오랜 세월 혼자 지냈기 때문이기도 하였다. “난새를 타고 한밤중 봉래 섬에 내려와/ 느릿느릿 기린수레에 올라 아리따운 풀잎 위를 구르네/ 바닷바람 불어와 푸른 복사꽃을 꺾고/ 옥쟁반 하나 가득 천상의 대추를 따 담네”의 칠언절구에서 보듯 허난설헌은 천상에서 자유로이 노니는 선녀를 꿈꾸며 지상에서 27세라는 짧은 삶을 산 여성이었다. 또한 남성에 대한 사랑을 환상적인 신화를 빌어 표현한 독립적 성 의식의 소유자였다.

3. 1920, 30년대의 여성작가들

1920년대와 30년대는 일제강점시기로 이 시기에는 신교육을 받은 신여성 작가들이 눈부신 활동을 하였다. 필자는 20년대의 작가로 나혜석, 김일엽을 꼽고 30년대 작가로는 강경애, 백신애를 꼽았는데 물론 이들이 활동한 시기가 딱히 20년대, 30년대로 나뉘는 것은 아니다. 그러나 나혜석과 김일엽이 19세기말에 태어난 신여성 제1세대로 알려져 있는 반면 강경애와 백신애는 모두 20세기 초에 태어나 주로 30년대에 작품활동을 했기 때문에 그렇게 무리한 구분은 아니라고 본다. 2, 30년대의 여성작가로는 이들 외에도 김명순, 김말봉, 박화성, 최정희, 모윤숙, 노천명 등이 있는데 필자가 위 네 명을 추린 것은 상당부분 한국문학사상의 위치와 주관적 선택에 따른 것임을 밝혀둔다.

1) 나혜석

나혜석(羅蕙錫 : 1896－1946)은 경기도 수원출신으로 당시 용인군수를 역임한 아버지 슬하에서 유복하게 살다가 일본에 유학중인 둘째 오빠의 지지를 받아 동경에 있는 일본여자미술전문학교에서 서양화를 공부하였다. 서글서글한 눈매에 감정이 풍부하였던 그녀는 일본에서 조선유학생동맹에도 적극 참여하였고 약관 20세의 나이로 『학지광(學之光)』에 「이상적 부인」이라는 글을 발표하기도 했다.

나혜석은 졸업 후 귀국하여 잠시 교사생활을 하다가 1918년 소설 「경희」를 썼는데 이 소설에서 그녀는 결혼을 강요받는 주인공 경희의 입을 빌어 여성의 인간선언을 한다 : “경희도 사람이다. 그 다음에는 여자다. 그러면 여자라는 것보다 먼저 사람이다. 또 조선사회의 여자보다 먼저 우주 안 전 인류의 여성이다. 이철원 김부인의 딸보다 먼저 하나님의 딸이다……오냐, 사람이다. 사람으로 보이지 않는 험한 길을 찾지 않으면 누구더러 찾으라 하리!" 그녀는 『폐허』의 동인으로 작품 활동을 하는 한편 독립운동에도 간여하여 옥살이를 하였는데, 이 때 그녀를 변호하여준 변호사 김우영과 결혼하면서 그에게 결혼서약서를 받아낸 것으로 유명하다. 이구열이 펴낸『에미는 선각자였느니라』에 따르면 그녀는 김우영에게 첫째, 평생 자기만 사랑할 것, 둘째 그림 그리는 것을 방해하지 않을 것, 셋째 시어머니와 전실 딸과 따로 살 것 등을 요구했다. 이 밖에도 김우영은 그녀의 요구에 따라 신혼여행 중에 나혜석의 첫사랑이었던 최승구의 묘를 찾아 묘비를 세워주었다. 그들의 결혼서약서는 잘 지켜졌던 듯 그녀는 결혼 후 서양화개인전을 열었고 1927년에는 남편과 함께 세계여행을 하다가 프랑스에 혼자 머무르는 등 당시 여성으로서는 꿈같은 생활을 했다. 하지만 나혜석은 파리 체재 중 독립운동가 최린과의 스캔들이 불거져 결혼생활 약 10년 만에 4남매를 둔 채 이혼당한다.

남편의 일방적 이혼요구를 받아들이지 않았던 나혜석은 1934년「이혼고백서」를 발표하여 이혼의 부당함을 주장하였고, 그 결과 남편은 물론 친정식구들로부터도 따돌림을 받는 처지가 되었다. 그러자 물심양면으로 곤경에 처한 나혜석은 스캔들 대상인 최린에게 위자료소송을 걸었고 실제로 수 천 원의 위자료를 받아냈다. 그러나 이후 프랑스로 떠나겠다고 호언하였던 그녀는 끝내 떠나지 못하고 친구인 일엽스님이 있는 수덕사 등지를 떠돌다가 1946년 행려병자로 외로운 죽음을 맞았다.

이혼의 부당함을 밝히기 위해 자신의 결혼생활의 과정을 낱낱이 공표하고 최린을 상대로 위자료소송을 걸만큼 강심장이었던 나혜석은 그러나 남성에 대하여 의존적인 여성이었던 것 같다. 1921년에 발표한 그녀의 시「인형의 집」의 "노라를 놓아라/ 최후로 순수하게/ 엄밀히 막아논/ 장벽에서/ 견고히 닫혔던/ 문을 열고/ 노라를 놓아주게"에서 그 단서를 찾을 수 있다. 즉 노라는 스스로 나오지 않고 누군가 "문을 열고 놓아준" 것이다. 결혼 전에는 오빠와 아버지가 놓아주었고 결혼 후 약 10년까지는 남편이 놓아주었기 때문에 아무 문제가 없는 여권주의자가 될 수 있었지만 남편과 친정 식구들에게 더 이상 받아들여지지 못했을 때부터 그녀는 중심을 잡지 못하고 흔들렸던 것이다. 따지고 보면 그녀의 사회적 성취는 상당부분 남성들의 비호로 이루어진 것이라고도 할 수 있다. 나혜석은 그 시기의 어떤 다른 여성보다도 솔직하고 노골적으로 자신의 애정, 심지어 유부녀의 성애까지도 직설적으로 자유로이 표현한 선각적인 여성이었음에도 불구하고 남성을 통하지 않고 독립적으로 자신을 가누는 데는 실패했다고 보지 않을 수 없다.

2) 김일엽

김일엽(金一葉 : 1896－1971)의 본명은 원주(元周)이지만 본명보다는 일엽이 우리에게 더욱 익숙하다. 일엽은 나혜석과 동갑이었다. 평양출신인 일엽은 6살의 어린 나이에 목사였던 아버지와 어머니 및 4명의 형제자매를 모두 잃는 슬픔을 겪었다. 그러나 일엽은 외가의 도움으로 꿋꿋이 이화학당을 졸업하고 초등학교 교사를 하였고, 일찍이 12살인 1907년에 「동생의 죽음」이라는 현대시를 쓰는 등 문재를 발휘했다. 이 시는 사실상 최초의 현대시로 알려져 있는 최남선의 「해에게서 소년에게로」(1908)보다 1년 먼저 씌어졌으나 한국문학사상 무시되었다.

김일엽은 1920년부터 잡지 『폐허』의 동인으로 작품 활동을 했을 뿐만 아니라 「여자의 자각」(1920), 「나의 정조관」(1927) 등의 시론을 발표하기도 하였다. 특히 「나의 정조관」에서 일엽은 자신의 두 번에 걸친 결혼과 이혼, 그리고 유부남과의 동거 등에 대한 사람들의 눈총을 일축하며, 정조는 정신의 순결문제이지 육체의 순결문제가 아니라는 견해를 폈다. 이 같은 그녀의 입장은 동무에게 쓰는 편지형식으로 되어 있는 소설 「자각」(1926)에 잘 드러나 있다. 즉 이 소설에서 나(임순실)는 구여성이지만 일본으로 유학 간 남편이 자신을 배신하고 다른 여성과 사랑에 빠지자 자신이 낳은 아이조차 시댁에 남겨두고 친정으로 돌아가 신학문을 공부하기로 한다. “이왕 사람이 아닌 노예의 생활에서 벗어났으니 이제는 한 개 완전한 사람이 되어 값있고 뜻있는 생활을 하여야겠나이다. 그리고 사람으로 알아주는 사람을 찾겠나이다”로 끝을 맺는 「자각」의 주인공 임순실처럼 일엽은 자신을 알아주는 사람을 찾아 전전하다가 마침내 1928년 모든 세속의 인연을 끊고 출가한다.

일엽의 출가를 놓고 어떤 사람들은 이 또한 어떤 남성의 영향이라고 한다. 하지만 출가의 동기가 설사 그랬다고 하더라도 그 남자는 일엽의 도반일 뿐이었지 일엽이 그에게 전적으로 의존하였다고 볼 수는 없다. 그런 의미에서 일엽은 매우 독립적 의식의 소유자였으며 애정표현에도 솔직하였다고 할 수 있다. 더욱이 이러한 자신의 생각과 느낌을 매우 직접적으로 솔직히 밝히고 있다. 일엽은 동년배인 나혜석과 달리 상대 남성이 자기를 떠나면 자기도 떠날 줄 알았고 자기가 싫으면 먼저 떠날 줄도 아는 매우 자신 있는 여성이었다. 일찍이 조실부모형제하고 홀로 세상을 살았기 때문에 그녀는 오빠와 남편의 도움으로 성공(?)한 나혜석에 비하여 자립심이 강하였을 것이다. 그랬기 때문에 일엽은 두 번의 결혼과 이혼, 유부남과의 동거 등의 남성편력에 대한 세인의 입방아에 큰 영향을 받지 않고 76세까지 장수할 수 있었을지 모른다.

3) 강경애

강경애(姜敬愛 : 1906－1944)는 황해도 송화에서 농민의 딸로 태어났다. 4살 때 아버지를 잃고 개가한 어머니와 계부 밑에서 이복형제와 함께 자란 강경애는 가난과 고통, 수모와 따돌림 속에서 날마다 얻어맞고 꼬집히고 머리 쥐어뜯기는 나날 중에 유일한 위안은 소설읽기였다고 고백할 만큼 힘겨운 삶을 살았다. 어렵사리 평양의 숭의여학교에 입학하였지만 지독한 가난으로 친구의 붓과 종이를 훔쳤다가 발각이 나기도 했다. 하지만 강경애는 자신의 개인적 불행을 당시 조선의 식민지적 상황과 연계시켜 동맹휴학에 참여했다가 퇴학을 당했고, 퇴학 이후에는 홍풍 야학교의 교사와 근우회 장연지회의 회원 등으로 활약했다.

1931년 강경애는 독립운동가 장하일과 결혼하여 간도로 이주하였는데, 이는 자신의 소설 「만돌린을 부수고(破琴)」(1931)에서 남주인공 형철이 평소 즐겨 연주하던 만돌린을 집어던지고 사회운동에 뛰어들자 그의 애인 혜경이 그 뒤를 따르는 내용과 매우 흡사하다. 결혼 후 그녀는 D학교의 남녀 학생들의 항일 동지애를 그린 「축구전(蹴球戰)」(1933)과 소작인의 딸 '선비'가 지주의 착취에 강인한 의지로 맞서는 내용을 담은 「인간문제(人間問題)」(1934)를 발표함으로써 문학을 통하여 사회운동의 이상을 추구했다.

강경애의 여성으로서의 성 의식이 잘 드러나 있는 작품으로는 「원고료 이백 원」(1935)을 꼽을 수 있다. 동생 K에게 보내는 고백체의 편지 형식으로 되어 있는 이 작품은 그녀 자신이 받은 원고료 2백 원의 용도를 놓고 남편과 갈등하다가 남편에게 폭행까지 당하지만 결국 남편의 주장이 옳다고 인정하는 과정을 그리고 있다. 즉 어린 시절의 궁핍은 두 말할 필요도 없고 결혼식 때 반지 하나 나누지 못하고, 결혼 후에도 옷가지 하나 변변히 사 입지 못했으며 심지어 남이 신던 구두를 얻어 신을 때조차 남편의 동의를 구해야 했던 그녀가 자신이 번 2백 원으로 결혼반지와 변변한 겨울외투와 구두를 사려고 하자 남편은 그 돈을 감옥에 있는 동지의 부인에게 주라고 한다. 그녀가 울면서 이를 거절하자 남편은 그녀의 빰을 때리고 문밖으로 내쫓기까지 한다. 쫓겨나온 그녀는 자신이 남편이 비판한 대로 "머리를 지지고 볶고 상판에 밀가루 분칠을 하고 금시계에 금강석 반지에 털외투를 입고 입으로만 아! 무산자여 하고 부르짖는 그런 문인"과 크게 다를 바가 없다고 생각하며 돌아가 남편에게 잘못을 비는 것으로 소설은 끝이 난다.

비록 강경애가 경제적 착취와 성의 침탈이라는 이중고에 시달리는 여성의 대응과 저항을 다룬 「인간문제」를 통하여 여성문제를 문제로 의식은 했지만, 「원고료 이백 원」을 통해 볼 때 그녀는 여성문제를 사회(계급)문제의 하위에 두었다. 그 시대의 남성운동가들이 대개 그러했듯 그녀 또한 사회적 불평등과 민족문제가 해소되면 자연히 여성 문제도 해결될 것으로 본 것이다. 이는 일견 합리적인 판단 같지만 사실상 그녀의 의식이 남편에 대하여 의존적임을 보여준다. 즉 위 작품에는 남편에게 쫓겨난 내가 "고향에 돌아가면 화냥년이라 비웃음을 살 것이고 서울로 가서 여기자를 하면 염문에 휩싸여 타락할 것이고 동경유학도 타락공부이고…어디를 가나 누가 반가이 맞아줄 사람이 없다. 호랑이 같이 씨근거리며 저 방안에 앉아있을 저 사나이가 아니면 이 손을 잡아줄 사람이 없는 듯 하구나" 하고 돌아가서 "여보 나 잘못했소."라고 말하는 대목이 있는데, 이로서 그녀가 남편의 가부장적 사고방식을 어쩔 수 없이 받아들이고 있음이 확인된다.

남들이 화냥년이라 비웃고 타락하였다고 손가락질할까봐 그녀는 홀로서기를 두려워하고 손찌검까지 불사하는 남편에게 돌아가는 모습에서 독자는 그녀의 지독한 대남 의뢰심을 볼 수 있다. 이는 그녀가 나혜석, 김일엽 등 선배 신여성의 삶이 불행했다고 판단하고 스스로 남편의 여성관에 부합하는 삶의 방식을 택한 결과일 수도 있지만 어린 시절 아버지의 사망으로 개가한 어머니 밑에서 의부의 학대를 받고 자란 콤플렉스일 수도 있다. 즉 강경애는 자신이 겪은 결손가정의 불행을 자식에게 대물림하고 싶지 않았기 때문에 애써 남편을 정신적 지주로 삼고 여성현실보다 민족현실에 관심을 쏟았을지도 모른다. 그 때문인지 그녀의 「원고료 이백 원」에는 성애는 고사하고 애정의 표현조차 거의 없다.

4) 백신애

백신애(白信愛 : 1908－1939)는 강경애보다 2년 늦게 경북 영천에서 거상(巨商)의 외동딸로 태어났다. 경북사범(대구사범)학교를 졸업하고 영천보통(초등)학교 교사를 하였으나 1925년 그녀 나이 18세에 조선여성동우회와 경성여성청년동맹 등에 가입하여 청년운동을 하다가 이듬해에 학교에서 해임당했다. 이후 그녀는 서울로 올라가 위 두 단체의 상임위원을 맡았고 1927년에는 전국을 돌며 순회강연을 하였다. 그 후 일경(日警)을 피해 시베리아로 가서 4－6개월간 방랑하다가 결국 두만강 국경에서 일경에게 붙잡혀 혹독한 고문을 당하고 풀려났는데 이 고문의 후유증으로 불임의 몸이 되었다고 전한다.

1928년 백신애는 귀향하여 당시 첩과 살림을 차린 남편(아버지)과 별거한 채 혼자 살던 어머니와 함께 살면서 이듬해인 1929년 22세의 나이로 제1회 조선일보 신춘문예당선자의 영예를 누린다. 당선작은 자신과 어머니의 이야기를 자전체로 쓴 「나의 어머니」로, 처녀작인 이 소설에서 청년회관을 짓기 위하여 밤늦게까지 모금을 위한 공연을 준비하는 딸이 혼인만을 강요하는 어머니를 향해 다음과 같이 말한다 : "그러나 나의 어머니여! 나는 어머니가 좋아하시는 김가에게도 이 몸을 바치지 않을 것입니다. 또 내일 밤도 빠지지 않고 가야합니다. 가엾은 어머니여!" 마지막의 '가엾은 어머니여!'에는 신여성의 길을 가는 그녀와 구여성의 행복을 추구하는 어머니와의 갈등과 함께 어머니에 대한 사랑과 안타까움이 담뿍 배어있다.

백신애 모녀의 줄다리기는 그 후로도 계속된 듯 백신애는 이듬해 결혼을 피하여 일본으로 건너갔으나 다음해 귀국했고 또 다시 결혼강요에 못 이겨 일본으로 돌아간다. 그러다가 백신애는 결국 1933년 은행원 이근채(李根采)와 결혼을 하는데 일견 어머니의 승리로 보이는 그녀의 결혼은 그러나 순전히 어머니의 뜻만은 아니었던 것 같다. 왜냐하면 결혼한 이듬해부터 그녀는 그 어느 때보다 왕성한 작품 활동을 했기 때문이다. 즉 그녀는 어머니 같은 구여성의 결혼생활이 아니라 작품 활동이 보장되는 신여성의 결혼생활이 될 것이라는 믿음을 전제로 이근채와 결혼한 듯하다.

이를 증명이나 하듯 1934년에서 1936년까지 3년 동안 그녀는 시베리아에 강제 이주된 순이네 등 조선인을 다룬 「꺼래이」를 위시하여 극빈의 상황에서 무능한 두 아들과 두 며느리까지 먹여 살리는 매촌 댁의 이야기 「적빈(赤貧)」, 가난으로 인하여 온 가족이 만주로 떠난 한 반 친구 웅칠을 회상하는 「멀리 간 동무」 등등 사회문제를 고발하는 10편 이상의 작품을 썼다. 동시에 그녀는 자신이 몸소 체험한 신, 구여성의 갈등을 주제로 한 작품도 썼다. 이는 「낙오」에서 부모의 강요로 결혼을 하게 되었으나 결혼식장에 가지 않고 몰래 일본으로 떠나는 정희와, 그러고는 싶지만 가족을 버릴 수 없는 경순 등 두 친구의 갈등으로 재현된다. 경순의 입장에서 서술된 이 소설의 말미에서 경순은 "과연 그렇다. 정희와 같이 의지가 굳어야 한다. 인간사회에서는 무엇이든지 희생이 없고는 살아갈 수가 없는 것이다. 적으나 크나 남의 희생이 없이는 못사는 것이다"라고 하여 신여성의 굳은 의지를 관철하기 위해서는 적어도 가족의 희생을 받아들이지 않으면 안 되는 실존의 비애를 토로한다. 이는 어쩌면 자유결혼보다 더욱 어려운 이혼을 앞둔 그녀의 태도였을지 모른다.

실제로 백신애는 결혼 5년만인 1938년에 이혼을 감행한 후 미친 여자의 넋두리 형식을 빌어 시어머니, 시누이의 구박과 남편의 외도로 정신을 놓아버린 '나'를 그린 「광인수기」를 발표한다. 이로 보아 백신애의 성 의식은 비교적 독립적이었고 남성에 대한 애정표현도 매우 직접적이었음을 알 수 있다. 곧 이어 발표한 「혼명에서」를 보면 이혼녀 '나'는 여전히 신, 구 모녀의 갈등 속에서 우울하고 불안한 나날을 보내면서도 새로운 사랑상대인 'S'와의 미래를 꿈꾸고 있기 때문이다. 백신애는 「아름다운 노을」에서도 약혼자의 어린 동생을 사랑하는 이루어질 수 없는 사랑을 주제로 삼고 있는데 「혼명에서」의 'S'가 불의의 사고로 죽듯 「아름다운 노을」의 결말도 비극적이다. 이는 그녀의 몸과 마음이 그만큼 허약해 있었음을 뜻하는데 백신애는 결국 그 해에 췌장암으로 짧은 삶을 마감하였다.

4. 1980, 90년대의 여성작가들

1980년대와 90년대는 아마도 그 어느 때보다 많은 여성작가들이 활약했던 시기로 『토지』의 박경리를 위시하여 「살아있는 날의 시작」의 박완서, 「고삐」의 윤정모, 『혼불』의 최명희, 「지리산의 봄」의 고정희, 「절반의 실패」의 이경자, 『나는 소망한다, 내게 금지된 것을』의 양귀자, 「아내의 상자」의 은희경, 『세월』의 김형경, 『무소의 뿔처럼 혼자서 가라』의 공지영, 「홀로 어멈」의 공선옥, 「그가 모르는 장소」의 신경숙, 「서른 잔치는 끝났다」의 최영미, 「꽃의 기억」의 김인숙, 「다비식」의 나유진 등등 이름을 다 열거할 수 없을 만큼 많은 여성작가들의 작품들이 쏟아져 나왔다.

이들 가운데 필자는 주로 문학성과 주제의식이라는 두 가지 기준을 가지고 다음 여섯 작가를 선별하였다. 먼저 문학성을 측정하는 기준으로는 객관적으로 문학성을 인정받은 작가, 즉 문학상을 받은 작가의 작품을 추렸고 문제의식을 측정하는 기준으로는 비록 상을 받지 못한 작가라 하더라도 여성의 성 의식이라는 주제가 강렬한 작가의 작품을 꼽았다.

1) 박완서

박완서(1931－)는 경기도 개풍출신이다. 그녀는 세 살 때 아버지를 여의고 엄마, 오빠와 함께 서울에 와서 모 대학 국문과에 들어간 그 해에 6·25로 인해 학교를 그만두었다. 이후 미군 기지에서 짧은 직장생활 끝에 결혼하여 평범한 전업주부가 되었다. 하지만 40살이 되던 1970년 박완서는 육이오 동란을 회상하는 자전적 소설 『나목』으로 여성동아상을 받으며 문단에 데뷔하였다. 그 후 「휘청거리는 오후」, 「서있는 여자」 등 다 열거할 수 없을 만큼 많은 소설, 산문 등을 쓰며 한국문학작가상, 이상문학상, 현대문학상, 동인문학상 등을 휩쓴 그녀는 칠순을 넘겼음에도 산문집을 속속 발표함으로써 노익장의 투철한 작가의식을 보여주고 있다.

「그 많던 싱아는 누가 다 먹었을까」처럼 박완서는 주로 자신이 체험한 육이오에 관한 생생한 증언과 함께 이에 따른 분단문제, 즉 민족문제와 민주화운동 등을 다룬 작품들을 썼다. 그러나 그보다 더 그녀가 줄기차게 천착한 주제는 중산층의 허위의식과 여성문제라고 할 수 있다. 독자는 박완서 특유의 신랄한 문체의 소설들을 통하여 중산층 소시민의 나약함과 비겁함 등을 몸서리칠 만큼 절절히 느낄 수 있다. 그런가하면 여성문제를 파고 든 소설에서는 이론과 실제의 괴리와 보수와 진보의 갈등을 겪는 많은 여성인물들을 만나게 된다. 예를 들어 「살아있는 날의 시작」에서 '그 여자'는 남편 인철이 바람을 피우자 헤어질 결심을 하고 아들 명구에게 이를 털어놓는데, 아들은 도리어 아버지를 용서하라고 말하면서 다음과 같이 덧붙인다 : "건방진 얘긴지는 모르지만 용서할 수 없는 잘못이란 있을 수 없는 게 부덕이라는 그 좋은 거 아닌가요? 명구가 눈을 똑바로 뜨고 추궁하듯이 강경하게 말했다. 그 여자도 지지 않고 아들의 시선을 받았으나 속으로는 뒷걸음치고 있었다." 이처럼 남편의 외도를 참지 못하여 떠날 결심을 했지만 또 아들의 눈치를 보는 '그 여자'는 결국 가출에는 성공하지만 가출 후 자유를 느끼기보다 오히려 외로움과 불편함을 느끼게 된다.

「서있는 여자」에서도 박완서는 모녀의 결혼생활의 파탄을 그리면서 딸은 이혼하고 자립을 쟁취하지만 어머니는 일시가출이라는 미봉책으로 끝을 맺는데, 이 어머니를 통해 독자는 박완서 자신의 입장을 알 수 있다. 일찍이 아버지를 여의고 편모슬하에서 동란을 헤치며 살아온 그녀는 1930년대 강경애가 그랬듯 가정을 깰 수 없다는 콤플렉스를 가진 것이다. 실제로 아버지뿐만 아니라 오빠와 외아들을 잃고, 몇 년 전 남편까지 잃은 그녀가 심리적으로 남성의존적인 것은 어찌 보면 당연한 귀결일지 모른다.

2) 최명희

최명희(1947－1999)는 전북 전주 출신으로 역시 모 대학 국문과를 나왔다. 1980년 중앙일보 신춘문예에 「쓰러지는 빛」으로 당선되었고 이듬해인 1981년 35세에 『혼불』로 동아일보 2천만원 고료 장편소설상을 받은 상복이 터진 작가이다. 모두 10권으로 된 『혼불』의 반향은 상상 이상으로 커서 그녀는 이 소설로 단재상, 여성동아대상, 세종문화상, 호암예술상 등을 수상하였다. 그녀의 문학적 명성은 미국의 뉴욕주립대학교에까지 미쳐 '나의 혼, 나의 문학'이라는 제목 하에 강연한 그녀의 원고가 스토니브룩캠퍼스의 고급한국어교재로 채택되기까지 하였다.

조선 말기부터 일제시대에 걸쳐 전북 매안의 이씨 문중을 중심으로 이 땅의 풍토와 역사, 양반과 서민계급의 의식주 생활과 신앙 등을 엮은 대하 소설 『혼불』은 문학뿐 아니라 역사, 종교 및 민속적 의의를 지니고 있는 걸작으로 알려져 있다. 그러나 필자가 이 소설에서 받은 신선한 충격은 조선 말기 유가적 전통의 양반가에서 여성의 역할이 그렇게까지 막중할 수 있음을 알게 된 점이었다. 즉 혼인하자마자 청상과부가 된 이씨 문중의 종부 청암 마님은 단순히 곳간열쇠를 쥐고 안채를 호령하는 안방마님이 아니라 명실공히 이씨 문중의 대들보요, 나아가 매안 마을의 정신적 지주이다. 청암 마님은 집안 대소사의 마지막 결재처임은 물론 마을 저수지를 파는 일대 공사를 주관하는 큰 인물이다. 박경리의 『토지』에서 할머니 윤씨부인의 위엄이 친손녀 서희로 이어지듯 『혼불』에서는 청암 마님의 손자며느리인 종부 효원이 시할머니의 위엄과 능력을 그대로 계승한다.

물론 이 소설에 등장하는 모든 종부가 다 그런 것은 아니다. 단적인 예로 청암 마님의 며느리이자 효원의 시어머니인 율촌댁은 천상 여자로, 오직 남편 이기채의 다소곳한 부인으로만 그려진다. 재미있는 점은 남성을 능가할 만큼 큰 인물인 청암 마님과 효원은 둘 다 남편 복이 없다는 사실이다. 청암 마님은 신행 오기도 전에 남편을 잃었고, 효원은 사촌 여동생 강실이를 사랑하는 남편 강모로부터 신혼 첫날밤부터 소박을 맞는다. 이러한 상황은 반상을 가리지 않고 벌어지는데, 거멍굴에 사는 과부 옹구네의 경우가 그렇다. 비록 소설에서 옹구네는 다소 부정적으로 그려지기는 하지만 매우 적극적이고 당당한 인물로 묘사된다. 반면에 사촌오빠 강모와 머슴 춘복 등 두 남자의 사랑을 한 몸에 받는 예쁜 강실이는 마치 정물화처럼 자신의 목소리를 내지 못하는 연약한 여성으로 묘사된다.

저자인 최명희를 굳이 『혼불』의 여성인물에서 찾자면 청암 마님과 효원 계열이라고 할 수 있다. 그녀는 평생 결혼하지 않은 채 17년간 『혼불』 10부를 집필하면서 집안의 기둥 노릇을 했다. 우리의 역사와 뿌리에 대한 애정이 지극했던 그녀는 필자를 비롯한 대다수 현대여성이 오해하고 있듯 일제시대 유교적 봉건 가정의 여성들이 모두 노예적이고 남성 종속적 삶을 살았던 것이 아님을 일깨워주었다. 그런 의미에서

"내 조상을 잊지 않는 것이 나를 잇는 길이다. 우리는 조상을 어떻게 만날 것인가. 그리고 우리가 이 훗날, 어느 누군가의 조상이 될 때, 자손에게 어떤 존재로, 무엇으로 남을 것인가."라는 『혼불』의 대목은 오늘날의 여성들도 경청해야 할 말이다. 이처럼 최명희는 청암 마님과 효원을 통하여 전통 여성의 독립적 성의식을 보여주었으나 여성의 애정표현은 대부분 억압되어 있고 성 의식의 표현방식도 가부장제의 외피 속에 가려져 있다고 하겠다.

3) 양귀자

양귀자(1955－)는 전주출신으로, 일찍이 아버지를 여의고 모 대학 국문과를 졸업한 뒤 잠시 교사생활도 하였다. 박완서, 최명희 못지않게 수상경력이 화려한 그녀는 도시 소시민의 애환을 그린 「원미동 사람들」로 유주현문학상을, 밑바닥 남녀의 투박한 사랑을 통하여 삶의 원시적 힘을 되찾는 「숨은 꽃」으로 이상문학상을, 현대판 온달이 환상적으로 사랑을 성취하는 「곰 이야기」로 현대문학상을 받은 바 있다. 조근 조근 파고드는 분석적인 문체와 치밀한 구성으로 유명한 양귀자는 근래 『모순』으로 인생의 비합리성과 예측을 불허하는 실존의 국면을 파고드는 등 끊임없이 자신의 작품세계를 확장해왔다.

하지만 양귀자의 초기작품 즉 1980년대 후반의 작품은 주로 반민주 사회의 모순 속에서 피해를 입는 소시민의 삶을 다루었다. 이는 독재에 대항하다가 고문을 당한 경험이 있는 한 가장이 반민주주의와 관료주의에 또 한번 우롱당하는 과정을 그린 「천마총 가는 길」에서 정점을 이룬다. 90년대 들어 그녀 소설의 또 하나의 주제가 된 여성문제는 『나는 소망한다, 내게 금지된 것을』에 집약되어 있는데, 그 때문에 이 소설은 많은 여성주의문학비평가의 주목을 받아왔다. 미모에다 재산까지 갖춘 여성 강민주가 남성들이 여성들에게 일상적으로 저지르는 모든 폭력에 복수하기 위하여 영화배우 백승하를 납치하여 복수하다가 결국 자기가 놓은 덫에 걸려 죽고 마는 내용을 담은 이 소설은 한 맺힌 많은 여성들에게 얼마간 대리만족을 주었다는 점에서 비평가들의 긍정적 평가를 받았다.

그러나 이 소설은 마지막 강민주의 죽음 장면만 현실적일 뿐 그 밖의 모든 장치가 너무나 비현실적이고 환상적이어서 마치 위진남북조시대의 지괴소설(志怪小說)을 보는 듯하다. 양귀자 자신은 '작가의 말'을 통해 "물살을 거스르며 하류에서 상류로 나아가는 여자, 낮은 포복을 혐오하고 높이 기립하는 여자"로서 강민주를 등장시켜 "어디서 어디까지가 멍자국인지, 어디서 어디까지를 찍어야 상처의 증거가 되는지 알 수 없을 만큼 여성들에게 가해지는 교묘하고 복합적인 억압"을 통쾌하게 반전시키고 싶었을 것이다. 하지만 그 바램은 강민주의 죽음으로 무참히 사라지고 소설 제목에서와 마찬가지로 여성들은 여전히 가부장제의 금지구역에 묶인 채 헛되이 독립을 소망하고 있는 것이다.

양귀자의 소설 속에 드러난 남녀관은 이후 더욱 환상적으로 치닫는데, 신데렐라콤플렉스를 강화한 「천년의 사랑」과 온달콤플렉스를 강화한 「곰 이야기」가 그 대표적인 작품들이다. 그녀 역시 박완서와 마찬가지로 일찍이 아버지를 여의고 편모슬하에서 어렵사리 살았기 때문에 어떤 경우에도 가정을 깨고 싶지 않았을 것이다. 그래서 스스로 가부장적 결혼제도에 안주하려는 경향이 짙고 이를 깨는 일은 그녀에게 '금지된 것'인 듯하다. 그런데 그녀가 일상의 금지구역을 탈피할 수 있는 길은 오직 몽상과 환상을 빌거나 남성 화자의 입을 빌어 문자 그대로 허구의 소설을 쓰는 것뿐이므로 신데렐라콤플렉스나 온달콤플렉스를 강화한 애정신화를 통하여 대리만족을 추구하는지도 모른다. 그런 의미에서 양귀자 소설 속의 여성 의식은 기본적으로 비독자적이며 애정의 표현은 비교적 솔직하지만 그 표현 방식은 일상을 벗어나 축제를 즐기는 식의 환상적이고 낭만적인 스타일이라 하겠다.

4) 공지영

공지영(1963-)은 서울출신으로 모 대학 영문과를 졸업했다. 전형적인 삼팔육 세대인 그녀는 1988년 「동트는 새벽」으로 등단한 후 「더 이상 아름다운 방황은 없다」, 「그리고, 그들의 아름다운 시작」, 『무소의 뿔처럼 혼자서 가라』, 「고등어」, 「인간에 대한 예의」, 「착한 여자」, 「봉순이 언니」, 「존재는 눈물을 흘린다」 등 비록 문학상 한번 제대로 받지 못하였지만 꾸준히 작품 활동을 해오고 있는 작가이다.

공지영은 학창시절 이른바 운동권의 가치관을 지니고 사회변혁운동에 많은 관심을 기울였고 이러한 그녀의 경향은 「고등어」 등 작품에 간절히 드러나 있다. 다른 여성작가들과 마찬가지로 사회문제 외에 그녀 소설의 또 하나의 주제는 여성문제인데, 이는 『무소의 뿔처럼 혼자서 가라』에 집약되어 있다. 이 소설은 많은 젊은 여성 독자들의 사랑을 받았을 뿐만 아니라 양귀자의 『나는 소망한다, 내게 금지된 것을』과 함께 여성주의문학비평가의 주목을 받은 그녀의 대표작이기도 하다.

"소리에 놀라지 않는 사자와 같이 그물에 걸리지 않는 바람과 같이 무소의 뿔처럼 혼자서 가라"라는 경구(警句)의 맨 마지막 부분을 제목으로 삼은 이 소설은 대학 동창생인 혜완, 영선, 경혜라는 세 친구들의 서로 다른 삶을 다루고 있다. 즉 경혜는 남편이 바람을 피우자 자신도 맞바람을 피우며 불행하게나마 결혼생활을 유지하고 있고 영선은 자신의 재능을 남편에게 송두리째 바쳤건만 남편의 배신으로 절망하다가 끝내 자살하고 만다. 한편 혜완은 결혼 후 맞벌이를 하다가 불의의 사고로 아이를 잃게 되자 그 후유증으로 결국 남편과 이혼하고 혼자 사는 여성으로, 남자친구와 사귀면서도 결혼을 제의하는 남자친구에게 매우 냉소적인 태도를 보이고 있다. 그런데 이 소설의 주인공인 경혜, 영선은 물론이고 혜완조차 소설의 제목에 걸맞게 독자적으로 살고 있다고 보기 어려운 점이 있다. 즉 혜완의 남자친구는 자신과의 결혼을 냉소하는 혜완이야말로 "여성해방의 깃발을 들고 오는 남자를 기다리는 신데렐라"

라고 일침을 놓으며 그녀의 비주체적인 열등감과 비꼬임을 신랄하게 비판하는데, 일리가 있다. 사실 혜완이 전남편뿐만 아니라 현재의 남자 친구도 예외 없이 가지고 있는 가부장적 남성주의를 비난하고 있는 이면에는 여성주의를 신봉하는 남성에게 편안히 의지하고 싶은 심리가 도사리고 있는 것이다.

실제로 공지영은 두어 차례 이혼과 결혼을 반복하면서 진정한 배필을 찾는 용감성(?)을 보였는데 그래서 그런지 「착한 여자」에 묘사된 여성상은 『무소의 뿔처럼 혼자서 가라』와 달리 가부장적 현실을 인정한 채 참을성 있고 희생적 삶을 사는 여성을 그리고 있다. 이후 발표된 「고독」(1999)에서도 결국 그저 그런 평범한 결혼생활을 받아들일 수밖에 없는 '그 여자'를 그리고 있어 「인간에 대한 예의」 또는 『무소의 뿔처럼 혼자서 가라』의 여주인공들이 보이는 어떤 치열함을 잃고 있는 느낌이 든다. 한마디로 공지영 소설 속 여성은 의식이 독립적이지 못한 반면 애정 및 몸의 표현은 분명하고 매우 직접적인 방식으로 이를 표현하고 있다.

5) 공선옥

공지영과 같이 1963년에 태어난 공선옥은 전남 곡성 출신으로 모 대학 국문과를 나왔다. 「씨앗불」로 등단한 이래 그녀는 「오지리에 두고 온 서른살」, 「피어라, 수선화」 등의 소설집을 통하여 오일팔과 광주항쟁의 체험을 바탕으로 사회문제, 애정문제, 인생문제 등을 폭넓게 다루어 왔다.

하지만 그녀 역시 다른 여성작가들처럼 일찍부터 여성문제를 주요 주제로 다뤄왔다. 「술 먹고 담배 피우는 엄마」, 「어미」, 「뭘 먹고 살까」, 「홀로어멈」 등 공선옥이 쓴 비교적 최근의 단편소설이 그 예이다. 공선옥 자신의 삶이 바로 신산스런 어미의 삶으로, 실제로 그녀는 두 번 결혼하여 아버지가 다른 세 남매를 둔 어머니로서 얼마 전까지 농촌의 한 폐교에서 홀로 아이들을 키우며 살았다. 끊임없이 문학상 후보명단에

오르지만 한번도 상을 받지 못한 공선옥은 그러나 1995년 제13회 신동엽창작기금을 받은 의식이 살아있는 작가다.

세 아이를 혼자 힘으로 먹이고 입히기 위한 어미의 치열함이 배어 있는 「어린 부처」에서 어미인 문희는 공선옥 자신으로 볼 수 있는데, 그녀는 전혀 관념적이지도 고상한 척하지도 않는 투박한 성품의 소유자다. 이 소설의 마지막 부분을 잠시 인용하면 문희는 두 번째 남편 세환과 이혼을 심각하게 고려하는데, 딸 도란이가 의붓아버지 세환의 러닝셔츠에 코를 묻으며 "응, 아부지 냄새 맡으면 아부지가 곁에 있어도 아부지가 그리워져"하자 "문희의 입에선 '썩을 년' 소리가 절로 나온다. '시 쓰고 있네! 이년아, 너는 그래, 그렇게 맞고도 정을 못 다시고…'" 공선옥의 소설 속 주인공은 이처럼 상스러운 욕과 거친 표현을 자주 한다. 그 때문에 평론가 정홍수는 그녀의 소설에서는 날 냄새가 난다고도 하고 그녀 소설의 문체는 묘하게 도발적 문체라고 평한 바 있다. 그만큼 공선옥의 글쓰기 스타일은 원초적이고 가식이 없다.

그녀의 소설 속 여성은 지은이 자신이 그렇듯 여성주의 이론을 말하는 게 아니라 여성의 독자적 삶을 실천적으로 산다. 이로 보아 공선옥에게 있어서는 생각이나 느낌 이전에 삶이 더욱 중요한 것이다. 그 때문에 「내 생의 알리바이」작가후기에서 공선옥은 이렇게 말하고 있다 : 내가 작가로서 이렇게 살아도 되나, 나는 어떻게 살아야 하나, 하는 물음을 자신에게 하게 된다. 어차피 글을 쓰며 살아갈 거면 죽은 글이 아닌 생명 있는 글을 써야 할 텐데. 그렇지만 그 생각은 열망 뿐 능력이 따라주지를 않는다. 그래도 두 눈 똑바로 뜨고 살아가기는 해야 할 것이다." 이 같이 독자적이고도 꿋꿋한 공선옥의 삶의 방식과 작가의식에 대해 또 다른 동년배 작가 신경숙은 「어떤 여자」를 통하여 '작가의 본질'이라고 극찬한 바 있다.

요컨대 공선옥 소설 속 여성 인물의 성 의식은 매우 선명하고 독립적이다. 뿐만 아니라 「그 여자 난주」 등의 소설에서처럼 몸의 애정표현에 있어서도 솔직하고 담백하다. 성 의식과 성애의 표현방식도 직접적이고 결코 우회하는 법이 없다.

6) 신경숙

신경숙(1963－)은 최근 각광을 받고 있는 인기작가다. 전북 정읍 출신으로 모 대학 문예창작과를 나왔고 1985년 문예중앙 신인문학상을 받음으로써 등단했다. 이후 「풍금이 있던 자리」로부터 「겨울우화」, 『깊은 슬픔』, 「오래 전 집을 떠날 때」, 『외딴 방』, 「그는 언제 오는가」, 「기차는 7시에 떠나네」 「그가 모르는 장소」 등을 거쳐 「딸기밭」(2000)에 이르기까지 약 십 오 년 간 작품 활동을 해온 그녀는 상복도 많다. 문예중앙 신인문학상을 비롯하여 오늘의 젊은 예술가상, 한국일보문학상, 만해문학상, 현대문학상, 동인문학상, 21세기문학상 등등 남부럽지 않을 만큼 많은 문학상을 휩쓸었으니 말이다.

신경숙의 인기와 상복 많음의 이유는 어쩌면 한 초등학생이 지적했다는 대로 그녀가 '반여성주의자'이어서일지도 모른다. 실제로 문학상의 심사위원장은 물론이고 심사위원들도 대부분 원로 남성작가 또는 남성비평가들이기 때문에 이들 심사위원들의 눈에 들기 위해서는 공선옥의 문체처럼 대부분의 남성들이 받아들이기 거북한 날 서고 도발적인 문체보다는 신경숙의 문체처럼 남성들의 심기를 건드리지 않을 만큼 유화적이고 빙 둘러가는 것이 낫다. 신경숙은 은희경과 마찬가지로 소설 속에서 남녀의 대결구도는 물론 가부장제를 직접 공격하는 일조차 없고, 여성문제를 직접 거론하지 않으며 필요할 때는 남자주인공을 화자로 내세우는 방식(신경숙의 「그가 모르는 장소」나 은희경의 「아내의 상자」)으로 우회한다. 신경숙이 '반여성주의자'라고까지 불리게 된 또 하나의 이유로는 그녀 소설의 주제가 사회의 구조적 모순이나 남성에게 제도적으로 억압받고 있는 여성의 문제보다는 죽음과 삶의 문제, 실존과 영혼의 문제 쪽에 무게 중심이 더 가 있다는 데서 찾을 수 있다. 이는 「오래 전 집을 떠날 때」의 작가의 말에서 확인된다 : "제게 소설은 보이는 것과 보이지 않는 것을 헤치고 나가 언젠가는 제 존재의 빛을 보게 해주리라 믿는 것입니다. 당신이나 저나 그 빛을 보게 되는 때가 너무 늦지 않길 바라지만, 아주 늦어도 괜찮은 일이라고 생각합니다. 제 빛을 본 사람과 보지 못한 사람은 다를 테니까요.

하지만 그렇다고 해서 신경숙 소설의 문학적 성과를 홀시해서는 안 된다. 꼼꼼히 읽어나가지 않으면 안 될 잠언적인 구절들, 시제를 엇섞는 의식의 흐름수법, 이와 함께 두, 세 개의 축으로 움직이는 절묘한 이야기 구성, 생생한 활유법 등 신경숙 소설의 문체는 한마디로 여성스런 미문이라고만 하기 어려운 독특한 맛이 있다. 뿐만 아니라 그녀 소설의 인물들을 보면 결코 협소하지 않다. 그 밖에 신경숙의 소설은 대부분 나와 가족의 이야기면서도 동시에 나와 이웃 또는 나와 남의 관계로 자연스레 확장된다. 예를 들어 「그가 모르는 장소」는 나와 어머니의 이야기가 골격이지만 나와 아내, 아내와 아내의 정부, 어머니와 아버지, 어머니의 아버지와 어머니 등의 이야기가 종으로 횡으로 펼쳐지며 마지막에는 나와 어머니가 친 모자 사이가 아니라 양 모자간임이 밝혀지는 대전환이 마련되어 있다. 이처럼 소설 속에서 나와 남, 가족과 사회, 인간과 자연, 심지어 이승과 저승의 관계를 어느 한 쪽으로 치우치지 않고 매우 중립적으로 표현해내기란 쉽지 않은 일이다.

어떤 평론가는 신경숙이 존재의 깊은 슬픔을 미화한다고도 하고 아름답지 않은 현실을 아름답게 포장한다고 하는데, 슬픔이 존재의 분명한 한 면이라면 아름다움 또한 존재의 다른 한 면이라는 점에서 이 둘을 내피와 외피로 삼는 것도 괜찮은 일이라고 생각한다. 또 어떤 독자는 그녀의 소설 속 주인공이 독자에게 확실한 입장을 보여주지 못한 채 우유부단하고 애매모호한 태도를 취하여 답답하다고도 한다. 분명 그녀 소설의 주인공들을 보면 그런 면이 있다. 하지만 그 진퇴양난의 정답 없음 또한 우리네 무상하고 덧없는 인생의 본질이 아닐까.

본론으로 돌아와서 신경숙 소설 속의 여성을 살펴보면 투쟁적이라고 할 수는 없지만 매우 담백하고 자유로운 독자적 의식의 공간을 지니고 있다. 신경숙 자신도 오랜 독신생활 끝에 삼십대 후반에야 늦깎이결혼을 했는데 앞으로 어떻게 변화할지는 모르지만 그녀 자신 그간 꾸준히 한 사람의 작가로서 스스로 삶의 진실을 추구해온 독자적 여성이라고 할 수 있다. 애정표현이나 몸의 표현에 있어서도 결코 숨기거나 왜곡시키지 않고 그대로 드러내는 편이다. 「딸기밭」의 경우에는 여성끼리의 동성애까지도 거침없이 표현하고 있을 정도다. 다만 표현방식에 있어서는 그녀 특유의 소심함과 수줍음으로 직설적이 아닌, 넌지시 드러내는 우회적인 방식을 견지하고 있다고 하겠다.

5. 나오는 말

흔히 역사를 보는 관점에는 대체로 진보적 역사관과 퇴보적 역사관 및 순환적 역사관이 있는데 퇴보적 역사관은 잠시 밀쳐두고 진보와 순환의 두 역사관을 보면 대개 서양은 직선의 진보적 사관 쪽에, 동양은 원의 순환적 사관 쪽에 기울어져 있다. 물론 지구촌 정보시대인 오늘날 동양과 서양의 역사관도 상호 영향을 받은 나머지 서양의 역사관은 순환하면서 발전하는 나선의 사관으로 수정되는가 하면 동양의 역사관은 발전하면서 순환하는 바퀴의 사관으로 수정되기도 한다. 그렇다면 문학작품에 형상화된 여성의 성 의식과 애정표현 및 양자의 표현방식의 역사는 나선형일까 아니면 바퀴형일까?

본 논문은 지금까지 고조선, 백제, 고려, 조선의 여성시인 여섯 명의 시와 1920, 30년대에 활동한 여성작가 나혜석, 김일엽, 강경애, 백신애, 그리고 1980, 90년대의 여성작가 박완서, 최명희, 양귀자, 공지영, 공선옥, 신경숙 등의 소설 속에 형상화된 여성인물의 성 의식과 애정(성애 포함)표현 및 양자의 표현방식을 간략하게 살펴보았는데 결론은 결코 간단하지 않다. 먼저 성 의식의 독립성 여부를 볼 때 「공무도하가」, 「정읍사」, 「가시리」의 여주인공은 의존적인데 반하여 신사임당, 황진이, 허난설헌의 작품 속 여성은 비교적 독립적이어서 전통적 여성의 성 의식조차도 획일적으로 규정짓기가 어렵다. 물론 법제도상으로 조선시대의 여성들에 비하여 1920, 30년대의 여성들이 더 자유롭고 이들에 비하여 1980, 90년대의 여성들이 더욱 더 자유로워졌다고 말할 수 있다. 그러나 서구로부터 남녀평등의 여권주의바람이 세게 불어왔던 1920, 30년대에 신여성이라 자처하는 나혜석이나 강경애의 성 의식을 분석하면 결코 독립적이지 못하고 80, 90년대의 현대여성작가인 박완서, 양귀자, 공지영의 성 의식 또한 독립적이라고 보기 어렵다.

애정표현도 그렇다. 상식적으로 우리는 여성의 애정표현이 예전보다 훨씬 자유로워졌다고 알고 있다. 8, 90년대 남성비평가도 2, 30년대 남성비평가보다 여성작가의 작품에 대하여 관대한 듯하다. 예를 들어 2, 30년대 김동인이 김일엽이나 나혜석의 작품을 비평한 글에는 차마 옮기기 민망할 정도의 비난이 있었지만 오늘날의 평론가들은 그렇지 않다. 그럼에도 불구하고 「정읍사」와 「가시리」, 그리고 황진이의 시조 등에서 여성의 적극적인 애정표현을 발견하는데 반하여 1920, 30년대의 강경애, 1980, 90년대의 박완서, 최명희, 양귀자 소설 속 여주인공은 비교적 소극적인 애정표현을 하고 있음이 발견된다. 성 의식과 애정을 표현하는 방식 또한 옛날엔 직접적이었는데 근래 들어 간접적이 되었다거나 아니면 그 반대로 되었다고 단정할 수가 없을 만큼 작가개인에 따라 다른 양상을 보여준다. 즉 「정읍사」, 「가시리」와 나혜석, 김일엽, 백신애, 공지영, 공선옥의 소설 속 주인공은 직설적으로 표현하는 방식을 취하는데 신사임당, 황진이, 허난설헌, 강경애, 박완서, 최명희, 양귀자, 신경숙 등은 슬쩍 우회하는 간접적 방식을 취하고 있다. 이로 보아 여성의 신분에 따라 직접적 또는 간접적 표현방식이 결정되는 것도 아님을 알 수 있다.

요컨대 예나 지금이나 여성들은 대체로 가부장제 사회를 벗어나지 못하고 그 틀 안에서 살고 있기 때문에 시대적인 차이보다는 여성작가 개인간의 차이가 더욱 부각될 수밖에 없다고 본다. 정치, 경제, 사회, 가정뿐만 아니라 문단에서도 대체로 남성들이 주도권을 잡고 문학작품을 심사하고 평가하고 상을 주는 현실에서 여성작가들이 취할 수 있는 태도는 예나 지금이나 결사적인 정공법 아니면 우회하면서 측면이나 후면을 치고 빠지는 교란술인 것이다. 재미있는 점은 공선옥처럼 정공법을 구사하는 작가는 문학상 구경도 못하는 대신 그렇지 않은 박완서, 최명희, 양귀자, 신경숙 등은 남성들을 기분 나쁘지 않게 계몽한 공로로 많은 문학상을 받아왔다는 사실이다.

제6장

네 잎, 두 가지, 그리고 한 줄기

–츠즈지엔·신경숙·쉬쿤·은희경 소설의 비교–

1. 각각 다른 네 잎의 모양과 빛깔

한 나무의 무수한 잎들은 사실상 저마다 다른 모양과 빛깔을 지니고 살아간다. 먼저 나온 잎과 나중 나온 잎이 있고 햇빛과 물, 그리고 양분을 더 받거나 덜 받는 잎도 있다. 또 어떤 이파리는 순이 돋아나자마자 가지에서 떨어지는 가하면 어떤 것은 가을에도 낙엽이기를 거부하고 추운 겨울을 견디고 난 후 이듬해 봄 새잎이 날 때까지 가지에 붙어 있기도 한다.

네 잎으로 비유한 츠즈지엔(遲子建 : 1964–), 신경숙(1963–), 쉬쿤(徐坤 : 1965–), 은희경(1959–)과 이들의 소설은 그 모양과 빛깔로 볼 때 분명 각각 다른 특징을 지니고 있다. 비록 이들이 모두 여성이고 연배도 거의 비슷할 뿐만 아니라 이들 소설에 관한 한·중 문단의 평가 또한 이들이 받은 다수의 문학상이 증명하듯 매우 높지만 서로 다른 생김새가 말해주듯 이들의 개성 또한 각각 다르다. 이제 나이순으로 은희경, 신경숙, 지자건, 서곤 등 네 작가를 살펴보기로 하자.

필자는 은희경(殷熙耕)을 그녀의 소설집 앞 뒷장에 박힌 사진 외에 TV에서 보았는데, 살짝 염색한 단발 파마머리와 엷은 화장기 있는 얼굴에 주홍색 블라우스와 흰 바지를 입은 경쾌한 모습이었다. 그 프로그램은 능숙한 사회자가 진행하는 '『마이너리그』의 작가와 함께'였는데 함께 참여한 몇 명의 질문에 은희경은 웃음을 섞어가며 낮은 톤으로 여유 있게 답변했다. 다만 『마이너리그』가 영화 『친구』와 비슷하다는 식의 표절을 의심하는 질문에 대하여는 웃음을 거두고 따지듯 반문하기도 하였다.

은희경은 전북 고창(高敞)에서 태어났으며 모 대학원 국문과에서 석사 학위를 받았고 상당기간 조교를 하면서 박사과정 진학을 고려할 만큼 학구적인 작가다. 나이도 제일 많아 다른 세 명에 비하여 사회경험도 가장 풍부하다고 할 수 있다. 그런 그녀가 인생을 "우연이 이끄는 농담"으로 표현한다. 초등학교 5학년생인 진희의 눈을 통해 보는 삶을 그린 『새의 선물』에 "어이없고 하찮은 우연이 삶을 이끌어간다. 그러니 뜻을 캐내려고 애쓰지 마라. 삶은 농담인 것이다"라며 독자에게 삶에서 무슨 큰 의미를 찾지 말 것을 권하는 것이다. 사람에 대해서도 그녀는 본질적으로 이해할 수 없는 존재이며 심지어 이기적이고 위선적인 존재로 표현한다. 그녀에 따르면 "타인을 이해한다는 것은 결국 그에게 편견을 품게 되었다는 뜻"(「타인에게 말걸기」)이고 "동물이 몸을 움직이는 것이 오직 먹이와 생식을 위해서이듯 사람도 이익이 없으면 움직이지 않는다"(『마이너리그』). 그 때문에 그녀에게는 "공개적인 미담이란 있을 수 없다. 계산된 이미지메이킹이거나 순진한 사람들에게 휴머니즘을 홍보하기 위한 공익광고일 뿐이다. 또한 사랑이 진정한 것이냐 아니냐는 그것이 시험대에 올라가지 않았을 때까지 뿐으로 시험대에서 분석하면 모든 사랑은 다 가짜로 밝혀지는"(「특별하고도 위대한 연인」)것이다.

그렇기 때문에 그녀는 다른 사람들과 일정한 거리를 둘 것을 권한다. 『마이너리그』의 김형준이 누구하고도 깊은 관계가 되기를 원치 않듯이. 『마지막 춤은 나와 함께』의 강진희가 감정의 붕괴라는 위험을 피하기 위하여 애인인 현석 이외에 종태라는 남자와의 만남을 유지하듯이. 이 같은 위험분산과 거리두기 외에 그녀는 또 특유의 '위악(僞惡)'이라는 전략을 구사함으로써 믿을 수 없는 인생에 대항한다. 그녀는 『타인에게 말걸기』 작가의 말에서 "나는 악동과 같은 어긋남을 갖고 글을 쓰고 싶다"고 전제하고 자신이 발표한 소설들에 대해서 "함부로 쏜 나의 화살들"이라는 표현을 서슴치 않는다. 그렇기 때문에 「먼지 속의 나비」의 선희는 죽은 강아지 '하루'를 발로 차버리고, 아끼던 만년필을 찾아서 다시 버릴 수 있다. 또한 「서정시대」의 '나'는 '유네스코 주최 세계어린이미술전을 보고'라는 감상문을 써서 상을 받지만 사실은 그 미술전에 가보지도 않고 쓴 글로서, 이에 대해서도 "글이란 게 결국은 다 지어낸 거짓말 아니던가"라고 말할 수 있는 것이다. 이처럼 자신의 인물들로 하여금 냉소적이고 '위악적인' 농담을 계속하게 하는 은희경과 그녀의 소설을 빛깔로 치자면 왠지 노란색이 어울릴듯하다.

『바이올렛』의 작가답게 보랏빛이 어울리는 신경숙(申京淑)은 그녀의 소설집 앞뒷면에 박힌 사진에서 늘 화장기 없어 보이는 맨 얼굴과 긴 생머리로 어딘가 먼 곳을 그리는 듯한 표정을 하고 있다. 언젠가 필자는 그녀가 기독교방송에 나와서 『기차는 7시에 떠나네』의 제목 설명을 하는 걸 들었는데, 그리스의 모 가수가 불렀다는 노래 '기차는 8시에 떠나네'가 어떻게 자신의 소설에서는 '기차는 7시에 떠나네'로 변하게 되었는지를 설명하는 그 목소리가 머뭇머뭇하면서도 차분했다.

농민의 딸인 신경숙은 정읍(井邑)출신으로 모 대학 문예창작과를 졸업한 이후 거의 줄곧 지금까지 작품 활동에만 종사하여왔다. 그런 그녀에게 있어서 삶은 한마디로 '말해질 수 없는 것'이다. 그녀는 삶을 "가두려면 할수록 뚫고 지나버리는 것, 태어남과 동시에 이루어지는 소멸" 내지는 "한순간도 멈춰있지 않고 움직이는...... 유동적인 삶"(「말해질 수 없는 것들」)으로 인식하고 있는 것이다. 그 때문에 그녀에게 있어서는 어떤 언어로도 삶을 표현되기 어렵다. 왜냐하면 언어는 사물에 대하여 고정적인 개념을 줄 뿐 가변적 삶을 결코 담아낼 수 없으므로. 이를테면 언어 상으로 삶과 죽음은 분명 다른 개념이지만 그녀에게는 삶과 죽음은 함께 있는 것이다.

그래서 신경숙은 이 박빙과 같은 삶 앞에서 머뭇거리며 주저한다. 어린아이가 낯가림을 하듯 부끄러워하며 두려워하기까지 한다. 『바이올렛』의 오산이가 우연이라도 마주칠까싶어 그 남자 가까이에 가지만 진짜 마주치게 될까봐 도망을 치듯이. 오산이는 자신이 그 남자에게 다가갔을 때 그 남자가 떠날까봐 두려운 것이다. 자신이 의지했던 엄마와 어린 시절 절친했던 남애가 모두 자신을 떠났듯이. 그래서 「오래 전 집을 떠날 때」의 '그녀'처럼 아무에게도 눈에 띄지 않고 가만히 살고 싶을 뿐이다.

그럼에도 불구하고 그녀는 소설을 통하여 이 '말해질 수 없는 삶'의 어떤 본질을 추구한다. 즉 그녀는 『오래 전 집을 떠날 때』 서언에서 이렇게 말하고 있다 : 제게 소설은 보이는 것과 보이지 않는 것을 헤치고 나가 언젠가는 제 존재의 빛을 보게 해주리라 믿는 것입니다. 그녀의 이러한 믿음은 자기 자신에게만 국한되지 않고 다른 모든 존재를 향해 열려 있다. 그렇기 때문에 그녀에게는 "이미 사라지고 없는 것들을 불러와 유연하게 본질에 닿게 하고 자연의 냄새에 잠기게 하고 싶은 꿈"이 있고, 그녀에게 있어서 소설쓰기는 "고독과 죽음 앞에 선 존재 탐구, 살아있는 것들이 지닌 아름다움의 가치, 어긋난 개인과 사회, 등 돌린 타자들끼리의 새로운 관계망"(『2001년도이상문학상작품집』 당선소감)을 모색하는 통로인 것이다.

츠즈지엔은 그녀의 소설집 앞뒷면 사진에서 보면 아이처럼 천진스레 웃고 있다. 한번은 그녀가 TV에 나와 자신의 인민에 대한 지속적인 관심과 어린 시절 외할아버지의 엄격한 훈육에 대하여 토로하였는데 당시 필자가 본 그녀는 긴 머리를 질끈 동여매고 두꺼운 파카와 바지를 입고 겨울 들판을 걷고 있는 모습이었다. 인터뷰를 그렇게 추운 겨울의 벌판에서 진행하는 것도 놀라왔지만 화장기 없는 맨 얼굴에 추위 때문인지 다소 굳어있는 심각한 표정에다가 강인한 목소리가 인상적이었다.

흑룡강성(黑龍江省) 막하(漠河) 출신의 츠즈지엔도 모 대학 문학반 출신의 열렬한 작가지망생이었다. 고향을 사랑하여 지금도 고향 근처에서 살고 있는 그녀가 고향에서 안존한 선생님이 되기를 거부하고 작가가 되기 위해 서안으로 또는 북경으로 찾아간 것만 봐도 그렇다. 25세에 첫 소설집 『북극촌동화』를 낸 그녀에게 있어서 인생은 극한의 추위와 암흑 그리고 질병, 죽음 등의 고통에도 불구하고 흰 눈과 총총한 별, 그리고 체념 어린 기쁨이 뒤섞인 외경의 대상이다. 예를 들어 「타량마을(駝梁)」의 왕핑(王平)은 한 겨울의 그믐밤 험준한 산길에서 폭설로 인하여 차를 몰 수 없게 되자 차를 버려두고 밤새 혼자 걸어서 마을에 도착한다. 또한 「백은나 마을(白銀那)」의 카쟈(仵佳)는 잡은 물고기를 썩히지 않으려고 신 새벽에 깊은 산기슭의 얼음을 가져오다가 곰의 습격을 받기도 한다. 도시의 친구들에게 보내는 편지형식으로 씌어진 「친구들아 눈을 보러 오렴(朋友們來看雪吧)」에서도 후다(胡達)노인과 그의 손자 위원(魚紋)이 눈보라 속에서 어떻게 인명을 구하고 자기네 마을을 찾아온 낯선 이들에게 얼마나 따뜻하게 대하는지 잘 보여준다. 뿐만 아니라 「감자에 입 맞추며(親親土豆)」에서는 암 환자로 판정된 친산(秦山)이 아내 리아이지에(李愛杰) 몰래 병원을 빠져나와 고향으로 돌아와서 홀로 감자수확을 하는 등 역경 속에서도 꿋꿋이 살아가는 인물의 전형을 만날 수 있다.

츠즈지엔 소설의 또 하나의 두드러진 특징은 소설 곳곳에 배어 있는 민속과 전설이다. 「모내기노래(秧歌)」에서 장례식 때 흰 종이로 고인이 생시에 살던 집이나 가구 등의 모양을 정교하게 오려서 태우는 풍속이라든지 「눈 덮인 묘지(白雪的墓園)」에서 설날을 앞두고 대청소와 이불빨래 및 등을 닦아 다는 풍속이라든지 「맑은 물로 때를 씻다(清水洗塵)」에서 역시 설날을 앞두고 양철물통에 물을 데워 담고 티엔자오(天灶)네 전 가족이 차례로 때를 닦는 풍습 등이 그 예이다. 이 가운데 「서천(逝川)」의 우는 물고기 전설이 특히 필자를 감동시켰는데, 그 내용은 이렇다. 즉 서천마을에 첫눈이 오면 우는 물고기들이 울면서 서천을 타고 내려오는데 이 때 마을 사람들은 반드시 물을 가득 담은 항아리를 가지고 물가로 간다. 이들을 건져내어 항아리 속에 넣은 후 하루 밤을 곁에 두고 "이제 괜찮아. 울지 마, 응?"하며 이들의 슬픔을 달래주기 위해서다. 그런 다음 이튿날 이들을 다시 서천 강물에 넣어주면 이들은 더 이상 울지 않고 편안히 갈 길을 가고 마을 사람들도 일년간 무사하고 편안하게 고기잡이할 수 있다는 것이다.

눈처럼 하얀 빛깔의 츠즈지엔에 비하여 쉬쿤은 이상적 사회를 추구하는 붉은 빛깔을 띄고 있다. 쉬쿤은 넷 중 유일하게 필자가 만나본 작가로 중국사회과학원(中國社會科學院) 문학연구소(文學硏究所)에서 만난 그녀는 짙은 색 잠바와 바지 등 간편한 차림이었지만 살짝 염색한 짧은 머리에 눈 화장을 곁들인 엷은 화장기 있는 얼굴로 시종 웃음을 잃지 않았다. 필자가 이야기를 할 때는 상대를 살피는 듯한 눈초리가 되기도 하였고 결혼했느냐는 필자의 질문에 즉시 이혼했다고 대답할 만큼 솔직했다.

그녀는 요녕성(遼寧省) 심양(沈陽) 출신으로 모 대학에서 중문학 석사를 마치고 2000년 9월 중국사회과학원 문학연구소 박사과정에 입학하여 현재 박사논문을 준비하고 있다. 넷 중에서 학력이 가장 높은 학자작가라고 할 수 있다. 실제로 그녀의 작품 속에는 불교, 역사, 사상, 민속 등 거의 아니 미치는 데가 없을 박학다식이 보인다. 특히 「범가(梵歌)」에는 주인공 아판링(阿梵鈴)이 불교학 박사논문을 쓰는 대목이 나오고 심지어 「시위(遊行)」에는 논문의 한 형식으로 사용되는 관건사(key word)가 소설의 맨 앞머리를 장식하고 있다.

쉬쿤은 인생과 사회에 대하여 강한 문제의식을 가지고 있다. 그녀에게 있어서 인간 사회는 권력, 금력과 성이 판치는 문제투성이의 비합리적 현장이다. 「범가」에서 아판링의 입을 빌어 "어떤 사상을 전파하려면 국왕에게 잘 보이고 상인에게 아부하고 기생과 내통해야 한다"라고 했듯 그녀는 소설을 통하여 권력과 재력, 그리고 성이 판치는 비합리적인 인생과 사회 전반에 대한 비판을 아끼지 않는다. 비이성적 사회를 향하여 이성적인 접근을 하는 셈이다. 그 때문에 그녀의 소설에 대하여 비평가 따이진화(戴錦華)는 「쉬쿤이 여러 신과 유희하다」에서 그녀의 문학을 "반 엘리트적 엘리트문학"이라고 평가했다.

그녀의 비판 대상은 종교, 정치사상, 남성중심문화, 상업주의 등 다양하다. 먼저 불교, 기독교, 유교, 도교 등에 대하여 그녀는 「선봉(先鋒)」의 주인공인 화가 싸단(撒旦)의 입을 빌어 이렇게 호언장담한다 : 공자, 노자, 예수, 석가모니/ 온갖 신들과 온갖 사람들아/ 모두 다 나와라, 다 나와라/ 내가 그림틀로 너희를 끌어안고/ 한 무더기 혼란한 빛깔로/ 너희를 엮어 주리라. 사상비판에 관한 소설로는 「삼월의 시편(三月詩篇)」과 「새똥(鳥糞)」을 들 수 있다. 「삼월의 시편」에서는 5월1일 노동절이 국경일이지만 허울뿐이고 공산사회주의 사상의 주체인 노동자의 지위는 날로 쇠락함을 비판하고 있고, 「새똥」에서는 금권과 권력의 난무와, 개와 새의 노리개가 되어버린 공산주의 사상을 풍자한다.

또한 남성중심문화를 비판한 소설로는 「남편동지(愛人同志)」, 「주방(廚房)」, 「향토중국(鄕土中國)」 등 적지 않다. 이 가운데 「향토중국」의 예를 들면 허울뿐인 장손 천강(陳剛)과 실제로 장손 역할을 하는 외손녀 천자오디(陳招弟)를 대비시켜 가부장제의 허상을 부각시키고 있다. 이밖에 「개 같은 축구(狗日的足球)」는 상업주의를 겨냥한 작품으로, 오직 장사를 위하여 축구스타 마라도나를 북경에 불러들여 게임은 적당히 연출하고 축구팬들에게 마라도나 팬츠, 마라도나 축구화, 마라도나 반지 등을 파는데 혈안이 된다는 내용으로 이 같이 강한 문제의식과 비판의식이야말로 쉬쿤 소설의 특징이라고 하겠다.

2. 단도직입과 우회의 두 가지

은희경, 신경숙, 츠즈지엔, 쉬쿤이라는 네 잎은 또한 서로 다른 국적과 문체에 따라 두 개의 가지로 묶을 수 있다. 즉 츠즈지엔과 쉬쿤은 중국 북방 출신으로 중국어와 중국문화를 기본으로 하면서 결코 물러서지 않는 단도직입적 문체를 구사하는 하나의 가지이고, 은희경과 신경숙은 한국 남방 출신으로 한국어와 한국문화의 토대 위에서 변죽을 울리며 치고 빠지는 우회적 문체를 구사하는 또 하나의 가지라고 할 수 있다.

먼저 츠즈지엔과 쉬쿤의 소설을 보면 이들이 각각 흑룡강과 요령 출신인 만큼 소설의 배경은 주로 흑룡강과 요령, 그리고 하북과 북경이다. 이 지방은 대체로 춥고 건조하며 특히 겨울의 흑룡강은 눈이 많이 내리고 빙등제(氷燈祭)가 열릴 만큼 얼음이 많은 곳이다. 그 때문에 사람들은 겨울이면 내복을 몇 벌씩 입고 솜옷을 입는다. 물론 현대화가 급속도로 진행되고 있는 오늘날 중국의 부유층은 내복이나 솜옷 대신 모피 속에 얇은 옷을 입기도 하지만 그 숫자는 극히 드물고 대부분의 사람들은 역시 내복을 껴입고 그 위에 솜옷 또는 파카를 입는다.

또한 이들의 소설에는 차를 마시고 만두를 먹는 장면이 적지 않게 나오는데, 특히 츠즈지엔의 「모내기노래」나 「백야를 향한 여행－向着白夜旅行」에는 양고기 탕, 양 꼬치 등 양고기요리가 적지 않게 나온다. 식생활에 비해서 주생활은 비교적 많이 현대화되어서 북경 같은 큰 도시에서는 대부분 아파트에 침대와 소파 등을 사용하지만 북방의 전통적 중국 온돌인 캉(炕)도 여전히 많이 등장한다. 또한 교통수단으로는 비록 쉬쿤의 「남편동지」에서 자가용을 모는 장면이 나오기는 하지만 매우 드물고 대부분 기차가 등장한다. 즉 츠즈지엔의 「꼬리별관찰기(觀彗記)」에서처럼 며칠씩 잠을 자며 달리는 장거리 기차나 버스가 주종을 이루고 있다.

중국이 WTO에 가입한 이후 이름난 영어학원마다 문전성시를 이루는 현상을 보면 앞으로 얼마나 빨리 중국의 문화가 서구화될지 짐작이 간다. 그러나 아직은 설날에 폭죽을 터뜨리고 대문에 등을 달고 대련(對聯)이나 전지(剪紙)를 붙이며, 장례 때 소지(燒紙)를 하는 등 전통적 풍속이 비교적 잘 보존되고 있다. 특히 츠즈지엔의 「눈 덮인 묘지(白雪的墓園)」, 「모내기노래」, 「서천(逝川)」 등을 보면 소지, 전지 등을 비롯한 각종 민속과 전설이 잘 묘사되어 있다. 또한 비록 개방정책으로 중국이 대외적 통로를 넓히긴 하였지만 일반 중국인의 해외여행은 아직 자유롭지 못한 상황이어서 이들의 소설 배경도 대부분 중국을 벗어나지 못하고 있다.

이에 비하면 한국문화는 서구화의 극을 달리고 있다고 해도 과언이 아닐 것이다. 특히 영어의 사용에 있어서는 따로 사전이 필요할 만큼 많아서 실제로 한국어를 배우는 중국 조선족들은 한국어외래어사전을 구비하고 있을 정도다. 그 때문에 은희경과 신경숙의 소설에도 영어 단어가 많이 나오는데, 『마이너리그』 『바이올렛』 「인마이라이프」 등 장,

단편 소설의 제목을 비롯하여 게임, 쇼, 뉴스, 넥타이, 피디 등등 일상적으로 쓰는 영어 단어는 열거할 수 없을 만큼 많다. 특히 은희경 소설의 경우는 영어 단어만으로 끝말잇기를 해도 될 만큼 많이 사용되고 있다. 해외여행도 자유화된 지 오래여서 이들의 소설 가운데 미국, 영국, 브라질, 캐나다 등을 배경으로 하는 부분들도 적지 않다.

한국의 기후도 중국 북방에 비하면 비교적 온난하고 비가 많은 편이어서 덜 건조한 편이다. 그래서 은희경과 신경숙의 소설에는 츠즈지엔, 쉬쿤의 소설보다 몸을 씻는 대목이 훨씬 많이 나온다. 또한 겨울에도 비교적 난방이 잘 되어 있어서 이들 소설 속 인물들은 대부분 내복을 입지 않고 블라우스, 스커트에 긴 부츠, 또는 스웨터, 파카 등을 입는다. 이들 소설에 언급되는 옷 문화의 서구화에 비하여 음식문화는 다소 보수적이어서 역시 기본적으로 밥과 김치, 그리고 된장찌개, 조기구이, 불고기 등이 은희경과 신경숙 소설에 나온다. 그러나 피자, 햄버거, 스파게티, 콜라, 케이크, 아이스크림, 캔 맥주 등 젊은이들이 즐기는 음식이 소설에 훨씬 자주 등장하고 있다.

주생활도 온돌보다는 침대가 더 자주 나오고 문갑, 방석보다는 스탠드, 커튼, 소파, 커피메이커, 컴퓨터 등이 훨씬 많이 등장한다. 또한 한옥보다는 아파트 등 양옥에서의 생활이 주종을 이룸은 물론이다. 교통수단도 비교적 단거리의 기차나 고속버스 외에 특히 자가용 승용차를 모는 장면이 많이 나온다. 예를 들어 은희경의 『그것은 꿈이었을까』나 신경숙의 「부석사」, 「그는 언제 오는가」 등을 비롯하여 적지 않은 작품에서 주인공이 차를 몰거나 차를 탄 채 전개하는 이야기가 작품의 중요한 부분을 차지한다.

이들 소설의 문화적 차이 외에 또 하나의 중요한 차이점으로 문체를 들 수 있는데, 츠즈지엔, 쉬쿤은 은희경, 신경숙과 달리 비교적 단순하고 단도직입적이며 양자택일적인 문체 즐긴다. 예를 들어 지자건의 『나무 아래(樹下)』의 여주인공 치떠우(七斗)는 천당과 지옥은 원래 없는 것이며 죽은 이의 영혼이 돌아갈 곳은 오직 이 세상일 수밖에 없고 그것도 나무 아래라고 생각한다. 「백야를 향한 여행(向着白夜旅行)」에서도 이미 작고한 친구인 고고학자 마콩뚸(馬孔多)와 함께 백야를 보러 떠나는 '나'는 야간열차 침대 하나를 마콩뚸의 몫으로 사놓고 그 자리를 빈자리라 여기는 승객들과 역무원에 대항하며 끝내 자신의 뜻을 관철한다. 또한 「꼬리별관찰기」의 '나'는 장거리기차에서 만난 기자 왕우쓰(王無寺)의 떨어진 안경테를 붙여주기 위하여 과감히 방송실을 찾아 접착테이프를 구하는 방송을 부탁하기도 한다. 이밖에도 식구들이 씻은 더러운 물이 아닌 맑은 새 물에 때를 씻으려고 하루 종일 불을 때어 물을 데우는 소년 티엔자오(天灶)(「맑은 물에 때를 씻고」), 그리고 사랑하는 사람에게 배반당하고도 한 마을에서 씩씩하게 독신생활을 해나가는 78세의 지시(吉喜)할머니(「서천」) 등을 통하여 츠즈지엔의 직설적이고 과감한 표현을 확인할 수 있다.

쉬쿤 역시 자신의 소설 속에서 하고 싶은 대로 말하고 행동한다. 우선 그녀는 「귀순, 귀순, 제기랄 뭘 귀순시키냐구(招安, 招安, 招甚鳥安)」나 「개 같은 축구」 등 소설의 제목에서부터 욕을 마다하지 않는다. 또한 「여왜(女媧)」의 주인공 리위얼(李玉兒)의 끈질기고 악착같은 삶이라든지 「시위」의 주인공 린거(林格)의 남성편력과 과감한 이별선택을 통해 결코 우회하지 않는 태도를 보인다. 그 때문에 「참나무여관(橡樹旅館)」의 '그녀'와 「꿈인 듯 연기인 듯(如夢如烟)」의 페이루(佩茹)로 하여금 불륜 및 각성의 과정에서 모두 능동적이고 주체적인 태도를 취하게 한다. 이처럼 쉬쿤의 문체도 단순하고 직설적이다.

이와는 달리 은희경과 신경숙의 주인공들은 직선으로 가기보다 빙 둘러 가고 역설과 뒤집기, 그리고 눈치 보기와 균형 잡기에 능하다. 예를 들자면 은희경은 『새의 선물』의 진희를 통하여 이미 '보여지는 나'와 '나 자신을 바라보는 나'라는 두 개의 나를 설정하고 끊임없는 역설과 뒤집기 및 균형 잡기를 시도한다. 즉 은희경 소설의 주인공에 따르면 꿈은 인생의 다른 버전(『그것은 꿈이었을까』)이고 사랑은 배반으로 완성된다(『마지막 춤은 나와 함께』). 은희경의 이 같은 태도는 『행복한 사람은 시계를 보지 않는다』 서문에 다음과 같이 드러난다 :

> 사물을 한 방향에서 보지 않으려는 것은 내가 삶에 대해 갖고 있는 긴장의 한 방식이다. 나는 같은 것과 다른 것, 옳고 그름, 안과 밖 따위의 고정 관념들이 이분법적 가치판단에서 벗어나 시간과 공간을, 현실과 꿈 사이를 자유롭게 넘나드는 것을 상상했다. 그리고 그런 양쪽 극단이 한 사람의 의식 속에서 일치를 이루는 것을 꿈꾸었다… 내 삶에서도 양쪽 끝을 만나게 하고 엄숙한 경계를 해체시켜야 하리라고. 반대쪽에 있는 것들의 화간(和姦) 속에서 비로소 삶이 제대로 모호해지는 것이라고.

신경숙 또한 『바이올렛』의 주인공 오산이를 통해서 두 개의 그녀, 즉 '그녀'와 '그녀 자신'을 설정하고 "그녀 자신이 그녀를 관찰하고 있음을 느낀다"고 고백한다. 그녀 또한 은희경처럼 모순과 역설을 자주 운용하는데, 예를 들어 『바이올렛』의 오산이는 친구 남애를 잃을까 두려워 남애의 억지요구대로 산닭의 목을 치고, 「감자 먹는 사람들」의 오빠는 나에게 미안하기 때문에 내게 더 화를 내며, 아버지는 오빠에게 "미친 놈" 하면서 함빡 웃는다. 뿐만 아니라 신경숙의 소설에는 늘 상대의 표정과 마음을 읽고 눈치를 살피는 주인공이 나와서 머뭇거린다. 예를 들자면 「황성옛터」의 '나'는 어린 시절 고종사촌 오빠와 함께 길을 나섰다가 앞서가던 오빠가 그만 기차에 치어 목숨을 잃게 되자 오랫동안 고모와 아버지의 눈치를 살핀다. 이처럼 간접적이고 우회적인 표현을 즐기는 신경숙은 『외딴방』에서도 "큰 오빠의 손바닥이 열 여덟의 내 뺨에 찰싹 달라 붙는다(큰 오빠가가 나의 뺨을 찰싹 때렸다)"라든지 "(무안해서) 손바닥을 얼굴에 대고 문지른다"는 식으로 직설을 피하고 변죽을 울린다.

3. 문명과 원시의 두 가지

국적과 문체의 공통분모를 뛰어넘어 은희경은 쉬콘과, 또 신경숙은 츠즈지엔과 특별한 공통점을 갖고 있다. 즉 비록 상대적 비교가 되겠지만 은희경과 쉬콘의 소설이 과학을 바탕으로 문명이라고 하는 하나의 가지를 이루고 있다면 신경숙과 지자건의 소설은 상상을 기반으로 원시라고 하는 또 다른 하나의 가지를 이루고 있다.

먼저 은희경과 쉬콘을 보면 둘 다 짧은 염색머리에 연한 화장을 한 모습이 매우 도시적인 인상을 풍긴다. 또한 앞에서 언급한 대로 둘 다 석사 이상의 고학력이다. 그래서인지 이들은 기본적으로 매우 합리적이며 논리적 분석에 능해 보인다. 한마디로 학구적이다. 그 때문에 이들의 소설에 등장하는 인물들도 대체로 이처럼 칼로 자른 듯 깔끔하고 세련되어 보인다. 인물들은 나와 너, 또는 주체와 객체의 구분이 확실하며 다른 인물이나 사건에 대하여 언제나 다소 거리를 두고 있다. 또한 이들 인물들은 다른 사람이나 사회에 대하여 대체로 비판적이고 풍자적이며 냉소적인 태도를 지닌다. 당연하게도 이들은 이성과 상식을 바탕으로 하는 현실주의 인생관을 공유하고 있다.

또한 이들의 소설 속 인물들은 거의 다 주로 머리를 움직여 사는 사람들이다. 물론 은희경의 「아내의 상자」 주인공이 전업주부고 쉬콘의 「삼월의 시편」주인공도 노동자이지만 그 밖의 대부분의 주인공은 교수, 변호사, 의사, 회사간부, 사업가, 기자, 화가, 편집자, 작가 등 지식인 또는 전문 직업인들이다. 그런데 이들 인물들은 대체로 다른 인물들과 얼마간 격절되어 있거나 모순 갈등 및 경쟁 관계에 놓여 있는 경우가 많다. 그 때문에 이들은 다른 사람들에 대해서 매우 비판적이고 냉소적일 수밖에 없다.

예를 들어 은희경의 『마이너리그』에서 함께 몰려다니는 김형준, 배승주, 장두환, 조국 등 '만수산사인방'은 제각각 서로를 견제하고 믿지 않는다. 심지어 『새의 선물』에 등장하는 진희의 가족과 이웃 간에도 부수기 힘든 벽이 있다. 은희경에 따르면 "이 세상은 갑의 불행이 을의 행복을 가져다주는 제로섬게임"이다. 또한 "사랑이라는 건 지속적인 느낌이고 또 낯선 타인끼리 시험삼아 주고받기에는 너무 큰 거래"(『그것은 꿈이었을까』)인 것이다. 더구나 계층 간의 차이는 넘기 어려운 벽이다. 즉 「그녀의 세 번째 남자」에서처럼 주인공인 지식인 여성의 눈에 비친 근로자 남성은 단지 섹스 대상일 뿐 전혀 낯선 사람이다. 그럼에도 불구하고 은희경의 인물들은 자연을 배경 삼아 사회 속에서 좌충우돌하는 수밖에는 다른 대안이 없는 현실주의자들이다. 왜냐하면 "사람의 삶이란 저 자신이 알게 모르게 사회 속에서 모양이 만들어지고 구부러지고 닮아가는 과정"(『마이너리그』 작가의 말)이기 때문에 그녀 자신 이 사회 속에서 적응하면서 나날이 유연해지고 있음은 자랑할 만한 고백인 것이다(『행복한 사람은 시계를 보지 않는다』 서문).

쉬쿤이 소설 속에서 묘사하고 있는 인물들도 은희경의 인물들과 크게 다르지 않다. 즉 「향토중국」의 천(陳)씨 가족 간의 작은 분규를 비롯하여 「시위」의 여주인공 린거(林格)와 세 남자, 「주방(廚房)」의 여주인공 즈즈(枝子)와 예술가 남성, 「선봉」의 남주인공 싸단(撒旦)과 사람들, 「구어(白話)」의 '나'와 사람들, 「애정과의 만남」의 냐오촌(鳥村)선생과 메이(梅)아가씨, 그리고 「샤오칭은 한 마리 물고기(小靑是一條魚)」의 '나'와 샤오칭 간의 크고 작은 모순과 갈등이 그 좋은 예다. 이처럼 성별, 계층, 연령에 따른 긴장을 쉬쿤은 「참나무여관」의 여주인공 이메이(伊枚)를 통해 다음과 같이 압축하고 있다 ;

> 그녀는 알게 되었다. 직장에서 평소 하하호호 하면서 그녀에게 친구처럼 굴던 사람들이 사실은 결코 친구랄 게 없다는 것을. 이해관계가 생기면 모두 서로를 경쟁상대나 가상 적(敵)으로 여기고 결정적 순간에는 언제나 서로 밟으며 너 죽고 나 살려고 할 뿐임을.

그렇지만 쉬쿤 역시 불완전하나마 인간은 사회적으로 살 수 밖에 없다고 보는 현실주의자다. 어차피 존재는 현실이고 인간의 세상에는 절대적 선이 존재하지 않는 것(「은근한 정을 품고(含情脉脉)」)이므로. 「선봉」의 싸단이 그랬듯 이미 모든 신을 유희의 대상으로 삼은 쉬쿤인지라 영혼의 세계나 피안의 세계가 그녀에게 다가올 리 없다. 하물며 동물, 식물 등 자연과의 소통에 연연하겠는가. 그 때문에 그녀 또한 은희경과 마찬가지로 참나무(「참나무여관」), 새(「새똥(鳥糞)」), 개(「개 같은 축구」) 등 자연물은 오직 인간의 입장에서 부여하는 문학적인 상징으로 존재할 뿐, 인간과 평등한 생명의 교류가 불가능한 존재들인 것이다.

한편 신경숙과 츠즈지엔은 둘 다 농촌에 뿌리를 두고 있고 긴 생머리에 화장기 없어 보이는 얼굴이 소박하고 수수한 인상을 준다. 학력도 은희경, 쉬콘에 비해 상대적으로 낮은 편이다. 그래서인지 이들의 작품은 학문적이기보다는 예술적이고 분석적이기보다는 통합적이다. 한마디로 상상과 감정이 풍부하다. 그 때문에 이들이 묘사하는 인물들도 대체로 질박하고 순진한 농민, 노동자 및 도시 서민들로서 학력도 낮은 편이다. 또한 주요 인물과 기타 인물간의 상호관계는 매우 평등하고 밀접하다. 그러니까 나와 남의 구분이 뚜렷하지 않고, 주체와 객체가 서로 상응하는 관계로 살아가는 사람들이다. 그러다 보니 자연히 인물 간에도 비판이나 냉소보다는 동정과 관용, 나아가 동일시의 난기류가 흐른다.

그래서 이들이 묘사하는 주인공은 사람뿐만 아니라 동물, 식물, 별 등 자연과 심지어 무생물과도 특별한 관계를 맺고 있다. 이들에게 있어서 시간과 공간을 초월하는 의식의 흐름이나 영혼의 교류는 매우 자연스런 현상이다. 당연한 귀결이지만 이들은 은희경, 쉬콘과 달리 상상과 감정을 기본으로 하는 초현실적, 이상적 인생관을 공유하고 있다.

구체적으로 신경숙이 소설 속에서 그리고 있는 인물들을 살펴보면 농민, 노동자 외에 미용사, 성우, 가수, 사진사, 방송작가, 대학 강사 등인데 이들은 거의 다 그리 유명한 사람들이 못된다. 오히려 무명에 속한다고 할 수 있겠다. 굳이 말하자면 좀 모자란 사람(「오래전 집을 떠날 때」의 '나')이거나 어딘가 훼손된 인간(『기차는 7시에 떠나네』의 김하진)이다. 그래서 이들은 자기들처럼 못나고 힘든 사람들과 어울리며 서로 상처를 어루만져주고 도리어 위안을 얻는다. 예를 들어 「감자 먹는 사람들」에서 무명가수인 '나'가 병든 아버지의 머리맡을 지키고, 소아당뇨를 앓고 있는 자식을 둔 친구 유순과 함께 시간을 보냄으로써 자신의 상처를 치유 받는 식이다. 또한 『외딴방』에서 공장에 다니는 희재 언니가 돈 좀 꿔달라는 내게 어디 쓸 거냐고 물어보지도 않고 당시(1980년)로서는 거금인 5천 원을 내 손에 쥐어줌으로써 나의 믿음을 얻는 식이다.

이들의 언행을 통하여 신경숙은 또한 세상에는 사실 가해자와 피해자가 따로 없음을 보여준다. 그녀에 따르면 악한 사람에게 선량한 일면이 있듯이 착한 사람에게도 악한 일면이 있다. 즉 「그가 모르는 장소」

의 '그'는 아내를 감금하고 구타하기도 하지만 결국 그 아내와 아이를 보내주고 마음 상한 계모를 업어주는 선량함을 보인다. 『기차는 7시에 떠나네』의 김하진도 실연의 아픔을 겪는 조카 미란을 보살피지만 그녀 자신 불가피한 상황에서 한 남자를 배반한 과거가 있다. 또한 『외딴방』의 나는 주경야독하는 선량한 문학소녀지만 한 때 동료의 작업복에서 몰래 1만 원짜리 지폐를 훔치는 탐심을 일으켰던 약한 존재다.

이 같은 인물들을 통하여 신경숙은 한 사람 안에 선과 악이 혼재하는 상황 속에서 인간은 누구랄 것도 없이 실존의 무게에 짓눌려 있는 불쌍한 존재임을 드러내고 있다. 그녀에게 있어서 이 근원적 한계를 뛰어넘는 길은 나와 너의 담을 헐 뿐만 아니라 인간과 자연, 산 자와 죽은 자, 심지어 생물과 무생물의 벽을 헐어내는 초현실적 시간과 공간뿐이다. 그 때문에 그녀 소설에서는 흔히 개, 송아지, 백조, 사향노루, 개똥벌레의 영혼이 인간의 영혼과 교류한다. 또한 죽은 딸의 영혼이 찾아와 극도로 사이가 나빠진 엄마와 아빠를 화해시키고(「지금 우리 곁에 누가 있는 걸까요」), 죽은 남편이 부인에게 찾아와 작별인사를 하고(「감자 먹는 사람들」), 죽은 친구가 산 친구들에게 찾아와 이렇게 위로하기도 한다 : 괜찮아, L, 기운을 차리렴. L, 죽음은 끝이 아니야. 죽어서도 너희를 찾아오는 날 보렴(「작별인사」).

츠즈지엔의 인물들도 거의 신경숙의 인물들처럼 못나고 쳐지는 사람들이다. 「안개 낀 달밤의 외양간(霧月牛欄)」의 바오주이(保墜)나 「푸른 풀이 노래하는 정오(靑草如歌的正午)」의 천성(陳生) 같이 어딘가 모자란 사람들 또는 못 배우거나 외롭거나 병들거나 죽거나 아무튼 아픔이 있는 농촌사람들이 대부분이다. 이들의 상호 관계를 보면 약간의 모순과 충돌 속에서도 끝내 동정과 관용, 나아가 화합을 이끌어내는 경우가 많다. 개인의식보다는 집단의식이 강한 츠즈지엔의 인물들은 대체로 가족 간이나 이웃 간에 미운 정 고운 정을 쌓으며 꿋꿋이 살아간다.

또한 인물을 묘사할 때 긍정적 인물과 부정적 인물의 가름 선이 분명하지 않다. 좋은 사람과 나쁜 사람이 확실히 구분되지 않는 것이다. 예를 들어 「모내기노래」에 나오는 장의사 류빠시엔(劉八仙)과 양고기식당

주인 꿍여우순(龔友順), 그리고 「백은나 마을(白銀那)」의 상점주인 마잔쥔(馬占軍)이 비록 자린고비처럼 물욕에 눈이 가리어 사람들의 원성을 사지만 알고 보면 그들에게도 양심이 있고 또 그들이 그렇게 된 데에는 모두 그럴만한 사정이 있다. 악인에게 선량한 심령이 있듯이 선량한 사람에게도 사악한 일면이 있음은 「안개 낀 달밤의 외양간」에 등장하는 바오주이의 의붓아버지와 「노래하는 푸른 풀의 정오」의 푸위청(付玉成) 부부를 통해서 드러난다. 즉 바오주이의 계부는 아내의 전남편 소생인 바오주이에게 더할 수 없는 애정과 관심을 기울이지만, 실은 천진한 바오주이의 농담에 격분하여 어느 안개 자욱한 달밤에 외양간에서 의붓아들을 내던져 뇌에 손상을 입힌 전력을 숨기고 있다. 또한 푸위청 부부는 아내를 잃고도 늘 아내의 영혼과 대화를 나누는 '약간 정신이 나간' 천성에게 먹을 것을 주은 등 많은 사랑을 베풀지만, 그들에게도 자기네 정신박약아 아들 푸따터우(付大頭)를 강물에 익사시킨 후 그 혐의를 천성에게 씌우는 교활함이 있다.

신경숙과 마찬가지로 츠즈지엔 역시 실존의 무게를 뛰어넘어 상상의 나래를 펼치는 이상주의자다. 자신의 소설 「음악과 화집 속의 생활(音樂與畫冊里的生活)」에서 노부인이 음악을 듣고 그림을 넘기면서 동서고금을 넘나드는 환상적 생활을 하는 것처럼 그녀 또한 하얼빈의 자기 집에서 소설쓰기를 통해 시간과 공간을 넘나드는 것이다. 즉 츠즈지엔은 「백야를 향한 여행」의 한 인물을 통해 "죽은 자가 산 자 속에 살고 있음이 전혀 이상한 일이 아니므로 귀신을 전혀 무서워할 필요가 없다"고 말한다. 또한 「눈 덮인 묘지」의 '나'를 통해 죽은 아버지의 영혼이 자신을 돌보지 않는 엄마의 다래끼로 화했다가 엄마가 아버지의 묘소에 갔다 오자 비로소 엄마의 눈에서 떨어져 무덤 속으로 돌아가 안식을 취하게 되었다고 말하기도 한다. 그녀는 또 나무에게도 사람의 영혼이 있고(「나무 아래」), 사람이 물고기가 되기도 하며, 사람이 별들의 노래 소리를 알아들을 수 있다고 믿는다(「깊이 잠든 대고기고(沉睡的大固其固)」). 그 때문에 그녀의 소설 속에서는 「맑은 물에 때를 씻다」에서처럼 별빛이 비누꽃으로 화하여 목욕물 위로 떨어지고, 「원시풍경(原始風景)」에서처럼 작은 삽으로 달빛을 퍼 가지고 와서 맬감으로 사르는 일이 불가능한 일이 아니다.

4. 서사를 녹인 한 줄기의 서정

은희경, 신경숙, 츠즈지엔, 쉬쿤이라는 개성 있는 네 개의 이파리는 은희경과 신경숙, 그리고 츠즈지엔과 쉬쿤이라는 두 개의 가지, 또는 은희경과 쉬쿤, 그리고 신경숙과 츠즈지엔이라는 두 개의 가지로 묶였다가 다시 쉬쿤, 츠즈지엔과 신경숙, 은희경이라는 하나의 줄기로 합쳐진다. 마치 은, 신, 츠, 쉬라는 각각 다른 네 갈래의 물줄기가 때로는 은과 신 그리고 츠와 쉬가 합해져서 두 갈래의 물줄기를 이루었다가 또 때로는 은과 쉬 그리고 신과 츠가 합쳐져 또 다른 두 갈래의 물줄기를 이루었다가 마침내 쉬, 츠, 신, 은이라는 하나의 물줄기로 통합되는 것처럼.

이들의 소설은 모두 짜임새 있는 구성, 생동감 있는 인물 등 좋은 문학작품이 구비하고 있는 기본 요소들을 두루 갖추고 있다. 또한 독자의 심금을 울리고 감동이라는 여운을 남기는 데 결정적 역할을 하는 소설의 비극적 요소와 희극적 요소를 적절히 결합하고 있다. 단순한 익살과 유머로부터 희극적인 비극(comic tragedy) 또는 비극적인 희극(black comedy/ tragic comedy)에 이르기까지 이들이 구사하는 희극성과 비극성 표현은 매우 참신한 데가 있다.

은희경, 신경숙, 츠즈지엔, 쉬쿤의 소설이 지니고 있는 또 하나의 공통점은 어쩔 수 없이 이들 네 작가의 성별이 지니는 여성적 특징이다. 그래서 쉬쿤처럼 힘주어 남성 중심적 사회에 대항하기도 하고 츠즈지엔, 신경숙, 은희경처럼 굳이 여성주의나 여성문제를 따로 떼어 들추지 않는다 하더라도 이들의 소설 속에 자연스레 녹아 있는 여성성과 여성의식은 이들 네 명을 연결하는 하나의 끈임을 부정할 수 없다.

마지막으로 이들 소설이 공유하고 있는 가장 두드러진 특징을 말하자면 사건 속에 감정을 끌어들이기보다 감정 속에서 사건을 풀어가는,

서정 중심의 문체를 들겠다. 본 장의 제목이기도 한 이들 소설의 강한 서정성은 개인사나 가정사 또는 사회사나 정치사적인 사실을 결코 맨 얼굴 그대로 보여주지 않고 마치 분장사가 분장하듯이 감정이라는 화장품을 사용하여 절묘한 분장을 하는 데서 찾을 수 있다. 그 때문에 개인과 가정, 그리고 사회와 국가의 각종 사건들은 인물들의 정서적 흐름에 따라 한데 합쳐져서 마침내 도도한 한 줄기의 감정으로 녹아들게 되는 것이다.

그럼 먼저 네 작가의 소설 속에 면면히 스며들어 있는 비극성과 희극성을 따라 가보자. 우선 은희경 소설의 근원적 비극은 우리 모두 악의적 운명을 벗어날 수 없다는 데 있다(「행복한 사람은 시계를 보지 않는다」). 그녀에 따르면 "(인간이)아무리 용의주도한 척하고 미리 잘못된 경우를 예상함으로써 불행에 대비한다고 해도 다 소용없는 일이다. 정해진 일은 피할 수 없다. 인간이 자유의지로 자기가 갈 길을 선택하는 것 같지만 그것은 삶이 내주는 예제 중에서 하나를 선택하는 것뿐이다(『마지막 춤은 나와 함께』). 그 때문에 이러한 인간의 현실 속에서 그녀가 선택한 표현 방식은 위악(僞惡)적인 농담이다. 『마이너리그』 작가의 말에서 "읽는 사람들에게 조금의 유쾌함이라도 주었으면 한다"고 전제했듯 은희경은 이 소설의 주인공들을 통해 풍자 섞인 익살을 떨고 있다. 그래서 고등학교 한 반 출신의 형준, 승주, 두환, 국 등 네 명이 동시에 숙제를 해오지 않아서 물리선생으로부터 체벌을 받은 후 의형제를 맺는 순간부터 훗날 두환의 사망 소식을 접하는 순간에 이르기까지 농담 따먹기처럼 계속되는 이들의 익살은 상상을 초월할 정도다.

풍자적인 희극성이 은희경의 장기라면 신경숙 소설의 웃음은 주로 "에게?"하는 어이없는 웃음이거나 가슴이 아린 웃음이다. 일찍이 삶에는 분명 기습이 있다(「겨울우화」) 고 하여 실존의 근원적 비극성을 감지한 그녀가 이처럼 복병이 숨어 있는 삶의 험로를 조심조심 걷는 사람들에게 가끔씩 던져주는 웃음은 그래서 차라리 가슴 저미는 데가 있다. 예를 들어 『기차는 7시에 떠나네』에서 '윤'은 답답하고 우울한 김하진를 위하여 일부러 신문에 끼어 온 우스운 광고지의 내용을 읽어준다든지,

『외딴 방』에서 자기의 돈을 훔쳐갔을 것 같은 '나'에게 윤순임이 "내 옷에서 꺼내간 봉투를 돌려주기 바란다. 내게 꼭 필요한 돈이다"라는 내용의 쪽지를 써서 '나'의 주머니에 넣어두는 장면 등을 만나면 뭔가 씁쓸한 웃음을 웃게 되는 식이다.

고통과 죽음 앞에 서 있는 비극적 인간의 본질은 츠즈지엔 소설에서도 유감없이 드러난다. 어린 시절 눈밭에서 모내기극을 보다가 두 개의 발가락을 잃은 뉘멍(女夢)(「모내기노래」), 잡은 물고기를 썩히지 않기 위하여 꼭두새벽 심산유곡에서 얼음을 떠가지고 돌아오다가 뜻밖에 곰의 습격을 받아 죽는 카쟈(佧佳)(「백은나 마을」) 등이 그 예이다. 한편 츠즈지엔 소설의 유머는 어린아이 같이 천진하고 솔직한 표현에서 잘 드러난다. 예를 들자면 「안개 낀 달밤의 외양간」의 바오주이는 한밤중 잠이 깨어 엄마와 계부가 성교하는 소리를 듣고 꼭 소들이 되새김질하는 소리와 같다고 생각한다든지, 「노래하는 푸른 풀의 정오」에서는 죽은 아내 양슈(楊秀)를 위하여 말린 풀로 가방을 짜는 천성의 모습을 "왜 오이같이 납작하고 둥근 머리를 모로 틀고 온 힘을 다해 발을 꼬고 있다"고 표현하는 식이다.

쉬쿤도 인생을 기본적으로 예측불허의 불가사의로 보고 있다. 그녀의 「쇼를 하다(做秀)」의 경우를 보면 그렇다. 이 소설은 어린이날 특집을 기획하는 한 TV 피디가 일부러 모범생이 아닌 천진한 개구쟁이 피피(皮皮)를 발탁해서 학교교육의 과중한 숙제와 시험에 문제제기를 하려고 했으나 뜻밖에 피피가 카메라 앞에서 모범답안을 고집하는 바람에 프로그램은 엉망이 되었지만 어떤 이유에서인지 피피는 그 날 이후 모범생이 되었다는 이야기인데, 이와 비슷한 예측불허의 인생은 「방귀 뀐 사람(屁主)」에도 재미있게 묘사되어 있다. 블랙 코미디에 속하는 이 소설은 중요한 회의석상에서 방귀 뀐 사람으로 오해받은 탕순야오(唐舜堯)가 그만 좌천되어 수십 년 동안 벽지 생활을 하게 된다는 줄거리인데, 이 소설은 그녀의 다른 소설 「선봉」 「새똥」과 함께 『신시기유머소설정선(新時期幽默小說精選)』에 실릴 만큼 해학적이다.

다음으로 네 작가의 여성(주의)적 특징을 보면 쉬쿤이 가장 눈에 띄는데, 그녀가 남성중심적 사회에 대하여 가장 직접적으로 공격하고 있기 때문이다. 쉬쿤은 1990년대 중국여성문학을 주제로 박사논문을 쓴 만큼 다른 세 작가에 비하여 이른바 페미니즘(feminism)에 대한 학문적, 심정적 기반이 있다. “좋은 여자아이는 똥통에 빠지고 나쁜 여자아이는 천당에 오른다”(「귀순, 귀순이라니, 제기랄 무슨 귀순이냐고」)고 말하는 쉬쿤은 그러나 남성들에게 멸시 당하고 조롱당하는 여성의 분노를 솔직히 털어놓았을 때 남성들에게 뿐만 아니라 여성들에게도 손가락질 당하는 여성 현실을 안타까워함(「개 같은 축구」)으로써 페미니즘이 가지고 있는 자가당착적인 복잡성도 지적한다. 그렇지만 자신의 이혼 경력을 스스럼없이 밝힐 정도로 적어도 대외적으로 입장을 정리한 그녀는 「남편동지」에 표현한 대로 더 이상 남성에게 기댈 것 없이 여성 스스로 일을 찾아서 온 정력을 다 바침으로써 구차하고 성가신 일을 잊어버리자고 다짐하는 진보적 여성주의자의 길을 간다.

한편 한 취재 기자에게 “아무리 해도 지금까지 도대체 무엇이 ‘여성주의문학작품’인지 모르겠다”고 고백했던 츠즈지엔도 「모내기노래」의 뉘멍, 샤오수좡(小梳妝)과 『나무 아래』의 치더우(七斗) 등 비극적 여성 형상을 통하여 여자의 일생이 남자의 그것보다 더욱 곤고한 현실을 잘 보여주고 있다. 그러나 「노래하는 푸른 풀의 정오」에 묘사된 남주인공 천성이나 「거꾸로 가는 정령(逆行精靈)」의 ‘벙어리’와 ‘검은 얼굴’ 등 남성 인물도 불쌍하기는 여성과 마찬가지다. 요컨대 석종사(石鍾寺)의 제8석굴에 세워진 여성생식기 조각품인 아양백을 보고 쓴 산문 「아양백(阿央白)」에서 여성의 생식기를 신성과 사악을 초월하여 존재하는 생명의 원천으로 천명하고 있음으로 보아 그녀는 남성의 대립 개념으로서의 여성을 추구하기보다 모성과 일치된 여성상을 이상으로 삼고 있는 듯하다.

신경숙 역시 여성주의나 여성주의문학을 드높이 말한 적이 없다. 다만 『바이올렛』의 오산이와 엄마, 『외딴방』의 희재 언니, 「밤길」의 이숙, 「강물이 될 때까지」의 덕인, 그리고 「등대댁」의 등대댁 등 여성인물들이 모두 성폭행으로부터 자살과 병사에 이르기까지 처절한 고통에 시달리고 있다는 점에서 그녀 역시 소극적이나마 남성에 비하여 상대적으로 열악한 여성 현실을 토로하고 있음을 알 수 있다.

"나는 내가 남자에 대한 환상도 갖고 있지 않고 여자를 미화하지도 않는다고 생각한다"(『마이너리그』 작가의 말)고 말하는 은희경도 한 때는 남성성에 대하여 신랄함을 가졌었다고 고백한다. 이는 그녀의 첫 작품으로 알려진 「이중주」의 여주인공 인혜가 아버지나 남편이 아닌 엄마와 갖는 연대의식과, 남편과의 소통이 불가능함을 알고 끝내 자살을 선택하는 아내를 그린 「아내의 상자」를 통해 잘 알 수 있다. 그러나 "나를 세상의 남성과 화해하게 만든 것은 삶의 마이너리티 안에서의 동료애가 아닌가 한다"(『마이너리그』 작가의 말)고 말하는 것으로 보아 은희경은 사회적으로 그다지 성공하지 못한 남자들이 가지고 있는 열등의식과 작가로서 비교적 성공했지만 그녀 자신 끝내 탈피할 수 없는 여성이라는 열등의식의 절묘한 만남을 받아들이고 있는 듯하다. 하지만 "나는 아직도 불완전한 도중(道中)에 있다"는 그녀의 고백처럼 위의 절묘한 균형에는 언제 깨어질지 모르는 아슬아슬함이 있다.

이처럼 거의 전 작품에서 남녀간의 애정주제가 두드러지는 은희경의 소설에도 자전적인 개인사와 가정사, 그리고 사회사가 스며들어 있다. 특히 사회적 또는 정치적 사건은 거의 드러나지 않게 깊숙이 은폐되어 있다. 이를테면 『마이너리그』에서 육이오 동란이 두환과 소희라는 한 쌍의 청춘남녀의 결합에 있어서 장애 요소가 된다. 그 이유는 육이오 때 공산당에 부역한 전력을 가진 탓에 제3공화국 시절 사회로부터 매장당한 두환의 아버지가 주로 제3공화국의 관급공사를 따내 시공해온 소희 아버지를 거부하기 때문이다. 또한 박정희 정권 당시 긴급조치 9호 아래 모든 언로가 봉쇄되었던 시절 고등학교 동창생이었던 배승주와 조국은 다음과 같은 대화를 나누기도 한다 : 데모? 데모가 뭐야? 승주가 묻자 조국은 "그런 건 묻지도 말라던데. 물어보기만 해도 유언비어 퍼뜨리는 거래. 무조건 징역이라니까." 이처럼 은희경의 소설에는 혼기를 맞은 남녀의 양가부모의 불화 속에 또는 동창생들의 대수롭지 않은 대화 속에 정치와 사회가 녹아 있는 것이다.

신경숙의 작품 주제 또한 대부분 남녀의 애정, 혈육의 정, 이웃 간의 정, 그리고 우정 등이다. 그 때문에 그녀의 거의 전 작품에서 끌어안고 머리 감겨주고 업어주고 팔짱끼고 쓰다듬고 몸을 씻기는 피부접촉을 볼 수 있다. 그럼에도 불구하고 그녀의 작품에서 우리는 어떤 정치적 사건이 야기한 인간의 불행들을 감지할 수 있다. 이러한 불행은 주로 1980년대 전두환과 노태우 군사정권을 배경으로 하고 있는 경우가 많은데, 예를 들어 「밤고기」에서 각목을 맞고 피신해 온 오빠라든지 「어떤 실종」의 의문사한 군인 아들과 이로 인해 미쳐버린 어머니, 『기차는 7시에 떠나네』에서 기관에 끌려갔다 온 후 공포와 자책으로 기억상실증에 걸린 김하진, 『외딴방』에서 온 몸에 멍이 들어 온 대학생 작은 오빠, 그리고 '나'와 '외사촌'의 노조가입을 놓고 노동자와 사용자 편의 옥신각신 등에 이르기까지 매우 다양하다.

츠즈지엔의 소설에서도 적지 않은 정치적 사건, 사회적 변화, 이에 따른 가족의 이합 등을 볼 수 있다. 무엇보다 그녀 자신 어린 나이에 부모와 떨어져 외갓집에서 성장하게 된 것이 문화혁명으로 인한 부모의 ''하방(下放) ''과 무관하지 않다. 또한 「북극촌동화(北極村童話)」에 나오는 '소련할머니(아마도 문화혁명 당시에 소련수정주의자로 낙인이 찍혔을 할머니)'는 모든 마을 사람들로부터 배척을 당한 채 홀로 쓸쓸히 살아가지만, 어린 '나'는 외할머니 몰래 소련할머니에게 만두도 갖다 주고 그녀로부터 글자도 익힌다. 그밖에도 「꼬리별관찰기」에서 '나'는 개혁개방 이후에도 사라지지 않는 공무원의 관료주의와 무사안일적 태도로 인하여 기다리고 또 기다리는 인내심을 발휘하는 장면이 나온다. 특히 「백은나 마을」, 「서천」 등의 소설에는 북방 중국인의 민속과 전설에 관한 독특한 서사가 삽화처럼 끼워 있어 부부간의 정, 혈육의 정 및 이웃의 정을 담은 훈훈한 서정 속에 면면히 흐르고 있다.

마지막으로 쉬쿤 소설의 구조를 살펴보면 위 세 작가와 크게 다르지 않음을 알 수 있다. 대표적인 예로 그녀의 반 자전적인 소설 「귀순, 귀순, 제기랄 무슨 귀순이냐구(招安, 招安, 招甚鳥安)」를 들 수 있는데 이 소설의 줄거리는 다음과 같다. 즉 초등학생 시절 '쉬샤오홍(徐小紅)'이라 불릴 만큼 열렬한 공산주의 소녀였던 쉬쿤은 『수호전(水滸傳)』의 한 대목을 잘 표현하여 무슨 때마다 발표를 하곤 하였는데, 당시 그녀를 지도해준 선생님의 뜻을 따라 언제나 좋은 사람과 나쁜 사람을 철저히 구분하여 표정과 몸짓, 그리고 음성까지 달리 표현했다. 게다가 그녀가 우러러 보았던 홍위병(紅衛兵) 삼촌은 그녀에게 『수호전』의 영웅 이규(李逵)가 "자오안, 자오안, 자오션냐오안(招安, 招安, 招甚鳥安)"이라고 소리치는 대목을 말할 때 새가 비상하는 날갯짓을 하게 하여 발표 때마다 그녀는 그 대목에서 비상하는 새의 날갯짓을 잊지 않았다. 그러다가 1980년대 초 대학생이 된 그녀는 한 '우파 교수'로부터 이규가 소리치는 이 대사의 해설을 듣게 되었다. 그 교수에 따르면 이 대사의 참 뜻은 "둥지를 뒤엎힌 새가 어찌 평안을 얻으리"였고 이를 그대로 베껴 쓴 그녀는 그 과목에서 최고 학점을 받았다. 그러나 대학을 졸업하고 하북성의 한 농촌에 간 그녀는 그곳에서 또 바로 그 대목을 구성지게 연출하는 한 농민을 만났는데, 그가 말하는 이 대사의 뜻은 바로 "귀순, 귀순이라니, 제기랄 무슨 귀순이냐구"였다. 그때까지도 자신의 대학 때 교수가 해석했던 대로 "둥지를 뒤엎힌 새가 어찌 평안을 얻으리오"를 굳게 믿은 그녀가 농민의 이 해설을 오류라고 지적하자 농민들은 모두 묘한 표정을 짓는다. 하지만 우연한 기회에 '자오션냐오안(招甚鳥安)'의 '냐오(鳥)'가 여성의 생식기를 비하하는 욕임을 알고 당황하는 것으로 끝이 난다. 이처럼 쉬쿤은 감정의 기복을 뼈대로 한 자신의 성장소설 안에 문화혁명과 개혁개방 이후 지식인과 농민의 문화의식 차이 등 사회 현상을 녹여내었다.

결론적으로 요약한다면 은희경, 신경숙, 츠즈지엔, 쉬쿤 등 네 작가는 각자 하나하나 독특한 개성을 지닌 채 둘 둘씩 엮어지는 작은 집합을 거쳐 서정성이 강한 성공적 소설가라는 대 집합으로 뭉쳐져 있다. 또한 이들은 소설을 통해 자신들의 성별과 연령, 그리고 계층을 얼마간 넘나드는 유연성을 보이고 있지만 아직은 국가와 문화의 한계를 뛰어 넘어 거대한 생명력을 지닌 하나의 뿌리로 향하는 노정에 있다고 하겠다.

제7장

몸으로 쓰는 소설과 성(性)

-웨이후이의 『상하이베이비』와 지우단의 『까마귀』를 중심으로-

1. '몸으로 글쓰기'와 넘치는 성

식욕과 성욕은 사람의 본능적 욕구다. 그러나 식욕이 개별적 본능이라면 성욕은 관계적 본능이라고 할 수 있다. 특히 성욕은 생존의지의 핵심이고 모든 욕망의 초점인 동시에 사회적 삶의 원동력이고 인류문화의 출발점이라고 해도 지나친 말이 아니다. 알맞은 성욕은 몸과 마음을 고양시켜 개인뿐만 아니라 국가적 에너지가 되어 문화와 문명을 꽃피운다. 남녀의 성애가 꽃과 나비가 어우러지는 것처럼 평등하고 자연스러운 몸짓으로 자식을 잉태하듯, 애국적 민중은 국가, 민족과 인연을 맺어 평화와 번영이라는 열매를 맺고, 구도자는 법계 또는 하나님과 혼인하여 깨달음과 기적을 낳는 것이다.

문학과 예술에 있어서의 성 에너지는 특히 주목되는 동력으로 굳이 로댕이나 장승업(張承業)의 예를 들지 않더라도 고금동서를 막론하고 그 예는 수없이 많다. 예를 들어 웨이후이[衛慧(본명 周衛慧)]의 『상하이베이비(上海寶貝)』의 여주인공 코코는 "성과 사랑은 사람을 천재로 만들고 민감하게 하며 사상이 있는 불꽃으로 변화시킨다"고 말하며 소설을 쓰는 원동력으로써의 성을 이렇게 표현하고 있다 :

> 내 몸의 액즙이 먹물로 화하여 졸졸 붓끝으로 흘러 들어가 소설의 한 글자 또 한 글자, 한 문장 또 한 문장으로 콸콸 흘러 넘쳤다. …한 격렬한 장면을 절묘하고 핍진하게 묘사하기 위하여 나는 시험 삼아 발가벗고 글을 썼다. 많은 사람들이 신체와 두뇌 사이에 필연적 관계가 존재한다고 믿는다. 미국의 시인 루터가 백년된 조상의 저택에 살면서 거울을 보고 옷을 입었다 벗었다 하면서 자신의 나체 춤이 가져다주는 계시를 끊임없이 받았다고 하듯이. 이 이야기가 믿을 만한 것인지 아닌지는 모르지만 나는 줄곧 '창작(寫作)'과 '신체(身體)' 사이에 은밀한 관계가 있다고 생각해 왔다.

그래서 코코는 대학 친구인 쟈오푸(敎父)로부터 "너의 소설을 보면 마치 한 바탕 아름다운 성교를 하는 것 같다"라는 평가를 듣기도 한다. 아무튼 웨이후이가 『상하이베이비』에서 처음으로 사용하고 또 본 장 제목의 일부가 된 '몸으로 글쓰기(身體寫作)'라는 용어는 이후 오늘에 이르기까지 평론가들과 기자들 사이에서 간간이 거론되는 용어가 되었다.

사실 소설가가 아니라 하더라도 진정 자아를 찾고 자기를 실현하려는 남녀라면 정신적 만남과 함께 육체적 만남이 긴요하다. 다만 그 정도가 문제일 뿐이다. 성애가 소설가에게 작품을 꽃피우는 동력이 되고, 또 보통 사람들에게 삶의 윤활유가 될 수 있다고 하지만 그 정도가 너무 지나치면 오히려 심각한 부작용을 초래할 수 있는 것이다. 때문에 성욕이 절제를 모르고 치닫는다면 중독이 되어 고통을 겪다가 마침내 공포와 죽음의 자아상실 내지는 패가망신에 이르게 된다.

실제로 축첩, 매매춘, 원조교제, 성추행, 성폭행, 불륜 등으로 패가망신하는 남녀가 적지 않다. 물론 상당수 여성의 경우 성행위가 과도한 성 충동에 의해서라기보다 생존이나 가욋돈을 벌기 위한 수단으로 이용하고 있음이 사실이다. 그러나 『상하이베이비』의 코코처럼 때와 장소를 가리지 않고 성욕을 채우는 등 지나치게 몸을 실험한 나머지 순간적으로 상대에 의해서 죽임을 당하거나 상대를 죽이고 싶은 끔찍한 살의를 느끼는 여성도 늘고 있음 또한 사실이다.

남성들의 경우는 더욱 어렵지 않게 성 범람 현상을 볼 수 있는데, 도시의 학교 근처까지 파고 든 러브호텔, 연예인, 교수, 교사, 공직자, 심지어 목사 등 종교단체장에 이르기까지 각계각층의 예가 많다. 왜냐하면 많은 남성들의 경우 성을 마치 밥을 먹는 것처럼 자연스럽고 억제할 수 없는 생리적 현상으로 여기고 있기 때문이다. 그런 의미에서 이들에게 현행 일부일처제는 매우 부자연스러운, 유명무실한 제도일 뿐이다.

그러나 수많은 여성들과 일부 남성들, 특히 상당수의 스님, 수녀, 정녀(貞女) 같은 수도자들은 성행위 없이도 평안한 일상을 보내고 있다. 이는 성욕이 식욕과 달리 관계적 욕망으로, 동물적 관계를 벗어나 사회적, 영적 관계를 추구하는 사람들에게는 없어서는 안 될 본능이 아닐 수 있다는 뜻이다. 그 때문에 중국문학연구가 황시우지(黃修己)도 성애를 인간의 동물적 본성으로 인정하되, 인간으로서 이러한 동물적 본성에 탐닉하지 말고 사회적 본성의 표현에 힘쓸 것을 강조하고 있다. 그에 따르면 심지어 『차털레이 부인의 사랑』이나 『금병매(金瓶梅)』 같이 성애를 제재로 하고 있는 소설조차도 모두 그 사회성과의 긴밀한 관계 속에서 가치를 인정받을 수 있다는 것이다. 물론 이 소설들이 반드시 사회성과 연관하여 그 가치를 인정받을 수 있느냐의 문제는 논외로 친다고 해도 그가 강조하는 성의 사회적 의미와 그가 경계하는 성의 동물적 쾌락 추구는 충분한 호소력이 있다. 그럼에도 불구하고 사람의 동물적 쾌락을 부추기는 과도한 성의 범람은 오늘도 계속되고 있다.

2. 상업주의와 성 환상

문학뿐만 아니라 영화, 연극, 음악, 미술, 무용, 광고 등에 실린 성 담론이 텔레비전, 라디오, 비디오, 인터넷 등을 통하여 그야말로 전 지구적으로 무성하다. 심지어 스팸 메시지 등 핸드폰에까지 성 광고가 침투하고 있을 정도다. 이는 분명 자본의 흐름과 함께 상업주의가 성 상품 판매를 나날이 확장시킨 결과다. 그래서 영화 『죽어도 좋아』를 비롯하여 6, 70대 노인의 성, 연극 『미란다』의 공연, 대중음악의 노골적 가사, 행위미술, 전위무용, 그밖에 성감이 넘치는 광고를 어디서나 쉽게 접할 수 있게 되었다.

한국만이 아니라 중국에서도 개혁개방의 1980년대, 특히 시장경제가 가속화된 90년대 이래 문학에 있어서의 성 담론이 일반화되기 시작하였다. 왕수어(王朔)의 『노는 것만큼 신나는 것도 없다(玩的就是心跳)』, 『스튜어디스(空中小姐)』로부터 지우단[九丹(본명 朱子屛)]의 『까마귀(烏鴉)』, 춘수[春樹(본명林嘉芙)]의 『베이징인형(北京娃娃)』에 이르기까지 적지 않은 남녀 작가들이 성에 대해 과감히 묘사하고 있다. 이는 1920, 30년대 남녀평등, 자유연애가 화두로 등장했던 당시 출판된 띵링(丁玲)의 『멍커(夢珂)』, 『사페이여사의 일기(莎菲女士的日記)』의 자유연애 묘사와 비슷한 데가 있다. 다만 1920, 30년대의 성 관계 표현이 은근한 우회였다면 1990년대 이래 현재까지의 성 표현은 매우 직접적이고 노골적이라는 점이 다를 뿐이다.

특히 90년대 말이래 중국의 신세대 젊은이들이 쓰는 소설의 한 특징은 독자로 하여금 마음껏 사랑하고 사랑 받고 싶다는 환상을 불러일으킨다는 점이다. 애정에 대한 이 같은 환상은 곧 성에 대한 환상으로 직결되는데, 이는 상업주의뿐만 아니라 문화혁명 당시 성의 중성화 내지는 무성화를 지향하면서 억압될 때로 억압된 성 의식이 개혁개방과 함께 마치 금지구역에서 벗어난 망아지처럼 분출된 결과이기도 하다. 특히 지우단의 『까마귀』의 경우 주인공의 분방한 성 묘사가 눈길을 끈다. 싱가포르에 유학하며 영주권을 획득하려고 결혼을 꿈꾸지만 좌절하고 마침내 창녀가 되는 20대 중국여성 하이룬(海倫)을 주인공으로 하는 『까마귀』는 2001년 여름 중국 인터넷상에서 '기생문학(妓女文學)' 논쟁을 불러일으킬 만큼 반향이 컸다.

이 논쟁에 힘입어 북경에서만 삼판이 나온 『까마귀』는 싱가포르에서는 한때 베스트셀러가 되어 각종 언론매체에서 경쟁적으로 이를 보도하였으며, 홍콩에서도 중국에서는 검열에 삭제된 수십 여 곳이 복원된 영문판과 중문판이 출판되었다. 이 같은 현상은 문학평론가 위엔따더우(元大都)의 말 대로 이른바 몸으로 쓰는 작품이 상궤를 벗어나면 벗어날수록 그 인기는 더욱 높아지고, 과장된 허구는 대중의 상상력을 자극하여 더욱 잘 팔리기 때문인지 모른다. 하지만 지우단은 이를 과장된 허구가 아니라 본인이 직접 겪었거나 남자친구들로부터 직접 들은 엄연한 사실이라고 주장하고 있다. 그녀에 따르면 자신은 약 4년 간 싱가포르에 머물면서 영국 국적의 피아니스트와 연애도 하였고, 생존을 위해 60대 남자들과 사귀었고 50대 국회의원과 동거도 했었다고 한다. 그러니까 『까마귀』의 내용은 거의 다 자신이 겪은, 거짓 없는 진실을 바탕으로 씌어진 실화라는 것이다(『광명일보』 2001년 7월 11일자). 아무튼 지우단은 서점에서의 저자 서명회, 각종 언론매체와의 대담 등 출판회사와 언론매체의 성 담론 기획에 힘입어 판매 부수를 늘린 것은 사실이다.

한편 명문대학을 졸업한 후 가출하여 레스토랑 여급으로 일을 하던 코코가 남자친구 티엔티엔(天天)을 만나 동거를 하면서도 성 불능인 그에게 만족하지 못하고 독일인 마크(馬克)와 육체관계를 가지는 삼각관계를 주 내용으로 하고 있는 『상하이베이비』도 출판 직후 당국의 판매금지 조치가 내려져 더욱 날개 돋친 듯 팔렸다. 이 소설은 현재까지 미국, 영국, 프랑스, 독일 일본 등 30여 개국에서 판권을 사갔으며 우리나라에도 벌써 번역본이 나와 있다. 하지만 중국 당국은 이 소설이 여성의 자위행위, 동성연애, 성 무능과 성 갈망, 적나라한 성행위 묘사, 마약 복용 등 인정할 수 없는 내용을 담았다며 이를 판금시킨 이래 전국적으로 수만 권을 압수, 폐기하였다. 중국 국영 방송도 소설가 웨이후이를 퇴폐적이고 음란한, 외국 문화의 노예라고 비난하였다, 하지만 일본 아사히신문은 이 소설을 출판한 출판사가 3개월간 영업정지 처분을 받았음에도 불구하고 소설의 인기가 날로 뜨거워져 이미 수백만 부가 팔려나갔다고 전하고 있다.

그런데 인기절정의 웨이후이가 2001년 7월 13일자 홍콩 『사과일보(蘋果日報)』에 「미쳤다(瘋了)」라는 제목으로 다음과 같은 글을 실었다 :

> 싱가포르 거주 경력이 있는 어떤 중국의 여성작가가 책 한 권을 썼는데, 아마 싱가포르의 '중국창녀'에 대해 썼기 때문에 이 책이 사람들에게 '기생문학'이라는 칭호를 얻은 듯하다. …이 사람은 진짜로 몸을 판 경험이 있는 것 같다. …북경에서 우연히 한 친구를 만나서 이 사람 이야기를 하

게 되었는데, 그 친구에 따르면 많은 '오빠'들이 그녀의 책을 판매금지시켜 줄 길을 찾아주기만 한다면 그녀는 십만 위안(미화 약 만 이천 불)을 낼 용의가 있다고 했다는 것이다. …이 말을 듣고 나서 처음엔 놀랐고 다음엔 웃었다. 중국이 어떻게 된 거지? 중국문화권이 어떻게 된 거지? 누군가가 거액을 들여 관료를 매수하여 자기 책을 판매금지시키기를 원한다는 말을 다 듣게 되다니. 미쳤나? 웨이후이의 소설이 판금된 이후 더 인기를 얻었기 때문에 판금이 되면 될 수록 더욱 잘 나간다는 선례가 되었단 말인가.

물론 웨이후이의 글에는 '이 사람'의 실명이 기록되어 있지 않았지만 누가 보아도 지우단의 『까마귀』에 대하여 말하고 있음이 분명하다. 그 때문에 이를 전해들은 지우단도 지지 않고 『아주주간(亞洲週刊)』(2001년 7월 30일자)에서 다음과 같이 응대하였다 :

이 여자는 정말 너무 어리석다. 그렇게 태연하게 다른 사람이 '몸을 판 경험'이 있다고 말 하다니. 이 여자는 틀림없이 좋은 작가는 아니다. 물론 그녀는 무슨 작가라고 말할 가치조차 없다… 웨이후이와 미엔미엔(棉棉), 이 두 여자를 나는 비록 잘 알지는 못하지만 미엔미엔의 작품을 통해서 나는 그녀의 영혼을 만날 수 있다. 만약 웨이후이를 미엔미엔과 비교한다면 미엔미엔이 하 나의 큰 산이라면 웨이후이는 어린아이가 오줌을 싸서 생긴 조그마한 구멍에 불과할 뿐이다.

지우단은 이 같이 낮 뜨거운 비유에 그치지 않고 자신이 판금 획책을 했다는 웨이후이의 말에도 일일이 반격을 가하였으나 웨이후이는 이를 전달한 『아주주간』의 기자에게 다행히도 더 이상의 언급을 회피하였다. 하지만 두 사람의 악의에 찬 치고 받기는 이미 언론에 대서특필되었고 이 같이 문자를 탄환 삼아 벌인 두 여성 작가의 언쟁은 일차적으로 둘의 작가의식 내지는 성 관념에 대한 차이를 드러낸 것임에도 불구하고 출판사는 재빠르게 이를 확산시켜 판매 부수를 늘리는데 성공했다.

상업주의는 성 환상을 불러일으키는 애정신화 만들기에도 열을 올린다. 성이 육체적 환상을 불러일으킨다면 애정은 정신적 환상을 불러일으키는데, 상업주의는 이 둘을 교묘히 결합하여 돈 되는 상품으로 만들어 놓는 것이다. 사실 자신의 능력을 주로 판매 부수로 평가받는 자본주의 사회의 많은 작가들이 이 유혹을 뿌리치기는 쉽지 않다. 그 때문에 "저 푸른 초원 위에 그림 같은 집을 짓고 사랑하는 우리 님과 한 백년 살고 싶어"를 떠올리지 않더라도 사랑에 대한 신화적 환상과 그에 따른 경제적 가치는 우리 상업주의 사회의 화두가 되었다고 해도 과언이 아니다. 그리하여 운명적 사랑을 주제로 하는 "가을동화", "겨울연가", "여름향기", "봄의 왈츠" 등 애정신화가 연일 재창조되고 있는 것이다.

중국도 비록 사회주의를 표방하지만 시장경제로 진입한지 오래이니 상황은 자본주의 국가와 크게 다르지 않다. 지우단은 자신의 소설 『까마귀』의 주인공 하이룬을 어떻게 보느냐고 묻는 기자에게 다음과 같이 그녀 자신의 애정환상을 미화하고 있다 :

> 하이룬이 진정으로 류(柳)를 사랑하게 되었을 당시 류는 하이룬의 여자친구인 펀(芬)과도 친한 사이가 되었다. 류와 펀은 자기들을 떠나려는 하이룬을 만류하며 모든 일을 현실에 맡기고 셋이 잘 지내자고 말하지만 그녀는 의연히 떠났다. 그녀로 말할 것 같으면 돈을 위해서, 싱가포르 체류비자를 위해서 그의 곁에 남을 수도 있었다. 그러나 그녀는 그러지 않았다. 나는 그녀의 고귀한 점이 바로 여기에 있다고 생각한다. 그녀의 애정에 대한 고집 말이다. 그 때문에 그녀는 차라리 몸을 팔지언정 사랑하는 남자를 펀과 함께 공유하지 않았다.

설사 헤어져 매춘부가 될지라도 사랑하는 사람과 둘 만이 아닌 제삼자가 낀 관계를 맺을 수 없다는 하이룬과 마찬가지로 『상하이베이비』의 주인공 코코도 일대일 남녀 간의 애정 환상에서 자유롭지 못하다. 비록 정신적인 사랑의 대상으로 티엔티엔을 오른쪽에, 육체적 사랑의 대상으로 마크를 왼쪽에 두고는 있지만 몸과 마음이 일치된 사랑에 대한 그녀의 열망은 그 누구보다도 강하다. 그래서 코코는 성 불능인 티엔티엔을 끊임없이 자극하여 성 기능을 회복시키려 하는 한편 단순히 섹스 파트너라고만 여겼던 독일인 애인 마크에게도 얼마간의 애정을 느끼게 되는 것이다.

3. 남성중심사회의 권력으로서의 성

상업주의가 끊임없이 재창조해 내는 애정신화와 함께 성에 대한 환상이 이처럼 나날이 부풀고 있는 가운데 원래는 꽃과 나비처럼 단순하고 자연스러운 남녀관계가 언제부터인가 왜곡되어왔다. 사실 남녀관계는 예로부터 아름다운 음양의 관계로서 음과 양은 서로 대립하거나 한쪽이 다른 한쪽을 지배하는 관계가 아니라 볼트와 너트처럼 서로 보완하며 합일하는 관계다. 또한 음과 양은 고정적인 실상이 아니라 언제나 변화하는 허상으로 음 속에 양의 씨앗이 있고 또 양 속에 음의 씨앗이 있다고 봐야 한다.

그럼에도 불구하고 언제부터인가 남녀관계를 고정불변의 음양법칙으로 못 박으며 이를 지배-피지배의 관계, 주체-객체의 관계, 중심-주변의 관계, 기껏해야 주도-보조의 관계로 보기 시작했다. 신화적으로 볼 때 화서씨(華胥氏), 여왜씨(女媧氏), 서왕모(西王母), 마고(麻姑) 등 모계신들이 수인씨(燧人氏), 복희씨(伏羲氏), 신농씨(神農氏), 황제(黃帝) 등 부계신들에 밀리기 시작한 때부터 이 같은 불평등관계가 정립된 것으로 보이는데 그 시기에 대해서는 아직 논란의 여지가 많지만 대체로 한대(漢代)에 정립된 것으로 여겨지고 있다.

북경대학의 위엔싱패이(袁行霈) 교수는 굴원(屈原)의 『이소(離騷)』의 예를 들며 남녀관계를 군신관계로 비유하는 이른바 기탁에 관한 주제를 발표한 바 있는데, 이는 오래 전부터 문학에서의 남녀관계가 평등관계가 아닌 불평등한 상하관계 내지는 주종관계로 변화했음을 의미한다. 조선 선조 때에 서인(西人)인 송강 정철이 동인(東人)의 공격을 받고 벼슬에서 물러나 낙향하여 있으면서 지은 『사미인곡(思美人曲)』 역시 송강의 선조 임금에 대한 간절한 충정을 지아비를 사모하는 여인의 정절에 비유한 가사다. 또한 근대시인 한용운도 『님의 침묵』에서 마치 님을 그리듯 자신의 애절한 사랑을 무심한 조국에 바치지 않았던가.

이렇듯 남성 중심의 사회에서 성은 점차 남성의 여성에 대한 권력행사의 도구로 사용되기 시작했다. 『한겨레신문』 2003년 1월6일자에 따르면 한 컴퓨터 전공 남자대학생이 고교졸업 이상의 20대를 대상으로 무려 20만 통의 메일을 보낸 후 답신을 보낸 1128명 가운데 333명을 대상으로 첫 번째 성 경험 실태를 조사하니 응답한 여성들 중 첫 경험 때 약간이라도 강제성이 있었다는 응답이 60%나 되었다고 한다. 그의 분석에 따르면 이 같은 결과는 20대 여성의 과반수가 아직도 스스로 성적 결정권을 가지고 있지 못하고 있기 때문으로, 그렇게 된 데에는 지금까지 우리 사회가 여성들에게 순결을 교육하고 권장한 탓이라는 것이다. 신세대라고 하는 20대 여성이 이런 상황이라면 30, 40, 50대 여성의 성적 부자유는 두말할 필요도 없다.

올해로 34세인 지우단이 『까마귀』에서 형상화한 주인공 하이룬의 경우가 바로 이 같은 부계사회 여성의 전형이다. 그래서 그녀는 남성에 의지하여 사는 삶을 당연하게 받아들인다. 그녀는 생존을 위해서, 자신을 사랑해줄 남자를 사로잡기 위해서 거의 온갖 짓을 다 한다. 이름과 신분을 속이고, 남의 옷을 훔쳐 입고 사기를 치는 것은 기본이고, 매를 맞고 심지어 사랑하는 사람 앞에서 자해까지 서슴지 않는다. 그녀는 남성중심의 사회에서 처음에는 결혼이라는 합법적 방법으로 남편에 의지하는 안정된 자리를 확보하려 하지만 뜻대로 되지 않자 이번에는 애인을 만들어 기대어 보려고 한다. 그러나 이조차 마음먹은 대로 풀리지 않자 그녀는 아예 몸을 파는 창녀의 길을 선택한다. 다음은 그녀가 고객과 함께 호텔 방에 올라가면서 생각하는 내용이다 :

> 전에 한 여인이 한 남자의 면전에서 시를 낭송했다면 그것은 그 남자의 감정을 얻기 위한 것이었는데 지금은 돈을 긁어내기 위함이다. 만약 내가 정말로 그의 면전에서 시를 낭송한다면 그는 순간 충동적으로 나에게 돈을 많이 줄 것인가? 나는 고개를 떨구고 얼굴이 재차 화끈거림을 느꼈다. 결코 이 같은 자기비하적 발상을 대하기가 두려워서가 아니라 (여자가) 남자의 돈을 갈취하는 일이 마치 인류의 오래된 시가처럼, 온 대지에 자라는 들풀처럼 끝도 한도 없이 영원토록 끝나지 않을 것이기 때문이다.

하이룬을 빌어 쓴 지우단의 이 같은 목소리는 3, 40년대 띵링(丁玲)과 장아이링(張愛玲)의 목소리와 닮은 구석이 있다. 즉 일찍이 띵링은 「멍커(夢珂)」 등 소설을 통하여 여성에게 있어서 구식결혼은 '매음'과 다름없다고 했고, 장아이링도 「도시를 쓰러뜨리는 사랑(傾城之戀)」 등 소설을 통하여 구식결혼만이 아니라 신식결혼도 '장기간의 매음'과 다를 바 없다고 단언한 바 있다. 이는 예나 지금이나 생계를 위한 결혼은 모두 매음이라고 하는 관점을 드러낸다. 그러니까 극단적으로 말한다면 미혼 여성은 애인에게 의지하고 기혼 여성은 남편에게 의지하고 매춘 여성은 고객에 기대어 먹고살게 되어 있다는 것이다.

기본적으로 모든 여성이 남성에 의지하여 산다는 점에서 '남자의 돈을 갈취하는' 창녀와 다를 바 없다고 보는 하이룬은 자신의 매춘행각이 싱가포르 이민국에 발각되어 다니는 학교 교장에게 불려가 그녀로부터 창녀 아니냐고 질책을 당하자 이렇게 응수한다 :

> 저는 창녀가 아니에요. 만약 세상에 진짜로 창녀라고 부르는 여인이 존재한다고 한다면, 그렇다면 저만이 아니라 당신도 그렇고 당신 엄마도 그렇고, 당신 언니도 그렇고, 당신 여동생 또한 그렇고 당신 딸도…

이처럼 전 여성의 창녀화라는 다소 무리한 강변을 하다가 듣다 못한 여교장으로부터 뺨을 얻어맞지만 그녀의 이 같은 절규는 남성이 주도하는 사회에서 성공하기 위해서는 어떤 여성도 얼마간 남성의 비호를 받지 않고는 어렵다는 점을 시사해주고 있음도 사실이다.

그러나 그녀에 대한 중국 여성들의 반발은 거세다. 웨이후이 뿐만 아니라 싱가포르 『연합일보(聯合日報)』 여성 편집자 위윈(余云)도 『까마귀』가 비록 부분적인 진실을 담았음은 인정하지만 싱가포르 중국유학생 전체의 진실은 아니라고 전제하고 "싱가포르 문예계에서는 대부분 『까마귀』를 문학으로 보지 않는다" 고 잘라 말하고 있다. 이 작품에 대한 일반 여성 독자들의 반응도 이미 앞에서 언급했듯 혹독하다.

이에 반하여 지우단의 『까마귀』에 대한 중국 남성 작가 및 평론가들의 평가는 훨씬 호의적이다. 특히 왕수어는 『중국청년보(中國青年報)』

2001년 5월 29일자에 "지우단은 글쓰기에 있어서 매우 진솔하다. 진정한 의미에서의 솔직함에 이르렀다고 하겠는데, 이 점은 내가 보기에 대단한 것이다"라고 그녀의 솔직한 문학 활동을 높이 평가하였다. 또한 문학평론가 바이예(白燁)도 "『까마귀』는 매우 독특한 소설로, 읽고 난 후 착 가라앉는 느낌을 주어 오랫동안 이 느낌을 없애려 해도 없앨 수 없다. 이 소설은 단순히 싱가포르 유학소설만으로 간주할 수 없고 더욱 광범위한 사회 계층의 사람들에게 시사하는 바가 있다" 뿐만 아니라 평론가 리투어(李陀)도 그녀의 소설을 다음과 같이 극찬했다 :

> 어떤 의미에서 말하자면 지우단은 우리네 이 시대의 위대한 작가다. 그녀의 『까마귀』는 전 세계 여성이 작금의 남성권력사회와 금전만능사회에 대하여 한 목소리로 내지르는 함성을 대변하고 있다.

리투어의 평가는 이른바 성애를 다룬 소설들을 보는 문학연구가 황시우지(黃修己)의 관점과도 통하는 바가 있다. 그에 따르면 소위 성애소설은 성의 각도에서 이 사회의 봉건적 관념을 비판하고 봉건적 도덕을 수호하는 사람들의 허위의식을 파헤치는 효과가 있다고 한다. 이들은 지우단의 이 소설을 주로 남성들에게 주는 따끔한 메시지쯤으로 관용하는 듯 하다. 그런 의미에서 이 소설은 적나라한 감정을 다룸으로써 숭고하고 고상한 정신을 비웃는 방식으로 남성중심의 이성 문화를 해체하였다는 평가를 받는 장아이링의 문학과도 상통한다. 지우단도 장아이링과 마찬가지로 중심부의 남성이 휘두르는 권력에 대해 주변부 특유의 여성적인, 즉 우회적이고 간접적으로 치고 빠지는 방식으로 대응했다고 할 수 있기 때문이다.

한편 『상하이베이비』의 웨이후이도 이 사회가 여성에게 불평등한 남성중심의 사회임을 잘 알고 있다. 그래서 자신이 형상화한 여주인공 코코도 전 남자친구로부터 성 학대를 당하고 심지어 스토킹(stalking)을 당하기도 한다. 그러나 그녀는 비교적 정공법으로 대응하는 편을 택한다. 즉 아니라고 생각될 때에는 상대에게 '아니오'라는 말을 하고 그래도 안 되면 다른 사람의 도움을 빌어서라도 거부할 것은 과감히 거부하는 것이다. 그래서 코코는 먼저 상대를 직접 거부하고 그래도 쫓아다니자 친한 경찰에게 도움을 청하여 이를 해결한다.

실제로 불평등한 남녀관계에서 할 말은 하고 취할 행동은 취하는 웨이후이식 여성도 적지 않다. 남성중심사회에서 권력으로 행사되는 남성의 성에 대항하기 위하여 나날이 높아 가는 여성의 이혼율과 상대적으로 점점 낮아지는 출산율이 여성의 권력(?)을 증명하고 있지 않은가. 한때 물의를 빚었던 인간복제 아기 '이브'의 탄생도 같은 맥락에서 이해할 필요가 있다. 지금까지 알려진 인간복제 과정에서는 정자가 꼭 필요하지 않은 반면 난자와 자궁은 필수적이다. 즉 체세포에서 빼낸 핵을 핵이 제거된 난자에 삽입한 다음 적절히 배양한 후 여성의 자궁에 착상시키는 방식으로 진행되는 이 '기적의 생명공학'에 있어서는 남성 없이도 아이를 낳을 수 있는 단성임신, 즉 처녀잉태가 가능하다. 마침 첫 번째 복제 아기로 발표된 '이브'도 여성 동성연애자의 아기라고 하니, 그 사실 여부를 떠나 인간복제가 가족 개념을 파괴하고 인류의 정체성과 존엄성을 부정하는 윤리적 문제를 야기시켰다(『한겨레신문』 2003년 1월 6일자)고 거품을 무는 남성들을 보면서 입가에 회심의 미소를 짓는 여성들도 있으리라.

4. 웨이후이와 지우단의 성 심리

웨이후이가 『상하이베이비』의 코코를 통해 보여주는 성 의식은 이처럼 당당하고 자유롭다. 즉 코코는 한때 전 남자친구로부터 성적 학대를 당했지만 이를 효과적으로 극복했고, 아버지가 주선해준 괜찮은 직장에도 과감히 사표를 제출하고 소설가의 길을 택한다. 또한 자신을 사랑하는 부모의 만류에도 불구하고 가출하여 남자친구와 동거에 들어간 후에도 성 불능인 남자친구를 두고 유부남과의 정사를 감행한다. 그녀는 이처럼 하고 싶은 일을 하고 사랑하고 싶은 사람을 사랑하는데 거침이 없어 보인다. 이는 웨이후이가 소설의 마지막 장 "나는 누구인가" 맨 앞에 인용한 데카르트의 "나는 생각한다. 그러므로 나는 존재한다"와 루시·스톤의 "나는 나이고 한 여인일 뿐 어떤 '제2의 성'도 아니다"에서도 잘 드러난다. 즉 그녀는 자신이 먼저 인간이고 그것도 주체적 인간임을 분명히 한 다음 자신은 성별이 여성일 뿐 남성이라는 '제1의 성'에 못 미치는 열등한 여성을 의미하는 '제2의 성'이 아님을 선언하고 있다.

사실 여성과 남성이라는 성을 완전히 구분하기는 쉽지 않다. 음이 기울면 양이 되고 양이 기울면 음이 되듯 음과 양은 각각 그 내부에 이미 상대의 씨앗을 갖고 있기 때문이다. 한 정신과 의사에 따르면 임상 결과 남성들 가운데서 남성적 남성과 여성적 남성이 약 70 : 30의 비율로 나타나고 여성들 가운데도 여성적 여성과 남성적 여성이 또 70 : 30 쯤 된다고 한다. 생리적으로도 여성의 몸 안에 일정량의 남성호르몬이 있고 반대로 남성의 몸 안에도 일정량의 여성호르몬이 있고 나이에 따라 남녀호르몬 비율도 달라짐을 볼 때 성의 정체성을 남녀로 정확히 이분하기는 어려운 일이라 하겠다. 이런 의미에서 『상하이베이비』의 코코가 남자친구 티엔티엔의 집에서 살면서도 생활에 있어서 그를 이끌어 나가는 모습이 전혀 낯선 광경만은 아니다.

하지만 지우단은 웨이후이를 비롯하여 왕안이(王安憶), 티에닝(鐵凝) 등 여성 작가들이 형상화한 당당한 여성 인물의 언행을 곧이곧대로 받아들이지 않는다. 그녀는 이 작가들이 허위의식에 가득 찬 거짓말쟁이이고 이들이 묘사하고 있는 당당한 여성상은 진정 이 시대의 여성이 무엇 때문에 울고 웃는지도 모르는, 생명이 없는 플라스틱 여성상이라고 비판한다. 예를 들어 왕안이의 『장한가(長恨歌)』 여주인공은 무척 대범해 보이지만 실제로 거의 남성적인 성격으로 이런 소설은 남성작가도 쓸 수 있는, 여성 특유의 감각이 결여된 작품이라는 것이다.

지우단은 또 이들이 자신의 문제를 솔직히 털어놓지 않고 언제나 다른 사람 또는 시대나 체제 탓을 한다고 공격한다. 실제로 『상하이베이비』의 코코를 보면 남자친구 티엔티엔의 문제를 그와 그의 아버지를 버리고 재가한 엄마 탓으로 돌려버리고 또 황포강(黃浦江) 가의 고층건물 옥상에서 상해의 야경을 바라보며 그 번화한 물질문명을 최음제로 표현함으로써 자신의 성적 방종을 합리화한다. 또한 그녀는 시대라는 열차는 개인을 위하여 결코 그 강철바퀴를 세우지 않는다고 하여 시대의 흐름을 벗어날 수 없는 무력한 개인의 존재를 그림으로써 책임을 회피하기도 한다. 지우단에 따르면 웨이후이 등의 여성작가들은 자신의 문제를 바로 이런 식으로 다른 사람과 시대에 돌린다는 것이다. 다음은 지우단이 『아주주간(亞洲週刊)』(2001년 7월 30일)의 기자에게 말하는 내용이다 :

> 내가 말하고 싶은 것은 오랜 동안 중국의 여작가들 속에 하나의 현상이 존재해 왔는데, 그것은 그들의 글이 모두 한 가지 동일한 사건을 이야기하고 있다는 점이다. 즉 그들의 몸에 흉터가 있는데 그들은 사람들에게 이 흉터가 몹시 가렵다고 하면서 끊임없이 긁고 또 긁는다. 하지만 사실 그들의 가려움은 다른 사람과 아무 관계가 없고 그들의 긁적임은 이 시대와도 상관이 없다… 그럼에도 불구하고 그들은 언제나 바깥 바람과 함께 달린다. 그래서 이른바 문화열과 심근열이 일어나면 곧 문화와 뿌리찾기를 말하고 상흔문학이 일어날 때에는 상흔을 말하고 반성문학이 일어날 때에는 반성을 말한다.

지우단은 이처럼 문제를 남한테 돌리고 자신들은 당당함으로 위장된 허영의 옷을 입고 있는 여성작가들과 달리 자신은 허영의 옷을 벗어버리고 상처를 남들에게 보여줄 뿐만 아니라 그들에게 이 상처는 그녀 개인의 죄악으로 말미암은 것이라고 고백한다(『아주주간』 2001년 7월 9일). 즉 가장 큰 문제는 다른 누구도 아닌 자기 자신에게 있음을 선선히 시인한 지우단은 실제로 참회하는 마음으로 남자로부터 갈취한 돈도, 사회적 신분도, 모두 싱가포르에 다 놓고 무일푼으로 고향에 돌아왔다는 것이다. 그래서 『까마귀』의 하이룬은 적어도 스스로 부끄러워할 줄 알기 때문에 사실상 기생 노릇을 하면서도 그것을 인정하지 않는 다른 여자들보다, 심지어 집안에서 남자 하나만 지키고 있는 전업주부보다도 훨씬 깨끗하다고 강변한다.

하지만 모든 여성은 알게 모르게 남성에 의존하지 않고는 살아갈 수 없다는 전제에서 출발하는 지우단의 주장에 많은 중국 여성들은 여전히 승복하지 않는다. 그렇지 않다면 『까마귀』가 출판되자 언론매체나 인터넷을 통하여 여성작가나 여성평론가는 물론이고 수많은 일반 여성들이 벌 떼처럼 일어나 반발하는 현상이 어떻게 설명될 것인가? 그 반발은 어쩌면 지우단의 주장이 사실이 아니기 때문이기도 하고 또 어쩌면 사실이기 때문이기도 할 것이다.

먼저 사실이 아니라고 믿고 있는 측은 비록 우리 사회가 남성중심의 사회이기는 하지만 여성이 언제 어디서나 남성의 지배를 받는 것은 아니라고 본다. 실 예로 적지 않은 젊은 여성들이 직장은 필수, 결혼은 선택이라 여기고 연애를 통하여 성 에너지를 삶의 에너지로, 자아실현의 에너지로 이용하려고 한다. 이들은 마음뿐만 아니라 몸의 욕망을 인정하고, 특히 자신들의 몸을 주체적 자아를 인식하는 공간으로 설정하고 몸의 표현을 통하여 자아 찾기를 시도한다. 물론 이들의 노력이 다 성공하는 것은 아니다. 상당수의 여성은 많은 실패와 좌절을 통하여 일과 사랑 가운데 한 가지를 버리거나 또는 적당히 타협하기도 할 것이다. 웨이후이도 코코를 통하여 결국 사랑을 잃고 일만 성취하는 여성을 그리고 있다. 즉 성 불능과 마약중독에서 헤어나지 못한 애인 티엔티엔의 자살과 애인 마크의 떠남으로 코코에게는 사랑은 잃고 소설쓰기라는 일만 남는 것이다. 그럼에도 불구하고 코코처럼 자아실현을 인생의 제1 목표로 치는 여성들이 우리나라에도 많은 것을 보면 남성중심의 사회에 대해 갖는 여성들의 한이 얼마나 깊은지 알겠다.

반면 지우단의 주장이 사실이라고 보면서도 반발하는 측은 비록 견고한 남성중심의 사회는 인정하지만 남성에게 노예처럼 끌려 다니는 대신 여성 특유의 기질과 전략으로 남성들을 공략할 수 있다고 본다. 이들은 보통 여성주의자들이 택하는 정공법보다는 게릴라식 유격을 선호한다. 실제로 적지 않은 여성들이 남성과 논리적으로 대화하거나 토론하는 것을 피하고 여성 특유의 '끼어들기' 또는 '초치기'식으로 기습하거나 그에 앞서 감정적, 성적 접근을 통하여 남성을 사로잡으려한다. 예나 지금이나 미인계는 유효한 것이다. 그래서 지우단이 형상화한 하이룬은 변덕쟁이이고 알 수 없는 요정이다. 그래서 오라면 가고 가라면

도리어 오는 하이룬에 대해 류(柳)는 다음과 같이 절규한다 :

> 무엇 때문에 나를 찾아오고 내 딸을 찾아오는 거냐? 도대체 혼란스러워서 살아도 산 것 같지 않고 죽어도 죽은 것 같지 않다. 너희 여자들은 어쩜 그리 황당하냐. 너희들의 통곡도 두려움도, 공포와 욕망까지도 황당할 뿐이다. 너희들이 가는 곳마다 반드시 재앙이 따른다.

결국 류는 자신이 예언한 대로 하이룬으로 인해 죽음이라는 재앙을 당한다. 하이룬이 자신을 배반했다고 믿은 류에게 처음이자 마지막으로 자신의 진짜 이름을 말한 다음 그를 유인하여 바다에 익사하게 한 것이다. 류가 벗어놓은 옷까지 바다에 버리고 마는 하이룬은 이처럼 남성을 대상으로 외유내강의 여성적 권력을 행사한다.

하지만 이 같이 서로 전혀 다른 성 심리를 갖은 듯한 하이룬과 코코는 역설적이게도 둘 다 사랑하는 남자를 잃는다는 점에서 공통점을 갖는다. 이는 여성이 어떠한 성 의식을 가지고 이성관계를 가지든 상관없이 남녀관계가 편안하고 성공적이기 어려움을 토로하고 있음으로 분석된다. 또 한 가지 공통점은 이들의 여성으로서의 자부심이다. 즉 가출 전에는 부유한 아버지에게, 가출 후에는 동거남에게 경제적으로 의존하면서도 마음 내키는 대로 상해－북경을 비행기로 왕복하고 택시기사에게 팁까지 주는 코코나 당장 먹고 잘 데가 없어 창녀 노릇까지 하는 하이룬이지만 둘 다 치장을 좋아하고 공주병 증세가 있는 여성이기는 마찬가지다.

또한 비록 서로 다른 입장에서 설전까지 벌인 이들의 마지막이자 결정적 공통점은 둘 다 소설가로서의 탄탄한 입지를 굳혔다는 점이다. 즉 지우단은 『까마귀』를 통해 비록 우연의 남발 등 미숙한 구성에도 불구하고 먼저 자신을 참회하고 나아가 남성에 대한 여성의 의존에 대한 깊은 성찰로 성공적 소설가가 되었고, 웨이후이도 다소 허구적이기는 하지만 그럴듯한 구성과 현대적인 문체로 당당하고 거침없는 여성의 자아실현 과정을 그림으로써 성공적 소설가의 자리를 굳혔다는 것이다.

참고문헌

艾青, 『火把』, 文化生活社, 1941
______, 『春天』, 達文社, 1978
______, 『歸來的歌』, 四川人民出版社, 1980
______, 『艾青選集』, 中國現代文選叢書, 香港文學硏究社, 1980
______, 『艾青全集』, 石家庄, 花山文藝出版社, 1991
海濤, 金漢 編, 『艾青專集』, 中國當代文學硏究資料叢書, 江蘇人民出版社, 1982
喩大翔, 劉秋玲 編撰, 『朦朧詩精選』, 華中師範大學出版社, 1987
藍棣之 編撰, 『當代詩醇』, 北京師範大學出版社, 1989
郭良原 編, 『中國當代女靑年詩人詩選』, 長江文藝出版社, 1988
舒婷, 『心烟』, 上海文藝出版社, 1988
雷敢, 齊振平 主編, 『中國當代文學』, 陝西師範大學出版社, 1990
辜正坤, 馬相武 主編, 『中國二十世紀純敍情詩精華』, 作家出版社, 1991
劉杰峰, 葉凱 編, 『詩人的自由』, 黑龍江人民出版社, 1988
呂晴飛 主編, 『中國當代女作家評傳』, 中國婦女出版社, 1990
潔泯 主編, 『當代中國作家百人傳』, 求實出版社, 1989
趙榮群, 柳豊斌, 劉長鳳 編著, 『中國新詩佳句精選』, 哈爾濱出版社, 1988
復旦大學中文系資料室 編, 『新時期文藝學論爭資料』 上下, 復旦大學出版社, 1986
焦尙志 劉春生 編, 『丁玲代表作』, 中國現當代著名作家文庫, 黃河文藝出版社, 1988
丁玲, 『我的生平與創作』, 四川人民出版社, 1982
______, 『生活 創作 修養』, 人民文學出版社, 1980
______, 『文學天才意味着什麼』, 北方文藝出版社, 1985
肖漢初 編, 丁玲, 『文學創作的準備』, 湖南人民出版社, 1983
中國丁玲硏究會 編, 『丁玲硏究』, 湖南師範大學出版社, 1992
楊桂欣 編, 『丁玲』 『中國現代作家選集』, 香港三聯書店, 1990
鐵凝, 『鐵凝散文自選集』, 百花文藝出版社, 天津, 1995
______, 『鐵凝隨筆 長歌短夢』, 知識出版社, 1995
______, 『麥　垛』, 作家出版社, 1992
盛英 主編, 『二十世紀中國女性文學史』 下, 天津人民出版社, 1995
祖保泉 著, 『文心雕龍解說』, 安徽敎育出版社, 1993
林同華, 『中國美學史論集』, 江蘇人民出版社, 1984

岳洪治 編撰,『現代十八家詩』, 中國文聯出版公司, 1991
遲子建 著,『樹下』, 北岳文藝出版社, 2001
徐小斌 著,『迷園』, 徐小斌文集 第二卷, 華藝出版社, 1998
唐弢, 嚴家炎 主編,『中國現代文學史』, 人民文學出版社, 1984
黃修己 著,『中國現代文學發展史』, 中國青年出版社, 1993
張鍾 等 著,『中國當代文學』, 北京大學出版社, 1988
張志忠 主編,『中國當代文學藝術主潮』, 中國社會科學出版社, 1994
諶容,『諶容』, 中國當代作家選集叢書, 人民文學出版社, 1993
『諶容小說選』, 北京文學創作叢書, 北京出版社, 1981
任一鳴,『女性文學與美學』, 新疆人民出版社, 1995
李小江, 朱虹, 董秀玉 主編,『性別與中國』, 北京三聯書店, 1994
肖鳳 編,『廬隱』, 中國現代作家選集, 香港三聯書店, 1983
殷慧 選編,『廬隱 人生小說』, 中國現代名作家名著珍藏本, 上海文藝出版社, 1994
殷國明, 陳志紅 著,『中國現當代小說中的知識女性』, 廣東高等教育出版社, 1990
嚴家炎,『中國現代小說流波史』, 北京人民文學出版社, 1995
瓊瑤,『女朋友』, 瓊瑤全集 23, 皇冠叢書, 臺北皇冠雜誌社, 1990
瓊瑤,『望夫崖』, 瓊瑤全集 45, 皇冠叢書, 臺北皇冠雜誌社, 1991
杜素娟 著,『瓊瑤傳』, 江蘇文藝出版社, 2001
洪子誠 著,『中國當代文學史』, 北京大學出版社, 2000
郭志剛 等 主編,『中國當代文學史初稿』, 北京人民文學出版社, 1994
張鍾 等 著,『當代中國文學概觀』, 北京大學出版社, 1986
陳美蘭 著,『文學思潮與當代小說』, 武漢大學出版社, 1996
卓如 編,『冰心』, 中國現代作家選集, 香港三聯書店, 1990
范伯群 編,『冰心研究資料』, 北京出版社, 1984
蕭紅.『呼蘭河傳』. 中國青年出版社, 2003
蕭紅.『商市街』. 東方出版社, 1995
肖鳳 編.『蕭紅文萃』. 文化藝術出版社, 2002
張毓茂 閻志宏 編.『蕭紅文集』. 安徽文藝出版社, 1997
王述 編.『蕭紅』. 香港三聯書店, 1987
肖鳳 編.『蕭紅散文選集』. 百花文藝出版社, 1992
梁晴 著.『蕭紅』. 江蘇文藝出版社, 1999
劉大杰. 著.『中國文學發展史』. 華正書局, 1982
凌宇, 顔雄, 羅成琰 主編.『中國現代文學史』. 湖南師範大學出版社, 1993
張潔,『張潔』, 中國當代作家選集叢書, 北京人民文學出版社, 1993

黃子平, 李陀 編,『中國小說一九八八』, 香港三聯書店, 1989
鮑曉蘭 主編,『西方女性主義硏究評介』, 北京三聯書店, 1995
張京媛 主編,『當代女性主義文學批評』, 北京大學出版社, 1992
『舒婷, 顧城抒情詩選』, 福建人民出版社, 1982
顧城,『顧城散文選集』, 百花文藝出版社, 1993
陳仲義,『中國朦朧詩人論』, 江蘇文藝出版社, 1996
柯靈 主編,『陳衡哲小說 西風』, 上海古籍出版社, 1997
林吶, 徐柏容, 鄭法清 主編,『陳衡哲散文選集』, 百花文藝出版社, 1992
朱衛國 編,『中國女性作家婚戀小說選』, 作家出版社, 1988
衛慧,『上海寶貝』, 春風文藝出版社, 2000
九丹,『烏鴉』, 長江文藝出版社, 2001
遲子建,『遲子建』, 北京人民文學出版社, 2000
______,『朋友們來看雪吧』, 解放軍文藝出版社, 2000
______,『樹下』, 北岳文藝出版社, 2001
徐坤,『狗日的足球』, 中國青年出版社, 2001
______,『遭遇愛情』, 長江文藝出版社, 1997
______,『含情脉脉』, 百花文藝出版社, 1999
______,『小青是一條魚』, 中國文聯出版社, 2001
季紅眞 編『新時期幽黙小說精選』上, 珠海出版社, 2000

김신명숙,『허난설헌』1, 2권, 도서출판 금토, 1999
김일엽,『사랑이 무엇이더뇨』, 동국출판사, 1981,
김윤식 편,『꺼래이-백신애소설집』, 조선일보사, 1987,
양귀자,『나는 소망한다, 내게 금지된 것을』, 살림, 1993
공지영,『무소의 뿔처럼 혼자서 가라』, 문예마당, 1993
공선옥,『내 생의 알리바이』, 창작과 비평사, 1998
신경숙,『오래전 집을 떠날 때』, 창작과 비평사, 1997
유성준 옮김,『애청시집 구백사람』, 도서출판 한울, 1988
한창희 번역,『애청시선집』, 민족출판사, 1988
로버트 숄즈 저, 유재천 역,『기호학과 해석』, 現代文學, 1988
서인석,『기호학교육론』, 서강대종교신학연구소 이백주년성서별책 12권, 성바오로출판사, 1989
이사라,『尹東柱 詩의 記號論的 硏究-二項對立에 있어서의 媒介機能을 中心으로』, 이화여자대학교 대학원 박사학위 논문, 1986

김종수, 최건 지음, 『중국당대문학사』, 청년사, 1991
허세욱, 『中國現代詩研究』, 明文堂, 1992
알브레흐트 벨머 저, 이동주, 안성찬 역, 『모더니즘과 포스트모더니즘의 변증법』, 녹진, 1990
이승훈, 『포스트모더니즘 시론』, 세계사, 1991
김채수 편저, 『후기구조주의를 넘어서』, 세손, 1992
이광래, 『해체주의란 무엇인가』, 敎保文庫, 1989
劉勰 著, 최신호 역주, 『文心雕龍』, 현암사, 1975
이종욱, 『화랑세기로 본 신라인이야기』, 김영사, 2000
박제상 원저, 김은수 편, 『符都誌』, 가나출판사, 1986
장기근, 『중국의 신화』, 을유문화사, 1974
이영춘, 『임윤지당』, 혜안, 1998
지영재 편역, 『中國詩歌選』, 세계문학전집 71, 을유문화사, 1974
여성을 위한 모임, 『제3의 성』, 현암사, 1999
송지현, 『다시 쓰는 여성과 문학』, 평민사, 1996
김미현, 『한국여성소설과 페미니즘』, 신구문화사, 1996
박경리, 『土地』, 솔, 1995
박완서, 『살아있는 날의 시작』, 세계사, 1993
최명희, 『혼불』, 한길사, 1996
『2000년 21세기문학상 수상작품집』, 도서출판 ISU, 2000
『2001년 한국소설문학상 수상작품집』, 개미, 2000
北崖 著, 신학균 譯, 『揆園史話』, 대동문화사, 1974
魯迅著, 정범진 譯註, 『중국소설사략』, 汎學社, 1978
강수원 옮김, 『桓檀古記』, 온누리, 1985
장애령 지음, 권효진 옮김, 『반생연』, 도서출판 문일, 1999
박종숙 지음, 『중국문학사의 한국적 고찰』, 지문사, 2003
______ 著, 『한국인이 읽는 중국현대문학사』, 漢聲文化, 2004
경 요 지음, 김은신 옮김, 『더 깊은 사랑』, 홍익출판사, 1995
______ 지음, 이상훈 옮김, 『노을』, 도서출판 빛샘, 1992
______ 지음, 이항규 옮김, 『죽음보다 더한 사랑』, 보성출판사, 1996
______ 지음, 이진한 옮김, 『눈물 꽃 겨울사랑』, 영언문화사, 1996
______ 지음, 엄효섭 옮김, 『세상에 단 한사람』, 삼진기획, 1995
______ 지음, 한소현 옮김, 『슬픈 인연』, 도서출판 개미, 1997
김시준, 『中國當代文學思潮史研究 1949-1993』, 서울대학교출판부, 2001

권 철, 김제봉 編著.『中國現代文學史』. 한겨레, 1989
張賢亮 지음, 박재연 옮김,『안녕! 친구여』, 한겨레, 1989
______ 지음, ______ 옮김,『황하의 아들』, 들꽃세상, 1990
王 朔 지음, ______ 옮김,『사회주의적 범죄는 즐겁다』, 들꽃세상, 1991
______ 지음, ______ 옮김,『노는 것보다 신나는 것도 없다』, 빛샘, 1992
______ 지음, ______ 옮김,『물위의 연가』, 빛샘, 1992
꾸 청 지음, 김태성 옮김,『나는 제멋대로야』, 실천문학사, 1997
류성준 저,『중국 현대시의 이해』, 한국외국어대학교출판부, 1997
李龜烈,『나혜석일대기 에미는 선각자였느니라』, 동화출판공사, 1974
저우 웨이후이 지음, 김희옥 옮김,『상하이베이비』, 집영출판사, 2001
『20世紀 中國文學과 페미니즘』, 한국중국현대문학학회 2001년도 춘계정례학술회의
『中國文化에 나타난 Gender의 問題』, 숙명여자대학교 중어중문학과 創立30週年 紀念 國 際學術大會
은희경,『새의 선물』, 문학동네, 1996
______,『타인에게 말걸기』, 문학동네, 1996
______,『마이너리그』, 창작과 비평사, 2001
______,『행복한 사람은 시계를 보지 않는다』, 창작과 비평사, 1999
______,『그것은 꿈이었을까』, 현대문학, 1999
______,『마지막 춤은 나와 함께』, 문학동네, 1998
신경숙,『아름다운 그늘』, 문학동네, 1995
______,『외딴방』, 문학동네, 1999
______,『바이올렛』, 문학동네, 2001
______,『딸기밭』, 문학과 지성사, 2000
______,『겨울우화』, 고려원, 1990
______,『기차는 7시에 떠나네』, 문학과 지성사, 1999
______,『2001년도이상문학상작품집』, 문학과 지성사, 2001

Northrop Frye, Princeton University Press, 1973
Michel Foucault,『Language, Counter memory, Practice』, trans. by Donald F Bouchard, Cornell University Press, 1980

鹿島氏 譯,『桓檀古記』, 圖書出版 民族文化, 1982
棉棉 著, 三須祐介 譯,『上海きゃんでぃ』, 德間書店, 2002.

저 자 : 박종숙

전북 전주 출생
한국외국어대학교 중국어과 졸업
경향신문 기자
미국 피츠버그대(Uni. of Pittsburgh) 동아시아연구(East Asian Studies)석사
고려대학교 민족문화연구소 중한사전편찬실 연구원
한국외국어대학교 중국어과 박사
현 호서대학교 중어중국학과 교수

저 서 :
『百濟, 百濟人, 百濟文化』(1988, 지문사)
『중국문학사의 한국적 고찰』(2003, 지문사)
『한국인이 읽는 中國現代文學史』(2004, 도서출판 한성문화)

공 저 :
『中國現實主義文學論』(1996, 법문사)
『중국현대문학의 세계』(1997, 현암사)
『중국이 보인다』(1998, 일빛)
『중국시의 전통과 모색』(2003, 신아사)

한국여성의 눈으로 본

중국현대문학

1판 1쇄 찍음 • 2007년 2월 1일
1판 1쇄 펴냄 • 2007년 2월 10일

저 자 • 박 종 숙
발행인 • 정 현 걸
발 행 • 신 아 사
인 쇄 • 남양인쇄

출판등록 • 1956년 1월 5일 (제9-52호)
서울특별시 은평구 녹번동 28-36 2F
전화 (02)382-6411 • 팩스 (02)382-6401
홈페이지 • www.shinasa.co.kr
E-mail • shinasa@chol.com

* 저자와의 협의로 인지를 생략함.

ISBN 89-8396-554-1

정가 ***14,000***원